Eagles fly alone

Der Verlag Helmut Hermann
ist Mitglied der Verlagsgruppe

REISE KNOW-HOW

ZIELPUNKT der Tour:
Deadhorse am Eismeer
Km-Stand: 44. 620

Clemens Carle
Rad-Abenteuer Panamericana

Das dritte Hinterrad zerbricht!

Bären und der Schilderwald von Watson Lake

Endloser Alaska-Highway

Canada-Highlight:
Banff- und Jasper Nat.-Park

Auf dem ein-
samen Dalton-
Highway von
Fairbanks
zum Eismeer

Auf dem schönen
Küsten-Highway 101
Richtung Canada

Ein Pickup fährt mich an!

Durch die Riesen-
städte Los Angeles
und San Franncisco

Km-Stand: 30.000

Bikerparadies Baja California!

Yucatán: Strände, Maya-Ruinen und Indios

Zwei Jahre "on the road"

Honduras: Gefähr-
liche Beininfektion

Das Allerschwierigste
der Tour: durch den
Darién-Dschungel von
Kolumbien nach Panama!

Mexiko: Viel Verkehr und gefährliche
Straßen! Bin froh, als ich durch bin!

Schweren Sturz in Costa Rica, Rippenprellung

Ein Bär kommt mir zu nahe!

Flug zu den Galapagos-Inseln

Gerate in Indio-Unruhen

Trenne mich von Rolf

Km-Stand: 10.000

LÄNDER

Alptraum Lima: werde in
zwei Tagen 2 x beraubt!

Im "Todeszug"
in die Anden

1. Argentinien
2. Chile
3. Paraguay
4. Brasilien
5. Bolivien
6. Peru
7. Ecuador
8. Kolumbien
9. Panama
10. Costa Rica
11. Nicaragua
12. Honduras
13. Guatemala
14. Belize
15. Mexiko
16. USA
17. Kanada
18. Alaska

44.620 km

Ein Jahr "on the road"

Höchster Punkt der Tour: 4.693 m

Kaimane und Piranhas
zuhauf im Pantanal

Die Iguaçú-Wasser-
fälle sind die
schönsten der Welt!

Santiago: gerate in politische
Krawalle mit nächtlichen
Bombenexplosionen

Absolviere Sprachkurs in Córdoba

Katastrophale Radelbedingungen
auf der patagonischen "Ruta 40"

Patagonien: Wind, Wind, Wind!
Ernsthafte Partnerprobleme.
Patagonien-Highlight: Der gewal-
tige Perito Moreno-Gletscher!

Besuch des Torres
del Paine-Park

START der PANAMERICANA-TOUR
ist Ushuaia auf Feuerland

REISE KNOW-HOW

RAD-ABENTEUER

PANAMERICANA

Clemens Carle

**Mit dem Trekkingbike
45 000 km von
Feuerland bis Alaska**

Rad & Bike

The Wide World of Adventure Cycling

Impressum

Clemens Carle
Rad-Abenteuer Panamericana

ISBN 3-929920-13-1
erschienen im
Reise Know-How Verlag Helmut Hermann
Untere Mühle
D - 71706 Markgröningen

© RKH Verlag H. Hermann
Alle Rechte vorbehalten
1. Auflage 8/1994

Gestaltung u. Herstellung
Umschlagkonzept: Manfred Schömann, P. Rump
Buchgestaltung, Karten: Helmut Hermann
Fotos: Clemens Carle
Satzbelichtung: SRW, Markgröningen
Farblithos: Litho-Connection, Lorenzenberg
Druck und Bindung: Fuldaer Verlagsanstalt

Bezug und Auslieferung für den Buchhandel
Deutschland: PROLIT GmbH, Postfach 9, 35461 Fernwald
Schweiz: AVA buch 2000, Postfach 89, 8910 Affoltern
Österreich: Mohr Morawa GmbH, Postfach 260, 1101 Wien
Niederlande: Nilsson & Lamm bv, 1380 AD Weesp
Wer im Laden trotzdem kein Glück hat, bekommt dieses Buch gegen Voreinsendung des Kaufpreises (Scheck im Brief) direkt beim Verlag.

Der Reise Know-How Verlag H. Hermann sucht weitere Autoren zur Fortsetzung der RKH-Buchreihe „Rad & Bike"

Südamerika

Mittelamerika

Nordamerika

Clemens Carle

wurde 1959 in Stuttgart geboren und er lebt im benachbarten Sindelfingen. Seine erste Radtour führte ihn nach dem Abitur mit einem alten Dreigangrad nach Luxemburg, Belgien, Frankreich und in die Schweiz. Studierte dann Betriebswirtschaftslehre, fühlte sich aber mehr von der Ferne als von Zahlen und Bilanzen angezogen. Ein ausgedehnter, sechsmonatiger Rad-Überlandtrip nach Pakistan folgte. Danach jobbte er als Autoverkäufer und in einem Computerunternehmen, um sich im Oktober 1989 seinen Traum von einer mehrjährigen Panamericana-Radtour erfüllen zu können.

„Was, mit dem Fahrrad von Feuerland nach Alaska...?"

Wie oft wurde mir diese Frage gestellt! Egal, ob auf Boliviens Altiplano, in Alaskas weiter Tundra - oder noch zu Hause in der Planungsphase meines großen Radabenteuers. Fernradler stehen unter Rechtfertigungsdruck, auch bei Freunden (oder der lieben Verwandtschaft). Da ist einer im besten Alter und hat nichts Besseres zu tun, als alles hinzuschmeißen und wird Fahrrad-Vagabund - ha! Warum nicht mit dem Bus von Land zu Land fahren, oder mit einem Auto, geht doch schneller und ist weniger anstrengend. Und warum gerade die „Panamericana" abradeln wollen?
So genau weiß ich es auch nicht. Bücher von Globetrottern der ersten Stunde, wie Heinz Rox-Schulz, Heinz Helfgen oder Hans Domnicks Bildband „Traumstraße der Welt" hatten bereits in meiner Jugendzeit tiefe Eindrücke hinterlassen. Das Fernweh begann zu nagen. Zuerst noch unmerklich, später aber immer stärker.
Bald erkannte ich, daß sich ein Fahrrad am besten dazu eignet, Länder und Kontinente, Landschaften, Menschen und ihre Kulturen unmittelbar zu „erfahren". Es ist langsam genug, um Details am Wegesrand zu erfassen, aber man kann, falls erforderlich, auch „Strecke machen". Jeder Tag wird so zu einem neuen intensiven Erlebnis. Und das Fahrrad verbindet auch. Wie oft wurde ich unterwegs von Einheimischen eingeladen, gerade *weil* ich mit dem Rad auf Tour war und dadurch in ihren Augen etwas Besonderes darstellte.
Fernab von allen Reglementierungen wollte ich das einfache Leben

für mich neu entdecken. Ich wollte frei sein wie der Wind, meinen Lenker dahin drehen, wo es mich gerade hinzog, ohne morgens zu wissen, wo ich abends meinen Schlafsack ausrollen würde.

Aber nie hätte ich geglaubt, daß diese Tour so anstrengend werden und so große Anforderungen an mein Durchhaltevermögen stellen sollte! Vielleicht war ich ein wenig zu naiv und romantisch gewesen, hatte nicht erkannt, daß die „Traumstraße" auch eine ganze Menge „Alpträume" parat hält!

Ist schon die Distanz von Feuerland nach Alaska - je nach Route zwischen 20.000 und 50.000 Kilometer - eine gewaltige Herausforderung, so sind es ganz sicher noch mehr die äußeren Umstände. Da machen Hunderte von einsamen Kilometern über unglaublich schlechte Pisten die Tour zur Tortur. Wochenlange Einsamkeit, Krankheiten, Unfälle und Defekte am Fahrrad nagen an der Psyche. Und der dauernde Wechsel der Klimazonen sowie fremdartige Kulturen und Lebensweisen fordern die Anpassungsfähigkeit von Geist und Körper ständig aufs Neue heraus.

Mit einem Radkameraden ließen sich die Strapazen bestimmt leichter ertragen, so dachte ich, also suchte ich einen per Zeitschriftenannonce. Aus einem wurden schließlich gar drei und so starteten wir zu viert. Doch nur zwei kamen in einjährigem Abstand dann tatsächlich bis Alaska. Rückblickend kann ich sagen, daß die Strecken- und Partnerprobleme doch größer waren als unser Optimismus, diesen Biketrip gemeinsam durchzustehen (obwohl wir wiederum insgeheim mit einem Auseinanderbrechen der Gruppe gerechnet hatten und unsere Ausrüstung dementsprechend umfangreich planten).

Auch nach der Rückkehr in meine alte, geregelte Welt fühle ich mich dem Leben „on the bike" verbunden. Zu sehr habe ich die Freiheit und Unabhängigkeit eines Lebens als Radnomade lieben und schätzen gelernt. Zusammen mit Silvi, die ich in Patagonien - gleichfalls auf Radtour - kennenlernte und dann in Ecuador wiedertraf, soll es noch dieses Jahr für mehrere Monate nach Indien gehen. Mit dem Fahrrad natürlich - man gönnt sich ja sonst nichts ...

Danken möchte ich all jenen Leuten, die mich vor, während und nach meiner Tour unterstützten und die mir Mut machten. „Dankeschön" sagen will ich aber auch den vielen Leuten unterwegs, die mir weiterhalfen und die mir ein Dach über den Kopf gaben. Ohne euch alle wäre das „Rad-Abenteuer Panamericana" schlicht unmöglich gewesen!

Südamerika

Start am Ende der Welt

„**A**eropuerto de Ushuaia" prangt in großen, ausgeblichenen Lettern auf dem Flughafengebäude.

Ushuaia, Argentinien. Ziel meiner Träume, 55° südlicher Breite, südlichste Stadt Südamerikas, die per Straße zu erreichen ist. Nicht weit entfernt von Kap Horn, dem Schrecken aller Seefahrer.

Als ich aus dem Flugzeug steige und langsam übers Rollfeld gehe, beschäftigen mich eigentlich mehr Gleichgewichtsprobleme. Mit leichtem Gruseln denke ich an die letzte halbe Stunde vor dem Landeanflug zurück: wie die Boeing 737 zitternd von einem Luftloch ins nächste fiel, die Küstenlinie mit ihren schroffen, schneebedeckten Bergen schwankend unter uns dahinzog, reihenweise Passagiere zur Spucktüte griffen, bis der Pilot plötzlich in einen rasanten Sinkflug überging. Erst im letzten Moment sah ich das bißchen Betonpiste und viel Wasser, viel zuviel Wasser für mein Empfinden. Die harte Landung mit anschließender Vollbremsung verscheuchte dann alle weitergehende düstere Vorstellungen.

„Wo sind die Fahrräder?" ist mein nächster Gedanke.

„Si, Señor, están aquí!"

Der Schalterbeamte grinst über beide Ohren. Sie sind da, aber einfach so zum Gepäckschalter hingehen und sie abholen, das wäre doch zu einfach. Ich erhalte meine erste Lektion in Sachen südamerikanischer Bürokratie. Und aus Erleichterung wird Frust.

„Señor, der Zoll muß noch sein Okay geben, das ist aber erst möglich mañana, morgen, dann können Sie die Räder unten am Hafenzoll abholen. Dazu brauchen Sie den Zollstempel, den bekommen Sie am Flughafen."

Das gelbe Peugeot-Taxi verschwindet fast unter dem Berg unserer Ausrüstung. Während Rolf seine riesige Kiste auf dem Dachträger festzurrt und Michael den Kofferraum füllt, verhandelt Helge mit dem Fahrer.

„Keine Bange, Schnee ist zu dieser Zeit nicht üblich, dieser ist erst vor drei Tagen gefallen." Der Fahrer hat wohl unsere kritischen Blicke bemerkt. Aber zehn Zentimeter Schnee auf der Fahrbahn wirken nicht eben einladend.

Wir quartieren uns im Hotel „Antartida" ein, überbrücken die Zeit mit

Reiseroute
durch
Südamerika

500 km

PANAMA
Turbo
Darién Gap
Dabeiba
Medellin
Cali
Bogota
Quito
Otavalo
Riobámba
Cuenca
ECUADOR
Piura
Chiclayo
Trujillo
PERU
Lima
Cuzco
Ica
Nazca
Titic.-See
Arequipa
BOLIVIEN
La Paz
Cochabamba
Santa
Cruz

Caracas
VENEZUELA

KOLUMBIEN

Manaus

Belem

BRASILIEN

Recife

Salvador

Brasilia

Corumbá
Pantanal
Campo Grande
Ponta Pora
Concepción

PARAGUAY
Asuncion
Misiones
Iguaçú-Wasserf.

Rio de Janeiro

CHILE
ARGEN-
TINIEN

Córdoba
Santa
Fé
Concordia
URUGUAY

Santiago
Chillan
Concepción
Victoria
Osorno
Puerto Montt
Mendoza
Buenos
Aires

Bariloche
Esquel
Patagonien
Rio Mayo
Perito Moreno
Gobernador Gregores
Perito Moreno Glet.
Paine Park
Punta Arenas
Feuerland
Ushuaia

Start der Tour in Ushuaia

Sightseeing, was nicht heißt, daß es in Ushuaia Wesentliches zu sehen gäbe.

Ushuaia ist, wie wir noch feststellen werden, eine typisch argentinische Provinzstadt. Die schachbrettartig angelegten Straßen ermög-
lichen eine leichte Orientierung, Auskünfte erhalten wir in Häuser-
blocks (z.B. zwei Blocks geradeaus, dann einen rechts), die Einflüs-
se des Tourismus sind unübersehbar. Aber jetzt zum Frühlingsan-
fang sind wir die ersten Traveller.

Renaults, Peugeots, Fiats und VW do Brasil lärmen ohrenbetäubend
durch die engen Straßen, den meisten fehlt der Auspuff, meist aber
auch noch andere bei uns wichtige Dinge, die jeden deutschen TÜV-
Ingenieur am Sinn seines Berufes zweifeln lassen würden.

Rings um Ushuaia türmen sich schneebedeckte, wie mit Puderzuk-
ker bestreute Gipfel auf, ein eisiger, durch Mark und Bein gehender
Wind, nein: Sturm, pfeift gleichförmig Tag und Nacht durch die Straßen, wirbelt Staub und Abfall durch die Luft.

Den Wind werden wir bestimmt noch des öfteren verfluchen. Nachdenklich stehe ich am Hotelfenster, betrachte die Schaumkronen auf
dem Beagle-Kanal und lasse meine Gedanken wandern.

In Bruchstücken fliegen die letzten Jahre vorbei: meine Radtour
Richtung China, die nach sechs Monaten mit akuten Bauchkrämpfen
im Gebüsch einer pakistanischen Landstraße endete, die Entscheidung, nie, aber auch niemals wieder mit dem Fahrrad zu verreisen,
nur um dann doch bald wieder die Partner-Anzeigen in den Radzeit-
schriften zu studieren. Ein erstes Treffen, „nur mal so, um mal wieder
Radlerlatein spinnen zu können", wo ich Rolf kennenlernte.

Rolf, radreiseerfahrener Zahntechniker aus Gengenbach im nahen
Schwarzwald und mit 33 Jahren gerade drei Jahre älter als ich, war
ebenfalls dem Mythos „Panamericana" erlegen.

Die Panamericana, die „längste und schönste Straße der Welt",
klang das nicht schon nach Abenteuer und Freiheit?

Irgendwann in meiner Jugendzeit hatte sich der „Panamericana-Vi-
rus" in mir festgesetzt. Hans Domnicks Buch „Traumstraße der Welt"
war bestimmt einer der Auslöser, meine Sehnsucht nach der Ferne
ein anderer und zusammen mit meiner Begeisterung fürs landnahe
Reisen per Rad nagten sie kräftig. Uns beide faszinierte die Vorstellung, mit eigener Kraft von südpolaren bis in nordpolare Regionen
vorzustoßen, und dabei die unterschiedlichsten Menschen, Kulturen
und Landschaften kennenzulernen.

Auf eine Anzeige meinerseits meldeten sich noch Helge und Michael, wir beschlossen, die Tour zu viert anzugehen. Eine verrückte Entscheidung im nachhinein. Helge aus Bad Nauheim, Lebenskünstler mit zehnjähriger Erfahrung als Kellner in Spanien, wollte in Südamerika nach einem Stück Land Ausschau halten, Michael dagegen einfach mal aus seinem Beruf als wissenschaftlicher Angestellter in Frankfurt „aussteigen" und die Probleme der Dritten Welt „von unten" kennenlernen.

So begannen wir, Ausrüstungslisten zu wälzen und die Route zu planen. Grob wollten wir uns am Verlauf der Panamericana orientieren, bei einem „Abstecher" nach Paraguay noch Helges Bekannte besuchen, und nach so anderthalb bis zwei Jahren in Alaska eintrudeln.

Als Abreisetermin setzten wir den 25. Oktober fest, Flug mit Aerolineas Argentinas von Frankfurt über Paris und Madrid nach Buenos Aires, von dort mit einer Inlandsmaschine weiter bis Ushuaia zum Südzipfel des amerikanischen Kontinents.

Ushuaia bot sich als Startpunkt an, im Spätoktober beginnt der patagonische Frühling und außerdem beruhigte die Vorstellung, die leicht zu bereisenden USA als Zielland vor sich zu haben.

Blieb nur noch das kleine Problem, daß ich eine Woche vor dem Abflug immer noch kein Fahrrad hatte. Mein Nishiki-Rahmen war irgendwo zwischen Japan und Deutschland hängengeblieben. Der Importeur war ratlos.

Erst am vorletzten Tag klingelte der Postbote, in einer wahren Nacht-und-Nebel-Aktion schraubte ich die noch fehlenden Teile dran. Dann 50 Meter Probefahrt, einmal Bremsen und Schaltung gecheckt, und ab ins Auto! Auf der Tour konnte ich ja dann noch die Feinjustierungen vornehmen ...

Die Räder und einen Teil der Ausrüstung gaben wir als Fracht auf, das war billiger. Drei Zelte hatten wir dabei, gerade ich keines, was noch zu einem größeren Problem werden sollte.

Auch am nächsten Tag erhalten wir die Räder nicht, als Ausgleich dürfen wir jedoch noch nachträglich zehn Dollar pro Rad für den Transport vom internationalen zum nationalen Flughafen in Buenos Aires zahlen, werden vom Flughafen- zum Hafenzoll geschickt.

„No, está cerrado hasta lunes." Für den Typen an der Eingangspforte ist die Sache klar: das Zollbüro öffnet erst wieder am Montag und jetzt haben wir Samstag ...

Das Wochenende verbringen wir dann mit einem Ausflug in die Vororte Ushuaias. Hier ist am besten der Boom, der die Stadt seit einigen Jahren erfaßt hat und der die Einwohnerzahl seit 1984 von 5.000 auf 30.000 hochschnellen ließ, zu besichtigen. Denn Feuerland ist steuerbegünstigte Zone, die zur Ansiedlung verschiedener Industriebetriebe, u.a. von Grundig, führte. Dort, wo vor kurzem noch schöner Bergwald stand, wuchern ghettoartige Reihenhaussiedlungen, Resultat irgendeines Wohnungsbauprojektes, wild durcheinander gewürfelt mit zusätzlichen Buden aus Brettern und Plastikplanen. Größere Probleme sollte noch der Geldtausch bereiten, denn neben dem offiziellen Bankkurs für Dollars existiert ein ebenso offizieller, aber günstigerer Schwarzmarktkurs, der täglich in den Tageszeitungen veröffentlicht wird, aber nur für Buenos Aires gilt.

Um hier nicht übers Ohr gehauen zu werden, muß ich regelmäßig die Zeitung lesen und dann von Laden zu Laden, von Restaurant zu Restaurant laufen und fragen. Nicht jeder will oder kann tauschen, nicht jeder zum gleichen Kurs, der in der Provinz immer schlechter ist als in der Hauptstadt. Teilweise werden wir aber auch auf der Straße angesprochen. Alle versuchen, einen Teil ihres Geldes in sichereren Dollars anzulegen und erst bei Bedarf wieder in Austral zu tauschen, um so die ruinöse Inflation auszutricksen. Oder gleich die Dollars ins Ausland zu transferieren.

Am Montag endlich können wir die Räder holen, aber, oh weh, die Bürokratie läßt nicht locker! Bereits an der Hafenschranke wollen sie uns zurückschicken, nur Helge mit seinen fließenden Spanischkenntnissen rettet uns vor weiteren unnötigen Wegen, nach längerem Palaver öffnet sich tatsächlich die Schranke.

Im Zollgebäude geht nun der Formularkrieg los, einige Zeit werden erst die richtigen Formulare gesucht, in Schubladen, in Kartons auf dem Schrank, in Kisten, endlich wird dann irgend etwas in irgendein Formular eingetragen. Wieder eine längere Diskussion, denn die Räder sind nicht im Paß eingetragen.

Als nächstes brauchen wir eine Unterschrift der Fluggesellschaft, also ins Flugbüro in die Stadt, dann wieder zum Hafen. Das Formular ist nun vollständig, es geht zur Lagerhalle. Wir sehen die Kartons, hurra - aber nur von weitem!

„Macht noch zehn Dollar pro Rad."

Entgeistert schauen wir den Zollvorsteher an, ein kleiner Knilch, der

mir schlagartig höchst unsympathisch wird. Der ist sich seiner Sache sehr sicher: „Für die Einlagerung übers Wochenende, deshalb."
Wir verstehen gar nichts, selbst die übrigen Beamten im total überheizten Büro schütteln nur den Kopf.
„Aber wir wollten die Räder doch abholen. Was können wir denn dafür, daß hier am Wochenende geschlossen ist?" Helge versucht, den Typen umzustimmen. Ganz klar, das läuft unter „regalo", der südamerikanischen Variante von Schmiergeld, entsprechend aufgebracht sind wir.
„Zehn Dollar, oder die Räder bleiben hier!"
Zähneknirschend blättern wir die verlangten Austral auf den Tresen, dann schnappt sich jeder seinen Karton. Nichts wie raus hier!
Der Zusammenbau bringt nur kleine Beschädigungen an den Tag, schwerbepackt mit Lebensmitteln keuchen wir zum Hotel hinauf.
Mit einem komischen Kribbeln im Bauch checke ich nochmals meine Ausrüstung durch, während Helge und Michael ihr erstes Interview im Lokalsender geben, ohne daß wir auch nur einen Kilometer Richtung Norden gefahren wären. Nun kann ich den Start nicht mehr hinausschieben. Was wird mich auf der Panamericana erwarten? Wird das Rad durchhalten, aber noch wichtiger, werde ich diesmal durchhalten? War die Entscheidung richtig, zu viert diese Tour zu wagen?

Die Räder sind bepackt: inklusive der Lebensmittelvorräte für mehrere Tage mit 35 Kilo Gepäck. Schwankend drehe ich einige Runden im Hof, der Rahmen scheint aus Pudding zu bestehen. Ich stelle das Rad kopfschüttelnd wieder ab.
„Mit so etwas willst du Richtung Alaska fahren?", denke ich mir, und Zweifel am Vorhaben kommen auf. Es sollten nicht die letzten sein.
Die 35 Testkilometer in den am Beagle-Kanal gelegenen Nationalpark „Tierra del Fuego" schaffen wir dann doch, die Schotterpiste gibt einen Vorgeschmack auf kommende Erlebnisse: böiger Gegenwind, das kleinste Kettenblatt liegt auf, das Fahrrad schüttelt wie ein wild gewordener Gaul, vorausschauende Fahrweise ist notwendig, denn abrupte Lenkmanöver sind bei dem Gewicht nicht drin. Bei jedem Auto und vor allem bei jedem Bus oder Lkw verschwinden wir in einer riesigen Staubwolke, sind bald staubverkrustet, es knirscht zwischen den Zähnen.
„Go, go, go!", feuert Rolf mich an und zeigt dabei seine staubbraunen Zähne.

Die nächsten beiden Tagen zelten wir auf einem unorganisierten Campingplatz, nur Feuerstellen und Plumpsklos sind vorhanden, durchstreifen den Park. Im Grunde genommen bietet er keine grandiose Landschaft, eher sanfte Wald-, Wiesen-, Moor- und Berglandschaft.

Weniger Spaß bereitet das Wetter, die patagonische Wetterküche ist schon etwas Besonderes: eisige Sturmböen, Sonne und Regentropfeneinlagen in rasendem Wechsel, der Wind tost in den Bäumen, ein gewaltiges Rauschen wie ein Wasserfall liegt in der Luft, mal an-, mal abschwellend, die Zelte schwanken beängstigend, die Zelthäute knattern wild. Bereits nach einem Tag muß die erste angerissene Zeltschlaufe genäht werden. Das Essenkochen wird zur Tortur, Pullover und Regenjacke sind Pflicht.

Dann endlich drehen wir die Lenker Richtung Norden. Unser erstes Ortsziel heißt Rio Grande. Das Abenteuer beginnt. Hätte ich damals schon geahnt, welche Strapazen noch auf mich zukommen sollten, hätte ich wahrscheinlich postwendend den Flieger nach Hause genommen.

Die Insel Feuerland - „Tierra del Fuego" - teilen sich Chile und Argentinien. Die Feuer der Ona-Indianer, nach denen Magellan die Insel benannt hatte, sind schon lange verloschen, die Ona teilen das Schicksal vieler anderer Stämme auf dem amerikanischen Kontinent: sie wurden systematisch von weißen Siedlern ausgerottet.

Den gebirgigen und schöneren Teil Feuerlands hinter Ushuaia mit schneebedeckten Bergen, klaren Flüßchen und urwüchsigem Bergwald haben wir bald durchquert. Die Landschaft weitet sich immer mehr, Ebenen und Flußniederungen mit abgestorbenen Bäumen, bleich in den Himmel gereckten Baumgerippen, Hügel und Wälder bestimmen nun das Bild. Langlaufskihütten abseits der Straße deuten auf einigen Schnee im Winter hin.

Tief über den Lenker gebeugt bieten wir dem eisigen und stürmischen Gegenwind Paroli und schütteln über die miserable Piste. Das ständige Auf und Ab der Straße strengt mich noch gehörig an. Kondition, wo bist du? Je nach Windrichtung fahren wir nun am linken oder rechten Straßenrand, um den Staubfahnen der Autos zu entgehen, aber immer klappt das nicht. Die meisten Autofahrer hupen und grüßen mit der Hand, wir kommen mit der Erwiderung manchmal gar nicht mehr nach bzw. sind zu sehr mit dem Lenken beschäftigt.

Langsam weicht der Wald der Pampa, dieser trockenen, einsamen und eintönigen Grassteppe, die dem Auge keinen Halt mehr bietet, wären da nicht gelegentlich die weißen Schafstupen, die bei unserem Näherkommen fluchtartig das Weite suchen.

„Mistwetter, dieser Idiot von Lkw-Fahrer!" wettert Rolf wie ein Rohrspatz, wischt sich die Schlammspritzer aus dem Gesicht. „Wenn ich den erwische, dann ...!" Weiter kommt er nicht, er kann eben noch das ausbrechende Fahrrad abfangen.

Seit mehreren Stunden regnet es, die Piste gleicht mehr einer verschlammten Rutschbahn als einer Straße, an Steigungen drehen unsere Hinterräder durch. Der Lehm setzt sich unter den Schutzblechen fest, mit jedem Meter werden die Schleifgeräusche lauter. Schließlich blockiert das Vorderrad. Ich wühle in meiner Vorderradtasche nach einem Schraubenzieher, kratze dann den Dreck aus den Schutzblechen. Wieder ein Stück fahren, das gleiche Spiel.

„Vergiß es, das hat keinen Sinn mehr."

Rolf resigniert, zerrt das Rad weiter, zwei Schleifspuren hinter sich herziehend.

„Komm, laß uns die Räder ausbauen, sonst kriegen wir den Lehm nicht raus."

Wir putzen wie irre, kommen aber trotzdem nicht viel weiter. Neidisch schaue ich den Autos hinterher, die halsbrecherisch schleudernd die Piste entlangrasen.

Am Ende von vier Schleifspuren schließen wir zu Helge und Michael auf. Nun reicht es mir auch.

„Laßt uns hier zelten und auf besseres Wetter warten. Wenn wir nur mehr Lebensmittel eingekauft hätten!"

Unser Proviant geht zur Neige, nie hätten wir gedacht, für die 220 Kilometer bis Rio Grande vier Tage zu brauchen. Ein letzter Müsli-Rest muß morgens als Kraftquelle reichen.

Doch nach fünf weiteren, jetzt aber trockenen Kilometern Lehmboden stoßen wir auf die feinste Asphaltpiste, die man sich als Radler nur wünschen kann! Gegensatz total, Wir jauchzen, johlen, lachen, fahren Schlangenlinien, Wahnsinn!

Doch bald stoppen uns verdächtige Knackgeräusche aus Helges Vorderradnabe, nach Demontage der Achse zeigt sich, daß die Kugellager total trockengelaufen sind. Wir schmieren sie gut ab, das Justieren bereitet jedoch ohne entsprechendes Werkzeug erhebliche Probleme.

Rio Grande ist ebenso wie Ushuaia im Quadrat angelegt, ein breiter Industriegürtel umgibt die größte, weil einzige Stadt in 250 Kilometer Umkreis. Hier können wir endlich wieder einkaufen, unsere Mägen knurren bei unserer Ankunft schon mitleiderregend. Nach den vergangenen Nächten im Freien leisten wir uns wieder eine billige Pension, Hauptsache, die Dusche funktioniert und das Wasser ist heiß.

Die Gruppe zerbricht

„No hay una licencia de conducir en Alemania?" Wir sind an der chilenisch-argentinischen Grenze zwischen Rio Grande und Porvenir gestrandet, mitten im Niemandsland. Der schmalzhaarige chilenische Zollbeamte schüttelt ungläubig den Kopf.

„In Chile braucht jeder eine Zulassung fürs Fahrrad, bestimmt auch in Deutschland. Also, wo ist die eure?"

Nun wird es brenzlig. Der Typ scheint in uns die willkommene Gelegenheit zu sehen, seiner Langeweile zu entfliehen.

„Ich möchte die deutsche Zulassung sehen!"

Da muß Helge ran.

„Señor, in Alemania brauchen Fahrräder keine Zulassung, nur Autos. Das war schon immer so. Aber wir haben die Kaufbelege dabei, wenn Sie die sehen wollen?"

Widerwillig gibt sich der Beamte nach bangen Minuten mit den Quittungen zufrieden, beginnt, in ein Formular die Rahmennummern einzutragen. Endlich öffnet sich der Schlagbaum. Nichts wie weg hier!

Die Tour wird zunehmend zur Tortur. Gegenwind, Regen und üble Schotterpisten sind ja schon eine gemeine Kombination. Aber nun gehen schon wieder die Lebensmittelvorräte zur Neige, wir müssen rationieren. Orte auf der Landkarte entpuppen sich als einzelne Estancias, die aufgrund der Kargheit riesige Gebiete für ihre Schafe benötigen und entsprechend weit auseinanderliegen. Meist auch entsprechend weit von der Straße entfernt, dann weist nur ein Schild mit Namen und Kilometer-Angabe und ein Briefkasten auf ihre Existenz hin. Zum Glück hat jeder von uns einen 5-Liter-Kanister mit Wasser dabei. Dennoch müssen wir für Trinkwasser manchmal weite Umwege in Kauf nehmen.

Die Radelbedingungen nagen an der Psyche, die Nerven liegen blank. Bereits kleine Unstimmigkeiten führen zu heftigen Auseinandersetzungen, die Toleranz bleibt auf der Strecke. Viele Probleme drehen sich ums Essen: Helge und Michael haben gewisse Ansprüche, was das Kochen betrifft, bestehen auf mindestens einer warmen Mahlzeit am Tag, während Rolf und ich da flexibler sind, auch mal ohne warmes Essen auskommen. Aber selbst Kleinigkeiten wie die Wahl des Zeltplatzes, der Zeitpunkt für eine Pause oder wer mit welchem Kanister nun Wasser holt, führen zu Reibereien. Langsam bilden sich zwei Gruppen heraus, Helge und Michael auf der einen, Rolf und ich auf der anderen Seite. Der Zusammenhalt ist ernstlich in Gefahr.

Für die letzten 60 Kilometer bis Porvenir an der Magellan-Straße benötigen wir zwei Tage, der Wind hat gedreht, weht nun in Sturmstärke von der Seite. So einen Seitenwind habe ich noch nie erlebt! Nur mit Mühe können wir uns auf den Rädern halten, der Wind kommt von schräg vorne in Böen, zwingt zu ständigen Lenkkorrekturen, meist rutscht dann auf dem Schotter das Vorderrad weg oder es bläst uns einfach Richtung Straßengraben. Jedesmal anhalten, von neuem anfahren. Anfangs ist das ja noch recht spaßig anzuschauen, wie der Radlkumpan trotz abenteuerlicher Schräglage langsam in den Graben abdriftet, dann entweder noch rechtzeitig abspringt oder aber mit ein paar Flüchen auf den Lippen in die Böschung kippt. Aber bald macht sich Verzweiflung breit, ein Gefühl des Ausgeliefertseins, der Radler als Spielball der Natur.

Selbst Schieben bringt nichts, nur mit äußerster Kraft ist das Fahrrad überhaupt vorwärts zu bewegen. Die Gepäcktaschen wirken wie Segel, drücken das Fahrrad um. Gefährlich auch die Abfahrten, wenn der Wind hinter Böschungen plötzlich wieder bläst, unbeherrschte Schlingerfahrten sind die Folge. Für Autos ist da dann kein Platz mehr.

Dazu beginnt es noch zu regnen, ein eisig-kalter Regen peitscht von der Seite, den wir schweigend dastehend über uns ergehen lassen.

Ich freue mich jeden Abend auf den warmen Schlafsack, morgens kostet es dann schon einige Überwindung, das Zelt zu verlassen. Nur zwischen 23.00 und 6.00 Uhr wird es richtig dunkel.

In Porvenir, einem 5.000-Seelen-Ort, ist wirklich der Hund begraben. Die Aussicht auf eine Nacht in diesem Nest läßt uns in rasender

Fahrt über die Schotterpiste zur Fähranlegestelle fliegen. Kaum haben wir das letzte Rad über die Rampe geschoben, werden bereits die Trossen losgemacht. Nach 36 Kilometer über die berühmte Magellanstraße legen wir in Punta Arenas an.

Punta Arenas ist eine Großstadt mit inzwischen 145.000 Einwohnern. Ebenso wie Argentinien fördert auch Chile Industrieansiedlungen in dieser Region, die riesige Militärbasis nicht zu vergessen, schließlich gibt es des öfteren kleinere militärische Auseinandersetzungen mit Argentinien.

Ungewohnt ordentlich geht es hier zu. Leise Autos, an jeder Kreuzung eine Ampel, auch die Vorfahrt wird geachtet. Wir erregen gehörig Aufsehen, die Leute bleiben stehen, wenn wir vorbeifahren.

Einen Tag bleiben wir hier, essen uns mal wieder richtig satt, füllen unsere Vorräte auf und waschen Wäsche, für mich das lästigste Übel auf Reisen. Geldtauschen gestaltet sich einfach in Chile, es gibt nur einen Pesokurs, der auch für Reiseschecks gilt. So können wir unsere knappen Dollarbarbestände für Argentinien aufsparen.

Der Präsidentenwahlkampf ist in vollem Gange, „Buchi-" und „Alwin for President"-Plakate allerorten an Mauern und Laternenmasten, Autos, deren Insassen Plakate und Fahnen schwenken, fahren wildhupend durch die Straßen. Wir geraten bei einem Stadtbummel in eine Kundgebung. Volkslieder werden gesungen, es herrscht Fiestastimmung. Ein Redner allerdings taucht nicht auf. Frauen strecken stumm Plakate in die Höhe, auf denen auf die unzähligen unter dem Pinochet-Regime verschwundenen Personen aufmerksam gemacht wird. Eine der Kehrseiten Chiles.

Vor unserer Weiterfahrt am nächsten Tag suchen wir eine Fahrradwerkstatt auf, Helge will seine Vorderradnabe zentrieren lassen. Fahrradmechaniker sind allerdings selten hier, über die Touristinformation erhalten wir eine Adresse: ein Schuppen im Hinterhof, vollgestellt und vollhängend mit staubverkrusteten Fahrradteilen, verzogenen Rahmen, Einzelteilen von Steuersätzen, aufgeplatzten Reifen etc. Mir verschlägt es die Sprache.

Der „Mechaniker" hat keine Ahnung, bestaunt nur unsere moderne Fahrradtechnik, bis Helge ihm zeigt, wie man seine Vorderradnabe richtig kontert. Das entsprechende Werkzeug fehlt auch ihm. Möchte mal wissen, wie er seinen Lebensunterhalt verdient.

Von Punta Arenas soll es nun nach Puerto Natales gehen und dann weiter in den Nationalpark „Torres del Paine".

Rund 250 Kilometer Asphaltpiste durch teils herrlich abwechslungsreiche Landschaft liegen hinter uns, als wir endlich gegen pfeifenden Seitenwind nach Puerto Natales hineintreten. Unsere Lebensmittelvorräte gehen mal wieder zur Neige, wir können uns notdürftig mit Brötchen und Marmelade in Hotels an der Straße versorgen.

In Puerto Natales bleiben Rolf und ich vier Tage in der „Residencial Temuco", während Helge und Michael gleich am nächsten Tag nach Erledigung des Großeinkaufs für den Aufenthalt im Nationalpark weiterfahren.

Vorausgegangen war eine hitzige Auseinandersetzung am Abend zuvor bezüglich des Gruppenlebens, die mich allerdings unbefriedigt ließ, da sie keine Entscheidung brachte. Ich kuriere eine leichte Durchfallerkrankung aus, bin froh um die Ruhe nach dem ganzen Radel- und Gruppenkrampf, Rolf geht es ebenso.

Dennoch bin ich mir auch nicht sicher, ob Rolf und ich auf Dauer so gut harmonieren. Wir haben beide einen gesunden Dickkopf, der allzugerne manchmal ohne Rücksicht auf den anderen seinen eigenen Weg sucht. Kein guter Ausgangspunkt für eine gemeinsame lange Tour.

Schwerstbepackt starten dann auch wir Richtung Nationalpark. Wir wollen dort einige Tage wandern, müssen sämtliche Vorräte mitbringen, denn es gibt nur einen kleinen Laden mitten im Park, der entsprechend schlecht sortiert und teuer ist.

Die Radtaschen ächzen unter 50 Kilo Ausrüstung und Lebensmittel, ich befürchte Bruch auf dieser Piste, die auf den letzten 50 Kilometern schlimm wie noch nie ist. Knöcheltiefer Schotter, garniert mit faustgroßen Steinen, Sandpassagen und Wellblech-Abschnitte, die uns fast aus dem Sattel werfen, wechseln sich ständig ab.

„Hey, ho, buenos dias!" Der Gaucho grüßt lächelnd zurück. Ich bremse vollends ab, lehne mein Rad an das windschiefe Weidegatter und betrachte die wilde Gestalt. Lange zottelige Haare quellen unter dem speckigen Lederhut hervor, lässig kniet er vor einem toten Schaf, das blutige Messer noch in der Hand. Schließlich wirft er das Tier hinter den Sattel aufs Pferd, tippt im Vorbeireiten nochmals freundlich an die Hutkrempe.

Ebenso wie die Cowboys untrennbar mit dem Mythos des Wilden Westens verbunden sind, stehen die Gauchos für die Wildheit und Ungezähmtheit der Pampa. Sie sind die eigentlichen Herren dieses kargen Landes, Symbole für Freiheitswillen und Ungebundenheit.

Das wildgezackte Torres del Paine-Massiv vor Augen erreichen wir nach zwei Tagen am 22.11.1989 endlich den Parkeingang. Ich freue mich bereits „saumäßig" auf das Wandern, nur weg vom Fahrrad, nur weg von diesen Folterpisten, die mir im Zusammenspiel mit den miesen Wetterbedingungen den Radelspaß bisher so gründlich verleidet hatten!

Im Nationalpark herrschen strenge Sitten: Übernachtungen sind nur auf offiziellen Campingplätzen bzw. in „Refugios", das sind einfache Schutzhütten, möglich, in Absprache mit den Rangern aber auch in freier Natur. Nur so ist es wohl möglich, den Touristenscharen im Sommer Herr zu werden, ohne daß die empfindliche Natur zu großen Schaden nimmt. Denn die Südamerikaner sind im allgemeinen nicht eben zimperlich, wenn es um das Anlegen neuer Feuerstellen bzw. die Nichtbeseitigung von Müll geht. Entsprechend sind hier auch bereits große wertvolle alte Waldgebiete abgebrannt.

19 Kilometer sind es vom Parkeingang bis zur ersten Refugio, die wir abends noch zurücklegen. Wir lichten die zahlreichen Guanacos ab, die an den Seen längs der Piste äsen. Guanacos sind eine Abart der Lamas, werden wegen ihres Fleisches und Felles gezüchtet, Hunderttausende soll es halbwildlebend in der Pampa geben. Eine Nandu(Straußen)-Mutter mit bestimmt zehn kleinen flinken Wollknäueln im Schlepptau sucht das Weite. Ich komme mir vor wie auf einer Foto-Safari.

Gegenwind und eine ätzend schlechte Schotterpiste, die sich weitere 35 Kilometer in den Nationalpark bis zur Parkverwaltung hineinzieht, holen mich bald auf den Boden der Tatsachen zurück.

Schnaufend schiebe ich die Steigungen hinauf, rutsche immer wieder auf dem Schotter aus, kurve schlingernd dann auf der Gegenseite hinunter, das Gepäckübergewicht drückt mich, schneller als mir lieb ist, abwärts. Steine schlagen auf die Felge durch. Fand ich den Blick auf die wildgezackten Spitzen des Cuernos del Paine-Gebirgsstockes, die fast unvermittelt aus der Ebene von 50 m Meereshöhe bis auf 2.600 m emporsteigen und mit zahlreichen Gletschern bedeckt sind, anfangs noch faszinierend, ist er mir irgendwann egal.

Am nächsten Tag ist Treffpunkt mit Helge und Michael auf einem Campingplatz am Lago Pehoé. Die Begrüßung fällt recht kühl aus. Wir treffen die letzten Vorbereitungen für unsere 9-Tages-Tour.

Die Rucksäcke werden gepackt, zu Dreiviertel mit Lebensmitteln, denn auf dem Trail bleibt bei ungenügender Bevorratung nur die Suche nach Beeren, Maden usw., also „Nehberg-Mahlzeiten". Deshalb lieber Großeinkauf im Laden, mehrere Kilo Brot, Butter, Käse, Reis, Tütensoßen, Äpfel, Milchpulver, Hülsenfrüchte etc. verschwinden in meinem Rucksack. Was nicht mehr hineinpaßt, wird außen drangebunden, Schlafsack, Zelt und Iso-Matte müssen ja auch noch mit. Wir sehen aus wie Mulis, und ich fühle mich auch so, fast untragbar ist der Rucksack.

Der Trail windet sich in einem Rundkurs um das Torres del Paine-Massiv, quert Hügelland mit Strauchwerk und Dornengras, allzu saftige Wiesen und es geht auch über viele Bäche auf dünnen wackligen Baumstämmen. Immer im Blickpunkt die mächtigen, alles beherrschenden Paine-Felstürme.

Am sechsten Tag führt uns ein morastiger Weg über steile Geröll- und schließlich Schneefelder zu einer Paßhöhe hinauf. Dichtes Schneetreiben setzt ein.

Aber als wir endlich ziemlich geschafft den Bergkamm in 1.250 m Höhe erreichen, scheint wieder die Sonne, mir bietet sich ein selten so eindrucksvoll erlebtes Bild: ein etwa ein bis zwei Kilometer breites Quertal, das in seiner ganzen Breite vom „Glaciar de Grey" ausgefüllt wird. Eisstrukturen, Eisspalten und -flächen ziehen sich links und rechts dahin, soweit das Auge reicht, ein immenser Gletscher. Und nur ein Ausläufer der größten Inlandseiskappe der Welt! Auch aus den Seitentälern und von den Berghängen wälzen sich die Eismassen herab.

Vergessen sind für den Augenblick die vielen ungewissen Momente, als die ungenaue Wanderkarte und fehlende Wegmarkierungen uns an Weggabelungen ratlos stehen ließen, vergessen auch die Eile, zu der uns die erschreckend schnell schlaffer werdenden Rucksäcke antrieb, nicht ganz vergessen allerdings dieses ziehende Gefühl in der Magengegend, das der Anblick des faden morgendlichen Milchreises in meinem Eßnapf verursachte.

Zunächst geht es noch entlang des Gletschers, dann durch hügelige Pampa zurück Richtung Verwaltung. Hauptattraktion dort ist der Laden. Der Rucksack ist leer, der Magen knurrt, die Hose schlackert um die Hüfte, alles stinkt, die Klamotten sind total verdreckt und die Gruppenmoral ist auf dem Nullpunkt. Schade um diese schöne Landschaft, das Landschaftserlebnis blieb unter diesen Bedingungen auf der Strecke.

In gedrückter Stimmung kauern wir ums Lagerfeuer, wärmen die Finger an den heißen Teetassen. Ich durchbreche die betretene Stille als erster.

„Also, ich habe mich dazu entschieden, mich von der Gruppe zu trennen. Die Erfahrungen bei der Wanderung haben mir gezeigt, daß bestimmte Interessengegensätze wohl unüberbrückbar sind, Hauptpunkt ist und bleibt die Kocherei, aber ich denke auch, daß die Sympathien zwischen uns nicht gleichmäßig verteilt sind. Eine weitere Zusammenfahrt kommt für mich nicht mehr in Frage."

„Für mich auch nicht!", ist die einzige Reaktion von Michael, ein „Ui!" die Helges. Wieder breitet sich Schweigen aus, keine Diskussion folgt, jeder schaut nur betreten in seine Teetasse.

Helge und Michael fahren gemeinsam weiter, ich schließe mich Rolf an. Ein trauriges Ende der Wanderung.

Wir machen uns auf nach El Calafate. Bereits vor der Wanderung bekamen wir die Auskunft, daß der Grenzübergang zwischen Torres del Paine und El Calafate entgegen den Angaben im Reiseführer nie geöffnet wurde, statt 60 Kilometer müssen wir nun fast 400 Kilometer Umweg fahren! Eine schöne Bescherung!

„Mmhh, also ich weiß nicht."

„Aber was haben wir als Alternative?", wirft Rolf ein.

Nachdenklich betrachte ich den sandigen Boden, dann die mickrigen Grasbüschel in der Weite der Pampa, die vom böigen Wind zerzaust werden.

„Also gut, versuchen wir's, schlimmer als die letzte Nacht kann's auch nicht mehr werden." Da mußten wir nämlich stündlich raus, um das Zelt neu gegen Sturmböen abzusichern.

Ich inspiziere unsere heutige Übernachtungsadresse, nicht nobel, aber solide, hoch genug für die Räder, breit genug für zwei Liegematten: eine Abflußröhre unter der Straße.

Dick in den Schlafsack eingemummt trotzen wir dem Windsog. Ich kann nicht einschlafen. Zu vieles geht mir durch den Kopf.

Seit Tagen pedalen wir nun gegen den Wind. Dieser Wind! Stetig bläst er in Sturmstärke, Tag und Nacht. Schutzlos sind wir ihm ausgeliefert. Daß 70 Kilometer ab La Esperanza asphaltiert sind, ist da fast nebensächlich. Wie viele Kilometer haben wir heute geschafft? 30 oder 40? Und das trotz über acht Stunden im Sattel und auf glattestem Asphalt! Alles nur im ersten und zweiten Gang.

Die Radelgruppe im Torres del Paine-Nationalpark, Chile

Nur eine Wasserabflußröhre schützt vor dem patagonischen Sturm

Und das großartige La Esperanza, zu deutsch „Die Hoffnung": nur Tankstelle, Restaurant, Verwaltungsgebäude - von einem Laden keine Spur. Also wieder hungern. Morgen soll noch ein Stück geteert sein, dann beginnt wohl wieder die elende Schüttelei über härteste Schotterpisten, wie gehabt. Wenn doch wenigstens die Landschaft abwechslungsreicher wäre!

Was soll der Wahnsinn? 400 Kilometer Umweg wegen zweier Stempel. Ist doch keine schöne Tour, nur Hektik, Streß, Entsagung. Weihnachten wollte ich in Bariloche verbringen, nun liege ich zwei Wochen davor ausgelaugt in einer Röhre, noch 1.600 windige Kilometer entfernt. Ein kleines Wörtchen drängt sich zunehmend in den Vordergrund: Aufgeben! Nein, bloß das nicht, nach mal eben 1.300 Kilometern. Wie würde ich vor all meinen Freunden dastehen, denen ich von meinem Trip vorgeschwärmt hatte, und wie vor mir selbst? Ich muß da einfach durch!

Die nächste Nacht verläuft dann allerdings bei weitem komfortabler. Statt der erhofften Häuser am Ende der Teerpiste treffen wir auf ein großes Straßenbauarbeiter-Camp der „Techint", die hier an der Fortsetzung der Ausbaustrecke Richtung El Calafate werkelt.

Eigentlich wollen wir nur Wasser holen, Rolf kehrt dann aber nicht nur mit einem vollen Wasserkanister zurück, sondern hat auch noch einen Karton mit Brot und eine Flasche Orangensirup unterm Arm! Kurzentschlossen fragen wir uns zum Boss durch.

„Hay la possibilidad de dormir aquí?" Etwas unsicher kommt mir dieser Übernachtungswunsch schon über die Lippen, aber der Chef in der Küche überlegt nicht lange.

„No hay problema, jetzt geht ihr erstmal was essen, da drüben ist die Kantine. Später schauen wir dann nach einem Schlafplatz für euch."

So sitzen wir bald in der Gemeinschaft von 50 Bauarbeitern an langen Holztischen, löffeln Nudeln in Tomatensoße, trinken Orangenlimonade und freuen uns an einem Stück giftgrünen Wackelpuddings. Die handfesten Kerls wohl mehr an dem Porno-Video, der zeitgleich unter lautstarken Kommentaren im TV läuft. Diese Kombination war mir bisher noch nicht untergekommen ...

Selbst unsere Betten in der Schlafbaracke werden fürsorglich frisch bezogen, auch die warme Dusche fehlt nicht. Südamerikanische Gastfreundschaft! Bis spät in die Nacht stehen wir unseren Bettnachbarn Rede und Antwort, bald nur noch mit Händen und Füßen.

Zum Abschied am nächsten Morgen gibt uns der Koch noch einen tollen Tip: „Am besten, ihr nehmt nicht die alte Piste, bleibt einfach immer auf der Neubaustrecke, die führt euch direkt auf die Asphaltstrecke bis El Calafate."

„Und da hat keiner was dagegen? Ist die auch für Radler geeignet?"

„Si, si, erst vor kurzem sind wieder ein paar Ciclistas vorbeigekommen, allerdings in der Gegenrichtung."

Und drückt uns Äpfel, Orangen und Bananen in die Hand, eine besondere Kostbarkeit in der patagonischen Weite. Um so trauriger stimmt mich der Anblick des randvoll mit Essensresten gefüllten Containers vor der Küche.

„Sieh nur, so weit ist es mit dir gekommen, jetzt wühlst du schon in Abfalltonnen herum", geht es mir durch den Sinn, dann krame ich weiter, klaube vier große Zwiebeln unter den Essensresten hervor. Stolz mustere ich sie - keine einzige schlechte Stelle!

Zuvor hatten wir noch sämtliches Brot vom Tisch der Außenkantine gesammelt, nun ist der Abfallkübel dran. Wir haben Hunger, einfach Bärenhunger. Schuld daran ist bestimmt der heutige eisige Wind, der den Kalorienbedarf noch weiter in die Höhe treibt, und das Frühstück im Camp hatte auch nicht viel hergegeben.

Zum Glück ist die Neubaustrecke teilweise bereits bis auf den abschließenden Teerbelag fertiggestellt und keiner hat was dagegen, daß wir sie benutzen. Noch am selben Abend treffen wir auf die asphaltierte Hauptstraße nach El Calafate.

Argentiniens blaues Wunder

Einige Tage erholen wir uns in der Jugendherberge „Albergue del Glaciar". El Calafate mit seiner eher provinziellen, beschaulichen Atmosphäre ist Ausgangspunkt für Touren zum Perito-Moreno-Gletscher, der etwa 80 Kilometer außerhalb im Nationalpark „Los Glaciares" liegt und über eine Schotterpiste zu erreichen ist. Da wir keine Lust zum Pedalen haben, buchen wir eine Bustour.

Jeder, der mir vom Perito-Moreno-Gletscher erzählte, bekam leuchtende Augen, ich werde sie wohl auch haben.

Der Anblick des Gletschers, durch einen gerade 50 m breiten Wasserabfluß von mehreren Aussichtsplattformen getrennt, verschlägt mir fast die Sprache: mir gegenüber eine etwa 50 m hohe, wild zerklüftete Eiswand, Türme, Spalten, in allen Blauabstufungen schimmernd. Und erst dieses Getöse! Es knackt, knirscht, poltert, rumpelt und knallt aus allen Ecken und Enden, ich spüre förmlich die Urgewalt, die hier diese Abertausende von Tonnen Eis auf dem Felsen Richtung Wasser drängt. Stücke von den Türmen bröckeln ab, ganze Säulen und Wände stürzen mit Urgetöse in das Wasser, um in einer Explosion aus Gischt und Bruchstücken wieder aufzutauchen. Bis spät abends stehe ich da und kann mich einfach nicht sattsehen an diesem Naturschauspiel. Selbst nachts, auf dem nahen Campingplatz, ist der Gletscher die alles beherrschende Geräuschkulisse.

Inzwischen ist das Leben in Argentinien teuer geworden. Über Nacht werden die Preise für fast alle Güter des täglichen Bedarfs um 50 % erhöht, die Tauschrate Dollar zu Austral zieht aber erst langsam nach. Keiner kennt den genauen Wechselkurs, die Banken bleiben geschlossen, es wird fast unmöglich für uns, Dollar loszuwerden. Jeden Tag, meist aber mehrmals täglich, gelten andere Kurse. Wir tauschen nur noch kleine Beträge von Tag zu Tag mit dem Nachteil, jeden Tag erneut von Laden zu Laden gehen zu müssen und nach der Tauschmöglichkeit zu fragen.

Schwerbepackt mit Lebensmitteln schwingen wir uns nach einwöchiger Pause wieder auf die Räder in Richtung der Stadt Perito Moreno (die etwa 600 Kilometer weiter nördlich liegt), lassen die grüne Oase in der Pampa hinter uns.

Der Abschied fällt schwer. Fast jeden Tag kamen neue interessante Leute in die Jugendherberge, die etwas zu erzählen hatten, so z.B. ein deutscher Entwicklungshelfer, der seit fünf Jahren in Zimbabwe Lehrer ausbildet, eine holländische Friseuse, die mir unter großer Anteilnahme gegen einen Beutel Weißwein die Haare schnitt (ohrfrei), ich reparierte einen Walkman, als Belohnung gab's dafür eine halbstündige Massage einer Physiotherapeutin aus der Schweiz, es war einfach immer was los hier.

Nun also hat uns die berüchtigte, weil miserable Schotterpiste „Ruta 40", die einzige Nord-Süd-Verbindung entlang der argentinischen Andenseite, die kaum einer der autofahrenden Argentinier fährt. Sie machen lieber einen großen Umweg und benutzen die asphaltierte „Ruta 3" an der Atlantikküste. Entsprechend dürftig sind die Auskünfte über Pistenzustand, Orte mit Einkaufsmöglichkeiten, Wasser usw., und ich habe ganz schönen „Bammel" vor diesem Streckenabschnitt.

Wenigstens konnte mir Walde, ein bayerisches Urvieh mit VW-Bus, den ich auf dem Campingplatz in Calafate traf, eine gute Autokarte mit allen nennenswerten Orten zeigen.

Die Piste macht ihrem Ruf alle Ehre: zerfurchte Abschnitte wechseln sich ab mit sandigen, unbefahrbaren Strecken, mit Sandlöchern, in denen das Fahrrad fast bis zu den Achsen versinkt und abrupt stoppt, und große Steine schlagen immer wieder bis auf die Felgen durch. Um uns herum „nada", nichts als Pampa. Ein „Rotel"-Bus begegnet uns, dann sind wir wieder allein mit dem Wind.

Wir treffen zum wiederholten Male Helge und Michael wieder, fahren gemeinsam ein Stück weiter. Nachdem das Verhältnis zwischen Rolf und mir sich in den letzten Tagen stetig abkühlte, kommt es vor Tres Lagos, dem ersten Dorf auf der Strecke, zum endgültigen Krach.

Ich bin außer mir, schreie: „Du sitzt hier gemütlich am Straßenrand und mampfst dein Brot und ich habe keinen Tropfen Wasser mehr! Wir müssen weiter ins Dorf!"

„Ich habe noch genug, und außerdem habe ich eh' nicht mehr geglaubt, daß du noch kommst."

„Ja weißt du, was ich fast eine Stunde lang gemacht habe? Ich bin mit dem Kanister zum See vorgelaufen, aber das Wasser war zu veralgt."

Ich brauche dringend Wasser, aber wo gibt's welches in dieser öden, trockenen und menschenfeindlichen Umgebung? Ich will nicht warten, bis er gemütlich fertiggegessen hat und fahre weiter. Zum Dorf schaffe ich es nicht mehr, aber Rolf kommt auch nicht. Ich warte, gerate langsam in Panik. Wo bleibt er nur?

Ein weißer Fiat 127 überholt, der Fahrer kurbelt die Scheibe herunter: „Brauchst du Wasser? Wir haben deinen Radelkameraden weiter hinten getroffen und wissen Bescheid. Hier, nimm das." Dann steigt er aus, zieht einen halbvollen Wasserkanister aus dem Kofferraum, schenkt mir noch Brot und Thunfisch.

Überglücklich esse ich erstmal zu Abend, ärgere mich dann. Die müssen dich für ein ziemliches Greenhorn halten, so ohne Wasservorrat durch die Pampa zu radeln. Schließlich suche ich mir einen Schlafplatz in einer Kanalröhre.

Gespannt warte ich am nächsten Morgen, wann die drei wohl aufkreuzen. Ein Pickup naht, auf der Ladefläche sitzen Rolf, Helge und Michael. Helge ruft noch: „Versuche, ein anderes Auto zu bekommen!", und schon sind sie vorbei.

Fassungslos stehe ich da, trete dann wutentbrannt in die Pedale. Mistkerle!

In Tres Lagos hole ich Rolf wieder ein, wir sagen uns nochmals die Meinung, dann trennen sich unsere Wege endgültig.

Nun solo. Allein durch die Pampa. Ein furchtbarer Gegenwind trifft mich, dazu steigt die Piste stetig an. Die umliegenden Berge bleiben durch den aufgewirbelten Sand nur noch in Konturen sichtbar. Wie betäubt folge ich drei Radspuren, versuche, mich auf die neue Situation einzustellen. Wie soll es nun weitergehen? Geht es überhaupt weiter? Oder war unsere ganze Unternehmung nicht von vornherein zum Scheitern verurteilt? Reiseradler sind bestimmt die größten Individualisten unter allen Travellern, das konnte so nicht klappen, das hätte ich von vornherein wissen müssen.

Ein Gürteltier lenkt mich ab, verschwindet schnell im Buschwerk neben der Straße. Wohlweislich, denn auch Gürteltiere wandern in die argentinischen Kochtöpfe.

Nach etwa zehn Kilometern verbissenen Kampfes gegen den Wind lehnen zwei Räder am Straßenrand, Helge und Michael haben hinter einigen Büschen Schutz vor dem Wind gesucht. Sogleich liegt ein drittes Rad neben den beiden anderen, gemeinsam halten wir Ausschau nach einer Mitfahrmöglichkeit. Einige Stunden sitzen wir da, schreiben, studieren die Straßenkarte, dösen vor uns hin. Auf der Straße habe ich Mühe, aufrecht stehen zu bleiben.

Da, ein roter Toyota-Pickup kommt die Straße herauf! In aller Eile packen wir zusammen, Helge stoppt ihn.

„Wohin geht's?"

„Gobernador Gregores, 170 Kilometer weit." Super, unsere Richtung!

„Könnten wir vielleicht mitfahren?"

Der Fahrer beugt sich kurz aus dem Fenster, betrachtet erst uns und unsere Räder, dann die halbvolle Ladefläche.

„No problema, stapelt die Räder hinterm Fahrerhaus, einer hat noch Platz bei mir."

Der eine ist Helge. Michael und ich finden, eingezwängt zwischen Bündeln, Radtaschen und Ladekante, gerade noch auf der Ladefläche Platz. Rasante Fahrt, die Plane über den Rädern knattert beängstigend im Gegenwind, der Motor heult, Schotter prasselt an den Unterboden, fast 90 Stundenkilometer. Wir beide werden mit Staub nur so eingedeckt.

Von Rolf fehlt jede Spur. Erst bei einem Telefongespräch mit meinem Vater sollte ich einen Monat später erfahren, daß er von Musikern in einem Kleinbus bis Bariloche mitgenommen wurde, und erst in Mendoza sollten wir uns wiedersehen.
Direkt beim städtischen Campingplatz in Gobernador Gregores stoppt der Fahrer. Michael hat kräftig Patina angesetzt, aus meiner Jacke rieselt der Staub.

Die Frage, wo wir Weihnachten feiern werden, beantwortet sich anläßlich eines Besuches bei Alfredo, unserem Pickup-Chauffeur, von selbst: natürlich bei ihm! Übernachten können wir die folgenden Tage im Hause seines Chefs, einem Pelzhändler.
Heiligabend ist eigentlich schon vorbei, als wir uns an die festlich gedeckte Tafel setzen. Erst nach Mitternacht beginnt das Festessen mit Cidre (Apfelwein) und einem kräftigen „Salud", danach wird Hühnchen, Reis- und Kartoffelsalat, Rote Beete, ein herrlich schmeckender Gemüsekuchen und Obstsalat als Nachtisch aufgefahren. Im TV läuft der übliche Weihnachtsschmalz, in einer Zimmerecke flakkert hektisch die bunte elektrische Beleuchtung eines kleinen Plastik-Tannenbaumes. Einige Geschenke liegen darunter.
Ansonsten erinnert nichts an Weihnachten, keine Weihnachtslieder, keine besinnlichen Momente. Wehmütig denke ich an den Duft der Tannennadeln und die Kerzen zu Hause. Frühmorgens geht man dann auf einen oder mehrere der überall im Dorf stattfindenden Weihnachtsbälle.
Natürlich dürfen wir auch am nächsten Tag nicht weiterfahren, denn nun folgt die Gegeneinladung des Besuches, natürlich sind auch wir schon fest eingeplant. Aber laut Alfredo können wir uns das auch leisten, schließlich hätten wir durch die Mitfahrgelegenheit ja mehrere Tage gewonnen ...
Die Zeit bis zum späten Abendessen vertreiben wir uns mit Fernsehen und mit Matetee-Trinken.
Matetee ist das Nationalgetränk, kaum eine Gelegenheit, zu der nicht der bauchig-birnenförmige Matebecher kreist. Die Zubereitung des Mates ist eine Kunst für sich: das Mategefäß wird mit den Blättern des Yerba-Strauches (eine Stechpalmenart) gefüllt, je nach Geschmack noch mehrere Lagen Zucker dazwischen, mit etwas kaltem Wasser angeweicht und dann mit Wasser, das vorher nicht kochen darf, aufgefüllt. Getrunken wird mit einer „bombilla", einem Sil-

berröhrchen mit einem kleinen Sieb vor der Öffnung. Der Becher geht rundum, hat man ihn leergesuckelt, wird er wieder aufgefüllt, der nächste ist dran. Ich habe mich allerdings an den kräftigen und bitteren Geschmack des Mate nur schwer gewöhnen können.

Weiterfahrt. Nach einer offenen Aussprache schließe ich mich Helge und Michael an. Von Gobernador Gregores soll es nun endgültig nach Bajo Caracoles und von da weiter nach Perito Moreno gehen.
Mit schmerzverzerrtem Gesicht humple ich eine Woche später über den städtischen Campingplatz von Perito Moreno. Meine Fersen um die Achillessehnen sind unförmig angeschwollen, gezeichnet von den Anstrengungen der vergangenen Woche, lädiert von 400 Kilometern stürmischer Schotterpiste.
Das Bewußtsein, diesem Alptraum fürs erste entronnen zu sein, tut auch der angeknacksten Psyche gut. Sieben Tage, in denen sich jeder Gedanke um die Auseinandersetzung mit der feindlichen Natur, den unmöglichen Radelbedingungen drehte. Sieben Tage, in denen sich der Tagesablauf auf das Wesentlichste reduzierte: Um 6.00 Uhr in der Morgendämmerung aufstehen, der erste Blick galt immer den Bäumen - Wind? Dann möglichst frühzeitig losfahren, denn vormittags hielt sich der Wind im Rahmen, den restlichen Tag Auseinandersetzung mit der Piste.
Die Ungewißheit über den Pistenzustand zerrte an den Nerven, das langsame Vorwärtskommen forderte die Willenskraft ständig neu heraus. Wie weit kommen wir heute? Finden wir irgendwo Wasser? Reichen die mitgeführten Lebensmittel? Hält das Material der gnadenlosen Rüttelei stand?
Die Pampa reduzierte sich auf Sand und Dornengestrüpp, auf Menschenleere und Einsamkeit. Vereinzelt verloren sich Schafe in der flirrenden Weite.
Die Estancias lagen meist 30 oder 40 Kilometer weit im Hinterland, nur Hinweisschilder und Briefkästen in den unterschiedlichsten Formen - mal ein kleines Häuschen, mal ein alter Ofen oder lediglich ein simpler Kasten - zeugten überhaupt von deren Existenz. Der Autoverkehr war an den Fingern einer Hand abzuzählen, ein Grund dafür, daß sämtliche Hotels entlang der Strecke inzwischen geschlossen waren, uns eine Enttäuschung nach der anderen bescherend. Aber immerhin fanden wir nach längerem Suchen immer Wasser.
So blieben die Estancias unsere wichtigsten Anlaufstellen, denn ne-

ben Wasser boten sie auch windgeschützte Nachtlager. Daß wir meist in einem Raum, mal in einem Schafstall oder einer Werkstatt, übernachten konnten, war natürlich noch besser, denn der Wind war abends und morgens schneidend kalt. Und wir bekamen zumindest einen Eindruck vom kargen Estancialeben.

Fruchtbares Land gibt es in den Flußniederungen eigentlich genug, versandet und verödet aber, weil sich niemand mehr die Arbeit des Anbaus machen möchte, wie uns bei dem Besuch einer Landwirtschaftsschule in Gobernador Gregores erklärt wurde. Denn jede Pflanze muß wegen des trockenen Klimas bewässert werden, eine gehörige Portion Arbeit, dann aber wächst hier vieles, auch Obstbäume und Gemüse.

Und so sahen wir auch viele Estancias mit gelbblättrigen Pappeln, ein untrügliches Zeichen für aufgegebene Estancias, denn Pappeln werden als Windschutz gepflanzt. Sterben sie ab, versanden bald die Felder. Welch Nahrungspotential hier brachliegt! Ich kann nicht verstehen, daß die Regierung hier nicht gegensteuert, aber dazu braucht es Geld und das ist wohl noch knapper als die Nahrungsmittel - zumindest noch derzeit.

Helge litt am meisten unter dem ständigen Wind, dem langsamen Fortkommen, war auch konditionell nicht so stark. Meist mußten wir lange auf ihn warten. Dann begann erneut eine dieser fruchtlosen Endlosdiskussionen, ob wir nun ein Auto stoppen sollten oder nicht. Immerhin gelang es uns, ihn immer zum Weiterfahren zu motivieren.

Bajo Caracoles war wieder so ein verlorenes Nest aus einigen geduckt in der immensen Weite stehenden Häusern, das seine Existenzberechtigung wohl aus einer Polizeistation und einer Straßenkreuzung ableitete.

Hauptattraktion war natürlich der Lebensmittelladen, der allerdings außer Grundnahrungsmitteln nichts bot, nicht einmal Brot. Kurzerhand kochten wir vor dem Laden unser Mittagessen unter den neugierigen Blicken der Anwohner.

Silvesterabend übernachteten wir am Ufer eines Flüßchens im Windschatten der Estancia „La Paloma". Feiern fiel hier flach, es war Schafschur! Ich ließ mir morgens das Schauspiel nicht entgehen.

In der Halle empfing mich eine Mischung aus Schafsfettgeruch, Anfeuerungsrufen der Männer und Schafsgeblöke. Im Hintergrund wummerte der Antriebsmotor. Drei Mann in speckiger Arbeitskleidung bedienten die Schurscheren. In zweieinhalb Minuten verliert ein

Schaf seinen Wollfilz, 4.000 Schafe bei 40.000 ha Grundbesitz sind es hier, etwa 5 ha Pampa benötigt ein Schaf zum Überleben.
Nach Ende der Schafschur zieht die komplette Schurmannschaft zur nächsten Estancia weiter.

Eigentlich liegt Los Antiguos überhaupt nicht in unserer Fahrtrichtung. Aber inzwischen haben wir so viel über die dort am ersten Januarwochenende stattfindende „Fiesta Provincial de la Cereza" (Provinz-Kirschenfest) gehört, daß wir diesen Abstecher von Perito Moreno in Kauf nehmen wollen. Die knappe Woche Pause wird meinen Achillessehnen gut tun. Allerdings bläst uns der Gegenwind bereits kurz hinter Perito Moreno fast von der Straße, so daß wir in stiller Übereinkunft den Daumen heben und nach einstündigem Warten die 50 Kilometer auf einem Pickup mitgenommen werden.
Der ganze Ort steckt noch mitten in den Festvorbereitungen, Häuser werden renoviert, auf dem Festplatz an der Bühne gezimmert und noch kurz ein paar Klos hochgemauert. Daß schon in drei Tagen das Fest beginnt, scheint niemanden sonderlich zu beunruhigen.
Die ruhigen Vorfesttage verbringen wir auf dem städtischen Campingplatz, waschen Wäsche, überholen die Räder, treffen Walter und Kathleen, ein kanadisches Radlerpärchen, bei denen die 16 Monate auf der Straße unübersehbare Spuren an Klamotten und Rädern hinterlassen haben, die aber auch eine Menge zu erzählen haben.
Als sich der Campplatz zum Wochenende hin mit klapprigen Wohnwagen, Klein-Lkws und Bussen füllt und südamerikanische Feststimmung einkehrt, ziehen wir an den Rio Antiguos um.
Die Festtage verlaufen sehr kurzweilig mit argentinischer Folklore und Tänzen, Höhepunkt ist das „La Doma"-Rodeo. Leider hole ich mir da einen Sonnenstich und muß einen Tag pausieren. Die Strecke zurück nach Perito Moreno schaffe ich so eben, aber als dann am nächsten Tag auch noch Durchfall einsetzt, ist kurz hinter Perito Moreno in Richtung Rio Mayo für mich Schluß.
Teilnahmslos sitze ich am Straßenrand. Ja, will denn überhaupt kein Auto kommen? Den ganzen Vormittag hatten uns gerade drei Autos überholt, alles altersschwache Kisten. Ich schrecke hoch. War da nicht eben was? Bei jedem Geräusch, das wie Motorenlärm klingt - und solche hört man viele, wenn man darauf wartet - fahre ich auf. Tatsächlich rüttelt ein Kleinlieferwagen die Steigung herauf, hält auch gleich an.

„Na klar, ihr könnt alle mitfahren", meint der Fahrer. Da ist er aber recht optimistisch, denn im Laderaum lassen Regale voller Tabak eben Platz für ein Fahrrad. Mein Fahrrad.

„Okay, ihr holt mich dann in Rio Mayo ab." Ein kurzer Abschiedsgruß, schon braust der Fahrer los. Wie einfach haben es doch die Autofahrer hier. Schütteln mit 80 Sachen über gröbsten Schotter und eine gute Stunde später sind sie schon im nächsten Dorf.

Im Hotel „El Pinguino" in Rio Mayo (wieder so ein Nest) kuriere ich mich aus, richte mich psychisch wieder auf, denn in den vergangenen Tagen hatte ich Anfälle von Heimweh, dazu das Gefühl, diesen Radelbedingungen nicht länger gewachsen zu sein. Aber nach zwei Tagen schauen Helge und Michael vorbei, und es geht weiter.

Von hier soll es nun über Gobernador Costa und Tecka nach Esquel gehen, der ersten größeren Stadt seit Punta Arenas, seit mehr als zwei Monaten. Die Zivilisation zieht mich magisch an.

Unmittelbar hinter Rio Mayo beginnt die Asphaltstraße, ein Anachronismus angesichts der staubigen Schotterstraßen im Ort. Wie sanft das wieder rollt, kein krampfhaftes Umklammern des Lenkers mehr! Ich kann mal wieder unbesorgt in die Landschaft schauen, ohne Angst zu haben, gleich über ein paar besonders große Steine zu rumpeln! Ein längeres Stück fliegen wir bei Rückenwind Richtung Nordosten über die Straße, sausen mit 70 Sachen ein Gefälle hinunter, dann allerdings biegt die Straße wieder Richtung Nordwesten ab. In Staffelform versuchen wir die Seitenwindböen abzufangen, wechseln uns regelmäßig in der Führungsarbeit ab. Einen Feind, den Schotter, sind wir los, aber der Wind bläst unvermindert weiter. Und auch die Pampa bleibt so trocken, staubig und trostlos wie bisher, seit fünf Monaten hat es nach Auskunft eines Estanciaverwalters nicht mehr geregnet. Eine Estancia verlassen wir wieder unverrichteter Dinge, der Brunnen liefert nur noch eine trübe Brühe.

Wieder übermannt uns das deprimierende Gefühl, auf der Stelle zu treten. Wir übernachten nach Möglichkeit im Schutz von Estancias, in einem Pferdestall, vor einem Schuppen, sind froh, für einige Stunden nicht mehr diesem Wind ausgesetzt zu sein, dieses ständige Sausen aus dem Ohr zu haben.

Die Nerven liegen bloß.

„Hey Jungs, kein Wind, wir müssen sofort losfahren!" Helge springt wie toll vorm Zelt herum, macht einen Riesenradau. Schlaftrunken schäle ich mich aus meinem Schlafsack, schaue zum Zelt hinaus.

„Sag mal, spinnst du jetzt total, es ist gerade fünf Uhr! Leg dich wieder hin und schlafe!"

„Wir müssen los, kein Wind, schnell, aufstehen! Kein Wind!"

An Schlaf ist nicht mehr zu denken, zumal nun auch Michael aufsteht. Im Dunkeln, müde und ohne einen Bissen im Bauch, fahren wir los. Allabendlich folgt intensives Kartenstudium, in welche Richtung verläuft die weitere Strecke, ist mit Gegenwind zu rechnen, mit hügeliger Strecke?

In Tecka lädt uns der Ladenbesitzer nach unserem Einkauf kurzerhand in sein Häuschen zum Tee ein, wir können in seiner Garage unsere Schlafsäcke ausrollen.

Esquel rückt langsam in greifbare Nähe, das Siegesgefühl setzt neue Kräfte frei. Endlich tauchen wir vor großartiger Bergkulisse in die grüne Landschaft vor Esquel ein. Bäume, Wiesen, Felder, ganze Wäldchen, ich kann mich am Grün nicht sattsehen!

Zurück in die Zivilisation nach zweieinhalb Monaten Pampa-Einöde und Kuhnestern! Die Größe der Stadt, der starke Verkehr, die vielen Menschen sind ungewohnt, etwas unsicher kurven wir durch die Straßen.

Zur absoluten Hauptattraktion für uns müde Pampa-Biker gerät der Supermarkt, allein vor der Obstabteilung stehe ich verzückt einige Minuten. Derweil bewacht immer einer die Fahrräder, das ist richtig stressig. „De donde vienes? Á donde vás?" Fragen nach dem Woher und Wohin, meinem Beruf, meiner Familie, dem Preis des Fahrrades und nach vielem mehr prasseln von den umstehenden Passanten auf mich nieder, immer wieder dieselben Fragen. Wie oft sollte ich sie während meiner Tour noch hören!

Helge schlägt augenzwinkernd vor, die zehn häufigsten Standardfragen zu numerieren und dann nur noch einen Zettel mit der entsprechenden Antwort hinzuhalten.

Von Esquel strampeln wir weiter zum Nationalpark „Los Alerces", von da soll es dann über El Bolsón nach Bariloche gehen.

Eine kleine Piste schlängelt sich an einigen herrlich blauen und klaren Seen entlang, durchschneidet üppige Vegetation, wie ich sie monatelang herbeigesehnt hatte. Die Pampa in ihrer Gleichförmigkeit erscheint mir schon wie ein ferner Traum.

Es folgen zwei herrliche „relaxing days" auf dem kostenlosen Campingplatz am Lago Verde, mit dösen, lesen, schreiben, Löcher in den

Himmel schauen. Abends zirpen die Grillen, Vögel zwitschern, der See plätschert verträumt und irgendwo spielt jemand Gitarre.

Nur Helge ist nicht zufrieden, er angelt und angelt, aber kein Fisch beißt an ...

El Bolsón erreichen wir durch teilweise schöne Berglandschaft, immer verbunden mit viel Grün. Fest im Griff der Touristen ist hier viel los, zuviel nach den letzten stillen Tagen, noch am Abend fahren wir weiter. Mühsam kurven wir an faustgroßen, aus der Oberfläche herausstehenden Steinen vorbei, 6 bis 8 km/h liegen an. Autos wirbeln Staubwolken auf, der Wind treibt riesige Staubfahnen vor sich her.

An einzelstehenden Gehöften steigt uns der leckere Duft von „pan casero", selbstgebackenem Brot, in die Nase. Über sanft geschwungene Hochebenen erreichen wir den Eingang zum Nationalpark „Nahuel Huapi", der sich bis nach San Carlos de Bariloche hinzieht.

Zwölf Kilometer geht es steil hinauf aus einem Flußtal bis auf über 1.200 m, trotz der Anstrengung eine meiner bisher schönsten Radelstrecken überhaupt: kurvenreich schlängelt sich die enge Piste am Berg entlang, in jeder Kurve sprudelt ein Bächlein, reiche Vegetation mit vielen Blumen, die Berghänge von Urwald überzogen. Vom Paß bietet sich uns ein atemberaubender Blick auf schroffe Bergketten, die vom späten Sonnenlicht plastisch hervorgehoben werden, saftiggrüne Almwiesen ziehen sich bis zu den Bergen hin. Einige Kilometer weiter beginnt wieder die Asphaltstrecke.

Die ersten Anzeichen einer Stadt: ein Müllplatz, mehr Menschen auf der Straße, ich erreiche die Vororte. Eine lausige Bretterbudensiedlung rechts, eine moderne, noch nicht fertiggestellte langweilige Reihenhaussiedlung links. Im Hintergrund klar die Berge und der Lago Nahuel Huapi.

Bariloche. Ich bremse ab, Schauer laufen mir den Rücken hinunter. Schwer wurde mir die Ankunft gemacht. Monate Kampf gegen die widrigen Witterungsverhältnisse, die nachlassende psychische Bereitschaft, dagegenzuhalten, die Anzeichen von Reisemüdigkeit und Heimweh, Krampf in der Gruppe. Knapp 3.000 Kilometer in drei Monaten, eine lächerliche Kilometerleistung in Anbetracht der Kraft, die ich in diesen Monaten investiert hatte.

Aber jetzt bin ich da, dieses Glücksgefühl kann mir keiner mehr nehmen! Wie oft hatte ich die Karte gewälzt, die Entfernung bis Bariloche abgeschätzt, das mir als Wendepunkt von der Pampa in die Zivilisation galt. Gewiß, die letzten Tage waren wunderschön, eine herrlich unbeschwerte Radstrecke entlang der Lagos Guillelmo und Mascardi, aber doch registrierte ich das alles nur noch am Rand, mein Denken wurde von Bariloche bestimmt.

Gemeinsam tauchen wir in die hektische und ungewohnte Betriebsamkeit einer Großstadt mit 80.000 Einwohnern ein, Autos bedrängen mich von allen Seiten. Wer hat hier eigentlich Vorfahrt?

Hotel „El Mirador" mit „Hängematten"-Betten und einer Besitzerin, die wohl nicht mehr ganz klar im Kopf ist, wird unsere Übernachtungsadresse für die kommenden Tage.

San Carlos de Bariloche wurde 1895 vom Schweizer Carlos Wiederhold gegründet, ist heute Skiort Nr. 1 in Südamerika mit den entsprechenden Touristenmassen. Viele Deutsche siedelten sich Anfang dieses Jahrhunderts hier an. Ich schlendere durch die Stadt, einer eigentlich furchtbaren Mixtur aus alpenländischer Architektur in Holzbauweise und nüchtern modernen Betonzweckbauten. Ein überwältigendes Lebensmittelangebot erwartet mich in den Supermärkten, Vollkornbrot, Frischmilch, Schokolade wird wohl in jedem Geschäft selbst hergestellt, und endlich Post aus der Heimat!

Anziehungspunkt im Sommer ist die herrliche Bergwelt westlich von Bariloche. Nach einer eingehenden Beratung im Club Andino wandern wir einen Vier-Tages-Trail vom Refugio Frey zum Refugio San Martin. Und diese Bergwelt ist wirklich großartig! Schroffe Bergketten mit weiten Ausblicken bis zum Lago Nahuel Huapi, in den engen Tälern Urwald und Bambusdickicht. Allerdings stellt der Trail gehörige Anforderungen an Kondition und auch Schwindelfreiheit, denn die Geröllhänge weisen bis zu 75 Grad Steigung und Gefälle auf, als ich da runterschaue, muß ich dann doch erstmal schlucken ...

Unsere letzte Nacht vor der Weiterfahrt Richtung Chile. Wir liegen bereits in den Betten, ich versuche zu schlafen.

„Also, ich möchte nicht, daß du weiter mit uns fährst", sagt Michael ganz ruhig, Helge hört schweigend zu. Ich falle aus allen Wolken.

„Sag mal, weißt du, wie spät es jetzt ist? Kurz nach ein Uhr morgens! Warum hast du nicht die Wanderung für eine ruhige Aussprache genutzt, Zeit dafür war genügend vorhanden?"

Dabei hatte ich unser Gruppenleben als doch recht harmonisch empfunden, natürlich mit den üblichen kleineren Reibereien. Da muß wohl mehr dahinterstecken.

„Also, was ist es wirklich, sag's mir."

Michael druckst herum, findet Gründe, die ich als einfach lächerlich empfinde, so mein Gedankenspiel, in Córdoba einen Sprachkurs zu absolvieren und damit mich eh' von der Gruppe absetzen zu wollen. Im Endeffekt ist es wohl die Angst, daß ich mit Helge auf Dauer besser harmoniere und ihn dann aus der Gruppe hinausdrängen könnte. Denn die zwei haben auch so ihre Probleme.

Diesmal ist der Graben zu tief, ich habe den Gruppenstreß endgültig satt. Dennoch bereitet mir der Gedanke, bald alleine weiterfahren zu müssen, eine schlaflose Nacht. Ich muß mir schnellstmöglich mein Zelt schicken lassen, das ist klar, so lange wollen wir noch zusammenbleiben.

Chile: Seen, Vulkane, Nationalparks

Meine nächste Postadresse habe ich erst bei einer Mission in Panguipulli, nördlich von Osorno und mitten im chilenischen Seengebiet gelegen, und da wollen wir jetzt hin. Bleibt nur das Problem, wie wir bis Osorno an der Panamericana kommen.

Denn die Anden bilden eine natürliche Barriere zwischen Argentinien und Chile und wollen noch bezwungen werden. Nördlich von Bariloche warten einige Paßstraßen auf wagemutige Toureros, aber mein Reiseführer hat einen interessanteren Tip parat, speziell für Bustouristen und unsereins: die Drei-Seen-Route!

Bald tuckern wir über die Seen, die durch Schotterpisten miteinander verbunden sind. Allein schon die Gebirgslandschaft ist den Trip wert. Die Paßhöhe „Pérez Rosales" ist auch nur radlerfreundliche 1.022 m hoch, doch die ungemein steile und mit losem Schotter bedeckte Abfahrt stellt gehörige Anforderungen an die Bremsen.

In Peulla, dem Fährhafen am letzten See, dem „Lago Todos Los Santos", erwartet uns die chilenische Zoll- und Paßabfertigung.

„Hola, ist denn da niemand?"

Im Zollhäuschen bleibt es mucksmäuschenstill, aber eine Tür im Nachbarhaus öffnet sich. „Einen Moment, Señor, es wird gleich jemand erscheinen."

Tatsächlich erscheint dann bald der Grenzer im Freizeitdress, den Stempel in der Hand haltend.

„So, Señores, jetzt leeren Sie bitte mal den Inhalt ihrer Radtaschen dort aus", weist mit dem Finger auf einen langen Holztisch. „Wie Sie bestimmt wissen, besteht ein Einfuhrverbot für Früchte, Gemüse und Milchprodukte."

„Wieso denn das, ist doch alles noch gut?"

Helge ist aufgebracht, mit traurigen Blicken sehen wir Orangen, Äpfel und Käse im Mülleimer verschwinden, nicht ohne daß zuvor die Menge fein säuberlich in einer Kladde registriert wurde.

„Wir wollen verhindern, daß sich die Maul- und Klauenseuche und die Fruchtfliege bei uns ausbreiten, in Argentinien wird nicht geimpft."

Inwiefern hier jedoch Touristen schlicht zum Spielball der Politik werden, ist eine andere Frage, die argentinisch-chilenischen Händeleien sind ja bekannt. Der Grenzer hat dann doch noch ein Einsehen und wir dürfen unsere Fruchtvorräte im Zollraum verspeisen. Zumindest gesund lebt man ja beim chilenischen Grenzübertritt.

Drei chilenische und ein deutscher Mountainbiker stoßen zu uns, zu siebt (!) - und mit dem entsprechenden Aufsehen - düsen wir nach Überquerung des dritten Sees zum Lago Llanquihue. Mit 880 km² ist er anderthalbmal so groß wie der Bodensee und der drittgrößte See in Südamerika überhaupt.

Wir sind nun inmitten des chilenischen Seengebietes, das sich einige hundert Kilometer entlang der Anden und an einer ganzen Kette von Vulkanen erstreckt. Ein Seen-Kleinod reiht sich an das andere.

Lago Rupanco ist unser nächstes Ziel, eingebettet in Hügelland, das auf der einen Seite - ein faszinierender Gegensatz - mit dichtem Urwald bedeckt, auf der anderen Seite kultiviert ist, mit einsamen, hohen und struppigen Bäumen als stumme Zeugen der ursprünglichen Vegetation. Wir schlafen am Strand. Ein herrlicher Sonnenuntergang, Gewitterwolken stehen wie beim Appell parallel über dem Vulkan Casablanca und den Andengipfeln, verfärben sich langsam rot. Wellen plätschern einschläfernd gleichförmig an den Strand.

Nun, eigentlich wollen wir dann direkt per Boot über den See setzen und auf einer Piste zum nördlich gelegenen Lago Puyehue fahren. Die drei chilenischen Mountainbiker hatten uns diesen Tip gegeben. Über die Existenz und Befahrbarkeit der Piste bekommen wir die unterschiedlichsten Auskünfte, von „no, hay nada" (gibt's nicht) über unbefahrbar verschlammt bis bequem geschottert reichen die Erklärungen der Einheimischen, bis wir uns schließlich in einer Militärkarte von deren Existenz überzeugen können. Ein genügend großes Boot für drei Mann und Ausrüstung ist allerdings nicht aufzutreiben und so ist unser Vorhaben letztendlich zum Scheitern verurteilt, wir müssen denselben Weg entlang des Sees zurückfahren.

Aber wir machen erste Bekanntschaft mit den Nachkommen deutscher Einwanderer, die von Mitte bis Ende des vorigen Jahrhunderts in mehreren Einwanderungswellen nach Chile kamen. Die Auswirkungen sind noch gut sichtbar: deutsche Namen an vielen Geschäften, Bäckereien bieten „kuchenes" (die spanische Mehrzahl für Kuchen) und ''pan negro'' (Schwarzbrot) an, des öfteren werden wir von älteren Leuten auf Deutsch angesprochen, der chilenische Lebensstandard ist vergleichsweise hoch.

„Carreras grandes a la chilena" ist auf einem kleinen Pappschild am Eingang einer Weide in roter Farbe hingepinselt. Klar, daß wir uns das nicht entgehen lassen wollen! Jeweils zwei Reiter treten unter dem Johlen der Menge auf dem buckligen Rasen gegeneinander an, der schnellere gewinnt. So einfach ist das. Aber das Fußvolk hat offensichtlich eine Menge Spaß, es wird getratscht, gelacht, lautstark gewettet und noch mehr Pisco getrunken.

Auf dem Weg nach Osorno trenne ich mich endgültig von Helge und Michael. Die eigentliche Entscheidung hatte ich bereits am Tag zuvor (meinem Geburtstag) getroffen, sie wurde mir dann durch das egoistische Verhalten Michaels, das zu mehrstündiger Warterei führte, leichtergemacht.

„Ruta 5, Santiago", das Schild weist nach Norden, meine Richtung. Ruta 5, die Panamericana! Ein unglaubliches Gefühl. Strenger Rückenwind schiebt mich voran, locker erklimme ich Hügel um Hügel. Komisch, seit der Grenzüberquerung bläst der Wind nur noch mäßig, meist von der Seite. Ist ihm die Puste ausgegangen? Auch meinem Fahrrad, das mich bisher selbst auf materialmordenden Pisten nicht im Stich gelassen hatte, tut die Teerdecke bestimmt gut. Alaska, ich komme, ha!

Doch halt, was ist das? Gerade hatte mich ein kleiner vollbesetzter Daihatsu überholt, stoppt dann einige hundert Meter weiter. Der Fahrer steigt aus, gibt Stoppzeichen, hält einen Ausweis hoch.

„Was ist denn nun los, vielleicht Polizei?"

Nein, ein rasender Reporter auf Familienausflug und doch im Dienst.

„Ich schreibe für 'La Tercera', das ist die auflagenstärkste überre-

gionale Zeitung in Chile. Hätten Sie nicht Lust auf ein Interview?"
Das habe ich, schon oft hatte ich mir einen Zeitungsartikel gewünscht, den ich neuen Freunden schenken wollte. Bei meinen Spanischkenntnissen sollte dann aber vieles ziemlich verdreht werden.
Nach zwei Fotos vor einem Straßenschild bin ich wieder allein mit
der Panamericana und der Hitze.
Nach diesem kurzen Intermezzo biege ich Richtung Panguipulli/Mission Calafquen ab. Die Straße wird von einer fast lückenlosen Brombeerhecke voller süßer reifer Früchte eingegrenzt, ein verlockendes
Beerenangebot, dem ich nicht lange widerstehen kann. In einer Viertelstunde habe ich bestimmt ein Pfund gepflückt, der Magen drückt
danach kräftig.

„Ja, ja, kein Problem, ich passe auf dein Fahrrad auf", meint der
Baumeister in der Baubude in gebrochenem Deutsch. Beruhigt lehne
ich mein Gefährt an den Zaun, überklettere das Zufahrtstor zur Mission. Hinter einer Wiesenkuppe lugt bereits ein Kirchturm mit rotem
Wellblechdach hervor, weist mir den Weg. Mehrere Gebäude,
Spielgeräte, eine gepflegte Gartenanlage mit vielen Blumen und Riesen-Aloen (im Vergleich zu denen in Deutschland), die Mission. Und
herrlich am Ufer des Lago Calafquen gelegen. Weit schweift der
Blick über den See bis zum 2.900 m hohen Villarica, einem Modellvulkan mit perfekter Kegelform, dessen oberes Drittel mit Schnee
überpudert ist.
„Na, das wird ja Zeit, daß du endlich aufkreuzt, ich hatte schon lange mit dir gerechnet. Rolf hatte mir erzählt, daß da wohl noch mehr
Radler kommen werden."
Schwester Damasina, eine rüstige Mitsiebzigerin, begrüßt mich herzlich, läßt mir keine Zeit zum Antworten.
„Da ist deine Post und schlafen kannst du im Klassenzimmer des
Schulgebäudes, kannst bleiben, so lange du willst."
Und schon schleppt sie eine Matratze ins Klassenzimmer, läßt sich
von mir nicht helfen.
„Beeil' dich mit dem Bad, es gibt bald Abendessen."
Nach einem im wahrsten Sinne des Wortes erfrischenden Bad im
Lago Calafquen warten bereits Bier, Suppe, Würstel mit Senf und
Brot auf mich, eine Schwester bedient.
„Greif nur zu, damit du wieder zu Kräften kommst", meint der
Monsignore auffordernd. Das lasse ich mir nicht zweimal sagen!

Später, nach langen Gesprächen, sitze ich allein im Klassenzimmer, umgeben von verwaisten Stühlen und Bänken, vor mir die Tafel, und lese die Post. Ah, fühle ich mich gerade wohl!

Drei Tage Aufenthalt in der Mission geben mir einen Einblick in die heutige Missionsarbeit. Ich habe allerdings auch das Glück, den Bischof dieses Distrikts, der übrigens sogar die Osterinseln umfaßt, anzutreffen, einen kleinen würdevollen älteren Mann mit langem Vollbart, braunem Talar und großem Kreuz vor der Brust. Ich verstehe mich gut mit ihm und so nimmt er mich zu einer Fahrt zu verschiedenen Missionsstationen rund um den Lago Calafquen mit.

Erst schlägt er ein Kreuz, läßt dann den Opel Rekord mit 70 km/h über die Piste tanzen, die ich gestern mit viel Mühe mit 10 km/h geschafft hatte. Vorbei geht's an einer staatlichen Gesundheitsstation, vor der viele Leute mit Kleinkindern warten. Die monatliche Gesundheitskontrolle.

„1940", erklärt er mir, „als hier die erste Missionsstation gebaut wurde, war das noch Urwaldgebiet. Erst um 1900 wurde das Araukanerland überhaupt missioniert. Auch heute noch sind 93 % der Bevölkerung Araukaner-Indianer, die teils weitab von der Straße unter primitivsten Verhältnissen leben."

Und er fährt fort: „Die Missionen stellen weiterhin die Schulbildung sicher, die Kinder bekommen auch ihr Essen hier, nur ein Teil der Kosten wird von der Regierung getragen. Die Franziskaner konzentrieren sich auf das Araukanerland, weitere Stationen bis über Santiago hinaus bestehen hauptsächlich in den Städten. Kapuziner, Kreuzschwestern und einige andere Orden tummeln sich allerdings auch noch hier", brummt er etwas mißmutig.

„Leider bessern sich die Lebensumstände der Leute nur langsam, das Hauptproblem stellt die Mentalität der Menschen dar, die nur für den Augenblick leben und entsprechend handeln", meint Schwester Irmgard später am Abend. Wir beobachten, wie Feuerzungen aus dem Vulkan lecken.

„Da ist ein Bauer, der besaß einen Tannenwald, 12 Jahre alte Bäume und dick genug für die Holzfabrik. Nach einem guten Angebot der Fabrik schlug er sämtliche Bäume, anstatt nur auszudünnen und die restlichen Bäume weiterwachsen zu lassen, da sie mit 20 Jahren wesentlich mehr Ertrag bringen. Folge: für den Moment hatte er viel Geld, nun aber 12 Jahre keines mehr und der Boden geht durch Erosionsschäden auch noch kaputt."

Drei Tage werde ich gemästet. Morgens erwartet mich bereits ein reichhaltiges Frühstück mit leckerem selbstgemachtem Brot und selbstgemachter Marmelade, mit Honig, Käse, Wurst und Kaffee. Schwester Damasina kümmert sich liebevoll um mich. Ich muß tüchtig zugreifen. Am leckersten sind allerdings ihre frischen Kuchen! Bereits um 4.30 Uhr beginnt ihr Tag, meist bäckt sie Brot, erwartet dann Krankenbesuche und macht selbst einige.

Im Grunde genommen jedoch leben die heutigen „Missionare" komfortabel, die Missionsstation sehe ich mehr als kleine Insel, auf der es an nichts fehlt. In großen Beeten werden alle nur erdenklichen Gemüsesorten gezogen, das Fleisch liefern Hühner und Schafe.

Bis Santiago de Chile steht nun auch meine Reiseroute. So möchte ich erst noch einige Seen abklappern, dann bei Victoria die Panamericana kreuzen und bis zur Pazifikküste radeln. Ab Chillan bis in die Hauptstadt will ich wieder die Panam benutzen.

Mit 1 kg „Ritter Sport", meinem lang ersehnten Zelt und viel Zuversicht im Gepäck nehme ich die hügelige Lavapiste um den Lago Calafquen unter die Räder, quäle mich durch lockeren Lavasand und scharfkantiges Gestein. Meine Reifen bereiten mir Sorgen, vor allem der Hinterreifen sieht schlimm aus. Ganze Profilstücke haben die Schotterpisten bereits herausgerissen, Gewebe schaut heraus. Zur Sicherheit montiere ich deshalb den Reifen von hinten nach vorne.

Aus einem Feld steigt hinter Bäumen weißer Dampf auf, neugierig schaue ich nach: eine Dreschmaschine steht dort, die über einen bestimmt zehn Meter langen Keilriemen von einer heftig schnaufenden, uralten Dampfmaschine angetrieben wird. Auf Ochsenkarren, deren Räder aus gerundeten und mit einem Loch für die Achse versehenen Baumstammscheiben bestehen, wird das Korn herangefahren. Weit fliegt die Spreu im Wind. Ich fühle mich um 100 Jahre in der Zeit zurückversetzt.

Der Ochsenkarren ist leer. Der Maschinist pfeift mehrere Male schrill, Zeichen für die Bauern in der Umgebung, daß der nächste sein Korn dreschen lassen kann. Während der Wartezeit bringt er das schnaubende Ungetüm zum Stillstand und inspiziert den Keilriemen. Ist sämtliches Korn der Gegend gedroschen, wird die Dampfmaschine zum nächsten Dreschplatz geschleppt.

In Villarica am gleichnamigen See treffe ich nach langer Zeit mal wieder drei Reiseradler, Martin aus Deutschland, Thomas und Sirikit aus der Schweiz. Martin hat bereits einen langen Weg von Venezuela hinter sich, die anderen kommen von La Paz. Wir begießen unser Treffen abends auf dem Campingplatz mit viel Rotwein.

Strömender Regen setzt die Durchgangsstraßen unter Wasser, ans Weiterfahren brauche ich gar nicht erst zu denken. Zufällig lerne ich Bernhard kennen, Kölner und Barkeeper im „Treffpunkt Sozial" in Villarica.

„Geh' zur Pension 'Familie Stepke', zuletzt waren zwei Deutsche dort, die sind 45 Tage geblieben!"

So sitze ich bald in einem gemütlichen Dachzimmerchen und schreibe Briefe, während immer wieder das Wort „bicicleta" heraufschallt. Mein Zeitungsartikel ist erschienen und den zeigen die Pensionseltern allen Neuankömmlingen. Welch berühmter Gast im Haus!

Steil führt die Erdpiste vier Kilometer in Serpentinen einen unbewaldeten Berghang hinauf, die Sonne brennt ungehindert auf mich herab. Den Großteil davon muß ich schieben, die Piste ist noch aufgeweicht von den starken vorangegangenen Regenfällen. Ich schnaufe wie eine Dampflokomotive, Schweiß tropft von den Armen, von der Stirn in die Brille, schlimm. Die Blicke über bewaldete Bergketten und, kurz vor dem Kamm, auf den Vulkan Villarica im Blick zurück entschädigen zumindest ein wenig die Mühsal.

Es geht wieder abwärts auf schlammiger Piste, in einem Schlammloch rutscht das Rad unhaltbar weg und schlägt seitlich hin. Der rechte Spiegel hat einen Sprung weg.

Langsam tritt der Lago Tinquilco, Teil des Nationalparks Huerquehue, zwischen den Bäumen hervor.

Die Parkrangerin ist überaus freundlich, weist mir den Weg zum Campingplatz. Der wohl schönstgelegene aller meiner Reisen: eine parkähnliche Terrassenanlage unter hohen Bäumen, enge Wege schlängeln sich von Terrasse zu Terrasse durchs Unterholz zum Seeufer hinunter, Wasser fließt aus einem ausgehöhlten Baumstamm. Von der schattigen Sitzbank habe ich einen wunderbaren Blick über See und Berge. Ich esse zu Mittag. Eine Ruhe, ein Frieden ist das hier, unglaublich. Ein kleines Paradies, Vögel zwitschern, kleine Wellen plätschern ans Ufer, Enten treiben auf dem See, nichts stört die Harmonie.

Selbst die Angler, die langsam in einem Paddelboot über den See ziehen, tauchen die Paddel nur sachte ein, so, als wollten sie diese Harmonie nicht stören, als ob auch sie ein Teil des Naturschauspiels wären. Ich atme tief durch, sauge die frische Luft in mich hinein. Alle Mühen und Anstrengungen der letzten Stunden, Tage und Wochen sind vergessen, alle Sorgen kommen mir unnatürlich, weit entfernt vor. Den Nachmittag verbringe ich auf einem Trail zu mehreren kleinen, von Schilfgürteln umrahmten Seen, die einige hundert Höhenmeter oberhalb meines Lago versteckt im Wald liegen. Viele Araukarien wachsen hier, Nadelbäume, die in ihrer charakteristischen Silhouette (hoher Stamm, Astwuchs nur um die Krone herum, die Äste wachsen geradlinig aus dem Stamm heraus, eigentlich ideale Weihnachtsbäume ...) Dreiecken mit Stiel gleichen. Frösche geben ein Galakonzert, übertönen das Vogelgezwitscher und das Summen der Zikaden. Smaragdeidechsen nutzen die Sonnenstrahlen für ein Sonnenbad, ich für ein abendliches Bad im See. Sogar ein kleiner Sandstrand gehört zu meiner Terrasse!

Schweren Herzens fahre ich zum Lago Caburgua zurück, will den See über das Ostufer umfahren. Leider ist dem Kartographen beim Zeichnen meiner Straßenkarte etwas die Phantasie durchgegangen, nach einigen Kilometern stark gewellter Schotterpiste stehe ich plötzlich vor einer Felswand, über die nur ein Fußweg weiterführt. Hätte ich nur den Einheimischen mehr Glauben geschenkt! Was nun? Zurückfahren und ein Boot chartern oder versuchen, den See auf dem Wanderweg zu umgehen?
Ich entscheide mich für letzteres, nicht ahnend, was mich in den nächsten Stunden erwarten sollte. Der Fußweg wird zunehmend enger, ich muß das Rad Steilstellen hinaufwuchten und über mehrere Bäche balancieren. So ein Blödsinn, diesen Weg zu versuchen, wer weiß, wie weit ich komme! Nach einer Stunde habe ich genug, frage in Häusern am Ufer, ob ich ein Ruderboot mieten kann, aber die Leute sind mißtrauisch und schicken mich weg. Bleibt also nur der Weg zurück.
Aber ich habe mal wieder unglaubliches Glück. Kaum habe ich den Rückweg angetreten, kommt mir auf diesem gottverlassenen Wanderweg ein Mountainbiker mittleren Alters entgegen.
„Haben Sie eine Ahnung, ob es weiter vorne eine Straße gibt? Habe jetzt den ganzen verdammten Wanderweg bis hierher geschoben und wirklich keine Lust, wieder umzudrehen."
„Oh je, eine Straße war hier mal geplant, aber das ist schon lange her." Kritisch betrachtet er meine Karte.

„Gibt es wirklich keine andere Möglichkeit? Wird der Wanderweg vielleicht wieder besser?"

„Also, den Weg kannst du vergessen, aber zwei Kilometer weiter ist ein Fluß. Dort hat ein Freund von mir einen Campingplatz eingerichtet, ein Motorboot besitzt er auch. Mit dem Boot kann er dich zum „Playa Negra" auf der anderen Seite übersetzen, das macht er bestimmt. Da beginnt dann die Straße. Soll ich dich hinbringen?"

Begeistert willige ich ein, es folgen die längsten zwei Kilometer meines Lebens: zwei Stunden quälen wir uns über den Pfad, der teilweise mit Brombeerbüschen fast zugewachsen ist, reißen uns Beine und Hemden auf, zu zweit ziehen und wuchten wir das Rad die Steigungen hinauf, teilweise muß ich Steinstufen umtragen, wir brauchen öfters eine Pause, um auszuschnaufen. Nach einem waghalsigen Abstieg das Steilufer des Flusses hinunter - das Rad reißt mich einige Male beinahe mit sich - und nach der Flußüberquerung stehen wir an einem Sandstrand. Geschafft!

Als ich meinen Mountainbike-Freund noch frage, wieso er mich denn überhaupt begleitet hätte, meint er nur lakonisch: „Aber du hast doch so unglücklich ausgeschaut ..." Jetzt bin ich wieder glücklich.

Der Freund setzt mich dann tatsächlich zum Westufer über, nach schneller Fahrt stehe ich fünf Minuten später am Playa Negra, dem Ende bzw. Beginn der Piste zum Lago Colico.

Lagos, Lagos und kein Ende. Dennoch kommt keine Langeweile auf. Jeder dieser Seen hat seine Eigenarten, seinen Charakter, abhängig von der angetroffenen Lichtstimmung, auch der eigenen Stimmung. Und nach 30 Kilometern erbarmungsloser Rüttelei freue ich mich auf ein erfrischendes Bad. Wenn ich dann satt nach einem abenteuerlichen Tag im Schlafsack liege, als Dach diesen unbeschreiblich gleißenden Sternenhimmel, eine Sternschnuppe mit deutlichem Schweif langsam verglüht und die Wellen einschläfernd gleichmäßig ans Ufer plätschern, kann ich mir nichts Schöneres vorstellen.

Der Nationalpark Conquillio liegt an der Nordgrenze des chilenischen Seengebiets und ist mein letzter. Er wird vom Llaima, einem 3.060 m hohen Vulkan dominiert, dem stetig eine weiße Dampfwolke entweicht.

Die Fahrt durch den Nationalpark wird dann zu einer wunderschönen Radelstrecke: eine kleine, einspurige Lavapiste mit scharfkantigen Steinen schlängelt sich durch ein ausgedehntes Lavafeld hindurch,

teils meterhohe, in den bizarrsten Formen erstarrte Lavamassen türmen sich neben der Straße auf.
Stetig führt die Piste bis auf 1.080 m Höhe, erreicht herrlich kühlen
Wald, ich entdecke erste Araukarien. Zuerst einzelstehend, dann
kleine Gruppen, schließlich ganze Wälder, auch auf den benachbarten Bergkämmen sind ihre über die anderen Bäume aufragende Sil-
houetten unverkennbar. Es ist das größte zusammenhängende Ar-
aukarien-Waldgebiet und überdies eine wunderschöne Wanderland-
schaft, eigentlich einen längeren Stopp wert. Aber das Meer ruft ...

In schneller Fahrt pedale ich auf guter Asphaltpiste westwärts, lasse
die ausgedehnten Waldgebiete des Nationalparks hinter mir, kreuze
die Panamericana bei Victoria, um in die Kornkammer Chiles einzu-
tauchen.
Goldgelbe Weizenfelder bis zum Horizont, nur ab und zu von einem
Acker oder einer Pinienschonung unterbrochen, aus der Ferne ergibt
das die herrlichsten Muster. Im Westen begrenzt die Küstenkordillere
bzw. „Cordillera del Nahuelbuta" das hügelige Weizenland, Pinien-
schonungen in allen Wachstumsphasen verdrängen den Weizen.
Holz, Holz, Holz. Hier lebt alles vom Holz. Riesige Sägereien, das
Straßenbild wird von Holzlastern und das Landschaftsbild von ausgedehnten Pinienwäldern bestimmt.
Die Pinienforstwirtschaft wird radikal betrieben: wird ein Waldstück
abgeholzt, dann wirklich total, da bleibt nicht der kleinste Trieb mehr
stehen - mit den entsprechenden Erosionsauswirkungen! Wie wird
es hier in 10 oder 20 Jahren aussehen, wenn die ganzen Wälder abgeholzt sind?
Statt der erhofften schönen Küstenstraße erwartet mich allerdings
nun eine industriell genutzte Zone, das zweitgrößte Industriegebiet
nach Santiago, wirft mich von einem Geruchsabenteuer ins nächste.
Zuerst Lota, eine der größten Kohlengruben Chiles mit malerisch
bunten am Hang klebenden Holzhäusern, beißendem Kohlerauch
und vielen derben, an der Straße herumlungernden Gestalten, dann
Coronel mit seinen rauchenden Schloten der fischverarbeitenden Industrie und einem unbeschreiblichen Gestank, schließlich Schwärme
von Lkws und Minibussen, die rücksichtslos im Zentimeterabstand
überholen und mich mit Dieselabgasen einnebeln.
Hinter dem touristisch unergiebigen Concepción überquere ich wieder die Küstenkordillere. Santiago ruft.

Häuschen in Reih' und Glied: die Bergwerksstadt Lota in Chile

Argentinien: die Gauchos sind die Herren der Pampa ...

Vier Tage lang „Kilometerfressen" auf der Panamericana, durch trok-kenbraune, hitzeflirrende Landschaft mit viel Industrie, Tage stupiden Tretens durch eine weite Ebene, 100 bis 120 Kilometer pro Tag. Die Städte, heißen sie nun Chillan, Talca oder Rancagua, gleichen sich sehr.

Interessant, wie viele Variationsmöglichkeiten der Straßenbelag bie-tet: vom superfeinen Flüsterasphalt über reifenlutschenden Grobas-phalt bis zu Betonplatten, die zentimeterweit auseinanderklaffen. Un-vermittelt tauchen immer wieder Schlaglöcher auf.

Probleme bereitet auch der Verkehr. Bei asphaltierten Seitenstreifen kann ich Bussen und Lkws ausweichen, ich sehe sie ja rechtzeitig im Seitenspiegel, nicht dagegen bei geschotterten. Dann wird's eng, der Begriff „Mindestabstand" ist ein Fremdwort. Erst wird gehupt und dann doch trotz Gegenverkehr überholt. Die einheimischen Radler besitzen erst gar nicht die Frechheit, die Fahrbahn zu benutzen, son-dern halten sich immer gesittet auf dem Seitenstreifen, egal, welcher Qualität er ist. Daß dann ein Radler mit so einem bepackten Rad trotz Hupen nicht sofort auf den Seitenstreifen flüchtet, scheint die Fahrer zu überfordern.

Welchen Rang Radler in der Hierarchie der Verkehrsmittel einneh-men, zeigen mir des öfteren entgegenkommende Busse, die trotz meines Nahens einen Lkw überholen. Einmal herrisch die Lichthupe betätigt, der wird schon Platz machen! Für mich bedeutet das Voll-bremsung und runter auf den Seitenstreifen, der manchmal zehn Zentimeter tiefer als die Fahrbahn ist!

Schon erstaunlich, was so alles auf der Panam unterwegs ist: Pferdefuhrwerke, Schubkarren, viele Radler, Familien laufen seelen-ruhig auf der Fahrbahn dahin, an den Bushaltestellen warten ganze Menschentrauben, Hühner picken am Straßenrand nach Eßbarem, und mittendurch rast der Verkehr ...

Der Einfachheit halber übernachte ich in Billigpensionen, werde auch einmal eingeladen.

Viele mit Obst und Gemüse beladene Lkws sind nun unterwegs. Trauben liegen auf Feldern in langen Reihen zum Trocknen aus und verströmen einen eindringlich süßen Geruch.

Eine sechsspurige Straße mit viel Hektik führt nach Santiago hinein, abbiegende, überholende Autos, überall muß ich meine Augen ha-ben. So erreiche ich am 8. März die ersten Vororte von Santiago.

Eine braune Smogglocke hängt über der Stadt, meine Augen tränen.

Schöne Begrüßung. Aber viele Leute hatten mich bereits vor der Luft hier gewarnt, die weltweit nach Mexiko City, Kairo und São Paulo die viertschlechteste und nach der Schadstoffzusammensetzung sogar die gefährlichste überhaupt sein soll! Ein Arzt hatte errechnet, daß ein Tag Leben und Atmen in Santiago dem Rauchen einer Packung Zigaretten entspricht ...

Verursacher sind überwiegend die 14.000 Minibusse, Eigenproduktionen auf Mercedes-Benz-Fahrgestell, die selbst die entlegensten Vororte Santiagos erreichen. Auf der Avenida „Bernardo O'Higgins", der zehnspurigen Hauptverkehrsader Santiagos, sind ihnen allein vier Spuren reserviert.

Der arme Reiseradler, der sich in diesen Hexenkessel ohne Ortskenntnisse auf der Suche nach der Jugendherberge da hineinwagt und verirrt!

Doch als ich dann abends mit Kelly, einer Amerikanerin, und James, einem lustigen Taiwanesen, bei viel Rotwein im Innenhof der Jugendherberge - eine Oase der Ruhe inmitten der Großstadthektik - zusammensitze und mich nach Wochen wieder mal problemlos unterhalten kann, ist die Welt wieder in Ordnung. Ich freue mich auf die radelfreien Tage.

Cerro San Cristobal, Cerro San Martin, die quirrlige Innenstadt mit vielen alten Gebäuden und das Eisenbahnmuseum sind einige touristische Stationen, allerdings streiche ich bald alle Besichtigungspunkte, die schöne Rundblicke versprechen. Man sieht vor Abgasgewaber einfach nichts. Ich durchstreife die Avenida San Diego, in der sich ein Radgeschäft ans andere reiht, auf der Suche nach brauchbaren Ersatzteilen, und lasse mein Hinterrad zentrieren. Im Gegensatz zu Argentinien bestehen in Chile keine Importrestriktionen, entsprechend viele bekannte japanische Teile sind erhältlich.

Mit James mache ich verschiedene Discos und Musikkneipen unsicher, lerne die verhaßten Minibusse schätzen, die selbst in den frühen Morgenstunden durch die Stadt rasen. Man wartet einfach am Straßenrand, bis der richtige kommt, Hand heben, stoppen, aufspringen und gut festhalten, denn der Fahrer gibt sofort wieder Gas, um dann vielleicht hundert Meter weiter bereits wieder ebenso abrupt zu bremsen.

Auffällig ist die Polizeipräsenz. An jeder Straßenkreuzung und auch vor jedem größeren Geschäft wartet mindestens einer, meist aber zwei schwerbewaffnete Polizisten. Sie schauen stumm weg, wenn ich sie um eine Auskunft bitte. Eine fühlbare Spannung liegt in der Luft. Nachts reißen mich Detonationen aus dem Schlaf, „Bombenexplosionen", erfahre ich am nächsten Morgen aus der Zeitung.

Nach sechs Tagen Verkehrsgewühl und Smog verlasse ich Santiago Richtung Norden, übernachte in Los Andes bei Eric, einem Tierarzt und Fahrradfreak, der jedem Reiseradler Unterkunft gewährt. Martin hatte mir in Villarica diesen Tip gegeben.

Mein nächstes Ziel ist Mendoza, auf der anderen Seite der Anden in Argentinien gelegen. Dort will ich mich nochmals mit Rolf treffen. Unsere Eltern hatten sich kurzgeschlossen und einvernehmlich festgestellt, daß ihre „Buben" gut daran tun würden, zukünftige Abenteuer doch besser gemeinsam zu bestehen. Ob noch eine gemeinsame Basis besteht, ist schon eher die Frage.

Mächtig und schroff türmen sich die Anden vor mir auf, grad so, als wollten sie mir kleinem Radler bereits durch ihre Gewaltigkeit die Sinnlosigkeit meines Unterfangens klarmachen. So elegant wie das letzte Mal würde ich sie nicht mehr umgehen können.

Steigt die Straße anfangs nur mäßig entlang des Rio Blanco an, muß ich dann doch bald gehörig in die Pedale treten, dann sogar gelegentlich schieben.

Aber der schlimmste Streckenteil erwartet mich noch: eine fast senkrechte Bergflanke. 27 Serpentinen benötigt die Straße, um sie zu überwinden, die Kehren so steil, daß ich das Rad nur mühsam hinaufwuchten kann, dazwischen lange, nicht endendwollende Geraden. Meterweise schiebe oder trete ich, Pause, wieder einige hundert Meter, die dünne Luft macht sich bemerkbar. Endlich kreuze ich den ersten Sessellift, Portillo kann nicht mehr weit sein.

Der dicke Portier in roter Livree fängt mich lächelnd in der Eingangshalle des Luxushotels ab.

„Kann ich hier irgendwo in der Umgebung übernachten?"

Komme mir komisch vor, so in Radlerhosen in einem Luxushotel.

„Hm, eigentlich nicht, aber vielleicht dort hinten im Schuppen, ist ein Autoabstellplatz und jetzt leer", er zeigt auf eine riesige Holzscheune. Ich bin zufrieden.

„Nein, du übernachtest hier, umsonst!"

Kurzerhand verfrachtet mich ein anderer Angestellter in eines der leerstehenden Zimmer, ich schiebe mein Rad über den hochflorigen Teppichboden.

So ein Glück! Luxushotel „Portillo", 2.850 m, Jetset-Absteige inmitten des angeblich besten Sommerskigebiets der Welt und der steilsten Pisten, über 200 km/h fuhr ein Amerikaner hier, das ist Geschwindigkeitsweltrekord. In der Hauptsaison kostet so ein Zimmer mindestens um die 100 Dollar die Nacht!

Nach dem Duschen liege ich entspannt auf dem Bett. Ein Pochen an der Tür reißt mich hoch: „Essen kommen!"

Ich kann's nicht glauben! Als einziger Gast speise ich im großzügig verglasten Speisesaal, mit Blick über die Laguna del Inca und die Anden. Als „Nachtisch" läuft ein Spielfilm im hoteleigenen Kino.

Frühstück gibt es selbstverständlich auch noch am nächsten Morgen, danach eine Hotelführung.

Ausgeruht trete ich die Straße zwischen den Bergriesen hinauf, beängstigend klein und zerbrechlich wirkt der siebenstöckige Hotelkasten von hier oben, winke heftig gestikulierenden Beamten am Straßenrand freundlich zu.

Komisch, warum sind die denn heute so ausgelassen? Oder..? Halt, Mensch, das ist doch die chilenische Grenze! Schmunzelnd über mein Mißgeschick rolle ich zurück, werde dann sogar als Radler bevorzugt abgefertigt.

Die Steigungen wollen kein Ende nehmen. Ich liefere mir ein längeres Duell mit einer vollbesetzten „Ente", deren wenigen PS die dünne Luft schwer zu schaffen macht. Trotz Anfeuerungsrufen der Insassen muß ich mich schließlich geschlagen geben, mir fehlt auch der Sauerstoff.

Kurz und heftig atmend, mit längeren Pausen, steuere ich direkt auf einen eisbedeckten wildzerklüfteten 4.000er zu. Da, die Tunnelöffnung! Neue Kräfte werden frei, die letzten Meter, geschafft!

„Cristo Redentor, 3.185 m" steht in großen Metallettern über dem Tunneleingang.

So hoch war ich noch nie, geschweige denn mit einem Fahrrad! Ein unbeschreibliches Triumpfgefühl überwältigt mich. Nach einigen Fotos besteige ich meinen treuen Drahtesel wieder, gebe ihm einen aufmunternden Klapps auf den Rahmen und rolle langsam in das Halbdunkel hinein. Argentinien erwartet mich.

Von den Anden in die Tropen

Mehr fühlend als sehend jongliere ich mein Rad zwischen Schlaglöchern im Tunnel hindurch, gelbe Leuchten in großen Abständen erhellen die Fahrbahn nur notdürftig, Lkws dröhnen vorbei. Nach vier Kilometern Tunnelfahrt öffnet sich vor mir ein langes, tief eingeschnittenes Hochtal mit grandioser Bergkulisse, links im Hintergrund ein scharfgezacktes, eis- und schneebedecktes Bergmassiv: der Aconcagua! Mit 6.960 m der höchste Berg Amerikas und offensichtlich ein beliebtes Bergsteigerziel, denn der nahe Ort Puente del Inca mit seinen Thermalquellen (2.729 m) wimmelt von Bergsteigern. Offensichtlich auch von solchen ohne ausreichende Erfahrung bzw. mit ausreichender Selbstüberschätzung, denn nach Aconcagua und seinen Besteigern passiere ich den gar nicht so kleinen Bergsteigerfriedhof. Entgegen meiner Vermutung fällt die Bergstraße allerdings nicht kontinuierlich, windet sich vielmehr in vielen Kurven und durch Tunnels die Berge entlang, quert dann eine karge Hochebene.

Wie grüne Oasen wirken die Orte mit ihren Pappelwäldern in dieser Felseinöde, Uspallata liegt nur noch 1.751 m hoch. Aber hinter Uspallata rücken die herrlich gefalteten Berge wieder eng zusammen, auf kurviger Genußstrecke mit zahlreichen Tunnels geht's entlang des wildschäumenden, braunen Rio Mendoza bei stürmischem Gegenwind kräftig bergab. Und wieder tolle Ausblicke auf schneebedeckte 6.000er-Gipfel.

Urplötzlich und unerwartet spucken mich die Anden aus. Vor mir breitet sich eine weite, häßliche Ebene mit spärlichem Pampabewuchs aus, am Horizont qualmt eine Raffinerie, Gas wird abgefakkelt. Am liebsten würde ich wieder kehrtmachen! Doch der trübe, Regen ankündigende Himmel treibt mich vorwärts, mit flottem Tritt passiere ich Weinbaugebiete, dann schon erste Vororte von Mendoza.

Die Unterkunftssuche wird mal wieder zur Irrfahrt. In Argentinien und Chile werden in den Semesterferien viele Studentenwohnheime zu Jugendherbergen erklärt, haben aber auch nur dann geöffnet. Und jetzt sind nun mal keine Semesterferien, ich habe mich zu früh auf die Gesellschaft anderer Traveller gefreut.

Ich setze mich erstmal in die Fußgängerzone und trinke ein Bier, als auch bald schon ein Radler auf einem Kettler-Mountainbike vorbeikommt. Das kann nur ein Deutscher sein!

Stimmt, ein bayerischer Grenzpolizist aus Mittenwald, der mit drei Kumpanen und vollständig gesponserter Ausrüstung (Beziehungen muß man haben!) drei Wochen die argentinischen Anden beradelt. Sie nehmen mich zu ihrer Hospedaje mit, so habe ich doch noch Glück gehabt!

Bald sitzen wir in gemütlicher Runde zusammen. Irgendwie trennen mich aber Welten von den „Normalurlaubern", ich lebe in anderen Dimensionen, was Geld (wenig) und Zeit (viel) betrifft.

Mein Vater hatte mir Rolfs Adresse in Mendoza mitgeteilt, er lebt hier eine Zeitlang bei einer Familie. Ich rufe ihn an, wir machen einen Treffpunkt aus.

Rolfs blonde Haartolle sticht mir schon von weitem in die Augen. Drei Monate hatten wir uns nicht gesehen, begrüßen uns erstmals herzlich. Bei einem Cappuccino erzählen wir uns unsere Erlebnisse.

„Naja, von Bariloche aus bin ich über die drei Seen -"

„Ach, du also auch!" unterbreche ich ihn,

„Ja, über die drei Seen bin ich nach Puerto Montt gefahren und dann immer auf der Panamericana bis nach Santiago, habe wahnsinnig viele Einladungen bekommen. Und wo warst du?"

„Eigentlich in der gleichen Gegend, habe nur noch ein paar Wanderwege unsicher gemacht und meine Hand mal in den Pazifik gehalten." Ich schmunzle beim Gedanken an meine Wanderepisode.

Bis in die Nacht hinein unterhalten wir uns dann über die Gründe, die zur damaligen Trennung führten und unter welchen Bedingungen wieder eine gemeinsame Fahrt - vor allem im Hinblick auf Peru - möglich wäre. Unsere Routenpläne stimmen fast überein.

„Also gut, dann treffen wir uns bei Enrique in Santa Fé, aber ich brauche noch ein Weilchen, will ja noch einen Sprachkurs in Córdoba machen."

Trotz allem sehe ich meine Entscheidung mit gemischten Gefühlen. Schaffen wir es dieses Mal? Soll ich überhaupt meine liebgewonnene Freiheit der Alleinfahrt wieder aufgeben, ich hatte doch eben erst Freude daran gefunden? Bin ich überhaupt bereit, Kompromisse eingehen, auch mal zurückstecken zu müssen? Ich schwanke hin und her.

Bis Santa Fé ist's allerdings noch eine Weile hin, zuerst will ich Frau Gollhardt, eine Bekannte meines Vaters, in Villa General Belgrano besuchen. Knapp 700 Kilometer sind's bis dorthin, quer durch die Pampa.

Bereits der Name weckt unangenehme Erinnerungen an unangenehme Radelbedingungen, und meine Vorurteile scheinen zuerst bestä-
tigt zu werden. Langsam weichen die saftig-grünen Weinfelder und
Hinweisschilder auf Bodegas - der Wein aus Mendoza wird in ganz
Argentinien, und nicht nur da, getrunken - karg-öder, sandiger und
dünnbesiedelter Pampa mit dichtem stacheligem Buschwerk. Bretteben ist die Landschaft, wird von einer eintönig geraden Straße
durchschnitten, ich meine, auf der Stelle zu treten. Selbst leichte
Kurven werden durch Hinweisschilder angekündigt.
Manchmal frage ich mich abends, was ich eigentlich den ganzen Tag
auf dem Fahrrad gemacht habe. Eigentlich nichts, die Gedanken laufen ins Leere, der Blick wandert ständig zwischen Kilometerzähler,
Straße und Landschaft hin und her, jede vollendete zehn Kilometer
bewirken ein Hochgefühl. Nebensächlichkeiten wie das Zirpen der
Grillen, das Zwitschern der Vögel oder schöne Blumen wirken da besonders intensiv. Und heiß ist es! Rettungsstationen sind die vielen
improvisierten Straßenkneipen, die Literflaschen Fanta, Sprite und
ähnliches Zeugs verkaufen, immer zum Einheitspreis.
Zwei Tage später allerdings schiebt mich ein anständiger Rückenwind durch sanftgeschwungenes Weideland voran, fette schwarze
Rindviecher verlieren sich in der grünen Weite. Ich bin begeistert, vor
allem, weil ich Schlimmes wie im Süden erwartet habe.
Aber eine Speiche nach der anderen im Hinterrad quittiert ihren
Dienst. Ich bin ratlos. Eine wechsele ich an einer Tankstelle aus, umringt von zahlreichen Zuschauern, die mich zu neuer Rekordzeit an-
spornen, hocherfreut zieht ein Junge mit der gebrochenen ab. High-
tech-Transfer. Was er wohl damit macht?
Beim Händewaschen danach spricht mich ein Lkw-Fahrer an: „Aus
welcher chilenischen Stadt kommst du denn?"
Ich muß lachen. „Tut mir leid, ich bin kein Chilene auf Weltreise, nur
ein Aleman."
Als schwarzgelockter Deutscher bringe ich das Deutschenbild der
meisten doch total durcheinander.
Nachts entladen sich gewaltige Gewitter, und wie mir scheint, immer
direkt über mir. Sturmböen treiben Sand ins Zelt, es blitzt und don-
nert in allen Himmelsrichtungen, teils Wahnsinnsdonnerschläge, die
mich noch etwas tiefer in den Schlafsack rutschen lassen. Fühle
mich gar nicht so wohl in meinem Zelt. Aber tagsüber scheint mit
schöner Regelmäßigkeit die Sonne.

Ich übernachte hinter einer Tankstelle, versteckt im Dornengestrüpp der Pampa, auf einem Gemeinde-Campingplatz in Villa Mercedes und einem Badeort-Camping hinter Rio Cuarto. Hier umsonst, denn als Reiseradler ist man zweifellos Mitglied eines Radvereins, und für die kostet es nichts. Ich belasse sie in dem Glauben. Ein Rennradler des örtlichen Radvereins kommt vorbei und inspiziert mein Rad.

„Impresionante, impresionante!"

Er ist total begeistert, streicht sachte mit den Fingern über die polierten Alukurbeln.

„Oh, alles aus Aluminium! Selbst der Gepäckträger!"

Fast eine halbe Stunde bestaunt er meinen Gefährten, läßt mich nachdenklich zurück. Daß das Rad so Eindruck macht, gefällt mir gar nicht. Vielleicht sollte ich die Alu-Teile überlackieren?

Und wieder eine Blitz- und Donner-Nacht. Ich flüchte gegen Morgen mit meiner gesamten Ausrüstung zu meinem Fahrrad in die Wärme der eben renovierten und noch nicht wiedereröffneten Damentoilette, schlafe dort noch einige Stunden, frühstücke wegen des kalten Windes gleich zwischen den Waschbecken.

Der nächste Tag bringt mich bis in die „Sierra de Córdoba", das sind mehrere in Nord-Süd-Richtung verlaufende Bergketten, deren höchste Erhebung der Cerro Champaqui mit 2.790 m ist. Ein „Rückensturm" schiebt mich ab Rio Cuarto derart kräftig vorwärts, daß ich mit über 40 km/h über die Ebene fliege, auch Steigungen mit mindestens 30 km/h nehme. So lasse ich es mir gefallen!

Wellenförmig wiegt sich das Pampagras im Wind, schwarze Rinder weiden am Horizont, eifrig surren die Windräder, am Himmel Wolken wie Kondensstreifen von Flugzeugen, ich jauchze innerlich. Nach einer Irrfahrt finde ich den Zugang zu den Sierras beim Stausee „Embalse del Rio Tercero" dann doch noch, denn eine „Ruta 36", die eine „Ruta 5" ist, eine „Ruta 5", die parallel zur anderen „Ruta 5" läuft, eine Verbindungsruta ohne Nummer, da soll noch einer durchblicken! Aus meiner Straßenkarte kann jedenfalls keiner schlau werden.

In halber Höhe schlängelt sich die Straße am Kamm der „Sierra Chica" mit kurzen, scharfen Steigungen entlang, bis ich endlich den Abzweig nach Villa General Belgrano erreiche.

„Hotel Bremen", Gasthaus „Roter Hirsch", „Hexenkessel" und ähnliches, Häuser im Alpenstil mit roten Ziegeldächern, Souvenirläden, die Bierkrüge mit Wappenaufdruck deutscher Städte und Deckchen

mit Bauernmotiven verkaufen, deutsche Volkslieder aus einem Lautsprecher, auf der Plaza wirbt ein großes Plakat für die „Fiesta de la
Cerveza Oktober 1989" (Oktoberbierfest). Ein milder Kulturschock
ereilt mich bei meiner Fahrt durch die Hauptstraße von Villa General
Belgrano.

Aber wo sind denn die ganzen Blonden, von denen mir die Argentinier immer erzählten? Ich sehe nur Grauhaarige, das Dorf ist ein großes Altersheim. Als ich einen Passanten nach dem Weg frage, auf
Castellano wohlgemerkt, antwortet er auf deutsch - so was!

Frau Gollhardt, eine quirrlige Siebzigjährige, nimmt mich in ihrem
großen Haus liebevoll auf, weist mir ein eigenes Zimmer mit Bad zu,
ein kleiner Luxus nach den Nächten im engen Zelt.

Acht Tage Ruhepause bieten genügend Gelegenheit, dieses deutsche Dorf, seine Umgebung und einige seiner Bewohner näher kennenzulernen. Gegründet wurde der Ort 1932 von zwei deutschen Familien, die ausgedehnte Ländereien aufkauften und sie dann in kleinen Parzellen deutschen, österreichischen und schweizerischen Familien anboten. Interniert wurden hierher auch viele Besatzungsmit-
glieder der „Graf Spee", die sich ja bei Beginn des 2. Weltkriegs vor
Montevideo nach schweren Gefechtsschäden selbst versenkte.

Auf den ersten Blick erscheint alles faszinierend, nach fünf Monaten
Südamerika ein Stück Heimat, auf den zweiten Blick enttäuschend,
denn vieles ist nur Fassade für die Touristen, auf den dritten Blick,
sofern man über genügend Zeit verfügt, interessant, denn viele aus-
gewanderte Deutsche haben Villa General Belgrano als Altersruhe-
sitz gewählt. Und da diese gern aus ihrem Leben erzählen, erfahre
ich einiges aus der argentinischen Pionierzeit, wie den Aufbau einer
Schaf-Estancia im damals noch wirklich unwegsamen Patagonien.

„Weißt du", beginnt Frau Gollhardt, „mit einer DM-Rente läßt es sich
hier ganz gut leben, aber was machen weniger Glückliche ohne? Die
müssen Zweit- und Drittberufe ausüben, um sich über Wasser halten
zu können, ich denke da an den Maler Palacios, der nebenher noch
Bewegungsgymnastik nach der Tai-Tschi-Lehre gibt und Theaterver-
anstaltungen organisiert. Hast du Post nach Deutschland? Die kann
Jochen nächste Woche mitnehmen. Selbst Briefe nach Buenos Aires
gebe ich im Bus ab, sind schon öfters welche verschwunden."

Frau Gollhardt kommt immer mehr in Fahrt: „Und weißt du, was mir
vor kurzem passiert ist? Da hielt mich ein Polizist an, angeblich war
ich falsch abgebogen, aber das einzige, was er sehen wollte, waren

Austral! Das mit dem Geld ist so eine Sache. Manchmal gibt's keine Austral mehr, wie zum Beispiel gestern, mußte auf Pump Lebensmittel kaufen. Ich tausche im Reisebüro, jeden Tag fahren die nach Córdoba und holen Geld."

Die desolate Wirtschaftssituation und ihre Begleitumstände bereiten allen Sorgen. Das „Argentinische Tagblatt" aus Buenos Aires - die meistgelesene Zeitung hier - ist jede Woche voller neuer Wirtschaftsmaßnahmen zur Bekämpfung der Hyperinflation. Viele sind pessimistisch über die Zukunft des Landes.

Dort, wo es geht, organisiert man das Dorfleben selbst, hat ein großzügiges und vorbildlich rollstuhlgerechtes Altersheim neueröffnet, die Telefonanlage wird von einem pensionierten Siemenstechniker gewartet, ja, und für mich eigentlich vor allem interessant: das Lebensmittelangebot! Schweres, dunkles Vollkornbrot, Spätzle und gefüllte Pfannkuchen zum Mittagessen, leckere Schneckennudeln, Rührkuchen und Schwarzwälder Kirschtorte, mmhh!

Das tägliche Stück Fleisch ist immer üblich, nicht umsonst zählt das argentinische zum weltbesten und der Fleischverbrauch zum welthöchsten. Kein Fest ohne „Asado", auch zu meinen Ehren wird eines veranstaltet. Asado ist Volksmahlzeit, Volkssport und Volkskrankheit, eine Wissenschaft für sich, wahre Könner, die nur auf ihre Rezepte schwören, treten bei großen Festen in Aktion. Aber auch die Straßenarbeiter grillen mittags ihr Stück Fleisch neben der Straße.

Wie geht das nun vor sich? Eine gute Glut und viel Zeit ist eine Voraussetzung, viel mageres Rippenfleisch die andere. Das Fleisch wird zugeschnitten, gewürzt und gesalzen, dann auf den Rost gelegt, zuerst die Rippenseite, die Wärme zieht dann langsamer durchs Fleisch, es soll zart bleiben. Die andere Seite muß dann nur noch kurz angebräunt werden. Blut-, Leberwürste und Salate runden die Mahlzeit ab.

Das klingt nun gewiß ganz simpel, aber die richtige Glut, das richtige Fleisch, Würzen und Garen, das muß alles zusammenpassen, das unterscheidet den wahren Asado-Meister vom Pfuscher.

Nach den geruhsamen Tagen lechze ich nach Abwechslung, dennoch fällt der Abschied von diesem deutschen Dorf und seinen Bewohnern schwer. Versorgt mit einigen Adressen von Lehrern in Córdoba, die Sprachunterricht erteilen, nehme ich wieder Asphalt unter die Räder. Kurvenreich mit kurzen harten Anstiegen schlängelt sich die Straße durch die „Sierra Chica", vorbei am Stausee „Embalse

Los Molinos", nur ab und zu reißt die Wolkendecke auf und taucht die Landschaft in helles Spotlicht. Die Sierra weicht langsam zurück, eingebettet in ausgedehnte Maisfelder liegt Córdoba vor mir.

Zugegeben, mit meinen Adressen in der Tasche stellte ich mir die Quartier- und Sprachlehrersuche doch einfacher vor, aber erst nach einigen chaotischen Tagen hatte ich etwas meinen Ansprüchen entsprechendes gefunden. Vier Wochen wollte ich in Córdoba Castellano lernen, möglichst bei einer Familie und nicht in einer unpersönlichen Pension wohnen. Die mußte erstmal gefunden werden.

Gerda Hoppe, eine Verwandte Frau Gollhardts und Angestellte beim Deutschen Konsulat, erbarmt sich schließlich meiner. Ihr Haus liegt etwas außerhalb des Stadtzentrums, wie eine Festung gruppieren sich die Räume um einen großen Innenhof mit Swimmingpool, die Angst vor Einbrechern ist schon sprichwörtlich. „Sissy" und „Lola", zwei verfressene Cocker, und „Frodo", ein Riesenschäferhund, gehören zum Inventar. Meinen ersten Tag verbringe ich mit Segeln auf dem Lago „San Roque", etwa 40 Kilometer entfernt am Fuße der Sierras gelegen.

Ich gehe zu Coined („Commission de Intercambio educativo"). Dies ist ein kleiner deutscher Verein, der nicht nur den Schüleraustausch zwischen Argentinien und Deutschland fördert, sondern auch Praktika bei Firmen in Córdoba und einjährige Auslandsstudien an der Uni Córdoba je nach Möglichkeit vermittelt. Aber auch Sprachinteressenten so wie ich können hier einen Sprachkurs belegen, die Lehrer sind Studenten an der Sprachenhochschule mit mindestens einem Jahr Deutschlanderfahrung, beherrschen also auch Deutsch gut.

Um Coined hat sich ein ganzer Kreis von argentinischen Studenten und ihren Freunden gebildet, der es leicht macht, Anschluß zu finden. Vor allem aber gefällt mir der herzliche Umgang untereinander, eine familiäre Atmosphäre. Ich fühle mich gleich wohl und das Lernen macht Spaß.

Edgardo, mein erster Lehrer, bringt mir die Grundlagen der Grammatik bei, „preterito imperfecto" und „indefinido", „gerundium", „subjunktiv" und andere kleine Ärgernisse des täglichen Sprachgebrauchs, fünf Stunden á 45 Minuten Einzelunterricht täglich, unaufhörlich fliegen mir die Grammatikregeln um die Ohren. Das habe ich nun davon. Und langsam aber stetig wächst in meinem Kopf ein Trümmerfeld von Grammatikbruchstücken.

Knapp zehn Kilometer sind's von Gerdas Haus bis zu Coined, morgens im Berufsverkehr mit dem Fahrrad kein Genuß. Das liegt nicht nur an den Straßen, die eigentlich nur aus schlimmen Schlaglöchern aller Formate und Tiefen, Querfugen, Verwerfungen und Pfützen bestehen und mich manchmal an patagonische Schotterpisten erinnern, eher mehr an den argentinischen Autofahrern, die mir regelmäßig Erlebnisse besonderer Art bescheren.

Wie ist denn nun die Vorfahrt auf Kreuzungen geregelt? Hängt das von der Stärke der Hupe ab? Zumindest spielt die eine wesentliche Rolle, ein anderes System konnte ich bisher noch nicht entdecken. Meine Klingel wird da wohl unter der Rubrik Scherzartikel eingeordnet. Ebenso wie Licht hat die auch kein Argentinier am Rad. Dazu die Rücksichtslosigkeit der Autofahrer: ohne Blinken anzuhalten, abrupt die Fahrertür zu öffnen, die Vorfahrt zu nehmen (oder gelten grüne Ampeln nur für Autos?), mit knappstem Abstand zu überholen. Allerdings, für vier Dollar kann hier jeder seinen Führerschein kaufen, für alle Klassen und zwei Jahre gültig, einzige Voraussetzung sind zwei Paßfotos und eine Fotokopie des Passes ...

Nach zehn Tagen habe ich genug, trotz der tollen Unterbringung bei Gerda nehme ich das Angebot an, bei Coined eines der Zimmer zu beziehen. Das ist zwar nicht billig, aber die Wege sind kürzer. Markus, Hotelkaufmann, und Andreas, Exportkaufmann, beide Einjahres-Praktikanten in meinem Alter, bewohnen die beiden anderen Zimmer.

Nun beginnt eine wilde Zeit voller fetziger Feten, die an die besten Studentenzeiten erinnert. Ich denke da nur an die „Verduleria", eine Musikkneipe in hohen alten Räumen mit Stuck an der Decke. Ein Brasilianer singt und begleitet sich auf der Gitarre.

„Auf, komm, da müssen wir mitmachen!" Erika, meine argentinische Freundin, zieht mich auf die Tanzfläche. Ihr lateinamerikanisches Temperament bricht durch, bald tanzen wir wie verrückt zu schmissigen Salsarhythmen. Den Hüftschwung kriege ich nie so schön hin wie sie, aber ihre Begeisterung wirkt einfach ansteckend. Standarddrink ist Caipirinha, ein Cocktail aus Schnaps (viel), Limonensaft (wenig, zur Abrundung) und Eis (zur Kühlung). Die ersten Schlucke aus dem Strohhalm kosten Überwindung, aber dann rutscht es wie von selbst, bald basteln wir aus Strohhalmen immer längere Leitungen und bedienen uns aus den Gläsern am Nebentisch.

Oder die „Madriguera", eine Einheimischenkneipe, Typ Studentenlokal mit hervorragenden surrealistischen Gemälden an den Wänden, Transvestitentreff (beliebtes Fragenspiel: ist *das* nun Mann oder Frau?), viele interessante Leute, auch hier spielt öfters eine Salsacombo mit den üblichen Tanzorgien auf Tischen und Bänken. Standarddrink: Rotwein (viel) aus der 5-Liter-Bombe, mit Eiswürfeln (ja, die Weinliebhaber wird es hier grausen, aber das mit den Eiswürfeln ist in Südamerika so üblich).

Läuft in den Kneipen nichts, wird bestimmt in einer der Wohngemeinschaften oder bei Coined selbst gefeiert.

Treffpunkt ist die Küche, hier sitzen immer ein paar Leute herum, trinken Mate, hören Musik, klönen oder diskutieren heftig. Markus stellt seine Fähigkeiten als Koch unter Beweis, wir unsere als gute Esser und schlechte Abwascher. Des öfteren gehen wir aber auch in ein gutes Restaurant, drei Dollar für ein Komplettmenu mit tellergroßem Schnitzel oder unvergleichlich zarten Filets sind Gründe genug.

Ansonsten bietet Córdoba eigentlich nichts. Die wenigen Häuser im Kolonialstil werden von gesichtslosen, nüchternen Betonbauten erdrückt, sind vergammelt, heruntergekommen, kein schöner Anblick. Nur die Kathedrale mit ihrer Mischung aus Bombastbarock und Kolonialstilelementen ist da eine Ausnahme. Das Stadtzentrum besteht aus modernen Fußgängerzonen mit eleganten und teuren Geschäften und einigen kleineren Grünanlagen. Fliegende Händler bieten Schokolade, Zigaretten, Socken etc. an. Die Straßen sind eng, verkehrsüberlastet, abgasverpestet, die Häuser erzittern unter dem Ansturm der Colectivos.

Aber zu den Sierras de Córdoba ist es nicht weit, ich mache mich für zwei Tage aus dem Trubel davon, durchradele die Sierra Chica und Altas Cumbres (1.700 m hoch), 170 Kilometer bis Mina Clavero, eine urige, einsame Felsenlandschaft mit glucksenden Bächlein und weiten Ausblicken auf die Tiefebene, und ein hervorragendes Wanderrevier dazu. Vier Wochen Radelpause und die ständige Feierei machen sich in den langen Anstiegen nicht gerade positiv bemerkbar.

Der Abschied von all den neuen Freunden und meiner Freundin fällt, wie sollte es auch anders sein, sehr schwer, zu gerne wäre ich länger geblieben! Córdoba und Coined, kleine Oasen in den unbekannten Weiten Südamerikas ... Aber das ist der Fluch der Globetrotterei, das ständige Abschiednehmen, diese Ruhelosigkeit, dieses Streben nach ständig neuen Zielen. Und Rolf wartet auf mich in Santa Fé.

Gauchos, Missionen, Iguaçú-Wasserfälle

Die 360 Kilometer nach Santa Fé trete ich in drei Tagen herunter, es ist eine ätzend-langweilige Strecke mit langen Geraden durch brettebene Landschaft, tief gebückt hänge ich über dem Lenker, versuche, den ärgerlichen Seiten- und Gegenwind nicht zu beachten, die Gedanken lösen sich vom Körper, die Beine treten automatisch und gleichmäßig.

Die Schwüle öffnet alle Poren, klatschnaß hängt das Hemd am Leib, die gesamte Ausrüstung ist klamm, alle fünf Kilometer muß ich Wasser nachschütten.

Am letzten Tag erwischt mich dann auch noch eine Gewitterfront. Böig und eiskalt fegt der Wind heran, schwankend halte ich die Spur, Blätter wirbeln über die Straße, angstvoll drängen sich die Kühe auf den Weiden zusammen, Blitze zucken, es regnet in Strömen.

Ich weiche einem entgegenkommenden Lkw aus, steuere zu weit nach rechts aufs Bankett, ziehe nach links, komme auf der ölignassen Straße ins Schleudern, drehe einige Pirouetten, dann wirft es mich bäuchlings voll auf die Straße, so daß ich einige Meter dahinrutsche. Schnell hochrappeln, nichts gebrochen? Nein. Hektisch ziehe ich das wie ein gestrandetes Walroß mitten auf der Straße liegende Fahrrad zur Seite, kurze Inspektion, nichts kaputt!

Aber der harte Abwurf hat doch einige Spuren bei mir hinterlassen, Blut tropft vom aufgeschürften Ellenbogen, Knie und Hüfte schmerzen, die gezerrte Schulter kann ich nur unter Schmerzen bewegen.

Nach solchen Erlebnissen tut dann eine herzliche Aufnahme besonders wohl. Rolf wohnt in Santa Fé im Häuschen von Silvio, einem Freund Enriques, den er vor Jahren mal kennengelernt hatte.

Eine gute Woche bleiben wir hier, wie selbstverständlich werden wir in den Freundeskreis aufgenommen, wird uns das Haus überlassen, während Silvio zur Arbeit in die Bank geht, eine freundliche Aufnahme ohne Wenn und Aber. So sitzen wir oft und lange am großen Eßtisch, schreiben, lesen, planen, hören Musik von den Beatles, Jethro Tull, Crosby, Stills, Nash & Young und anderen, lange nicht mehr gehörten Gruppen oder überholen die Räder.

Wir verbringen lustige und gemütliche Abende bei Pizza (Silvios Spezialität) und „Payado", das ist eine Gauchomusik mit 2 Gitarrespielern (Silvio und Enrique), die sich ein Duell mit selbstgedichteten

Reimen liefern, wobei Originalität, Witz sowie Schlagfertigkeit gefragt sind. Leider verstehe ich die Verse nicht, aber sie müssen gut sein, denn alle amüsieren sich köstlich.

Santa Fé wirkt trotz seiner 300.000 Einwohner im Vergleich zu Córdoba sehr provinziell, die Fußgängerzone wird durch riesige Neonreklameschilder geradezu überdacht.

Abwechslung bietet das Kino mit gleich zwei dümmlichen Actionfilmen hintereinander, ganze Familien mit kichernden Kleinkindern kommen, eine Altersgrenze existiert wohl nur auf dem Papier. Hier herrscht wirklich ein anderes Verhältnis zu Kindern.

Die Post liefert schöne Beispiele der argentinisch-effizienten Arbeitsweise. Ich betrete eine riesige Halle, die von einer langen Theke dominiert wird. Dahinter nichts außer einigen Schreibtischen, 12 Leute sitzen herum, unterhalten sich, essen, einer lehnt matt über einer Frankiermaschine.

Ausgerechnet der Schalter für die internationale Post ist nicht besetzt. Ich warte mit einer Frau als einzige Kunden davor. Nicht, daß sich einer der Beamten an den Schalter bequemt hätte, nein, denn hier handelt es sich um schwierige Arbeiten, die nur vom betreffenden, speziell eingelernten Beamten ausgeführt werden können. So warten wir geschlagene zehn Minuten, während am Nebenschalter der Beamte halb über der Frankiermaschine liegt und wiederholt herzhaft und laut gähnt.

Endlich kommt unser Mann, aber noch lange nicht an den Schalter, denn seine Wege sind verschlungen, er muß sich wohl erst von allen die Neuigkeiten der letzten Viertelstunde erzählen lassen. Spürbar ungehalten über meine Unverfrorenheit, hier Briefe abschicken zu wollen, jagt er die Briefe durch die Maschine und nimmt dann das unterbrochene Gespräch wieder auf. Immerhin erfahre ich noch, wo ich die Briefe einwerfen muß, denn diese Handreichung ist für Beamte seines Dienstgrades nun doch zu entwürdigend ...

Die Telefonzentrale finde ich im ersten Stock, ich will zuerst meinen Augen nicht trauen: fünf windschiefe Holzkabinen, ein Kabelwust, und eine Telefonistin, die auf mein Verlangen, nach Deutschland telefonieren zu wollen, etwas hilflos reagiert, sich erst in verschiedenen Merkblättern und durch einen Telefonanruf kundig machen muß. Hier dann auch noch eine anrufbare Telefonzelle zu erwarten, bringt die Telefonistin dann beinahe noch vollends aus der Fassung, so eine Frechheit.

Verdammt, warum müssen Abschiede immer so schwer sein? Besonders Silvio mit seiner eher introvertierten, intellektuellen Art habe ich ins Herz geschlossen, ein wehmütiger Abschied auch für ihn. Zum Abschied schenkt er mir die Cassette mit bolivianischer Folklore, die mir so gut gefiel.

Und wieder einmal stehe ich neben meinem schwerbepackten Drahtesel. Die Haustür fällt ins Schloß, Rolf schiebt den Schlüssel unter der Türspalte durch, das Kapitel Santa Fé ist beendet. Ein neues Kapitel beginnt. Wie werden Rolf und ich zusammen auskommen?

Als erste gemeinsame Aktion schauen wir erstmal bei Rolfs Hauskonditorei vorbei, genehmigen uns ein Riesenstück schön cremiger Torte. So lasse ich es mir gefallen ...

Unser Plan: von Santa Fé wollen wir zuerst nach Concordia an der Grenze zu Uruguay pedalen, uns dann nordwärts halten bis Posadas an der Grenze zu Paraguay, um schließlich die Provinz Misiones zu queren. Etappenziel sind die Iguaçú-Wasserfälle.

Bald stehen wir am Rio Paraná. Ein stürmischer, eiskalter Südwind, der den Fluß hoch aufwühlt, verhindert den Betrieb der Fähre. Tankwagen müssen warten, sie dürfen mit ihrer explosiven Ladung nicht den drei Kilometer langen Tunnel unter dem Fluß benützen.

„Na, zum Glück habe ich keine explosive Ladung an Bord", denke ich noch erleichtert, als auch schon ein Schild „Durchfahrt per Rad verboten" unsere Weiterfahrt gleichfalls verhindert. Gemeinheit! Ein gerade eben vorbeikommender Pickup-Fahrer befreit uns aus unserem Dilemma: Die Räder werden auf die Ladefläche gewuchtet und bei viel Gestank geht es durch den Tunnel.

Wir biken weiter ostwärts Richtung Rio Uruguay an der uruguayischen Grenze durch eine wellige Kulturlandschaft mit kleinen Wäldchen und vielen einzelstehenden Häusern, wie bei starkem Seegang überwindet die Straße einen Hügel nach dem anderen. Die Strecke macht Spaß wie schon lange nicht mehr, viele Kurven und Kuppen, ist nicht überschaubar, bietet ständig neue Ausblicke, seit Mendoza hatte ich das nicht mehr erlebt.

Während eines der zahlreichen Fotostopps lädt uns Nikolas, ein Deutsch-Argentinier, auf sein eben erst gekauftes Campo ein. Eine halbverfallene Lehmhütte und eine schilfüberdachte Feuerstelle stehen neben seinem Wohnwagen.

Rauhreif bedeckt morgens den Boden, die Flüsse dampfen in der Morgensonne. Die Tage sind bereits unangenehm kurz, der Winter holt uns allmählich ein. Schon gegen 18.30 Uhr wird es dunkel, uns fehlen regelmäßig einige Stunden für eine ausreichende Kilometerleistung.

Heute allerdings nicht: gut 100 Kilometer schiebt uns ein anständiger Rückenwind durch das hügelige Weideland vorwärts, über guten Rauhasphalt, der hör- und spürbar an den Reifen lutscht.

Nach der Einmündung in die „Ruta 14", der Hauptstraße von Buenos Aires nach Misiones, ist der Radelspaß allerdings vorbei: Auto- und Lkw-Fahrer glänzen mit rücksichtslosen Überholmanövern, die Luftsoge der Lkws schütteln uns kräftig durch. Dann endlich tauchen nach 30 Kilometern die ersten Palmen auf, werden zahlreicher, bilden schließlich zusammenhängende Palmenwälder: der Nationalpark „El Palmar".

Im letzten Abendlicht pflügen wir durch weichen Sand bis zum Campingplatz. Zwei Tage zelten wir auf dem riesigen, jetzt aber verwaisten Platz oberhalb des hier mehrere hundert Meter breiten Rio Uruguay, erkunden die Umgebung zu Fuß.

Der 8.500 ha große Park wurde zum Schutz der seltenen, vom Aussterben bedrohten und nur an dieser Stelle in Südamerika vorkommenden Yatay-Palmen gegründet, die 10 bis 15 Meter hoch und im Durchschnitt 200 bis 300 Jahre alt werden. Wie sie den Weg von Afrika gerade hierher gefunden haben, ist weiterhin unklar.

Gegen Abend staksen wir durchs dichte Strauchwerk, lassen uns von den blutgierigen Moskitos nicht irritieren. Die goldene Stunde beginnt: der Himmel färbt sich zuerst golden, dann rötlich, einzelne Cirruswolken bilden einen willkommenen Kontrast. Wie ein Scherenschnitt stehen die Palmen mit ihren gezackten Palmwedeln davor. Das wohl eindrucksvollste Bild, das dieser Nationalpark bieten kann.

Vizcachas, Nachttiere bis zur Dackelgröße mit längeren hinteren Sprungbeinen und abgeplattetem buschigen Schwanz, leisten uns beim Abendessen Gesellschaft. Ganz schön frech sind sie, kommen bis auf einen Meter heran. Ihr Bau befindet sich gleich neben unseren Zelten, die ganze Nacht pfeift und quietscht es um mich herum.

„Halt mal an, Rolf!" Ich ziehe die Bremse, komme direkt neben einer Mandarine zum Stillstand. „Schau mal, da ist noch eine, und da!"

Rolf ist begeistert, bald haben wir bestimmt zwei Kilo vom Straßenrand aufgesammelt. Was sich so alles auf und neben der Straße finden läßt! Nicht nur Obst und Gemüse, auch Gummispannriemen,

Unterlegscheiben und Schrauben können wir gut gebrauchen (nur eine goldene Uhr, wie Helge eine ganz zu Beginn unserer Tour fand, sollte ich keine entdecken).

Es ist gar nicht so einfach, Nicolas Passarella in Concordia ausfindig zu machen. Rolf hatte seine Adresse von Verwandten aus Santa Fé erhalten.

Im Zentrum erreichen wir eine Garage mit einer großen Metalltür, drinnen erstreckt sich ein Riesenatelier - und ein Riesendurcheinander! Bilder stehen auf dem Boden, hängen an der Wand, Skizzen, Modelle, halbfertige Bildhauerarbeiten, Skulpturen, schlichtweg ein Chaos, und mittendrin Nicolas Passarellas hagere Gestalt.

Sogleich eilt er auf uns zu, schüttelt uns die Hand.

„Hallo, was führt euch zu mir?"

„Monika aus Santa Fé hat mir deine Adresse gegeben und gemeint, du würdest dich bestimmt über Besuch freuen und wir könnten auch bei dir übernachten."

„Ah, Monika, wie geht's ihr denn? Na klar, ihr kommt mit zu mir, aber jetzt schaut euch erstmal um."

Und schon erklärt er geduldig einige seiner Werke, zeigt zuerst auf eine Bildhauerarbeit: „Daran arbeite ich zur Zeit, ist ein Auftrag für eine Kirche in Concordia. Die beiden Indiofiguren in der Mitte sind aus Holz, die Indiogruppen auf beiden Seiten aus Ton. Die warten auf die Armenspeisung." Und schon ist das nächste Bild dran, eine schwer durchschaubare Mischung aus traditionellen Indiomotiven und modernen expressionistischen Einflüssen.

Und ich dachte, Nicolas sei ein „normaler" Maler! Dabei ist er einer der bekanntesten Expressionisten Argentiniens, bestritt bereits 1979 eine Ausstellung in Köln!

Concordia ist eine verschlafene Provinzhauptstadt mit vielen Allroundläden, die vom Fahrradschlauch bis zur Kinderrassel so ziemlich alles führen. Bereits nach dem einmaligen Fußmarsch ins Zentrum habe ich das Gefühl, alles von Concordia gesehen zu haben, im Touristoffice hole ich mir dann am nächsten Tag die Bestätigung. Recht schön ist die Plaza 25 de Mayo mit ihren dickbauchigen Flaschenbäumen. Im Spanischen heißen sie sinnigerweise „palo borracho" oder „betrunkener Stamm".

Posadas, unser nächstes Ziel, liegt rund 600 Kilometer entfernt. Wir orientieren uns am Lauf des Rio Uruguay, die Landschaft ändert nun eigentlich jeden Tag ihr Gesicht: herrschen erst Nutzwälder, Orangenhaine, Weiden, Sumpfgebiete mit Reihern und anderen, exotisch aussehenden Vögeln (z.B. dem Roten Kardinal) vor, werden diese am folgenden Tag von einer Art Savanne mit niedrigen, bizarr verkrüppelten Bäumen verdrängt. Nandu-Herden weiden im Gras.

Nicht nur das beständige Auf und Ab der Straße von einem Flußtal ins andere, sondern auch das furchtbar schwüle Wetter und der Gegenwind setzen uns zu.

Seit Concordia kann ich die Ortschaften an den Fingern einer Hand abzählen. Die Leute hatten augenscheinlich noch nicht allzu oft Reiseradler zu Gesicht bekommen. Bei jedem Halt stehen sogleich einige um die Räder herum, zählen Zahnkränze und Kettenblätter, kommentieren die Ausstattung. Zu zweit ist es da schon angenehmer, man kann einen gewissen Schutzwall aufbauen.

Unsere Zusammenfahrt entwickelte sich bisher zu unserer Zufriedenheit angenehm, allein schon Gegenwind können wir durch wechselweises Windschattenfahren viel von seiner Wirkung nehmen.

Daß wir mal wieder die Zelte neben einem Bauernhof aufschlagen, wird doch gleich bestraft: abends bewundere ich noch das ferne Wetterleuchten, beobachte Leuchtkäfer, die wie Flugzeuge beim Landeanflug blinken, lausche dem Quaken der Frösche. Nachts dominieren Donnerschläge und das Trommelfeuer der Regentropfen auf der Zelthaut, morgens dann ein vielstimmiges Tierkonzert, das mich wirkungsvoll am Weiterschlafen hindert.

Endlich stoppt das Regengeplätscher, wie auf einem Wasserbett gluckst es bei der leisesten Bewegung unter meiner Iso-Matte, das kann doch nur ... Ein neugieriger Blick hinaus offenbart die Kopie einer Finnischen Seenplatte, mein Zelt steht zur Hälfte in einer wassergefüllten Kuhle, hat den Wassermassen nur bedingt standgehalten. Fehlt nur, daß einige Fischchen filmreif aus den gut gewässerten Radtaschen springen ...

Die Luft ist wieder herrlich klar und frisch, die Schwüle der letzten Tage wie weggeweht. In einem Holzfällercamp kaufen wir in einem Wildwest-Laden Brot, das wohl noch aus den Gründungsjahren des Ladens stammt, oder dient es gleichzeitig als Patronenersatz? Die wilden Gestalten nähren meinen Verdacht.

Langsam ändert die Landschaft ihr Gesicht: die Vegetation wird dichter, üppiggrüner, kleine Hütten stehen nahe der Straße, Leinen voller bunter Wäsche flattern im Wind, Pferde sind am Gartenzaun festgebunden, rote Erdpisten führen von der Ruta weg. In Schlangenlinien müssen wir zwischen Löchern und Verwerfungen fahren, erreichen dann Alvear, ein Provinznest an der brasilianischen Flußgrenze.

Zwei junge Rennradler bieten uns ihre Hilfe bei der Unterkunftssuche an. Ist zwar nett gemeint, aber nach knapp anderthalb Stunden haben wir alle Hospedajes abgeklappert, bei keiner ist der Besitzer zu Hause, haben die Adressen der deutschen Auswanderer ausfindig gemacht, die aber verreist sind oder kein Deutsch mehr sprechen, haben eine deutsche Missionsschwester getroffen, die ihre Portion christlicher Nächstenliebe heute schon verbraucht hat, haben dreimal die Plaza gesehen und kennen bereits alle wesentlichen Hubbel und Pfützen der betonierten Hauptstraße.

Schließlich schicken wir die beiden Radler weg, suchen selbst eine Hospedaje und werden bald auch fündig.

„Mensch, schau dir mal die Dusche an!" Entsetzt komme ich aus dem Bad zurück, schicke Rolf vor.

„Eieiei, können wir das überhaupt wagen?" Kritisch betrachtet Rolf die Verdrahtung des elektrischen Duschkopfes. An einigen Stellen wurde die Leitung notdürftig geflickt, ohne allerdings die blanken Stellen abzuisolieren.

„Egal, ich probiere es mal." Wagemutig drehe ich am Wasserhahn, erwarte schon fast ein Kribbeln in der Hand, aber nichts passiert.

Beständiges Nieseln aus einem total verhangenen Himmel gibt uns am nächsten Tag Gelegenheit zu einem ausgedehnten Dorfrundgang. Zum ersten Mal habe ich das Gefühl, mich einem anderen Kulturkreis, einer anderen Landschaft, genähert zu haben: viele Einwohner sind dunkelhäutig, kaffeebraun, mit Indioeinschlag. Mit Ausnahme der Beton-Hauptstraße gibt's nur rote Erdpisten, in den großen Pfützen spiegeln sich Strohdachhütten. Die Mauern der Gebäude aus der Kolonialzeit sind von Regen und Schmutz schwarz gestreift.

Üppiggrün wuchert es überall, die Luft schwer vor Feuchtigkeit, viele Citrusbäume, deren gelbe bzw. orange Früchte einen herrlichen Akzent zum Grün setzen, blühende Büsche, Grillen zirpen, Urwaldfeeling kommt auf. Auffällig, wie viele Pferdekutschen unterwegs sind, ein-, zwei-, drei- oder gar vierspännig.

Unser erster Rundgang ist vor einem schreiend lila gestrichenen kleinen Gebäude vorläufig zu Ende, „Radio Municipal de Alvear" lese ich in grüngreller Aufschrift.

„Zwei Touristen in Alvear, wenn das nicht Grund genug für ein live-Interview ist", muß sich wohl Mario, der Redakteur, gedacht haben und lädt uns spontan ins Studio ein.

Er will einiges über „La Realidad Alemana", die deutsche Wirklichkeit, wissen, fragt mich, wie ich als Betriebswirt Argentinien wieder flott bekommen würde. Mein Rat scheint in Buenos Aires ungehört zu verhallen, den der Austral verliert auch in den nächsten Wochen weiter an Wert ...

Nachmittags trinke ich auf der Plaza mit einigen Secundario-Schülern Mate aus der Thermoskanne. Hier ist echt der Hund begraben, außer einer Disco am Wochenende gibt's keine Abwechslung, das Kino wurde geschlossen, da bleibt nur der Videorecorder.

Strömender Regen stoppt am darauffolgenden Tag unsere Weiterfahrt bei einem kleinen Almaçen (Laden) abseits der Ruta. Unter dem Überdach des Innenhofes essen wir zu Mittag. Der bereits ältere Inhaber in weiten Gauchohosen flickt eine Reitgerte, während er auf Kundschaft wartet. Die besteht aus Gauchos, die in teils abenteuerlichen Trachten angeritten kommen. Wettergegerbte ernste Gesichter, verbraucht, faltig, bartstoppelig, die Kleidung ist mit allen möglichen Dingen behängt, die Hosen unten zugeschnürt - und barfuß sind sie!

„Das ist Gewohnheit, hat nichts mit dem Regen zu tun", erklärt mir der Ladenbesitzer auf meine erstaunte Frage.

„Wie die Soldaten im Dreißigjährigen Krieg schauen die aus", flüstert Rolf mir zu, wir müssen schmunzeln.

Nun beginnt die Geschäftsabwicklung: meist haben die Gauchos ein Büchlein dabei, in dem die benötigten Dinge vermerkt sind, der Ladenbesitzer überträgt sie in sein Buch, schreibt die Preise dazu, kramt dann aus dem Lager die Sachen heraus: Kuhfett (zum Brotbacken), Nudeln (lose im Sack), Reis, Zucker, Mehl, kleine Brötchen, Zigaretten, Gummiband. Nach dem Geschäft wird eine Flasche Wein „geköpft", die Gauchos haben Zeit bis zur Dämmerung. Ich spendiere auch eine.

„Das Wetter wird heute bestimmt nicht mehr besser, also wenn ihr wollt, könnt ihr hier schlafen." Der Besitzer führt uns zu einer kleinen Strohscheune, die neben allerlei Reitutensilien in einem separaten Raum auch zwei Betten enthält, einfache Holzrahmen mit Füßen, in denen ein Geflecht aus Kuhhautstreifen hängt.

„Hier nächtigen sonst die Gauchos, die in allzu weinseliger Stimmung selbst zu Pferde nicht mehr nach Hause finden." Der Alte lacht.
Bei Kerzenlicht essen wir in der Scheune zu Abend, saugemütlich ist's hier.
„Ich bin zufrieden", hatte er mir noch erklärt, „hier habe ich meine Ruhe und möchte nicht im Dorf oder in der Stadt leben. Der Garten steht voller Obstbäume, mit Mandarinen, Pampelmusen, Palda, Fleisch und Würste räuchere ich selbst, den Rest hole ich aus meinem Laden."

„Misiones". Das Schild gibt mir letzte Gewißheit: wir haben die Provinzgrenze überschritten! Wie ein Wurmfortsatz schiebt sich diese nordöstlichste Provinz Argentiniens zwischen Paraguay und Brasilien, ihre Landschaft will so gar nicht in das Pampaklischee passen. Erste Tee- und struppige Yerbastrauchfelder tauchen auf, die Ruta überquert wie mit dem Lineal gezogen einen Hügel nach dem anderen, eine stetige Berg- und Talfahrt mit scharfen Anstiegen beginnt, die langsam, aber konsequent unsere Kräfte verbraucht. Die Hände sind mehr mit Schalten als Lenken beschäftigt.
„Hey, fahr' langsamer, ich habe echt Mühe, dranzubleiben."
Rolf sieht erledigt aus, Schweiß rinnt ihm über die Stirn. Er bleibt wieder zurück, schiebt dann langsam sein Rad zu mir heran: Speichenbruch! Schon wieder! Bereits seit Concordia hält uns sein Hinterrad in Atem, eine Speiche nach der anderen quittiert ihren Dienst, es gelingt einfach nicht, die Felge zufriedenstellend und dauerhaft zu zentrieren.
Gut zwei Stunden irren wir bei strömendem Regen und Dunkelheit in den Vororten von Posadas umher, suchen eine Adresse, die Rolf in Santa Fé erhalten hatte, ein Verwirrspiel, denn seitdem die bisher einfach durchnumerierten Straßen Namen erhalten haben, wissen manche Leute gar nicht mehr, in welcher Straße sie wohnen ...
Der Verwandte ist verzogen, das steht jedenfalls letztendlich fest, und nach weiteren zwei Stunden - wir haben inzwischen keinen trockenen Faden mehr am Leib - gelingt es uns, eine preislich akzeptable und zentrumsnahe Pension aufzutreiben.
Kichernd liegen wir später im gemütlich warmen Bett, Rotwein war das billigste Getränk im Supermarkt, billiger als Sprudel, Saft oder Milch. Das ist Argentinien!

Vier Tage hält uns der Regen in Posadas fest, deprimierend, das Wetter schlägt aufs Gemüt. Ich bin nun einige tausend Kilometer Umweg gefahren, habe Monate investiert, und nun kurz vor Iguaçú verregnet es mir meinen Kindheitstraum. Das ist nicht fair! Außerdem beginnt die Regenzeit doch erst Ende Juli/Anfang August, und nicht schon am ersten Juni. Ist denn auf nichts mehr Verlaß?!

Ich nutze die Zeit, um meine dreimonatige Aufenthaltserlaubnis zu verlängern.

Was mir da passiert, ist wieder ein Lehrbeispiel für südamerikanische Desinformation: der freundliche Polizist in schmucker, heller Khaki-Uniform schickt mich gleich auf die andere Seite des Gebäudes der Jefatura de Policia, das einen ganzen Häuserblock umfaßt. Dort wiederum weist man mich zur Policia Federal einige Blocks weiter, wo man mir dann erklärt, daß ich zum argentinischen Konsulat gehen müßte, was bei mir einiges Kopfschütteln auslöst und die Frage aufwirft, was denn, bitte schön, das argentinische Konsulat mit meinem Fall zu schaffen hätte. Aber der Polizist bleibt unbeirrbar. Zurück in der Jefatura de Policia erhalte ich die Auskunft, daß ich zur Migrationsbehörde gehen müßte ...

Dort bietet sich mir ein Bild, das mich nur allzu sehr an die Post in Santa Fé erinnert. Bekomme ich hier meine Verlängerung?

„Nein, das Visum läuft erst in zwei Wochen ab. Gehen Sie unterwegs zu einer Gendarmeria, oder, noch einfacher, fahren Sie kurz nach Encarnacion ins benachbarte Paraguay."

Ich schaue etwas ungläubig, frage nochmals nach.

„Und das ist erlaubt, einfach so mal kurz über die Grenze zu fahren und sofort wieder einzureisen?"

„Ja, ja, das Billigste und problemlos."

Obwohl mir die Sache etwas suspekt vorkommt, sitze ich bald darauf im internationalen Bus, überquere die Freundschaftsbrücke über den Rio Paraná, lasse meine Aufenthaltsgenehmigung entstempeln, sehe mir kurz Encarnacion an, fahre mit dem nächsten Bus zurück und erhalte einen neuen Einreisestempel neben meinem noch feuchten Ausreisestempel. Das ist Argentinien.

Nicht weit von Posadas entfernt erreichen wir die Ruinen von San Ignaçio Mini.

Geheimnisvoll wabert der Nebel morgens um die moosgrün bewachsenen Mauern. Gedämpft dringt Vogelzwitschern durch, ab und zu raschelt es irgendwo, eine einzigartige Atmosphäre. Ich steige durchs taunasse, kniehohe Gras, schaue in die Häuser, entdecke große Spinnweben, auf deren Fäden der Tau in Perlen kondensiert. Langsam lichtet sich der Nebel.

Später sitze ich auf der obersten Stufe der Tribüne, die für die Licht- und Tonschau aufgestellt wurde. Von hier habe ich einen schönen Überblick über den riesigen Hauptplatz der Jesuiten-Reduktion: mir gegenüber die berühmten kolossalen Ruinen der Kirche, das mit Steinmetzarbeiten der Guaraní verzierte Eingangsportal, links davon die Wohnungen der Padres, Küche, Lagerräume, Schule etc., und um mich herum die langgezogenen Blocks der Wohnungen. Der Rest der Anlage entzieht sich meinen Blicken, wird durch üppig wucherndes Grün verdeckt.

Es ist ruhig, keine Touristen, die Sonnenstrahlen erwärmen langsam die kalte Luft, Vögel zwitschern in den riesigen Bäumen, die teils aus den Ruinen emporwuchern.

Ich nehme meinen Reiseführer zur Hand: die heutige Provinz Misiones, ein guter Teil Südbrasiliens, Paraguays und Boliviens sind Indianerland, gehörten früher den Guaranís, Halbnomaden, die von den Jesuiten ab etwa 1609 missioniert und in großen Niederlassungen, den Reduktionen, in der brasilianischen Region Guaira zusammengefaßt wurden. Die Missionen florierten, wurden zur Wirtschaftskraft, die auch Sklavenhändler anzog. Jesuiten und Guaraní mußten schließlich vor ihren Angriffen fliehen und zogen mit Sack und Pack Richtung Süden ins heutige Grenzgebiet von Argentinien und Paraguay.

Anfang des 18. Jahrhunderts gab es hier 30 Missionen mit über 100.000 Guaranís. San Ignaçio, gegründet 1696, war eine der größten mit 4.500 Indianern zur Blütezeit. Was mag hier wohl für ein Treiben geherrscht haben? Ein Dekret von Karl III. von Spanien setzte 1767 dem Wirken der Jesuiten ein Ende, sie waren zu mächtig geworden, ein Staat im Staate, sie mußten das spanische Territorium verlassen. Die Reduktionen verfielen.

Erst 1897 wurden die urwaldüberwucherten Ruinen wiederentdeckt, müssen wohl früher so ausgesehen haben wie die Reduktion Santa Ana, die wir gestern noch auf unserer Herfahrt von Posadas besichtigt hatten: Ruinenreste im Urwalddickicht, Bäume umklammern die Mauerreste aus großen Sandsteinquadern, eine tolle geheimnisvolle Atmosphäre im dichten Urwald mit fremdartigen Vogelschreien.

Auf einem zweitägigen Abstecher lernen wir das Hinterland von Misiones kennen, ein teils dicht bewaldetes Bergland mit zahlreichen Yerba- und Teekulturen.

Schwarztee hat den Yerba teilweise verdrängt, denn die Yerbablätter müssen von den einzeln stehenden Sträuchern von Hand gepflückt werden, während der Schwarztee maschinell kultiviert und geerntet werden kann. Bis zum Horizont ziehen sich die Strukturen der Teefelder hin, durchsetzt von meterhohen Termitenhügeln. Und dort, wo der Urwald noch dicht und intakt ist, wie eine grüne undurchdringliche Wand längs der Straße steht, begegnen wir Guaraní-Indianern. Sie verkaufen Korbwaren an der Straße und bewohnen kleine Holzhütten auf gerodeten Lichtungen mit einem Mais- oder Maniokfeld im Hintergrund.

„Eigentlich wollten wir nur eine Nacht da bleiben, und nun sind es bereits drei Tage, sieben Tage, zehn Tage, gar ein Monat ..."

So beginnen viele Einträge in den drei gewichtigen Gästebüchern des bekannten Padre José Marx, Missionar der Steyler Mission. Da können wir uns letztendlich voll anschließen. Obwohl auch die folgenden Regentage ihren Teil dazu beitragen, länger als geplant zu verweilen, hat doch Padre José entscheidenden Anteil an unserem Entschluß.

Padre José Marx hatte jahrzehntelang in San Ignaçio Mini gewirkt, war unter Globetrottern wegen seiner herzlichen Aufnahme bekannt geworden und hatte schließlich sogar als feste Institution Eingang in mehrere Reisehandbücher gefunden. In San Ignaçio wurde uns nur mitgeteilt, daß Padre José versetzt worden wäre, nicht aber, wohin.

Und nun stehen wir in Capioví, einem deutschen Dorf, das von Auswanderern aus dem Hunsrück gegründet wurde, vor der Eingangstür des Pfarrhauses und werden herzlich von einem etwas untersetzten Herrn mit Stirnglatze begrüßt: Padre José. Welch ein Zufall! Erst seit Januar ist er in Capioví! Er hatte bald darauf einen schweren Autounfall - sein Autofahrertemperament ist allseits berüchtigt - , die letzten Monate verbrachte er in einem Krankenhaus in Buenos Aires.

Erst heute Mittag ist er von dort zurückgekehrt. Er kennt seine Pappenheimer, quartiert uns gleich im nahen Pfarrzentrum ein.

Beim Abendessen mit viel Meßwein - es herrscht eine furchtbare Unordnung im Pfarrhaus, denn Zeit zum Auspacken der Umzugskisten hatte er noch nicht - erzählt er uns von seinen Projekten. Ein

gemütlich knisterndes Kaminfeuer vertreibt die abendliche Kühle.
„Zusätzlich zu meinem Engagement für die Guaraní-Indianer habe ich mich nun der Kleinbauern angenommen, die die ärmste Bevölkerungsschicht stellen, und inzwischen sieben „Efas" („Escuela de la Familia Agricola") gegründet. In wechselweise zwei Wochen Unterricht, zwei Wochen Arbeit auf dem heimischen Hof werden der nachwachsenden Generation der Kleinbauern neue Kenntnisse vermittelt, die sie auch gleich zu Hause in die Praxis umsetzen können. Die Jugend soll so an der Landflucht gehindert werden.
Wißt ihr, nicht nur die Erstellung der Schulen braucht viel Geld, auch die Lehrer müssen ja bezahlt werden. Eigentlich müßte das der Staat übernehmen, aber bis zur Anerkennung als staatliche Schule vergeht viel Zeit, sie muß für jede Schule neu beantragt werden." Er seufzt. „In der Zwischenzeit müssen da Spendengelder herhalten."
Seine Publicitysucht - er veröffentlichte mehrere Bücher zum Thema, ließ auch Videos drehen - ist da nur verständlich, denn mit steigendem Bekanntheitsgrad ist auch die Wahrscheinlichkeit, Geldgeber zu finden, größer. Seine Offenheit Touristen gegenüber, auch „Alternativ-Touris", gehört ebenfalls dazu.
So jongliert er mit den Geldern, gründet da eine neue Efa, modernisiert und verbessert dort eine andere, an vielen Gebäuden ist der halbfertige Zustand unübersehbar. Es geht nach dem Motto: erstmal die Schule hinstellen, dann sieht man weiter.
Unser morgiges Tagesprogramm steht bereits fest: „Erstmal ausschlafen, sich von den Kirchenglocken in den zweiten Schlaf bimmeln lassen, und dann nach der Messe um 9.30 Uhr Frühstück, dann Ausruhen, Fußball-WM schauen, ein wenig umschauen."
Da widersprechen wir nicht.
In den elf Tagen Capioví wird es uns nicht langweilig. Padre José organisiert mehrere Ausfahrten zu seinen Efas, die meist im Bergland von Misiones liegen. Das sind größere Schulkomplexe in Holzbauweise mit Unterrichts- und Schlafräumen, Speisesaal mit Küche, Versuchsbeeten etc.
Ich habe noch selten so fröhliche, freundliche und aufgeschlossene Kinder erlebt!
In der Pfarrei gleicht das Eßzimmer bereits beim Frühstück regelmäßig einem Taubenschlag: Schullehrer kommen, andere Padres sind auf der Durchreise, der Architekt braucht noch einige Angaben für Neubauten. Trotzdem findet Padre José immer noch Zeit für uns.

Und während er für einige Tage zu einer Tagung fährt, überläßt er uns wie selbstverständlich den Schlüssel fürs Pfarrhaus. Die Haushälterin bringt das Essen, ein Kaminfeuer vertreibt die schwere Feuchtigkeit der Regentage.

Wir lassen es uns gutgehen, fahren mit einem Efa-Professor auf sein Land, um seine Zebu-Herde zu besichtigen.

Dennoch hinterlassen diese Tage auch zwiespältige Eindrücke: mit Missionaren á la Albert Schweitzer sind die heutige Missionare nicht mehr vergleichbar, wenigstens nicht die, die ich kennengelernt habe. So erlebe ich sie wohlgenährt, TV-schauend in der guten Stube, im Grunde genommen über alles Erforderliche verfügend, während die Guaranís draußen im Urwald zitternd in ihren windigen Hütten sitzen oder als gestrandete Kleinbauern in den Barrios der Großstädte dahinvegetieren.

Haben diese Padres überhaupt ein Recht auf diesen Titel? Nur weil sie ein paar Schulen hinstellen oder Priesterzentren errichten? Auch Padre José hat es im Grunde genommen einfach: Die Haushälterin versorgt ihn mit Essen, die Nachbarn und Gönner mit Brot, Obst, Brennholz etc., inmitten der Armut lebt er ein sorgenfreies Leben, wie auf einer Insel.

Trotzdem darf man nicht übersehen, was er bisher z.B. für die Guaranís geleistet hat, beim Besuch eines Indianerstammes ist ihre Anerkennung sehr deutlich zu spüren.

Wir passieren Montecarlo, Eldorado, Wanda, deutsche Gründungen am Ufer des Rio Paraná vom Anfang des 20. Jahrhunderts.

In Montecarlo lädt uns Hans Plocher, Zahnarzt aus Sulz am Neckar, für drei Tage in sein Haus ein, zeigt uns Dorf und Umgebung. Hochinteressant, die Lokalhistorie mal unmittelbar mitzubekommen. Und daß sein Sohn mein Gebiß wieder auf Vordermann bringt, ist mir gerade recht.

Dann allerdings hält uns nichts mehr. Das ständig ermüdende Auf und Ab wird mir immer als ein Synonym für Misiones in Erinnerung bleiben, kein Meter Straße, der mal eben verläuft.

Langsam verdrängt Urwald die Yerba- und Citruspflanzungen, von Anhöhen bieten sich uns weite Blicke über die „Grüne Hölle". Man darf aber nicht vergessen , daß dies „nur" subtropischer Urwald ist, nicht so extrem bzgl. Tieren und Klima wie der „richtige" Urwald.

Je näher ich den Wasserfällen von Iguaçú komme, um so nervöser

werde ich. Wie eine Wand steht der Urwald links und rechts der Straße, noch immer ist nichts zu sehen und zu hören! Ich kann es noch
nicht recht fassen, daß ich mich den Cataratas de Iguaçú nähere, erinnere mich an die Fernsehreportage damals und den elektrisieren-
den Gedanken, sie einmal im Rahmen einer Radtour aufsuchen zu
wollen. Nun stehe ich kurz vor der Erfüllung meines Traums!
Es gelingt uns - Glück muß der Mensch haben -, ein Schlafplätzchen
in der nahen Schule zu ergattern, nur gut 500 Meter von den Wasserfällen entfernt. Allerdings können wir das Klassenzimmer erst ab
17.00 Uhr beziehen (kein Problem), müssen es bereits um 7.00 Uhr
morgens wieder verlassen (schon eher ein Problem). Die Räder deponieren wir im Duschraum.
Der erste Rundgang: allein schon die nackten Zahlen sind beeindruckend: in 275 Fällen stürzt der Rio Iguaçú (das ist übrigens ein
Guaraní-Wort und bedeutet „Große Wasser") über eine Breite von
2.470 Meter bis zu 70 Meter in die Tiefe, über 1.500 Kubikmeter in
der Sekunde transportierend. Aber das sind nur Zahlen. Wie grandios und überwältigend die Fälle wirklich sind, das läßt sich nur schwer
beschreiben!
Mehrere Wege wurden angelegt und vorbildlich beschildert, der „circuito superior" verläuft oberhalb der Fälle entlang der Abbruchkante,
der „circuito inferior" unterhalb der Fälle und ein besonders eindrucksvoller bis zur „Garganta del Diablo", zum „Teufelsschlund".
Wie in einem braunen Loch verschwinden die Fluten hier plötzlich,
stürzen mit riesigem Getöse im 180-Grad Halbkreis über Felsen in
die Tiefe, verursachen eine immense Gischtwolke.
Erschlagend das Brausen und Tosen, aufwehende Gischt durchnäßt
mich, ein leuchtender Regenbogen spannt sich von den Wasser-
turbulenzen am Grunde der Wasserfälle bis zum Rio Iguaçú Inferior
hinüber. Und dies alles in herrlichem Naturwald eingebettet, 55.000
Hektar umfaßt der Nationalpark insgesamt, mit Luftwurzlern, Lianen,
Tieren wie Tucanen, Ameisenbären, herrlichen Schmetterlingen.
Drei Tage, die wie im Fluge vergehen, und durch unsere Nähe zu
den Wasserfällen haben wir die Möglichkeit, uns die schönsten Zeiten auszusuchen. Wer hat schon mal morgens auf dem Aussichts-
turm gefrühstückt, während die aufsteigende Sonne langsam die Nebelschwaden über dem Urwald aufsaugt und die Gischtwolken in der
Morgenfeuchtigkeit dick über den Fällen hängen? Oder sich vom
Rauschen der Fälle in den Schlaf begleiten lassen?

Von Puerto Iguaçú aus - wir haben uns dort wieder im Pfarrzentrum einquartiert - besuchen wir noch die brasilianische Seite der Fälle, die einen größeren Überblick gewährt.

Dann melde ich mich erstmal ab: eitrige Mandelentzündung! Kindheitserinnerungen werden wach, nur, damals wurde ich bemuttert und verhätschelt, nun muß ich allein zurechtkommen. Jetzt ein sauber bezogenes Bett und eine heiße Dusche ...! Und aus geplanten zwei bis drei Tagen werden deren neun, auch wegen des regnerischen Wetters. Ich vertreibe mir die Zeit mit Lesen.

Rolf trägt die Verzögerung mit Fassung. Finde ich toll. In einer ersten Bilanz stellen wir fest, daß es zwischen uns besser klappt wie erwartet, von den üblichen kleinen Reibereien und meinen Launen mal abgesehen. Wir sind beide zuversichtlich, daß wir es dieses Mal gemeinsam schaffen.

Die Gurgellösung zeigt Wirkung, ich kann wieder schlucken. Gerade noch rechtzeitig zum Endspiel der Fußball-WM Deutschland gegen Argentinien!

„Toooor!" Wir reißen die Arme hoch, schauen uns schon im nächsten Moment betreten an. Erstaunte Blicke um uns. Mist! Dabei hatten wir doch vorher ausgemacht, in der Kneipe lieber den Mund zu halten. Ich habe keine Lust, mich wegen eines dämlichen Endspiels, und sei es auch das der WM zwischen Deutschland und Argentinien, später in einer dunklen Gasse verkloppen zu lassen.

Aber die argentinischen Fußballfans sind keine Schwerenöter, feiern vielmehr nach dem Schlußpfiff so ausgelassen, als seien sie die neuen Weltmeister. Stunde um Stunde rollt ein Autokorso wild hupend durch die Hauptstraße, werden Fahnen geschwungen und Lieder gesungen.

Streik! Die Zufahrt zum argentinisch-brasilianischen Grenzübergang ist durch Autos und Menschenmassen blockiert.

Das kann doch nicht wahr sein: erst Regen, dann Mandelentzündung, jetzt dies - ja will uns denn Argentinien überhaupt nicht aus seinen „Klauen" lassen? In Schlangenlinien, mit vielen „permisos" und unter dem Murren der Leute umkurven wir alle Hindernisse. Die Grenze ist offen!

Doch erst als der Grenzer seinen Stempel in meinen Paß haut, fällt mir ein Stein vom Herzen. Ich will endlich ein anderes Land erleben, fast sechs Monate in Argentinien reichen nun! Ciao, Argentina!

Paraguay: Bei deutschen Auswanderern

Nur einige Kilometer Brasilien liegen zwischen uns und Paraguay. Auf direktem Weg wollen wir nach Asunción treten, von da nach Norden, nach Ponta Pora an der brasilianischen Grenze.

Sieben Kilometer nördlich von Foz do Iguaçú, einer häßlichen brasilianischen Großstadt, liegt der Eingang zum Gelände des Itaipu-Staudammes. Eigentlich sollten von hier kostenlose Busführungen starten, ja, eigentlich.

„Tut mir leid, bis auf weiteres finden keine Führungen statt. Die Dammarbeiter streiken bereits seit einem Monat für höhere Löhne." Puh, schon wieder ein Streik!

„Aber morgen", so erklärt uns der freundliche Angestellte hinter der Info-Theke aufmunternd, „soll der Streik vorbei sein. Vielleicht."

Aha. Ziemlich unglaubwürdig, daß gerade morgen alles wieder in geordneten Bahnen verlaufen soll. Aber schließlich handelt es sich ja um ein brasilianisch-paraguayisches Gemeinschaftsprojekt, der Zugang ist somit auch von Paraguay möglich.

Im Stop-and-go-Verkehr einkaufswütiger Brasilianer quälen wir uns über die etwas vergammelte „Puente de Amidad" („Freundschaftsbrücke") nach Paraguay. Sind wir nicht schnell? Heute morgen Start in Argentinien, mittags in Brasilien und zum Kaffee bereits in Paraguay! Dieses Land läßt uns aber erst nach drei Dollar Eintrittsgebühr eintreten.

Die Hochhaus-Skyline von Ciudad del Este, das ehemalige Puerto Puente General Stroessner, wirkt nicht gerade anziehend. Die Räder deponieren wir beim Bischofssitz, schleichen dann in einem vollgestopften, klapprigen Mercedes-Bus Richtung Itaipu-Besuchszentrum. Entweder gibt die Mühle nicht mehr her oder der Fahrer will's spannend machen, jedenfalls erreichen wir das Besuchszentrum gerade noch zehn Minuten vor der heute letzten Führung.

Die Dimensionen der Anlage wirken erschlagend: 90 Meter türmt sich die gigantische Staumauer über mir auf, Rohre mit zehneinhalb Meter Durchmesser versorgen die 18 Turbinen mit Wasser, Leistung über 12.600 MW, es ist das größte Stauwerk der Welt!

Nachdem der Rio Alto Paraná die Grenze zwischen Paraguay und Brasilien bildet, wurden die Baukosten fifty-fifty aufgeteilt, neun Turbinen gehören nun Paraguay und neun Brasilien. Paraguay ließ sich die Kosten von Brasilien finanzieren und tilgt mit Stromlieferungen. Nicht übel, Paraguay kann wegen fehlender Industrie mit so vielem Strom gar nichts anfangen, wird somit nach der Tilgungsphase zum größten Stromexporteur der Welt! Mächtige Überlandleitungen versorgen das mehr als 1.000 Kilometer entfernte São Paulo mit Strom.

Nach dem Besuch des Maschinenhauses geht die Fahrt über die Dammkrone zurück, ein kurzer Blick über den gigantischen, 170 Kilometer langen Stausee. 20.000 Menschen mußten ihre alte Heimat aufgeben, das entspricht in etwa der doppelten Einwohnerzahl von Maichingen, meinem Heimatort! Wie viele Lebenstragödien spielten sich damals 1981 ab, wie viele Tiere kamen in den rasch steigenden Fluten um? Wie wird sich diese neue Wassermasse auf das Klima auswirken? Ist dieser brutale Eingriff in das Gleichgewicht der Natur zugunsten des technischen Fortschrittes überhaupt vertretbar?

Paraguay ist ein wahres Einkaufsparadies für Importwaren, die fehlende eigene Industrie zwingt dazu, und Ciudad del Este bietet als Grenzstadt ein besonders üppiges Angebot an Schmuggelwaren aus aller Welt.

Mühsam zwängen wir uns zwischen den Ständen der fliegenden Händler durch. Beck's Bier, Schwartau-Marmelade, japanische Kameras und Stereoanlagen, Schweizer Offiziersmesser oder gar französische Parfums? No hay problemas! Alles vorhanden.

Bereits seit einigen Monaten träumte ich von einem kleinen Weltempfänger, um die „Deutsche Welle" hören zu können, bisher scheiterte der Kauf am fehlenden Angebot. Hier habe ich nun die Qual der Wahl, entscheide mich für einen Sony mit 12 KW-Bändern für umgerechnet knapp 200 Mark.

Wenn man längere Zeit unterwegs ist, ändert sich zwangsläufig die Sicht und Wertigkeit vieler Dinge: Man wird mit Situationen und Verhältnissen konfrontiert, die zum Nachdenken, zum Überdenken der eigenen Position anregen, und manches sieht man dann anders. Wenn ich in den Nachrichten höre, über welche Themen man sich im fernen Deutschland gerade die Köpfe heiß redet, muß ich schon des öfteren den Kopf schütteln ... aber spätestens die dortige Wettervorhersage erfüllt mich meist mit tiefer Zufriedenheit!

Die 340 Kilometer bis Asunción schaffen wir bei herrlichem Wetter und leichtem Rückenwind in vier Tagen. Leicht gewelltes Kulturland wechselt sich mit dichter tropischer Vegetation ab.

Was ist hier bloß so anders? Es ist etwas anders, das fühle ich, aber was, das kann ich nicht genau beantworten. Die ganze Atmosphäre läßt die Tropen erahnen, die vielen Bananenstauden und Palmen, die kleinen Dörfer mit bunten, einstöckigen Holzhäusern, die roterdigen Pisten, die sich im tropischen Buschdickicht verlieren, die zahlreichen vorbeizuckelnden hochrädrigen Ochsenkarren (meist mit Holz beladen), die Menschen, die arm, aber freundlich und sehr neugierig sind. Frauen balancieren Lasten auf dem Kopf, Kinder spielen Fußball oder sitzen neben ihren Ständen am Straßenrand und bieten Mandarinen und Limonen an. Mir erscheint Paraguay als Pufferland zwischen Arm und Reich.

„Bayerntreff" lese ich plötzlich auf einem Schild mitten im tiefsten Paraguay! Das müssen wir uns doch gleich mal näher anschauen. Aber die Enttäuschung ist groß, „Mittwochs geschlossen", und gerade das ist heute.

Vielleicht weiß man im Haus gegenüber Näheres. Wir klingeln.

„Ja, kommt's doch herein. Wollt ihr einen Kaffee?" Anton Köschinger läßt sich nicht lange bitten, führt uns in die gute Stube.

In gemütlicher Kaffeerunde sitzen wir zusammen, Toni erzählt aus dem Leben eines Auswanderers, der den Verlockungen des leichteren Lebens in Paraguay gefolgt ist.

„Vor zehn Jahren bin ich als erster der Familie ausgewandert, habe bald meine Mutter nachgeholt. Unsere Gaststätte „Zum Fuchsbau" in Manching bei München haben wir verkauft, uns dafür hier sieben Hektar Land gekauft, für gerade 600 DM pro Hektar! Stellt euch das mal vor! Naja, in Anbetracht des Hektarrausches, in den die meisten Deutschen hier angesichts des billigen Landes in aller Regel verfallen, ein kleines Grundstück. Hektarmanie!" Toni lacht herzhaft.

„Und was machst du jetzt so?"

„Die 200.000 Mark aus dem Verkauf der Gaststätte wollten wir in den Aufbau einer Futtermittelfabrik stecken, daraus wurde aber nichts, denn die Wechselstube machte Konkurs und das Geld war futsch. Ein Jahr lang betrieben wir eine Gaststätte im Wohnzimmer, die lief gut, sogar der „Schöne Konsul" Weyer war unser Gast. Jetzt mache ich dies und das, vermittle Edelsteingeschäfte mit Brasilien, bis hinauf zum General Stroessner kannte und kenne ich alle wichtigen Leute, und alle wollen geschmiert werden."

Bei Brotmaniok mit selbstgemachter Grieben- und Blutwurst (bei letzterer fällt mir das Lob recht schwer) und viel paraguayischem

„Munich-Cerveza" zieht Anton so richtig vom Leder, manchmal bleiben mir ob seiner Einstellung doch die Bissen im Hals stecken. Aus seiner negativen Grundhaltung zu den „Criollos", den Paraguayern indianischen Ursprungs, macht er jedenfalls keinen Hehl.

„Unter General Stroessner herrschten hier noch Ruhe und Ordnung. Es wird eh' immer vergessen, was er fürs Volk geleistet hat, die Criollos wären nie allein so weit gekommen."

„Aber was ist mit den Folterungen, die hier an der Tagesordnung waren?", werfe ich ein.

„Ach, das sind nur Gerüchte, nur Meinungsmache der Auslandspresse, von Folterungen haben wir nie was gehört."

So wie ihn sollten wir in der Folgezeit noch viele deutsche Auswanderer kennenlernen.

Hauptstadt Asunción - wo ist hier nur das Zentrum! Stundenlang haben wir uns schon durch die abgasverpesteten Vororte gequält, dem Ansturm der Minibusse Paroli geboten, vergebens warteten wir auf ein Hinweisschild ins Centro. Endlich zweigt ein einspuriges Sträßchen ab.

„Nein, nein, kein Interview!" Ich wehre den Kameramann ab, der bereits seine Videokamera in Position gebracht hat. Ich sehne mich nur noch nach der Ruhe einer Pension.

„Ayuda social paraguayo-alemana - Paraguayisch-Deutsche Sozialhilfe", nennt sich die Institution, die für konkurrenzlose fünf Dollar Zimmer mit Frühstück an jedermann vermietet. Ein großer verwinkelter Komplex mit Innenhöfen, die Zimmer mit Klimaanlage und Luftquirl, und überall ist die deutsche Sauberkeit fast greifbar. Der optimale Standort für zwei Wochen, zumal nahe des Zentrums gelegen und überdies eine Anlaufstation der im Land lebenden Deutschen, die in Asunción etwas zu erledigen haben. Für Kontakte ist jedenfalls gesorgt und die bleiben in den folgenden Tagen auch nicht aus.

Mancher wird sich nun fragen, was uns zwei Wochen in Asunción halten kann, wo doch die Stadt als uninteressant gilt. Nein, nein, keine Kneipenorgien à la Córdoba - ganz einfach: es gibt so vieles zu erledigen, sei es Post holen und beantworten, am Reisebericht verzweifeln, telefonieren, Geld tauschen oder das Rad reparieren.

Man glaubt gar nicht, wie zeitaufwendig die Suche nach einem Fahrradmechaniker ist, gerade in einer so ausgeprägten Nichtradlernation wie Paraguay. Da muß man sich schon einiges einfallen lassen.

Ich hatte zum Glück die Adresse des paraguayischen Radvereinspräsidenten, dessen Sohn wiederum paraguayischer Radmeister ist, und der kennt seinerseits einige Radmechaniker. So kommt ein Mosaikstein zum anderen, bis sich schließlich die Adresse eines fähigen und auch arbeitswilligen Mechanikers herauskristallisiert.

„Taller Yoni" arbeitet dann auch wirklich gut, durch unsere Reiseschilderungen wird sein Ehrgeiz noch sichtlich angestachelt, und statt nur das Tretlager zu fetten, reinigt und schmiert er in zwei Stunden gleich die gesamte Kraftübertragung.

„Oh je!" Stirnrunzelnd betrachtet Señor Yoni dann Rolfs Hinterrad.

„Das sind ja gleich drei Höhenschläge drin, schwierig zu zentrieren. Also heute schaffe ich das nicht mehr. Da müßt ihr morgen früh wiederkommen."

Inzwischen haben sich immer mehr Zaungäste eingefunden, die unseren Mechaniker von der Arbeit ablenken und die nicht mit Kommentaren sparen.

Der Lohn? „Gebt mir zweieinhalb Dollar, y bueno."

Da ist also gleich eine Woche um, und man hat kaum was von Stadt und Umgebung gesehen. Das hole ich in der zweiten Woche nach.

Asunción ist die wohl schnuckeligste lateinamerikanische Hauptstadt, bei 700.000 Einwohnern eigentlich auch nicht weiter verwunderlich, aber ganz Paraguay zählt ja auch nur knapp vier Millionen Seelen. Und nur in der Stadt wird überwiegend Castellano gesprochen, auf dem Land mehr Guaraní, die alte Indiosprache. Paraguay ist das einzige Land Südamerikas mit zwei amtlichen Nationalsprachen.

An einem Sonntagnachmittag lasse ich Reisebericht Reisebericht sein, schnappe mir meine Fotoausrüstung und ziehe los. Vorbei geht's am Minibahnhof, in dessen herrlichen Arkadengang wohl schon seit Wochen irgendwelche Streikende schlafen, umgaselt von einer stinkenden Urinwolke. Die Straßen sind auffällig sauber, werden von blühenden Bäumen gesäumt, wirken heute aber wie ausgestorben, die Geschäfte sind durch Rolläden oder Gitter gesichert.

Was bietet die Stadt nun? Viel nüchterne Beton-Zweckarchitektur, eine Hochhaus-Skyline im Zentrum, mehrere schöne Plätze mit altem Baumbestand wie die „Plaza Uruguaya" oder die „Plaza de los Heroes", verstreute Kolonialjuwelen wie den „Pantheon Nacional de los Heroes", den Heldentempel, mit Kindersoldaten in Gardeuniform als Ehrenwache.

Zwischen 1929 und 1935 führte Paraguay mit Bolivien um angebliche Erdölvorkommen im unwirtlichen Chaco Krieg. Das Ergebnis? Paraguay gewann den Krieg und erhielt große Gebiete, doch kein Erdöl, dafür aber 60.000 Tote, auf bolivianischer Seite verloren 80.000 ihr Leben. Sinnlose Tote eines sinnlosen Krieges, vielleicht sind sie deshalb Helden? Oder wollte hier nur der damalige Präsident Lopez sein Gewissen beruhigen?

Ich gehe weiter. Auf der „Plaza Constitución" um Parlament und Regierungspalast herrscht Sonntagsstimmung, Pärchen sitzen auf den Bänken und schmusen, Kinder tollen herum, lassen Drachen steigen oder üben sich im Skateboardfahren, Leute flanieren durch die Parkanlagen. Unterhalb des Parkes, am Ufer des Rio Paraguay, liegt eine Elendssiedlung mit Wellblech- und Papphütten, meist gekrönt von hohen Fernsehantennen, manchmal tut's auch eine alte Leuchtstoffröhre. Wie von einer Empore und aus sicherer Entfernung kann man das Treiben von der Parkterrasse beobachten. Ein harter Kontrast zum unmittelbar angrenzenden feudalen Regierungspalast. Auch hier schieben Kindersoldaten Wache, ein Trupp fegt, teils barfüßig, den Platz, ziemlich unlustig, wie mir scheint.

„Mit 17 Jahren, oder auch schon früher", so erklärt mir ein Wehrdienstleistender, den ich zufällig hier kennenlerne, „wird man eingezogen, zwei Jahre dauert der Dienst, er besteht hauptsächlich aus Drillübungen."

„Was willst du danach machen?"

„In San Lorenzo, etwa zehn Kilometer von Asunción entfernt, will ich Elektronik studieren", so erklärt er mir weiter. „Doch die Arbeitschancen sind gleich Null, ich muß dann ins Ausland gehen."

Und Paraguay verliert wieder eine Fachkraft, die doch so dringend nötig wäre, um das Land voranzubringen.

Über Südamerikas einzige Straßenbahn will ich auch noch berichten: Sie rumpelt, holpert und ächzt gelegentlich vorbei, wenn sie nicht gerade wieder von einem parkenden Auto gestoppt wird. Wer's eilig hat, benutzt lieber einen der stinkenden Minibusse. Ihre Tage sind wohl gezählt, und manchmal möchte ich ihr am liebsten einen aufmunternden Klaps auf die zerbeulte gelbe Blechhaut geben, wenn sie gefährlich schwankend ihren Weg durch die Stadt sucht.

Asunción ist die richtige Stadt zum Relaxen, abends wird nicht viel geboten. Wie wäre ein Kinobesuch, zwei oder gar drei drittklassige Filme - in verheerender Ton- und Bildqualität - für nur einen Dollar?

Augen zu und durch: Staubpiste in Paraguay

Die Fruchtstände an der Straße sind immer einen Stopp Wert

Oder vielleicht ein Abendessen im „Caballito Blanco", dem „Weißen Rössl"(!) mit Sauerkraut, Würschtl und Apfelstrudel inmitten von Bildern mit deutschen Stadtszenen und dunkelhäutigen Kellnerinnen im Dirndl? Unpassend? Zugegeben, aber nach achteinhalb Monaten in Südamerika begeistert mich sogar Sauerkraut, das bisher, gelinde gesagt, nicht gerade zu meinen Leib- und Magenspeisen gehörte. Bleibt nur noch freitag- und samstagabends das Disco-Fieber, aber das einsame Radlerherz muß sich voll auf die Musik konzentrieren, denn in die Disco geht man nur pärchenweise und allein tanzen ist verpönt. Andere Länder, andere Sitten ...

„Clemens!"
Wer ruft mich denn da, wer kennt denn hier noch meinen Namen? Ein Typ steuert auf mich zu. Uwe aus Córdoba! Welch' eine Überraschung und ein Zufall! Durch unseren Anschlag am Schwarzen Brett in unserer Bleibe ist er auf mich aufmerksam geworden, wir suchen nämlich jemanden, der demnächst nach Deutschland fliegt und unsere Filme mitnehmen kann. Er kann's!
Mit ihm und Claudia und Frauke, zwei deutschen Travellerinnen, fahre ich mit dem Zug nach Aregua an den Lago Ypacarai, anderthalb Stunden Fahrt, Kostenpunkt: 35 Pfennige! Schnaufend steht die rote Dampflok bereits im Minibahnhof, im Schlepp einen Tender voller Holzscheite und zwei modernere Großraumwagen mit der sinnvollen Einrichtung, daß die Lehnen der Bänke beliebig in oder gegen die Fahrtrichtung eingerastet werden können. Die Waggons füllen sich, hauptsächlich mit Schulkindern.
„Na, da bin ich ja mal gespannt, wie lange das noch dauert", meine ich noch zu Uwe, da fährt die Lok auch schon an.
Langsam rattern wir durch endlose Vororte, vorbei an Elendsvierteln mit viel Schmutz, dann durch dichtes Gestrüpp.
Der Rauch der Lok macht Uwe skeptisch: „Also, im South American Handbook stand was von würzigem Rauch tropischen Holzes, ich glaube, die haben umgestellt."
„Stimmt, oder ich habe Schnupfen."
Als Ausgleich ordere ich bei einem fliegenden Händler leckere, noch warme Maisbrötchen, Chipas genannt.
Später sitzen wir im feinen Sand am Lago Ypacarai, still liegt er zwischen den Hügelketten, einige bunte Ruderboote dümpeln im leichten Wellengang, eine sachte Brise vertreibt die Moskitos, wir genie-

ßen Ruhe und Frieden. Uwe meint, wie am Bodensee wäre es hier - so ein Banause!

Die Rückfahrt verläuft chaotisch: Uwe vertut sich, statt in die Buslinie 14 steigen wir in die Linie 4 ein. Nach Asunción kommen wir noch hinein, aber dann beginnt eine Irrfahrt mit mehreren Linien, jeder Abstecher von der Fahrtroute Richtung Zentrum läßt regelmäßig unseren Blutdruck steigen. Den Surubi, ein Fisch mit leckerem weißen, fettfreien Fleisch haben wir uns später, als wir endlich bei unserer Unterkunft anlangen, auf jeden Fall redlich verdient.

Auch ein Zeitungsinterview mit Redakteuren der „Aktuellen Rundschau" steht noch an, zur Abwechslung auf Deutsch. Vierzehntägig erscheint sie, die einzige Zeitungslektüre vieler Auswanderer, die Castellano nur mangelhaft beherrschen und auch nicht darauf angewiesen sind, denn in den Siedlerkolonien wird hauptsächlich deutsch gesprochen. Mir fallen die vielen Verkaufsanzeigen für Estancias auf, teils mit mehreren 1.000 ha Grund.

Jeden zweiten Dienstag und Freitag im Monat verbindet ein Schiff Asunción mit Concepción, 310 Kilometer und 28 Stunden weiter nördlich am Rio Paraguay gelegen. Klar, es gibt auch eine Straße, aber da hätten wir ein gutes Stück wieder zurückfahren müssen, und eine kleine Flußkreuzfahrt ist doch auch nicht ohne, oder? Von Concepción wollen wir dann weiter bis Ponta Pora an der brasilianischen Grenze pedalen.

Langsam wird der Anker eingeholt, ein gehöriger Batzen grauer Flußerde hängt daran. Die „Bahia Negra" dreht und nimmt Fahrt auf. Asunción reduziert sich auf seine Skyline, mit eineinhalbstündiger Verspätung kehren wir der Stadt endgültig den Rücken.

Ich mache einen ersten kurzen Schiffsrundgang. Die „Bahia Negra" ist nicht besonders groß, etwas verbeult, kein Luxus. Aber unsere Vierbett-Kabine ist geräumig genug, um auch die Räder darin unterzubringen, und da bleiben sie auch, obwohl Lademeister und Hilfskräfte überhaupt nicht damit einverstanden sind, uns sogar mit dem Kapitän drohen. „Warum nicht", denke ich, „sonst ist doch immer ein Treffen mit dem Kapitän für einen Passagier das große Ereignis, warum auch nicht für uns?"

Doch da die beiden anderen Betten frei bleiben, lassen sie uns endlich in Ruhe.

Meist sitzen wir auf dem Vordeck, falls uns nicht gerade der Wind in den Windschatten der Decksaufbauten treibt, und betrachten die langsam vorbeiziehende Flußlandschaft. Vierhundert Meter breit ist hier der Rio Paraguay, das Ufer mit Urwald oder Gestrüpp dicht bewachsen, nur ab und zu erlauben Bäche einen Blick ins sumpfige Hinterland, oder es steht ein Haus inmitten gerodeter Urwaldflächen. Abends bestaunen wir den Sternenhimmel, acht Sternschnuppen zähle ich innerhalb einer Stunde.

Dann ist Concepción nicht mehr allzuweit. Ich verspüre eine starke Unruhe. Schon seit langem bin ich nicht mehr richtig geradelt und vor mir liegt nun die Schlüsselstrecke durch die Andenstaaten!

Wenn ich an die ersten 100 Kilometer hinter Concepción denke, knirscht es unwillkürlich zwischen den Zähnen - viel Staub und Dreck! Die rote Sandpiste war schon ein Erlebnis. Nach einigen Kilometern hatten uns die schweren Volvo-Sattelzüge (Concepción ist Zollfreihafen, der Verkehr daher überraschend stark) bereits gründlich eingestaubt, eine rotbraune Patina bildete sich auf Rad, Taschen und Klamotten, ja sogar auf den Zähnen. Daran erkennt man halt die wirklich fröhlichen Radler!

In den langen Sandpassagen wollten die schmalen Reifen ständig ausbrechen. Ich stabilisierte das Rad mit kräftigen Tritten, bis wieder der rettende feste Untergrund erreicht war. Schwung holen und hinein ins nächste Sandfeld, hatte ich Glück, kam ich ohne Schleuderkapriolen durch.

Eine freie Landschaft gab es eigentlich nie, immer stand irgendwo eine Bretterhütte herum, oft mit Strohdach und meist mit einem Reigen bunter Wäsche im Hof, und auch die Ruta war nie menschenleer. Und war's nur ein Radler, ein Ochsenkarren, ein Reiter oder Gauchos, die eine Herde Zeburinder die Straße entlangtrieben.

Die Sonne sinkt, wir müssen uns langsam nach einer Nachtbleibe umsehen.

„Vielleicht sollten wir es mal da beim Haus versuchen?"

„Ja, sieht nicht übel aus."

Entschlossen schiebe ich meinen rotgepuderten Drahtesel zum Zauneingang. In Nullkommanichts werden wir von mehreren ärmlich gekleideten Kindern umringt.

„Na, wo ist denn euer Vater?"

Rolf hat keinen Erfolg, erntet nur verlegenes Schulterzucken.

„Rolf, die sprechen bestimmt nur Guaraní, hoffentlich kann der Vater wenigstens Castellano."

Da erscheint er schon, sein Kopf verschwindet fast unter einer riesigen Mütze mit Ohrenklappen. So kühl kommt es mir gar nicht vor!
„Schlafen könnt ihr hier schon, aber nicht im Hof. Ihr kommt mit ins Haus!"
Happy schieben wir die Räder unters Hausvordach.
„Das sind alles meine Kinder, fünf Söhne und zwei Töchter, einer arbeitet in Asunción. Außerdem habe ich noch 30 Rinder, Schweine und Hühner."
Sichtlich stolz über unseren Besuch zeigt er uns sein kleines Anwesen, während die Kinder nicht mehr von unserer Seite weichen. Heute ist ihr großer Tag, heute sind zwei Radler in das stete Einerlei ihrer Tage eingebrochen. Und die benehmen sich so interessant merkwürdig!
Die Kinder stehen einfach da und beobachten uns endlos lang, lassen uns auch später nicht aus den Augen, als wir bei Kerzenlicht schreiben. Kaum sind wir am nächsten Morgen aufgestanden und machen etwas Lärm, schaut auch schon der erste neugierige Kopf zum Türspalt herein, mein Frühstück verzehre ich dann unter allgemeiner Anteilnahme. Lustig, wie vier Kinderaugen meine Rasierbemühungen verfolgen, schnell wird noch ein Bruder herbeigewunken, hier gibt's was zu sehen! Sogar das Zähneputzen ist interessant.
Wir bedanken und verabschieden uns. Bald werden die Hügelketten höher, der Schweiß fließt.
„Noch 60 Kilometer, Señor, dann beginnt die ruta pavimentada, die Asphaltpiste", hatte unser Gastgeber zugesichert. Das gibt neuen Auftrieb.
Von jeder Anhöhe blicken wir erwartungsvoll auf den weiteren Pistenverlauf. Da, endlich, weit hinten am Horizont, ein schwarzes Asphaltband! Warum gerade hier und nicht vielleicht beim nächsten Dorf oder sonstwo, das gehört zu den kleinen unergründlichen Geheimnissen südamerikanischen Straßenbaus. Uiih, wie das ruhig rollt! Und die versandete Kette stimmt ihr Klagelied an.
Die Straße führt direkt in die Berge der Cordillere del Amambay hinein. Langsam schnaufe ich die Bergzüge hinauf, unter mir krümmt sich das Asphaltband über die Höhenzüge, im Hintergrund wachsen kolossale Felstürme aus trockenbrauner Grassteppe, eine wunderbare Landschaft. Hinter einer weiten Ebene mit ausgedehnten Weizenfeldern liegt Pedro Juan Caballero, die paraguayische Grenzstadt. Keine normale Grenzstadt mit trennenden Kontrollen ist das,

vielmehr mit verbindendem Grünstreifen. Paraguay - nun ade!
„Komm, laß uns heute abend zur Feier des Tages Pizza essen ge-
hen", schlägt Rolf vor.
Nichts einfacher als das. In wenigen Minuten laufen wir nach Ponta
Pora nach Brasilien hinüber und sitzen bald in einer netten Pizzeria.
Die Speisekarte bereitet mir allerdings einiges Kopfzerbrechen. Nur
mit viel Phantasie kann ich die portugiesischen Worte interpretieren.
Aber wegen gerade mal vier Wochen Brasilien diese Sprache zu ler-
nen lohnt wohl kaum.

Brasilien: Stippvisite bei den Kaimanen

Wir sind jetzt in der brasilianischen Provinz Mato Grosso do Sul und
auf unserem Weg nach Bolivien werden wir den südlichen Teil des
Pantanals durchschneiden, das ist ein riesiges, tierreiches Sumpfgebiet. Unser erstes Ziel ist zunächst die Provinzhauptstadt Campo
Grande.
Welche Gedanken ich mit Brasilien verbinde? Spontan würde ich
darauf antworten: Feuer und Rauch! Bereits kurz hinter Ponta Pora
treibt ein steifer Nordostwind dicke Rauchwolken aus zahllosen Sägereien und Holzkohlemeilern über die Straße. Schwarzverbranntes
Gras, verbrannte Böschungen und Felder, aus denen der Wind
Aschewolken fortbläst, oder auch nur ein Laubhaufen, es brennt immer irgendwo, den Brasilianern scheint die Zündellust im Blut zu liegen - Brasilien ein brennendes Land?
Das Holz für ihre Sägereien und Kohlenmeiler kommt inzwischen
aus Paraguay, die Brasilianer haben ihre ehemals dicht mit Urwald
bestandene Provinz radikal abgeholzt. Nur Grüppchen hoher wind-
zerzauster Urwaldbäume erinnern noch an die ursprüngliche Vegetation. Stattdessen nun endlose Weiden braunen Grases im Wechsel
mit grünen Weizen- und Sojafeldern, durchsetzt von großen Facen-
das, ein grünbraunes Puzzle in sanftgewelltem Hügelland.
Der heiße Gegenwind dörrt uns regelrecht aus, bis zu sieben Liter
Flüssigkeit schütte ich täglich in mich hinein. Am schönsten ist die
letzte Stunde vor Sonnenuntergang: Der Wind schläft ein, die Luft
kühlt ab, die Sonne taucht die Landschaft in weiches, rötliches Licht,

Grillen zirpen, die Luft riecht gut nach Erde und Kräutern. Leider geht die Sonne viel zu schnell unter, sie plumpst förmlich hinter den Horizont, für uns höchste Zeit zur Unterkunftssuche.

Wir sind nicht allzu wählerisch. So ist's mal ein Plätzchen in einer offenen Scheune zwischen Mähdreschern und Traktoren inmitten einiger sangesfreudiger Hähne (die morgens um 5.00 Uhr gar nicht ahnen, wie knapp sie an einem vorzeitigen gewaltsamen Tod vorbeischlittern), mal ein merkwürdiger Rohbau hinter hohen Mauern, den uns ein Deutschbrasilianer als ein im Bau befindliches Stundenmotel erklärt - wir sind also die ersten, allerdings nicht zahlenden Kunden -, und als unser Gastgeber abends zum Akkordeon greift und mit lauter, nicht eben schöner Stimme, aber mit viel Schwung deutsche Volkslieder zum Besten gibt, kann mich das nun gar nicht mehr erschüttern. Brasilien scheint nicht nur ein brennendes, sondern auch ein lautes Land zu sein! Doch zum Glück hat auch sein Repertoire seine Grenzen. Da lobe ich mir dann einen anderen Rohbau in der dritten Nacht, nur der Zementstaub kitzelt in der Nase, und vor dem morgens mit laut plärrendem Radio anrückenden Bauarbeitertrupp können wir uns rechtzeitig in Sicherheit bringen.

Auf Dauer wird die Landschaft eintönig, ein Hügel nach dem andern legt sich quer, lange Anstiege in nervigem Gegenwind, dazu die Hitze, der ständig trockene Mund, das Wasser geht zur Neige. Die Kilometer ziehen sich wie Kaugummi.

In den Ortschaften bremsen Asphaltschwellen - „lombadas" - den Durchgangsverkehr wirkungsvoll ab. Als Vorwarnung zuerst ein durchschüttelndes Asphaltwaschbrett, dann Hinweisschilder von 5 bis 1 - hoppla, der Buckel, und wieder Gasgeben.

Endlich erreichen wir die BR 267 São Paulo - Campo Grande, die Hauptverkehrsader von Mato Grosso do Sul. Schwere Volvo- und Mercedes-Sattelschlepper dröhnen in Gruppenformation heran. Radler, was hast du hier verloren? Irgendwann habe ich den Verkehrslärm und -streß satt, beschränke mich auf den Seitenstreifen, aber im Angesicht des Feinasphaltes über Rauhasphalt zu hoppeln, das schmerzt. Zudem müssen wir noch um Glas aller Art, zerfetzte Reifen und Reifenstücke, aufgeblähte stinkende Tierkadaver und andere unappetitliche Dinge herumkurven.

Eine Woche halten wir uns in Campo Grande auf, es ist eine nüchterne Geschäftsstadt. Eigentlich fällt es mir schwer, plausible Gründe für diese sieben Tage zu finden. Gut, da wäre dieses liebenswerte Hotel mit dem schattigen Innenhof voller wuchernder Blumen, in dem sich so angenehm der Tag verdösen läßt, wenn nicht gerade die anderen Gäste, meist Geschäftsleute, anwesend sind. Sonntagmorgen um 11.00 Uhr kommt nach Wein und Bier auch „White Horse"-Whiskey zum Vorschein, der Einfachheit halber heißen die Leute mich Fritz, denn der Name „Clemens" ist hier unbekannt, und nachdem ich unvorsichtigerweise Sympathie für den Lambada bekundet habe, läuft auch noch mir zuliebe Lambada als jeweils zweites Lied auf dem Plattenspieler ...

Etwa 200 Kilometer hinter Campo Grande und auf halbem Weg nach Corumbá beginnt das Pantanal, ein immenses Sumpfgebiet, dessen Flora und Fauna der des Amazonastieflandes ähnelt. Inzwischen wird das Pantanal ja auch in Europa durch entsprechende Fernseh- und Zeitschriftenreportagen immer bekannter, sehr zur Freude wohl der (zu) zahlreichen Tourveranstalter in Corumbá, die regelrecht Jagd auf ahnungslos dahinschlendernde Touristen machen, und sehr zum Leidwesen der Tiere. Aber davon später noch mehr.

Wir kurven zuerst mal durch eine Hügellandschaft aus Weiden und Palmen, magere Zebus stehen herum. Hitzeflirren begrenzt den Horizont. Oh ja, heiß ist es wirklich! Etwa 40 °C, der Schweiß tropft beständig, verdunstet jedoch sofort im heißen Fahrtwind. Auf dem Rad ist es da tatsächlich noch am angenehmsten, mal abgesehen, man stöhnt nicht gerade bei lauem Rückenwind einen der vielen Hügel hinauf oder sitzt bei einer kühlen Cola unter den schattigen Bäumen eines Restaurants.

Wenn die Landschaft schon keine Abwechslung bietet, so doch wenigstens die Straße. Ich weiß nicht, wo die Definition einer asphaltierten Straße beginnt und wo sie endet, und ob dieses narbige, schlaglöcherdurchsetzte Asphaltetwas noch darunter fällt. Aber immerhin findet sich für unser Schmalspurfahrwerk immer eine kleine intakte Asphaltspur, meist am Übergang zum Seitenstreifen - ein ständiger Balanceakt.

Trotzdem, ich fühle mich wohl, jeder Kilometer Richtung Westen zählt. Campo Grande war die östlichste Stadt meiner Radtour, und nach diesen Auspendelungen - zuerst Iguaçú und nun das Pantanal - muß ich unbedingt wieder die Nordrichtung kriegen, die Zeit drängt. Doch mein argentinischer „Gomytel"-Hinterreifen, ein südamerikanisches „Qualitätsprodukt", haucht nach nur 1.061 Kilometern sein bißchen Leben aus. Im Schatten einer Palme montiere ich frustriert den Ersatzreifen.

„Klar, mit neun Mark war er billig", überlege ich während der ungeliebten Tätigkeit, „aber nur auf den ersten Blick. Mein Continental „Top-Touring" (der Name verpflichtet wohl), kostete zwar 26 Mark, hielt aber gut 8.000 Kilometer, und das auf Patagoniens Pisten!"

Und so ein Reifenwechsel ist immer noch bei weitem angenehmer als die Probleme, die Rolfs Hinterrad weiterhin bereitet. Entnervt hat er nun ein komplettes Laufrad zu Hause per Post bestellt, denn 28-Zoll-Räder sind in Brasilien nicht erhältlich.

Erstes Anzeichen, daß wir uns einem touristischen Großprojekt nähern: ein einsam in der Landschaft stehendes Touristinfo-Häuschen inmitten einer riesigen Parkplatzlandschaft. Aha, hier ist also der anderswo fehlende Asphalt geblieben!

Die beiden hübschen jungen Frauen, offensichtlich Schwestern, versorgen uns nicht nur mit Trinkwasser, sondern auch mit allerhand Informationen, während draußen ein martialisch mit Armee-Tarnanzug und locker gegurtetem Revolver bekleideter Ranger unsere Räder bewacht. Ich weiß nicht, der Typ gefällt mir gar nicht, ist zum Blumenbewachen so ein Aufzug notwendig?

Eins wird schnell klar: der Aufenthalt auf einer Fazenda im Pantanal, von der aus wir Ausflüge in die Umgebung zum Tierbeobachten machen wollten, fällt flach, ein Tagessatz übersteigt fast mein Wochenbudget. Bleibt nur Corumbá und eine Tour von dort aus.

Zweites Anzeichen, daß wir uns einem touristischen Großprojekt nähern: hinter Miranda ein Schild rechts der Straße mit den Worten „Hier beginnt das Pantanal". Aha. Und auf weiteren Schildern wird der Radler über die Naturschutzbestimmungen belehrt. Wer sie nicht zur Kenntnis nehmen will, schließt halt kurz die Augen.

Eine riesige fett-schwarze Rauchwolke verfinstert wenig später die Sonne, um eine Fazenda wird im großen Stil das Dickicht abgebrannt, Gauchos springen mit Benzinkanistern hin und her und legen weitere Brandnester.

Mit total falschen Vorstellungen war ich in das Pantanal hineingeradelt, hatte wilde Sumpflandschaften und immensen Tierreichtum erwartet, und nun setzt sich diese Kulturlandschaft mit eingezäunten Weiden doch gerade so fort wie bisher. Nur die Rinder stehen manchmal bis zum Bauch im Wasser. Teils schnurgerade durchschneidet die Straße auf einem Damm das Sumpfgebiet.

Im letzten Tageslicht erreichen wir einen „Posto Fiscal", einen Polizeiposten.

„Ihr seht aus, als wenn ihr eine Dusche gebrauchen könntet, wartet mal einen Moment."

Der junge Polizist betrachtet belustigt unsere über und über mit kleinen Mücken und Käfern gesprenkelten T-Shirts, ein Nachtfalter flüchtet aus meinen Haaren.

„Also, ein Viechzeug habt ihr schon hier."

„Da ist erstmal Wasser zum Trinken."

Dann wirft er den Generator an, pumpt Wasser aus einem Tankanhänger in den Hauswassertank um, wir können duschen. Einige kleine Fröschchen in den Bretterritzen schauen zu - neidisch? Im Sichtschutz eines Schrottautos zelten wir, die Polizisten richten währenddessen eine Straßenkontrolle ein.

Entsprechend ist die nächtliche Action: fetzige Rockmusik aus den offenen Türen des Polizeikäfers, der für alle Fälle an der Kontrollstelle bereitsteht, ist ja gar nicht übel, auch nicht, daß erst sehr spät das in unmittelbarer Nähe ratternde Stromaggregat gestoppt wird. Dann allerdings fällt ein Schuß! Ein Polizist hat einem Fahrzeug hinterhergeschossen! Immerhin bleibt die erwartete Aufregung unter den Polizisten aus, es wird nicht zurückgeschossen. Und ich kann wieder aus den tieferen Gefilden meines Schlafsackes auftauchen.

Aus dem Fremdenverkehrsprospekt „Guia Turistica" über Corumbá: „Forget the life troubles. You are at the paradise's heart. Although it seems a dream, you will be living a reality, that few privileged people has already had the opportunity to konw ..." Und hier wird es wohl auch dem gestreßten Füllfederhalter zuviel, konw statt know, während der Englischlehrer bereits bewußtlos über dem Prospekt zusammengebrochen ist ...

In Corumbá fahren wir geradewegs zu Hermann und seinem Restaurant „El Pacu", mit 150 Jahren eines der ältesten Häuser in Corumbá und direkt am Rio Paraguay gelegen. Ein deutscher Lehrer hatte uns diesen Tip gegeben.

Während draußen Fischerboote unbeweglich in der trägen Strömung stehen, erzählt uns Hermann, ein rüstiger Endsechziger, bei „Radlerhalben" und Piranhasuppe seine Lebensgeschichte. Wieder muß ich feststellen, daß die Lebensgeschichten der „kleinen Leute" manchmal viel interessanter sind als die der „Großkopferten".

Eine Reifenpanne in der endlosen Weite Patagoniens
Unt.: Chile wählt einen neuen Präsidenten - Kundgebung in Santiago

Argentinien: Wir haben soeben ein Interview für das Dorfradio gegeben
Unt.: Die herrlichen Iguaçú-Wasserfälle zwischen Argentinien und Brasilien

Radeln direkt in den Sonnenuntergang. El Palmar-Nationalpark, Argentinien
Unt.: Ein farbenprächtiger Tucán, fotografiert im Iguaçú-Nationalpark

Andenpisten sind ein ewiges Auf und Ab - hier wird das Radeln zur Qual
Unt.: La Paz in Bolivien ist die höchstgelegene Großstadt der Welt

Traditionelle Binsen-Bootsbaukunst auf der Isla Suruquí, Titicaca-See
Unt.: Markt in den Anden. Ein wichtiges Grundnahrungsmittel ist Mais

*Radeln extrem: auf 4.500 Meter Höhe über Sand- und Schotterpisten
Unt.: Die Panamericana in der trostlosen peruanischen Küstenwüste*

Blick von oben: Typische Landschaft in Ecuador
Unt.: Quito, die Hauptstadt von Ecuador, wird umrahmt von Viertausendern

Straßenszene in Kolumbien
Unt.: Unter Strapazen zum Grenzpunkt Palo de las Letras im Darién-Gap

Zwei Tage später klemmen wir uns mit fünf jungen Travellern und zwei brasilianischen Guides zwischen Rucksäcke und riesiger Kühlbox auf die Ladefläche eines alten Chevy-Pickups. Wir sind auf dem Weg ins Pantanal. Stützpunkt ist eine kleine Fazenda an einem brauntrüben See, von hier unternehmen wir dann in den nächsten Tagen Ausfahrten in die Umgebung.

„Habt ihr schon mal Piranhas geangelt?" Unser braungebrannter Guide ist sich seiner Sache sicher.

„Genau, diese netten geselligen kleinen Fische mit dem flachen muskulösen Körper, den Schuppen mit goldschimmernden Punkten und den furchteinflößenden Beißerchen! Als Hilfsmittel braucht ihr nur eine einfache Angel aus Bambusrohr mit Nylonschnur und ein Drahtstück mit Metallhaken."

Das Angeln ist ganz einfach, erfordert lediglich gute Reaktion: Angelhaken mit Fleischstück ins Wasser halten, sofort zieht es kräftig an der Schnur, Haken abrupt hochziehen. Schon zappelt das erste Minimonster am Haken. Oder man war den Bruchteil einer Sekunde zu langsam und der Angelhaken ist bereits leergefressen. Und so soll es ja nicht sein, füttern will man die Piranhas ja nicht. Übrigens, weltbewegend schmecken sie nicht, etwa so gut wie abgelagerte Fischstäbchen.

Am nächsten Tag unsere erste Ausfahrt. Wir folgen unsichtbaren Wegen durch meterhohes Savannengras, treffen wieder auf Fahrspuren, biegen wieder ab, hoppeln über Weiden, über versandete Pisten, immer auf der Suche nach Tieren. Das Pantanal ist hier eher eine Savannenlandschaft mit gelben Grasbüscheln, Waldinseln aus Palmen und Dickicht, vielen kleinen Sumpfseen, als ein zusammenhängendes Sumpfgebiet.

Langsam verschwindet ein Emu bei unserem Nahen im Savannengras, eine Affenhorde, „Bujios", schnattert in den Wipfeln einer Baumgruppe, ein Weibchen trägt ein Baby auf dem Rücken, das ganz frech zu uns herunterschaut.

Der Guide sitzt im Metallgerüst über der Ladefläche. Da, eine Gruppe Nasenbären flüchtet in Richtung schützende Baumgruppe! Der Guide schreit etwas zum Fahrer hinunter, der vergißt seinen bisherigen besonnenen Fahrstil, gibt wie verrückt Gas, der Wagen springt über die Bodenwellen, wir halten uns krampfhaft fest, genießen aber gleichzeitig den Nervenkitzel und den Hauch von Safariabenteuer. Währenddessen hängt der Guide bereits an der seitlichen Ladewand, springt kurz vor der Baumgruppe ab, jagt den Nasenbären hinterher. Einer fühlt sich wohl zu sicher in einem niedrigen Baum, wird vom Guide heruntergeholt. Ein kleiner putziger Kerl mit langem, gestreiftem Schwanz, und furchtbar Angst hat er. Nach gebührendem Fotografieren darf er zurück in die Freiheit hoppeln.

Tuiuius mit roter Halskrause, blaue und bunte Riesenaras, Wild- und Wasserschweine, Ameisenbären, Gürteltiere, Anakondas - man muß schon ihre Plätze kennen, um sie zu finden. Nur, warum muß der Guide die Tiere immer fangen? Er läuft, rennt, hechtet und schwimmt den ganzen Tag den Tieren hinterher, um uns dann ein angstschlotterndes Exemplar zu präsentieren. Klar, ist schon interessant, so ein Tier aus der Nähe begucken zu können, aber uns tun die Tiere leid und schließlich wird auch Unmut laut. Viel lieber fotografiere ich die Tiere in ihrer natürlichen Umgebung, außerdem trägt solches Verhalten sicher dazu bei, daß sich die Tiere immer weiter zurückziehen.

Kein Sumpf ohne obligatorische Jacaré (Kaimane). Da brauche ich nur nachts mal den Strahl meiner Taschenlampe langsam über den See gleiten lassen, schon leuchten orange Punkte auf, mal ein Paar, mal auch zwei Paare, jedenfalls zahlreich. Jacaré! Zur Sicherheit leuchte ich noch den Uferbereich ab. Uff, nachts baden sie wohl alle! Wie man so einen Kaiman fängt? Mit einem Badeschlappen! Denn neugierig sind sie schon, wittern im langsam über die Wasseroberfläche gezogenen Schlappen fette Beute, sprinten nach kurzer Beobachtungsphase unerwartet behende hinterher und schütteln den Schlappen kräftig. Wenn das jetzt mein Waderl wäre ... Aber schon zieht sich die Lassoschlinge um den Hals zusammen, das Jacaré faucht furchterregend, öffnet das Maul. Erst aus der Nähe betrachtet offenbart sich die Schönheit der Hautstrukturen so richtig.

Nach zwei unvergeßlichen Tagen in der Weite des Pantanals erscheint mir Corumbá ganz fremdartig, so eng und drückend heiß, am liebsten würde ich gleich wieder umkehren. Allerdings würde ich mir dann einen schönen Standplatz zeigen lassen und dort einige Tage bleiben, um die Tiere in aller Ruhe beobachten und die Landschaft genießen zu können.

„Was ist denn das?" Einige entzündete Stellen an meinen Füßen irritieren mich, noch mehr der schwarze Punkt in der Mitte. Die vermeintlichen Splitter entpuppen sich als etwa 5 mm lange Würmchen, vier ziehe ich mit der Pinzette heraus.

Im Pantanal in Brasilien: diese Schlange war zu langsam ...

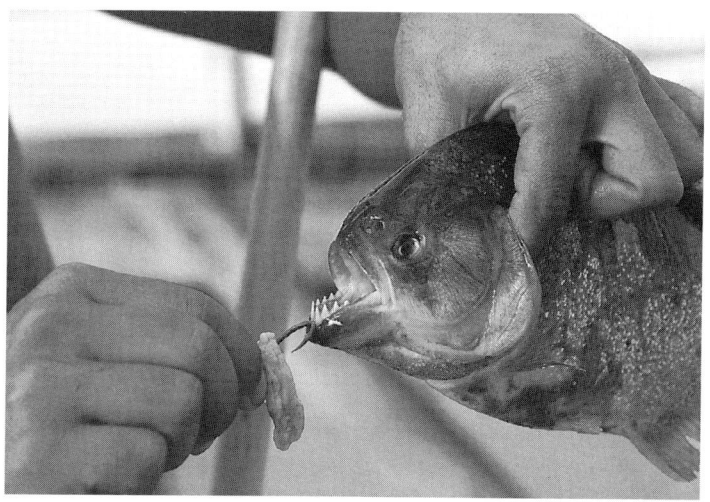

... und dieser Piranha zu gefräßig!

„Ich habe auch welche!" Aha, Rolf wurde gleichfalls nicht verschont. Da ich prinzipiell nie barfuß laufe, kann ich mir ihre Herkunft nicht erklären.

„Das sind Niguas, Erd- oder Sandflöhe", erklärt mir Hermann später, „die legen Eier unter der Haut ab, aus denen dann Larven ausschlüpfen. Können ganz nett unangenehm werden."

Mir genügt schon der Gedanke vollauf, daß sich da Würmer durch meinen Körper fressen.

Unsere weitere Route bereitet uns ernsthafte Sorgen.

Von Corumbá nach Santa Cruz, der ersten größeren Stadt im Osten von Bolivien, führt nur eine zweifelhafte Piste, die den Kartographen nur eine dünne unterbrochene Linie in meiner Karte wert war. Informationen über die Befahrbarkeit sind nicht erhältlich, jeder fährt mit dem Zug. Keine Frage, wir auch! Oder doch nicht? Immerhin heißt der Zug „Tren de los Muertos", also „Todeszug", warum, kann mir keiner erklären.

„Vielleicht entgleist er ja mal ab und zu", versuche ich mich zu beruhigen, aber so beruhigend finde ich den Gedanken dann auch wieder nicht.

Nachdem wir uns erkundigt hatten, welcher Zugtyp wann abfährt, stehen wir am übernächsten Tag mit unseren Rädern am Grenzübergang nach Bolivien. In Gedanken bin ich schon in den Anden.

Bolivianische Andenabenteuer

Hinter der bolivianischen Grenze erwartet uns gleich eine andere Welt. Staubpisten, eine Ansammlung ärmlicher Häuser namens Quijarro, kleinwüchsige Bolivianer, denen die Armut ins Gesicht geschrieben steht. Und dabei sind's doch nur einige Kilometer ins „Wohlstands"-Brasilien. Pervers, wie eine fiktive Grenze eine Welt doch teilt! Hat man Pech, wird man auf der falschen Seite geboren.

Die Tickets für 16 Dollar für den Zug haben wir bald gekauft, uns bleibt viel Zeit, abwechselnd einigen Bolivianern beim Tischfußball zuzuschauen.

Weit außerhalb auf einem Abstellgleis warten die Waggons. Doch um jeden Zentimeter Gepäckablage im Großraumwagen müssen wir kämpfen, genau wird gelotet, wo unsere Sitzlehnen aufhören und das Revier des nächsten beginnt.

Dann setze ich mich mit den Gepäckschaffnern auseinander, wir verhandeln übers Gewicht der Räder, denn danach bemißt sich die Gebühr. Lieblos stapelt man sie dann im Gepäckwagen aufeinander, mich trifft fast der Schlag. Erneute Intervention, ich fliege aus dem Gepäckwagen raus! Rolf hat dann mehr Glück, erreicht immerhin, daß sie wenigstens bis zur Abfahrt aufrecht nebeneinander gestellt werden. Was so alles noch bei den Stationen draufgetürmt werden wird, daran mag ich gar nicht denken.

Puh! Geschafft, aber fühlbar erleichtert, lasse ich mich in den kunstlederbezogenen Sitz der „Pullmann"-Klasse fallen. Überpünktlich, genau um 14.58 Uhr, zieht die Diesellok langsam die Waggons an. Auf den weiteren Gang der Dinge habe ich nun keinen Einfluß mehr. Der Schaffner erscheint, im Schlepptau zwei weitere Personen und zwei Militärs. Das Handgepäckgewicht wird geschätzt, 40 kg pro Person, wer mehr hat, muß Übergewicht zahlen. Uns lassen sie ungeschoren. Kurzer Stopp in Puerto Juarez, dann holpert und schwankt der Zug weiter durch dichtes Unterholzgestrüpp, mehr ist draußen nicht zu sehen. Und das ändert sich auch in den nächsten Stunden nicht. Beim Waggon davor muß die Federung ausgeleiert sein, er schwankt beängstigend in allen Richtungen, die Zugkupplung schlägt furchtbar. Staub dringt durch die Tür und die Fenster ein, der Fahrtwind bringt nur wenig Kühlung, ich klebe auf dem Sitzbezug fest.

„Sag mal, was ist hier nur los?" Rolf ist die Unruhe also auch schon aufgefallen.

„Du, ich habe keine Ahnung, ich sehe nur, daß hier ständig das Gepäck hin und her getragen wird. Schau mal, wie die den Koffer wuchten, der muß wirklich schwer sein. Ob da vielleicht Schmuggelgut drin ist?"

Beim Warten vor der Toilette beobachte ich zwei Bahnangestellte, wie sie Pakete in einem Schaltkasten verstecken.

In den kleinen Dörfern entlang der Zugstrecke ist unsere Ankunft das Ereignis des Tages. Männer, Frauen, Kinder stehen bereit, bieten lautstark Pampelmusen, Empanadas, ja ganze Gerichte an, dazu Kaffee, Chicha fria, Schokolade, laufen auch im Zug auf und ab. Und die, die nichts zu verkaufen haben, starren den Zug an, als sei er der erste ihres Lebens.

Punkt 22.00 Uhr wird die Beleuchtung total abgeschaltet, die Zwischentür verriegelt, Schlafenszeit! Ob man nun will und kann oder nicht. Bleibt nur die Hoffnung, daß keiner unser Gepäck anrührt.

Nach rund 650 Kilometern und 21 Stunden nähern wir uns gegen Mittag langsam Santa Cruz. Nun werden alle im Zug unruhig, beginnen ihre Pakete an den Fensterplätzen aufzustapeln, jetzt erst wird erkennbar, wie viele manche wirklich dabei haben!

Hopp! Das erste Paket fliegt zum Fenster raus! Hopp! Das nächste! Und hopp, wieder eins! Immer mehr, bis schließlich der Grünstreifen neben dem Gleis gesprenkelt ist mit Koffern und bunten Plastiktüten. Eine ist beim Aufprall aufgeplatzt, ihr Inhalt, farbenfrohe Bettwäsche, ist über eine größere Fläche verteilt. Leute laufen geschäftig hin und her und sammeln alle Gepäckstücke ein, es stehen schon Fahrzeuge mit offener Kofferraumklappe bereit. Diese Schmuggelei scheint nun wirklich niemanden zu stören, für den Zoll wäre es ja ein leichtes, im Zug während der Fahrt zu kontrollieren. Ob zehn Garnituren Bettwäsche da noch als Eigenbedarf durchgingen?

Wie befürchtet, sind unsere Räder ganz schön verschrammt, bei meinem ist das Lenkerband aufgerissen, bei Rolfs ein Flaschenhalter abgebrochen.

Vorbei an überwiegend einstöckigen Häusern mit Arkadengang im Kolonialstil geht's ins Zentrum. Aus den Schindeldächern arg windschiefer Holzkonstruktionen sprießen blühende Kakteen. Ein scharfer Wind bläst uns Sand ins Gesicht.

Wir gehen auf die Post, doch dann bin ich echt sauer. Man knöpft uns für unsere ersehnten Päckchen 30 % Einfuhrzoll ab, allein Rolf mußte über 100 Mark zahlen!

„Kein Wunder, daß die schmuggeln!"

„Und nicht einmal eine Quittung gab's dafür."

„Na, der Beamte hat sich da bestimmt ein schönes Zubrot verdient", bringe ich unsere Gedanken auf den Punkt.

Später sitzen wir wie die Könige auf dem Hotelbett, aus den Päckchen schälen wir frische Filme, Ersatzteile und viel Schokolade. „Wie Weihnachten!" freut sich Rolf.

Wir machen unsere Räder andenklar, Rolf montiert das neue Hinterrad. Von der Holzterrasse können wir bereits die ersten Andenausläufer sehen, beeindruckende Bergzüge, und die Straße führt geradewegs darauf zu. Da müssen wir durch? Gerade zwischen La Paz und Santa Cruz erreichen die Anden ihre größte Ost-West-Ausdehnung. Übermütig und abenteuerlustig wie wir sind, wählen wir trotz aller gegenteiligen Ratschläge nicht die neue Hauptverbindung nach Cochabamba, die erst vor Cochabamba die Andenhöhen erklimmt, sondern die alte, südlichere Piste, die ohne größere Schnörkel direkt durch die Berge führt.

Am Dorfende von Angostura hängt eine Kette quer über die Straße, wir müssen abbremsen. „Gesperrt für den Durchgangsverkehr von 6.00-18.00 Uhr" lese ich auf einem rostigen Blechschild, ein Straßenbauarbeiter hat sich daneben postiert. Aber für uns gilt das zum Glück nicht. Wäre ja auch gelacht, jetzt nicht weiterzukönnen, nachdem wir uns den ersten ganz beeindruckenden Bergungetümen nähern.

Zehn Monate war ich auf diesen Augenblick hingefahren, mit einigem Bangen und einer Menge Fragezeichen, denn ich hatte viel Schlimmes über die dortige Versorgungslage und die Straßen gehört, über den Klautrieb der Leute, ganz allgemein über das schwierige Reisen. Argentinien, Chile, Paraguay und Südbrasilien, das war ja mehr Europa in Südamerika. Aber nun sollte das beginnen, was man immer mit Südamerika verbindet: Anden, Indios in bunten Trachten, Lamas, die ganzen Klischees eben, die von Südamerika existieren.

Tatsächlich wird kräftig an der Straße gewerkelt. Wir beginnen, uns die ersten Andenhöhenmeter hochzuwinden. Ein VW-Käfer überholt, der Beifahrer kurbelt die Seitenscheibe herunter.

„Wo kommst du denn her? Wo geht's hin?" beginnt das übliche Frage-und-Antwort-Spiel.

Ich pumpe die Steigung hinauf, aber der Fahrer läßt nicht locker. Der Beifahrer filmt jetzt. TV? Vielleicht.

Ein Stück weiter erwarten sie uns schon, tatsächlich Fernsehen, „Onda-TV", ein Musikkanal.

„Haste nicht Lust, noch ein Musik-Videoclip anzusagen, wie wär's mit 'Forever young' von Rod Stewart?"

„Warum auch nicht, das paßt gerade zu meiner Stimmung, also los."

Der Redakteur geht mit dem Mikrophon in Stellung.

„Action!"

Ich rapple mein Sprüchlein herunter, das war's. Die versprochene Videocassette haben sie mir leider nicht nach La Paz geschickt.

Wieder haben wir Landschaft und Straße ganz für uns, durch die

Straßensperrung ärgern uns kaum Autos. Doch leider hat die Asphaltpiste bald ein Ende. Zudem sticht die Sonne so intensiv herab, daß meine eigentlich gute Hautbräunung bald in herrliches Rot übergeht.

Die Anden hier sind überraschend dicht besiedelt, immer wieder passieren wir kleine Bauernhöfe, Hütten aus braunen Adobe-Ziegeln. Die Leute kommen herausgelaufen - „mira, mira! - schaut, schaut!" - wie Exoten müssen wir auf sie wirken.

Unser Mittagessen nehmen wir meist in irgendeinem Dorf-"Restaurant" inmitten der Dorfbewohner ein, an den Wänden klebt üblicherweise eine Reihe knackiger, meist barbusiger Girls auf Getränkeplakaten, passend flankiert mit Heiligenbilder, z.B. „Jesus beim Abendmahl". Das Menü besteht meist aus Suppe (Weizenkeim-, Nudeloder Wassersuppe), Hauptgericht mit Reis (immer), Kartoffeln (immer), Spiegeleier (immer), auf einen Gockel mit mindestens 1.000 Flugstunden bzw. auf Fleisch in Form einer profillosen Schuhsohle lassen wir uns erst gar nicht ein. Dazu ein Liter Limo, das Ganze für runde anderthalb Dollar! Wer kocht da noch selbst, wenn nicht aus Gründen der Abwechslung? Ich mieser Kochlöffelguru jedenfalls nicht.

Richtig interessant ist das Rätselraten der Routenführung: geht es da vorne nun um die Höhenzüge herum oder oben drüber, erwartet uns eine Staub- oder Asphaltpiste oder eine der ungeahnt vielfältigen Zwischenstufen? Die Übergänge kommen fast immer abrupt, manchmal, nach -zig Kilometern Staubrüttelpiste mit einzelnen Teerflecken folgt unvermutet feinster Asphalt, der wiederum, nach -zig Kilometern, genau auf der nächsten Paßhöhe zu Staub zerbröselt. Die Landschaft setzt sich zusammen aus hitzeflirrenden Kaktussteppen mit Papageien, Bambuswäldchen, Wiesen, Weiden und immer wieder neuen, langen Bergketten.

Die Tagesetappen lassen sich nur noch schwer planen, wir gehen meist auf Nummer Sicher und beenden lieber die Fahrt noch lange vor Nachteinbruch bei einer guten Übernachtungsmöglichkeit.

Wir erreichen Comarapa, ein mittelgroßes Andendorf, das sich an schroffe, wolkenumhüllte Bergzüge schmiegt. Der Wind treibt riesige Staubfahnen durch den Ort, es knirscht zwischen den Zähnen.

Mir geht es gar nicht gut, steter Durchfall plagt mich, das Druckgefühl im Magen will einfach nicht weichen.

„Die Madre im Dorfhospital San Martin de Porres ist eine Deutsche", sagt uns ein Dörfler nach dem Essen im Restaurant.

Da gehen wir hin. Nach Durchqueren der ersten Tür betrete ich eine andere Welt, nein, ich meine nicht den üblichen Krankenhausmief, sondern alles ist ordentlich und solide gebaut.

Nach herzlicher Begrüßung und vielen Fragen gibt's erstmal Kaffee mit selbstgemachten, köstlichen Schneckennudeln (hmm!), danach für mich eine ganze Kollektion Pillen gegen Durchfall und das großzügig ausgestattete Besuchszimmer ist unser.

Weil es so schön ist, hängen wir gleich noch einen Tag dran, ich lasse mir den Hospitalbetrieb zeigen. Acht deutsche Schwestern arbeiten hier mit 25 bolivianischen zusammen, finanziert wird der Betrieb durch deutsche Spendengelder.

„Heute ist am meisten los, denn Samstag ist 'cancha' - also Markttag", erklärt mir die Schwester, „die Indios kommen per Lkw aus den umliegenden Dörfern, und die Kranken gleich mit, und deshalb sind Wartezimmer und Bänke im Flur voller Leute. Die Armut auf dem Land ist teils unbeschreiblich, Kranke kommen 25 Kilometer zu Fuß, auf einer Schubkarre oder einer Trage. Wer nicht zahlen kann, bekommt die Behandlung umsonst. Probleme bereitet die mangelnde Hygiene, trotz Wissens wird verschmutztes Wasser getrunken, die Hütten mit ihren Strohdächern sind mit Raubwanzen verseucht, die die Chagas-Krankheit übertragen."

Und etwas enttäuscht fügt sie hinzu: „Die Gleichgültigkeit der Leute ist sprichwörtlich, eigentlich hätte sich in 27 Jahren Arbeit viel mehr zum Besseren wenden müssen."

Nach Besichtigung der Säuglingsstation zieht es mich aber zur „Cancha". Indio-Frauen sitzen am Rand der staubigen Straße hinter Säkken mit Mais, Reis oder Paprika, manche haben nur den Inhalt einer Einkaufstasche zu verkaufen, der fein säuberlich zu Pyramiden aufgeschichtet ist. Mit stoischer Ruhe warten sie auf Käufer, halten derweil Schwätzchen, stillen die Kinder und kochen undefinierbare Süppchen auf kleinen Holzkohlefeuerchen. Die meisten Frauen tragen farbenprächtige Röcke, meist mehrere übereinander, aus dem Wickeltuch auf dem Rücken lugt das Jüngste hervor oder es sind die Einkäufe darin verstaut. Eine ganze Reihe Schuster wartet darauf, die zerschlissenen, löchrigen Schlappen der Campesinos reparieren zu können, auch Schneider und Näher harren auf Aufträge, und mitten durch das Gewühl schieben sich Busse und Lkws.

Mir gefällt dieses liebenswerte Dorf mit seinen buntverputzten Adobe-Fassaden, seinen engen, ungepflasterten Gäßchen, die Einblicke in chaotische Hinterhöfe mit qualmenden Lehmöfen. An vielen Häusern hängen blaue oder rote Wimpel über dem Eingang, sie signalisieren, daß hier Chicha ausgeschenkt wird. Das Maisbier soll hier allerdings künstlich fermentiert werden, nicht mehr durch Speichel. Ich gehe in ein Pinte hinein und errege ganz schön Aufsehen, so als einziger Ausländer.

Am Abend zeigt die Chicha allenthalben Wirkung: zwei Männer raufen unter großer Anteilnahme von Umstehenden, das Geschrei wird noch größer, als sie auch noch von ihren Frauen Zunder bekommen. Mir geben zwei betrunkene Musiker ein Ständchen und ein anderer Betrunkener, der mich in einem Castellano-Quechua-Kauderwelsch vollabert, werde ich nur mit viel Mühe wieder los.

Hatten wir uns bisher „nur" mit Zweitausendern befassen müssen, wird's jetzt ernster: der erste Dreitausender-Paß versperrt den Weg. „La Siberia" heißt das Gebiet, das klingt nach Kälte, steifen Brisen und unwirtlicher Natur. Wie zur Bestätigung jagen auf dem Bergkamm erste Wolkenfelder über uns hinweg, bald schlingern wir auf schmieriger Piste in totaler Wolkensuppe durch einen phantastischen Nebelwald, der jetzt zum Nationalpark erklärt werden soll.

Große glitschige Steine ragen aus dem Schlamm heraus. Ich steige ab, will schieben, doch beinahe legt es mich hin! Da fahre ich doch lieber. Nun folgt ein verbissener Kampf bergauf, das Fahrrad schlägt erbarmungslos, schlammt zusehends ein, immer wieder dreht das Hinterrad durch, findet nur noch bedingt Halt in der Brühe. Wenn ich wenigstens sehen würde, wo's hingeht! Und gerade jetzt müssen ausgerechnet Lkws entgegenkommen, sie zwingen mich in den seitlichen Schlamm. Ich beiße die Zähne zusammen, trete kräftig in die Pedale, ohne Rücksicht auf Steine und ein ächzendes Fahrrad.

Nach einer endlos erscheinenden Stunde sind wir der Suppe entronnen, die Piste wird trocken, dann durchfahren wir plötzlich die Nebelgrenze. Hinter uns drückt der Wind die Wolken in Form eines schmalen weißen Bandes ins Tal hinunter, drumherum scheint die Sonne. Ein nie gesehenes Phänomen.

Doch das Auf und Ab bleibt. Durchschnittlich sind so zwei 3.000er pro Tag fällig. Zum Glück bei meist anständig asphaltierter Straße. Die Südamerika-Klischees scheinen doch größtenteils zuzutreffen:

grandios gefaltete Bergketten mit sagenhaft weiten Panoramablik-
ken, jeder nur halbwegs waagrechte Meter wird bewirtschaftet, ein
Schachbrett-Muster aus Wiesen und Weiden in Pastellfarben, einzelnen Gehöften, und ganz weit unten Kühe und Schafe so klein wie
Ameisen. Indio-Frauen in dicken, farbenprächtigen Röcken und dem
Kleinsten auf dem Rücken sitzen am Straßenrand, spinnen, bewachen eine Schafherde oder treiben im weichen Licht der Abendsonne Pferde zum Bauernhof. Indios mit dicker Coca-Backe eilen mit
ihrem Bündel auf dem Rücken zielstrebig die Straße entlang, wohl
auf dem Weg ins nächste Dorf, um irgend etwas zu verkaufen.
Die Leute sind überaus freundlich, neugierig, aber fotoscheu, und sie
grüßen fast immer. Ganze Kinderscharen stürzen aus der Schule auf
die Straße, um uns zu bestaunen. Durch die dichte Besiedlung ist
unsere Versorgung kein Problem, auch zum Übernachten findet sich
immer etwas, sei es das Haus eines freundlichen Dorfbewohners
oder die Hütte eines chichatrunkenen Campesinos.
Die Luft ist kristallklar wie noch nie erlebt. Trotz der Mühen (neun Tage für 500 Kilometer!) war dies meine bisher schönste, weil ab-
wechslungsreichste Radelstrecke, und als die Straße vor Cochabamba gar 3.600 m erreicht, überquere ich meinen bisher höchsten
Paß! Rückblickend wird da der Paß vor Mendoza zum müden Hügel!

Das nennt man wieder Glück: kaum haben wir uns trotz des perma-
nenten Ansturms der nervigen Toyota-Minibusse zur Hauptplaza der
Großstadt Cochabamba durchgekämpft, lädt uns auch schon Señora
de Rocabado, eine freundliche ältere Frau, in ihr Haus ein! Allerdings
zwei Tage später ebenso unvermittelt wieder aus! Wir sind uns keiner Schuld bewußt, haben uns doch anständig benommen, um so
ratloser sind wir über den Rausschmiß.
Samstag ist in Cochabamba Markttag. Dieser Markt ist wirklich se-
hens- und erlebenswert, jede Straße, jeder größere und kleinere
Platz der Innenstadt ist ins Geschehen miteinbezogen. Die Gehsteige sind mit Buden und Waren total zugebaut, die Indio-Frauen sitzen
hinter ihren Waren, ihre „Tongas", die Filzhüte, keck-schief auf dem
Kopf. Manche Plätze und Straßen sind nach Waren sortiert, so gibt
es eine hundert Meter lange Reihe von Marktbuden, die nur Toilet-
tenartikel anbieten, andere nur Klamotten, Schuhe usw.
Aber diese Dinge sind eh' nicht so interessant, es sind die Lebens-
mittelmärkte, die mich wie magnetisch anziehen! Dort sind die Stän-

de teils eine einzige Farbenexplosion! Nicht zu vergessen die faszinierende, fliegenumschwirrte Fleischabteilung, ein wahres Gruselkabinett. Von Hufen über Köpfe bis zu Stierhoden wird wirklich alles angeboten und zu Haufen aufgeschichtet.

Fotografieren ist nicht einfach, mit umgehängter Kamera falle ich sofort auf. Meist frage ich um Erlaubnis, die jedoch oft abgelehnt wird. Aber dafür ergeben sich manchmal nette Gespräche mit den Marktfrauen.

„Was sind denn das für Tiere?" Neugierig zeige ich auf gehäutete und teilweise ausgenommene Tiere. Auf dem Rücken liegend, die Beine weit von sich gestreckt, geben sie ihre Innereien preis.

„Das sind Ratten."

„Ratten! Uhh."

Nur mühsam kann ich die Ekelgefühle unterdrücken. Lachend erklärt mir die Marktfrau den Unterschied zwischen Ratte und Rättin. Eine vom Nebenstand mischt sich ins Gespräch ein.

„Was, von Alemania bist du. Toll, daß Deutschland nun wiedervereint ist, und daß 'el muro de Berlin', die Berliner Mauer, abgerissen wurde!" Nun bin ich aber doch erstaunt!

„Fotografiere doch mal meine Mutter!" Doch die lacht nur, verweist mich an den nächsten Stand, und so werde ich reihum gereicht.

Cochabamba hat noch einige schöne Kolonialstraßen aufzuweisen, insbesondere die Kolonialgebäude mit ihren Arkadengängen um die gemütliche, palmenbestandene Hauptplaza stechen da hervor. Auffallend, ja frappierend, ist der direkte Gegensatz zwischen westlich angehauchtem und traditionellem Leben, Mädchen in gewagtem Mini und Indio-Frauen in traditionellen Röcken bevölkern gleichermaßen die Straßen.

Ich bin ja eigentlich ein recht müder Museumsgänger, aber das Archäologische Museum reißt selbst mich mit: Es bietet eine umfangreiche Keramikabteilung der Tiahuanaco-Kultur mit einer Bemalung, die in Muster, Farbgebung und Gestaltung wohl ihresgleichen sucht, und noch interessanter ist die Inka-Abteilung. Mumien, die in Kauerstellung eingeschnürt wurden und so gut erhalten sind, daß sogar noch die geflochtenen Zöpfchen erkennbar sind, Schädel, die Operationsöffnungen aufweisen oder aufgrund damaliger Schönheitsideale und der Zugehörigkeit zu einer bestimmten Kaste langgeschnürt wurden, und Schädel, die von Inka-Totschlägern eingedrückt wurden - genau sind die entsprechenden Vertiefungen zu sehen!

Steigungen, das alltägliche Radlerbrot in den Bolivianischen Anden

Comarapa, Bolivien: chichatrunkene Musiker

Im Dachgeschoß Südamerikas

Nach sechs Tagen Cochabamba satteln wir wieder die Stahlrösser, La Paz ist das nächste Ziel. Kurz hinter Cochabamba, am 13.9. um 10.25 Uhr ist's soweit: Mein Kilometerzähler zeigt 9.999,9 an, springt dann auf 0.000,0 um! Nun ist das Anzeigenfeld wieder merkwürdig leer. Noch gut kann ich mich an die gleiche Situation vor rund zehn Monaten in Ushuaia erinnern, an die ersten wackligen Meter auf dem überladenen Fahrrad vor dem Hotel! Eigentlich nicht viele Kilometer in zehn Monaten, doch was habe ich seither nicht alles gesehen und erlebt, und dies ist halt doch nicht eine Frage von gefahrenen Kilometern (aber leider für viele das einzige Qualitätsmerkmal).

Cochabamba liegt zwar „nur" knapp 2.600 m hoch, aber danach erfahre ich die höheren Weihen eines Andenradlers: Es geht nun über 4.000 Meter! Selbst beim Schieben bleibt mir die Luft weg, langsam, ganz langsam geht es vorwärts, und die vorher beeindruckenden Bergketten schrumpfen hinter mir zu unscheinbaren Hügeln. Nur noch Büschelgras wächst hier oben, ein eiskalter Wind pfeift über die Hochebenen, wir machen Bekanntschaft mit den ersten Lamas.

Zwei Tage mühen wir uns über weitere Pässe, durchfahren 50 Kilometer Piste mit knöcheltiefem Puderstaub, und auch die Schlafplätze haben es in sich: Einmal nächtigen wir im Hinterzimmer eines Restaurants, in das das rhythmische Schlagen der nahe vorbeiführenden Öl-Pipeline hineinschallt, das andere mal in der Küche eines Restaurants mit dem blanken Hintern eines gehäuteten und ausgenommenen Schafes am Haken vor den Augen.

Zwei Tage später führt die Piste auf eine weite, spärlich mit Grasbüscheln bewachsene und von sanftgeschwungenen Hügelketten begrenzte Ebene hinaus. Darüber verstreut Adobe-Gehöfte, am Horizont die Staubsäulen von Minitornados, dunkle Wolken dräuen über den Hügelketten, die Abendsonne zaubert Streifen in die Landschaft, und der berüchtigte Altiplano-Wind erfaßt uns.

Wer glaubt, das Altiplano sei nur eine weite Hochebene, der hat damals im Erdkundeunterricht geschlafen oder gefehlt. Das Altiplano besteht vielmehr aus zahlreichen Ebenen, die durch Gebirgszüge unterbrochen sind, und auch die Hochebenen können gehörig wellig sein. Die Sicht ist leider nicht so glasklar wie immer behauptet, aber die Indio-Frauen in ihren knallbunten Ponchos und Röcken wirken in der braungrün-tristen Umgebung als besondere Farbtupfer. Sie hüten Schafe, Lamas, Kühe, drehen ihre Handspindeln. Kleine Ortschaften liegen an der Straße, ärmliche Häuser gruppieren sich um eine riesige Plaza aus brauner Erde, mehr als ein oder zwei Restaurants gibt es selten, wenn überhaupt. Parallel zur Straße, manchmal in wildem Zickzack, verläuft die Ölpipeline, durch sie fließt das Öl aus Boliviens Tiefland im Osten nach La Paz. Ein gleißender Fremdkörper, sie raubt der Landschaft ihre Urwüchsigkeit.

Es ist gar nicht so einfach, auch in der Ebene in Schwung zu kommen, der fehlende Sauerstoff raubt alle Kraft, die Beinmuskeln fühlen sich schlapp an, selbst leichte Steigungen bringen uns gehörig ins Schnaufen. Kein Wunder, die Anstiege zwischen den Hochebenen liegen wohl alle jenseits der 4.000er Grenze! Nachts schrecke ich des öfteren wegen Sauerstoffmangel aus dem Schlaf hoch. Kurz vor La Paz müssen wir uns auch noch durch einen Hagelsturm kämpfen.

La Paz, Boliviens größte Stadt, liegt in einem riesigen Talkessel auf 3.600 m Höhe, es ist die höchstgelegene Großstadt der Welt. Vom Rand dieses Kessels, sinnigerweise von einer Müllkippe aus, hat man einen wahrlich atemberaubenden Panoramablick über sie. Die zahllosen bunten Häuser sehen aus wie aus einem Spielzeugkasten, in der Innenstadt gibt es ein paar Hochbauten und hinter der ganzen Szenerie ragen einige schneebedeckte 6.000er Bergriesen.

Und schon stürzen wir uns mit einem Begeisterungsschrei auf den Lippen in die Tiefe, zehn Kilometer braucht die Autopista, um in vielen Serpentinen die 500 Meter Höhenunterschied bis zum Zentrum der Stadt zu überwinden.

Bald tauchen wir ein in ein Wahnsinns-Menschengewühl um die Plaza San Francisco, das nach der einsamen Weite des Altiplanos fast bedrohlich wirkt, zur Residencial „Rosario" dürfen wir unsere Räder auch gleich eine der berüchtigt-steilen Seitengassen hinaufwuchten. Bei Regen wird das Kopfsteinpflaster gemein rutschig, und dann schlittern nicht nur die Colectivos mehr quer als gerade hinunter!

Drei Wochen halten wir uns mit einigen Unterbrechungen in La Paz auf und bereuen es nicht. Jeder Tag ist ein Markttag. Da wird jeder Zentimeter der Gehsteige als Verkaufsplatz genutzt. Gemüse, Chunos (gefriergetrocknete Kartoffeln), Blumen, Obst, Bowlerhüte, Eisenwaren, sogar Fetische wie mumifizierte Lamaembryos, die in die vier Eckpfeiler eines neuen Hauses eingemauert werden und Glück bringen sollen, und noch vieles, vieles mehr findet man in den engen und steilen Altstadtgassen.

Der sechsspurige Prado, die Hauptavenida, wird dem Verkehr kaum Herr, auf dem Gehweg herrscht dichtes Gewimmel. Geschäftsleute im Nadelstreifenanzug, unter einem schweren Bündel tiefgebückt auf hornhäutigen Fußsohlen dahintippelnde Indios, Llameros, Bettler in ihrer schwarzen Lumpentracht und Urlauber, auf dem Pullover die unvermeidlichen Inka-Motive, teilen sich die schmale Bahn. Sonntags ist der Prado ganz den Menschen vorbehalten, dann wird Volleyball gespielt und man kann Musikdarbietungen lauschen.

Daß La Paz für uns ein recht teures Pflaster wird, liegt nicht so sehr an unseren zahlreichen Kinobesuchen, sondern vielmehr an der „Konditorei Elis" (ja, so steht's tatsächlich auf der Leuchtreklame!), an ihren leckeren Tagesgerichten (z.B. Forelle) und der noch viel leckeren Tortentheke. Also so eine Riesenauswahl köstlicher Kuchen habe ich selbst in Deutschland selten erlebt, unwiderstehlich diese Riesenportion Apfel- oder Käsekuchen mit einer noch größeren Portion Schlagsahne, hmm!

„Das wird unser Stammlokal!" wußte Rolf gleich nach dem ersten Versuch, und ich konnte ihm nur zustimmen. Nachmittagelang tratschen wir hier mit anderen Reisenden und pflegen unsere Partnerschaft, die in letzter Zeit doch einige Abnutzungserscheinungen gezeigt hat. So fällt es mir zunehmend schwerer, mich auf Rolfs Eigenarten einzustellen, selbst Kleinigkeiten wachsen oft zu Konflikten aus. Öfters denke ich an Trennung, möchte aber in Hinblick auf Peru noch nicht den entscheidenden Schritt tun.

Wir besuchen von La Paz aus das Mondtal, ein eng begrenztes Gebiet total erodierten Erdbodens, die 80 Kilometer entfernte Ruinenstätte der Tiahuanaco-Kultur und den Chacaltaya. Dieser Berg bzw. dieses Plateau auf 5.221 m ist die höchste Skipiste der Welt! Die Fahrt hinauf auf teils schneeverwehten Haarnadelkurven entlang gruseliger Abgründe ist wirklich ein Erlebnis, wo sonst noch kann man mit einem Auto so weit hochfahren? Atemberaubend dann der grandiose Blick vom Gipfel Nr. 2 von 5.400 m Höhe über wildgezackte Bergketten bis zum Horizont. Ja, ganz da hinten ist sogar ein Zipfel vom Titicaca-See zu sehen!

Aber „Höhepunkt" schlechthin sind die paar Abfahrten auf der Skipiste, die ich auch noch wage! Die Piste ist recht steil, etwa vierhundert Meter lang, teils vereist und sehr holprig, aber es liegt Schnee.

Radeln auf dem Altiplano Richtung La Paz, Bolivien

Radmarkt in Cochabamba: für High-Tech-Bikes ist nichts darunter

Die Ausleihausrüstungen erwecken nicht gerade Vertrauen, stammen teilweise aus deutschen Beständen, wie die Aufkleber verraten, und die Bindung muß man selbst einstellen. Einige wackelige Meter, dann schwinge ich Richtung Skilift hinunter.

Der Lift ist ein Erlebnis für sich: Vorhin hatte mir der Typ einen Stahlhaken mit Seil und Holzlatte (zum unter den Hintern klemmen) mitgegeben, den Haken hängt man nun einfach in das Stahlseil des Liftes ein, einige Winkzeichen zum Motorenhaus hinauf, der alte Chevrolet-Motor startet, zieht an - und schon hatte ich das Stahlseil aus einer der Rollen ausgehängt. Den Haken hatte ich wohl verkehrt eingehängt. Nach dem zweiten, erfolgreicheren Versuch bin ich dann die Piste hintergeschwungen, hielt nach 100 Metern erstmal an und beguckte mir die schöne Berglandschaft, während meine Lungen nach Sauerstoff lechzten und ich wie ein Maikäfer pumpte. Der Skigenuß hält sich durch die Höhe doch recht in Grenzen, man sollte rechtzeitig einen Stopp einlegen, will man nicht durch das Schwingen wegen Sauerstoffmangel aus der Bindung kippen.

Noch einmal ließ ich mich hochziehen, der Liftboy gab mal richtig Gas, zweiter, dann dritter Gang, jetzt heißt's obacht - oder vorzeitig aussteigen.

Nach diesem Skiabenteuer brauchten wir erstmal in La Paz wieder ein handfestes Stück Apfelkuchen mit Schlagsahne ...

La Paz ist auch Ausgangspunkt verschiedener mehrtägiger Wanderungen auf alten Inkawegen in der weiteren Umgebung, wir entschieden uns für den zweitägigen „Takesi-Trail".

Die Anfahrt zum Ausgangspunkt war allein schon ein Hit, dazu trugen nicht allein die Falschinformationen des Tourist-Office bei, sondern auch die 30 Kilometer auf der Ladefläche eines Lkw. Eingezwängt zwischen Indios und ihrem Einkaufsgut holperten wir durch wilde Andenlandschaften über noch wildere, ausgewaschene Andenpisten an spektakulären Abgründen entlang.

Über einen 4.700 m Paß wanderten wir dann in ein enges Andental hinunter, faszinierend war nicht nur die Vegetationsabstufung von karger Andenhochfläche über saftige Almwiesen bis hin zu tropischen Zonen, sondern auch der Inkapfad selbst. Teils mehrere Meter breit windet er sich an Andenhängen entlang, tadellos mit großen Felsbrocken gepflastert und mit Rinnen zur Ableitung des Regenwassers, an rutschgefährdeten steilen Stellen durch Mauerwerk abgestützt oder gar mit Stufen versehen, die in den puren Fels gehauen sind. Schon Wahnsinn, in solchen Höhen und unter solchen topographischen Bedingungen einen solchen Weg anzulegen! Wozu überhaupt so breit? Wie alt mag er sein? Wer hat ihn überhaupt benutzt und zu was? Heute erscheint diese Bauleistung unbegreiflich, ist wohl deshalb so faszinierend.

Drei Wochen hatte ich mich vor diesem Augenblick gefürchtet: aus La Paz wieder diese zehn Kilometer und 500 Höhenmeter zum Kesselrand hinaufradeln zu müssen. Und die Kuchenkilos, die drücken schon gewaltig!
Der Titicaca-See ist unser nächstes Ziel, hier wollen wir die Grenze nach Peru überschreiten und dann nach Arequipa hinunter an die Pazifikküste pedalen.
Mit einer bedrohlich blauschwarzen Gewitterfront im Rücken, aus der unaufhörlich Blitze zucken, erreichen wir noch am gleichen Tag den See.
Der Lago Titicaca! Mit 3.812 Metern ist es der höchstgelegene See der Welt mit regelmäßiger Schiffahrt, und er ist mindestens dreimal so groß wie der Bodensee - mir laufen ehrfürchtige Schauer den Rücken hinunter! War doch der Name für mich schon früher ein Synonym für faszinierende Andenlandschaften und -kulturen. Und nun, nach gut 10.000 Kilometer Radlstrecke, stehe ich an seinem Ufer.
Einzelne Segelboote und auch Schilfboote liegen in kleinen Buchten, buntgekleidete Indios bestellen ihre ausgemergelten Äcker, und wie dazumal zieht ein Ochsengespann den Pflug durch den Boden.
Von Huatajata aus besuchen wir die Insel Suriqui. Hier leben die drei Limachi-Brüder und Paulino Esteban, die an der Bootskonstruktion der „Ra II" beteiligt waren. Genau, es war dieses Riesen-Schilfboot, das nach einer Atlantiküberquerung tatsächlich Amerika erreichte, nachdem die „Ra I" unterwegs erst „abgesoffen" war. Sie wurden von Thor Heyerdahl durch einen Wettbewerb unter allen Schilfbootbauern als die Besten ausgewählt, und nun haben sie ein kleines Museum eingerichtet, das neben vielen Verkaufsartikeln wie Mützen und Mini-Schilfbooten auch einige Fotoalben und Bücher zum Thema „Ra" enthält. Schon faszinierend, sich nun von den Männern die Fotos erklären zu lassen, die das Boot miterbaut hatten. Das Buch, das ich früher wahrlich verschlungen hatte, gewinnt Gestalt.
Die Limachi-Brüder arbeiten nun hauptsächlich im Auftrag von Museen, in weiser Voraussicht, denn nach ihnen wird diese Bootsbau-

kunst wohl endgültig der Geschichte angehören. Mich wundert, daß diese Indios noch so weiterleben können, nachdem sie ringsum die westliche Lebensweise erleben. Wie festverwurzelt in der Tradition muß man da wohl sein!

Am nächsten Tag setzen wir per Holzpontonboot über die Landenge von Taquina über, die den Nord- und Südteil des Sees trennt, holpern auf miesester Fels-, Stein- und Erdpiste - schlechter als alle bisherigen Andenpisten - durch das gebirgige Landesinnere nach Copacabana. Also, von Straßenbaukunst kann man hier wirklich nicht mehr sprechen, eher von Stümperarbeit.

Nach dem Besuch der Isla de la Luna - dort stehen die Überreste eines Nonnenklosters für die Sonnenjungfrauen aus der Inkazeit -, der Isla del Sol mit dem Inkapalast von Filca Caiman und der Aussicht auf eine wunderbare Insellandschaft nehmen wir die letzten Kilometer seifig-schmieriger Erdpiste unter die Reifen, erreichen einen Steintorbogen. Dahinter warten Peru und eine hervorragend asphaltierte Straße, kein Vergleich zu der bolivianischen Holperpiste.

Bolivien war für mich das bisher interessanteste Land meiner Reise - doch wie wird es uns wohl in Peru ergehen?

Peru: Angst im Reich der Inkas

Unsere Peru-Befürchtungen bestätigen sich leider gleich: Die Grenzbeamten sind ausgesucht unfreundlich, geben mir 90 Tage Aufenthaltsgenehmigung, Rolf aber nur 30 Tage.

„Señor, wir müssen mit dem Fahrrad quer durch Peru und brauchen dazu bestimmt 90 Tage, also geben Sie meinem Freund 60 Tage mehr, por favor."

Kurzerhand zieht der Grenzer meinen Paß wieder ein - und kürzt meine Genehmigung um 60 Tage!

„Die können Sie dann in Lima verlängern lassen."

„Wohl gegen entsprechendes Bares", denke ich. Diese Vermutung sollte sich dann auch als richtig erweisen ...

Nun hat ein Typ mit Diplomatenkoffer seinen Auftritt: „Ich bekomme noch von jedem einen Boliviano Transitgebühr", gleichzeitig reicht er uns einen Quittungsschein.

„Wir haben weder Bolivianos noch Intis."

„Dann gebt mir einen Dollar."

Bei einem Wechselkurs von 1:5 kein schlechter Verdienst!

„Wir haben auch keine Dollars in cash, nur Reiseschecks."

Eine glatte Lüge, aber sie wirkt! Der Typ steckt seinen Quittungs-schein wieder ein.

Nun ist der Zoll dran: „Die Zulassung, bitte!"

Oh Gott, dieses Spiel hatten wir doch schon durchgemacht!

„In Alemania braucht man keine Zulassung für ein Fahrrad, deshalb haben wir keine!"

Das genügt, wir werden an die Nationalpolizei weiterverwiesen, wo nur noch kurz unsere Daten registriert werden.

Endlich frei! Mit gemischten Gefühlen rollen wir nach Peru hinein.

Der Ruf Perus als Reiseland leidet schon lange durch die Sendero Luminoso-Guerilla, durch hohe Diebstahlsgefahren und sozialen Nie-dergang - ich bin auf einiges gefaßt!

Die Indios gleichen mit ihren typischen Trachten zwar im Aussehen ihren bolivianischen Vettern, nicht jedoch in ihrem Verhalten: Regel-mäßig schallen uns vom Straßenrand und aus den Feldern „Gringo"-und „Mister"-Rufe und höhnische Bemerkungen entgegen, ich fühle mich wie bei einem Spießrutenlaufen. Wir reagieren nicht, fahren stur weiter, aber in meinem Innern gärt es. Mist-Typen! Mir stinkt's, würde am liebsten so einem frechen Bengel mal kräftig die Leviten lesen. Doch dann läßt erstaunlicherweise dieses Verhalten mit zu-nehmender Entfernung von der Grenze nach, wir sind erleichtert!

Bis Puno führt die Straße uns mehr oder weniger nahe am Titicaca-See entlang, kürzt durch ausgedörrte Ebenen verschiedene Land-zungen ab. Angesichts des Sees beschäftigt mich besonders eine Frage: Warum nur ist es mit Millionen Kubikmeter Süßwasser nicht möglich, die Felder künstlich zu bewässern?

„Da spielt einerseits Aberglauben mit, denn die Indios sind davon überzeugt, daß z.B. durch windgetriebene Pumpen der Wind umge-lenkt und dann der Regen ganz ausfallen würde. Andererseits spielt auch schlichtweg die Ignoranz der Leute eine große Rolle", meinte zu uns ein Veterinär in dem Ort Juli, wo wir in seiner Kneipe Rast machten. Viel Arbeit gibt's hier nicht für ihn, deshalb muß er sich mit einer Cafeteria über Wasser halten.

„Haben Sie eigentlich keine Probleme mit den Guerilleros?" will ich noch von ihm wissen.

„Nein, hier weniger, die Aymara-Indios sind dafür nicht so empfänglich wie die Quechuas. Außerdem sind die dörflichen Strukturen noch gefestigter als zum Beispiel in Puno mit all den Zuwanderern."
Nach langer Zeit treffen wir mal wieder einen Rad-Tourero, Typ schweizerisches Urgestein. Mit Max besuchen wir von Puno aus „Triuna", „Cascalle" und „Darona", drei der schwimmenden Inseln der Uru-Indios im Titicaca-See.
Nun, so schwimmend, wie sie gern von den Tourenveranstaltern angepriesen werden, sind diese Inselchen nun auch wieder nicht, sie liegen vielmehr an besonders seichten Seestellen auf dem Grund auf. Hier dreht sich alles um das Schilfgras: Der kräftig federnde Inselboden besteht aus geschnittenem und aufgeschichtetem Schilf, die Hütten mit ihren geschwungenen Dächern ebenso wie die Boote der Bewohner, und auch die Schafe bekommen gerade eine neue Portion Schilfgras vorgesetzt. Da, wo ich das Schilf auf dem Boden beiseite drücke, kommt feuchter Humus zum Vorschein. Kein Wunder, daß die meisten Indios über 30 an Rheuma leiden.
Die Uru-Inseln werden touristisch kräftig ausgeschlachtet, aber die Indios sind erstaunlich zurückhaltend. Ich werde in Ruhe gelassen, nachdem ich den in langer Reihe vor ihren Hütten bereitsitzenden Indio-Frauen klargemacht habe, daß ich keinen ihrer wunderschönen Wandteppiche erwerben kann, nachdem ich den Männern klargemacht habe, daß ich nicht an einer fünfminütigen Rundfahrt in einem ihrer Schilfboote interessiert bin, und auch die Kinder wissen, daß ich keine Kugelschreiber zu verschenken habe. Trotzdem, ein schaler Nachgeschmack bleibt, ich fühle mich als Eindringling, als ich so mit Kamera zwischen ihren Hütten herumstapfe. Das große Geld streichen die Tourveranstalter ein, die Indios verharren in ihrer sichtlichen Armut. Die treibt sie zunehmend an Land und eine endgültige Entvölkerung der Inseln ist absehbar.
Letzte Blicke auf den Titicaca-See, Juliaca liegt bereits einige Kilometer von dessen Ufer entfernt. Die Stadt bietet alle Anzeichen eines zu schnellen Wachstums und nur Rolfs leichte Lebensmittelvergiftung und anhaltender Regen halten uns hier einige Tage fest.
Strom und Wasser sind auch hier wie in den anderen Städten Glücksache: Der Generator ist zu schwach und der Dieselvorrat begrenzt, folglich wurde die Stadt in Zonen eingeteilt, die nun im täglichen Wechsel mit Strom versorgt werden. So gibt's an einem Tag bereits nachmittags Licht, am anderen erst um 22.00 Uhr.

Erstaunlich viele Tricycles zum Waren- und Personentransport machen hier die Straßen unsicher. Fast asiatische Zustände. Teils sind sie ganz schön schnell, teils müssen sie aber auch geschoben werden, weil vorne eine dicke Indio-Mami drinsitzt oder so viel Gepäck aufgetürmt ist, daß der Fahrer nicht mehr drüberschauen kann.

Wegen der unsicheren Lage in der nun vor uns liegenden peruanischen Andenregion durch die immer wieder aufflammenden Guerilla-Anschläge des Sendero Luminoso, aber auch wegen der drängenden Zeit, verzichten wir schweren Herzens auf einen Besuch der berühmten Inka-Stätten Cuzco und Machu Picchu. Stattdessen wollen wir jetzt von Juliaca nach Arequipa radeln, um dort wieder auf die Panamericana zu stoßen. Nun, Cuzco und Machu Picchu laufen ja nicht weg, und vielleicht erlebt ja auch Peru irgendwann wieder friedlichere Zeiten, die das Reisen wieder zum Genuß machen.

Die Anden bieten nochmals alles auf, um uns das Radeln möglichst anstrengend zu machen: Wir quälen uns auf einer furchtbaren, erbarmungslosen Schotter- und Sand-Wellblechpiste voran, die sich entlang einsamer, kahl-brauner Hochtäler, vorbei an windzerwühlten Seen und durch weite Pampaebenen zieht, um schließlich am zweiten Tag in endlosen Serpentinen den Paß „Abra Toroya" zu erklimmen. Und der ist 4.693 m hoch!

Noch gut erinnere ich mich an den Besitzer des kleinen Restaurants am Fuße des Paßanstiegs, der, während er Lamafellbündel zählte und während sich eine tiefschwarze Wolkenwand mit regelmäßigem Grollen über den Bergkamm schob, lakonisch erklärte: „Nein, einen richtigen Cumbre (Paß) gibt's nicht, es geht nur noch ein bißchen bergauf, Pampa eben."

Denkste! „Ein bißchen" ist gut: stundenlang schnaufen wir durch ein Seitental bergauf gegen einen eiskalten Wind an, bezwingen dann in Serpentinen eine Bergwand, und müssen uns auch noch gegen unzählige Hügel und mehrere Hagelschauer behaupten.

Die Zeit reicht dann gerade noch, um auf etwa 4.650 m Höhe mitten im Pampagras zu zelten. Uiih, das wird kalt werden! Nach dem ersten vorsichtigen Blick am nächsten Morgen aus dem Zelt konnte ich mal wieder eine Lobeshymne auf meinen Schlafsack singen: Rauhreif bedeckte die Pampa, die Zelthaut war innen und außen total vereist, den vollen Wasserflaschen ist kein Tropfen zu entlocken, aber im Schlafsack war es gemütlich warm.

Noch weitere, allerdings gemäßigtere Pässe folgten und dazwischen lagen Landschaftsformen, die ich nur unzureichend mit dem Wort „vielgestaltig" beschreiben kann: eine öde, leicht hügelige Sandwüste, die gerade in ihren eintönigen, aber doch unglaublich vielfältig abgestuften Braunschattierungen faszinierte und in der die in Jahrmillionen vom Sand rundgeschliffenen Felsbrocken wie von einem Landschaftsmaler plaziert wirkten. Die Luft war kristallklar.

Während wir uns über eine sehr sandige Wellblechpiste mit gemeinen Löchern quälten, leuchteten am Horizont Borax-Salzseen in blendendem Weiß vor dunklen Hügelketten auf, ein unglaublicher Hell-Dunkel-Kontrast, der vom Vulkan „Ubinas" überragt wurde.

So komprimiert geschrieben klingt das wie eine Märchenlandschaft, aber zwischen diesen Eindrücken lagen -zig Kilometer entnervendste Hoppelei und die Ungewißheit, ob in dieser menschenleeren Einöde das Rad diesem extremen Härtetest standhalten würde.

So war ich dann sehr froh, als sich die Piste endgültig, fast schon wie eine Achterbahn, über den letzten Bergkamm in ein Tal stürzte, in dessen blau dunstiger Tiefe eine grüne Oase aufleuchtete. Arequipa! Einige Stunden schüttelten wir mit vielleicht 10 km/h bergab, Hände und Arme schmerzten vom fortwährenden Bremsen, die Felgen erhitzten sich trotz regelmäßiger Stopps so stark, daß der Klebstoff, der die Speichennippel am Herausdrehen hindern sollte, aus den Speichenlöchern herauslief! Konzentrierte man sich nicht mehr auf den Boden, schlugen sofort Steine erbarmungslos bis auf die Felge durch. Doch jede Kurve der Serpentinenpiste war eine Genugtuung und ein Zeichen, daß es abwärts und damit auch wieder dickerer Luft entgegenging.

„Die weiße Stadt" wird Arequipa genannt. Ihr Stadtkern gilt als einer der schönsten Perus und das wohl zu Recht: Kolonialgebäude aus grau-weiß schattiertem Sillar-Lavastein wurden um eine wunderschöne Plaza mit Palmen, in Form geschnittenen Bäumen, mit rosa- und lilablühenden Büschen und einem großen Brunnen als Mittelpunkt gruppiert, während der perfekte Konus des Vulkans Misti mit seiner Schneekappe den Hintergrund beherrscht.

Es macht Spaß, sich auf eine der Bänke zu setzen und das Treiben zu beobachten: Schuhputzer bürsten und wienern, Frauen verkaufen Taubenfutter, Kinder Süßigkeiten, mindestens ein Dutzend Fotografen wartet mit umgehängter Kamera auf Kundschaft, eine ganze Rei-

Kaltes Klima und dünne Luft: Auf 4.600 Meter vor Arequipa, Peru

Sand bedroht die Laguna Huacachina; Küstenwüste von Peru

he Bänke ist von Leuten mit Schreibmaschine belegt, neben ihnen sitzt die Kundschaft und diktiert den Text.

Nach der tagelangen Verpflegung aus den Fahrradtaschen üben die Bäckereien wieder einen unwiderstehlichen Reiz auf uns aus und mit je vier Stück Kuchen erregen wir auf der Plaza entsprechendes Aufsehen. Mit einigen Peruanerinnen besuchen wir eine „Peña" und tanzen zur typischen Folklore-Musik.

Etwa 1.200 Kilometer trennen uns noch von Lima, 1.200 Kilometer schlechteste Asphaltpiste, wie ich sie noch nie gefahren bin, ich mußte mir immer wieder ins Gedächtnis rufen, daß dies die berühmte Panamericana ist!

Unmittelbar hinter Arequipa beginnt gleich die Wüste. Sand, Steine, Felsbrocken, gelegentlich Sanddünen, Hügel oder auch braun-karg erodierte Bergketten, doch nicht ein einziges Büschel irgendwelcher Pflanzen entdecke ich in der hitzeflirrenden Landschaft. Sandfahnen treiben über den Asphalt. Dort, wo künstlich bewässert wird, unterbrechen grüne Oasen das braune Einerlei. Regelmäßig haben sich Flüsse tief in den Boden gefressen, garantieren eine schnelle Abfahrt und den nachfolgenden schweißtreibenden Aufstieg.

Auf dem Weg zur Küste erlauben wir uns einen Tagesabstecher nach Corire ins Tal des Rio Majes zu den „Petroglifos del Toro muerto". Der Flußeinschnitt ist mehr als beeindruckend: Etwa 600 bis 800 Meter tief windet sich der Fluß auf der Talsohle durch ein gelbgrünes Band von Feld- und Wiesenflicken, gelb leuchten die gemähten Weizenfelder, blaßgrün die Maisfelder, sattgrün die Reisfelder, abgegrenzt durch Büsche und Bäume als Schutz vor dem allgegenwärtigen Wind, der sonst die Erde davonträgt.

Sechzehn Kilometer führt die Straße stetig bergab, da muß ich nachher wieder hochradeln! Rechte Freude will da nicht aufkommen. Auf der Talsohle geht's vorbei an glucksenden Bächlein, an Reismühlen, an zahlreichen Bauernhöfen, während hinter uns, „da oben", wieder unwirtliche Wüste wartet. Ein unglaublicher landschaftlicher Kontrast! Der kleinwüchsige, energiegeladene und überaus lautstarke Padre im Kirchenzentrum von Corire akzeptiert unseren Übernachtungswunsch sofort, „weil die deutsche Caritas am Bau des Zentrums finanziell mitgeholfen hat", er zeigt uns auch die aus Spenden stammenden Lebensmittelvorräte für die Armenküche, in der etwa eine Million Essensportionen pro Jahr für Familien und Schulkinder zubereitet werden.

Oscar und zwei weitere Pfarrhelfer begleiten uns später auf dem ein-einhalbstündigen Fußmarsch zu den Petroglyphen. Sie kennen sich gut aus. Etwa 5.000 Blöcke aus Vulkangestein der Tertiärperiode vor 50 Millionen Jahren liegen über einen Hügel verstreut, in einem Areal von 3.000 m Länge und 250 m Breite inmitten von Wüsten-landschaft. Die Ritzzeichnungen stammen aus drei Kulturepochen, der Huari- (800-1000 n.Chr.), der Chuquibamba- (1200-1300 n.Chr.) und der Inkaepoche (15. Jahrhundert). Sie umfassen Symbole wie tanzende oder eine Lamaherde treibende Menschen, auch Vögel und Reptilien sowie geometrische Symbole. Jede Kulturepoche hin-terließ ihre eigenen, arttypischen Symbole. Aber genaugenommen sind's vier Epochen, denn die Neuzeit hinterließ auch schon unüber-sehbare Spuren. Eine Theorie besagt, daß hier früher ein Friedhof war, und entsprechend dem christlichen Kreuz hat man die damals geläufigen Symbole eingeritzt. Die Zeichnungen sind durch Wind und Wetter und auch durch Besucher gefährdet, Oscar stiefelt see-lenruhig auf den Ritzungen herum. Wind und Sand schmirgeln un-erbittlich und so sind nur noch die Ritzungen auf der windabgewand-ten Seite gut zu erkennen. Trotzdem bin ich tief beeindruckt.

Wir fahren weiter Richtung Meer. Nach mühsamer Überquerung des windigen Küstengebirges zeigen aufsteigende Küstennebel das langersehnte Ende der Andendurchquerung an. Das letzte Mal hatte ich den Pazifik südlich von Santiago berührt, mit ihm beginnt nun die peruanische Küstenwüste. Begleitet von Meeresrauschen und dem Gestank von Muschelfleisch, das auf Teppichen zermalmter Schalen zum Trocknen ausliegt, erreichen wir den Oasenort Camana.
Die Tagesetappen bis Lima, aber eigentlich noch weiter bis zur ecuadorianischen Grenze, werden nun von den Oasen und den dort vorhandenen Hotels bestimmt, denn aufs Campieren wollen wir aus Sicherheitsgründen in Peru möglichst verzichten. Vier Etappen sind es demnach bis Nazca, unserem nächsten Ziel.
Zunächst noch schieben sich die Andenausläufer bis ans Meer her-an, stürzen zum Wasser steil ab. Das erleichtert das Radeln nicht gerade, denn die Panamericana wurde teils waghalsig in die Felsen gebaut, um sich dann bald wieder in höhere Regionen da-vonzumachen. Über den Straßenzustand schweige ich lieber gnädig, denn hier gilt wirklich die Definition, die Panamericana sei die kür-zeste Verbindung zwischen zwei Schlaglöchern! Schnelle Abfahrten

sind ein großes Risiko, einmal krache ich mit 40 km/h in eine plötzlich hinter einer Kuppe auftauchende Sandverwehung, ich gerate ins
Schleudern, krampfe in Erwartung des mir unvermeidlich erscheinenden Aufschlags bereits innerlich zusammen, um dann gerade
noch im letzten Moment mit Schräglage in bester Speedway-Manier
den rettenden festen Untergrund zu erreichen.

Dennoch ist die Szenerie beeindruckend, die wilde Steilküste, die
kreischenden Möwen, die grunzenden Seelöwen auf vorgelagerten
Inselchen, das Brandungsrauschen als Hintergrundmusik, und nur
gelegentlich sorgen Fischfabriken mit ihrem Gestank und ihren rauchenden Schloten für Dissonanz. Durch den „garua", den zähen Küstennebel, halten sich die Höchsttemperaturen in Grenzen, schwül
ist es dennoch.

Der Ort Chala wäre die ideale Westernfilmkulisse: bunte Bretterhäu-
ser mit gedrechselter Veranda, Kneipen mit Schwingtüren, sogar die
Kirche besteht vollständig aus Holz. Ich wäre nicht erstaunt gewesen, hier John Wayne zu entdecken, wie er gerade gemessenen
Schritts aus dem Saloon tritt, um sich zum Shootout mit einem Böse-
wicht zu treffen. Nur, woher stammt das Bauholz, schließlich wächst
hier weit und breit kein Baum? Oder eben gerade deswegen?

Die Straßenqualität erreicht einen neuen Tiefpunkt! Selbsternannte
Straßenbauarbeiter, meist Frauen und Kinder, schaufeln Erde in die
Schlaglöcher, um sich ein Trinkgeld von den vorbeifahrenden Autofahrern zu ergattern. Aber auch sie können nicht verhindern, daß
sich der Asphalt des öfteren vollends auflöst und für einige hundert
Meter einer Erdpiste Platz macht. Da wundert es mich dann nicht
mehr, auf einer Felswand in weißer Farbe zu lesen: „Exigimos una
carretera nueva. No somos animales!" (Wir fordern eine neue Straße. Wir sind keine Tiere!). Dem kann ich mich nur anschließen. Oder
hat das etwa ein entnervter Reiseradler hingepinselt?

Nach einem Bergzwischenspiel geht's wieder an die Küste hinab.
Stetig scharfer Seewind häuft ganze Sanddünen neben und auf dem
Asphalt auf. Auch hier Freiwillige, die vergebens gegen die Sand-
massen anschaufeln, hat auch wenig Sinn, vorne den Sand wegzu-
schaufeln, der von hinten bereits wieder herangeblasen wird. So liegen dann die meisten Arbeiter auf den Dünen, die Schaufel neben
sich, und begucken den Verkehr, während die Autofahrer die Sandpassagen mit mehr oder weniger viel Schwung zu nehmen versuchen oder gleich den Strand als Ausweichpiste benutzen. Man arran-

giert sich halt. Wie ein Segen wirken dann die Oasen, und sei's nur, um im Windschutz rauschender Olivenbäume Mittag zu machen.

Lomas liegt einige Kilometer abseits der Panamericana auf einer schmalen Landzunge, umgeben von wilder Brandung, viele Touristen verirren sich augenscheinlich nicht hierher. Dem Dörfchen vorgelagert liegt eine Basthüttensiedlung der Muschelfischer, es sind verwegene Gestalten mit schulterlangem Haar, die Muscheln auf fauchenden Benzinkochern garen oder sie aus der Schale puhlen und sie auf Netzen in der Sonne zum Trocknen auslegen. Die Leute sind freundlich und wir natürlich die Hauptattraktion.

Endlich kommt Nazca in Sicht. Unser Hauptprogrammpunkt ist natürlich klar: wir wollen die sogenannten „Nazca-Linien" sehen! Besser gesagt sind dies Scharrzeichnungen, denn die bräunlichen Steine der Ebene wurden nur der Figur gemäß zur Seite geräumt, damit der hellere Untergrund zum Vorschein kam. Etwa 2.000 Jahre haben die Scharrzeichnungen überstanden, vom Klima profitiert, das hier extrem trocken ist (in zwei Jahren etwa eine halbe Stunde Regen!). Die Panamericana führt mitten durch die großen Felder. Man ist sich heute noch nicht ganz einig, wie die Paracas- (900 bis 200 v.Chr.) und die Nazca-Kulturen (200 v.Chr. bis 600 n.Chr.) es fertigbrachten, ohne Hilfsmittel wie Flugzeug, Ballon oder dergleichen so absolut symmetrische Figuren und die kilometerlange Geraden der teils über hundert Meter großen Figuren zustande zu bringen. Und wenn man es wüßte, bliebe das „Warum" immer noch ungeklärt.

Aus der Luft hat man bestimmt den besten Überblick. Gesagt, getan, bald sitzen wir in einer kleinen Cessna und bestaunen aus zahlreichen Flugkurven heraus die Figuren Affe, Astronaut, Zick-Zack usw. Die Zeit ist zu kurz, um sie eingehend betrachten zu können. Aber nach 30 Minuten ist die interessanteste Frage eh' nur noch, wie viele Figuren wir noch anfliegen „müssen", denn durch zahlreiche Luftlöcher und das Kurvenfliegen weiß der Magen nicht mehr, wo oben und unten, links und rechts ist, er krampft sich protestierend zusammen. Rolf kotzt und kotzt, endlich haben wir dann wieder festen Boden unter den Füßen.

Zum Abschluß besichtigen wir einen alten, von Grabräubern ausgeräumten Friedhof der Nazca-Kultur, ein größeres Areal voller Löcher und alter Knochen, einige Mumien hat man zu einer makabren Gruppe zusammengesetzt. Da hocken sie in Fötusstellung, als wenn sie wie auf dem Markt Obst verkaufen wollten, nach 2.000 Jahren unter anderthalb Meter Sand von Grabräubern wieder ans Licht gebracht, wegen fehlender Unterbringungsmöglichkeiten seit vielen Jahren Wind und Sonne ausgesetzt, noch umhüllt von Baumwolltextilien, aber aller Pretiosen beraubt. Direkt unheimlich, wie gut noch ihre Haare erhalten sind, teilweise auch die Haut, ich muß mir immer wieder ins Gedächtnis rufen, daß dies 2.000 Jahre alte Tote sind, perfekt mumifiziert!

Wir pumpen weiter. Dieser frappierende Gegensatz zwischen Wüste und Oase, zwischen menschenleerer Einöde und pulsierendem, ja hektischem Leben, bleibt für mich nach wie vor eine Sensation. Dennoch habe ich das Gefühl, in der Mitte Südamerikas festzukleben, vielleicht liegt das auch an der fehlenden Abwechslung in Kultur und Landschaft. Jedenfalls hatte ich noch nie ein dermaßen starkes Bedürfnis, ein Land hinter mich zu bringen. Wieder und wieder rechne ich die noch fehlenden Kilometer bis Mittelamerika aus, aber unter 5.000 komme ich nicht. Ich nehme mir vor, weniger Pausen in den Städten zu machen.

Die Stadt Ica besitzt zwei höchstinteressante, gegensätzliche Museen. Zum einen das „Museo Regional" mit einer hervorragend aufgemachten Keramikausstellung der Nazca-, Tiahuanaco- und Inka-Kultur, aber das interessanteste sind die Untersuchungen, die an Mumien durchgeführt wurden. Man ermittelte nicht nur Alter, Geschlecht und die Art der Mahlzeiten, sondern auch die Krankheiten: einer litt stark an Hakenwürmern bzw. der durch sie verursachten Anämie, viele an TBC oder Pneumonie, auch einige Schädeltrepanien sind zu sehen, ganz schöne Löcher haben sie sich da gegenseitig reingemeißelt, manchmal mit mehreren Zentimetern Durchmesser oder auch gleich mehrere. Au weia! Und das ohne Narkose ...

Das andere Museum ist das „Museo Dr. Cabrera". Die Ausstellung sehe ich zwar nicht, habe dafür aber ein höchst interessantes Gespräch mit Dr. Cabrera selbst.

„Können Sie sich vorstellen, daß es bereits zu Lebzeiten der Dinosaurier Menschen auf der Erde gab, diese aber dann ins All entschwanden?"

Ich kann es nicht so recht. Doch schon werden mir als Beweis Fotos vorgelegt.

„Ich habe bei einer Expedition auch menschliche Fußabdrücke neben denen eines Dinosauriers entdeckt", fügt Dr. Cabrera hinzu.

In Peru wird die „Traumstraße" zum Alptraum: Sand, Sand, Sand ...

Von Grabräubern freigelegt: Mumien der Nazca-Kultur, Peru

„Haben Sie eigentlich auch mal Erich von Däniken kennengelernt?",
versuche ich ihn aus der Reserve zu locken.

„Oh ja, Erich ist ein guter Freund von mir, er war mehrere Male hier,
um die Nazca-Linien zu erforschen. Ich halte die Linien für einen gigantischen Flughafen, auf dem die fliegenden Untertassen mit mag-
netischer Induktion beschleunigt und abgebremst wurden. Auch
dafür habe ich Beweise."

Ich bekomme weitere Fotos vorgelegt, diesmal Luftaufnahmen. Vielleicht ist seine Theorie richtig, wer weiß das schon?

Von Pisco, einem einfachen Fischernest, das schon bessere Zeiten
erlebt haben muß, besuche ich alleine die „Islas Ballestas", ein Na-
tionalreservat. Guiseppe, unser Käpt'n, manövriert uns bis auf wenige Meter an Seelöwenkolonien heran.

Noch 240 Kilometer und zwei Tage bis Lima, die letzten einhundert
auf einer vierspurigen Schnellstraße mit Flüsterasphalt. Sie können
also doch Straßen bauen, die Peruaner, wenn sie wollen!

Die Landschaft langweilt weiterhin. Irgendwie habe ich inzwischen
schon alles irgendwo gesehen: die weiten Sandebenen, die kahl-
braunen Hügel, die kleinen Dörfer, die einsamen Restaurants mit
schöner Fassade und dem übergroßem Schild eines Getränkeher-
stellers (meist Coca-Cola oder „Inca-Cola ... es nuestro", diese su-
persüßen Pipi-Limos mit der ungesunden Gelbfärbung und dem un-
vergleichlichen Geschmack nach Zuckerlösung), die Küstenabschnit-
te mit kurzen Blicken auf weiße Brandungsstreifen unter Steilabb-
brüchen, die kleinen grünen Oasen in Flußniederungen. Lima wird
hoffentlich abwechslungsreicher!

Alptraum Lima

Aus der vorgesehenen Woche in Lima werden dann deren zwei.
Hartmut, ein Bekannter von Rolf und Lehrer am deutschsprachigen
Alexander von Humboldt-Colegio, beherbergt uns netterweise.

So erhalte ich auch einmal Einblick in das Leben deutscher Aus-
landslehrer. Ihr Erkennungszeichen: der VW-Camper. Aber auch
sonst genießen sie eine Menge Privilegien infolge ihres deutschen
Gehalts plus Zulagen. Hartmut gesteht einmal, daß seine peruani-

schen Lehrerkollegen gerade 80 Dollar verdienen, im Monat, wohlbemerkt. So bewohnt jeder ein recht großzügiges Haus, beschäftigt eine Haushälterin und vielleicht sogar zusätzlich einen Gärtner, man trifft sich im „Deutschen Club", dessen Atmosphäre mit großem Swimmingpool, Tennisanlagen und dem ganzen Drumherum mich unsanft zurück nach Deutschland befördert, oder auf einer der zahlreichen Parties. Auch die Schulausstattung entspricht deutschem Niveau, nachdenklich muß ich an die Landschulen in Bolivien oder an die Schulen der anderen bisher bereisten Länder denken.

Eigentlich kann man hier seine vier oder mehr Jahre Auslandszeit gut herumbringen, ohne groß mit der peruanischen Wirklichkeit in Berührung zu kommen. Denn Colegio und auch die Lehrerhäuser liegen zumeist im Stadtteil Miraflores, der mit seinen breiten Boulevards, den eleganten Boutiquen, den wohlbestückten Supermärkten, europäischen Luxusrestaurants und leckeren Bäckereien (ähem ...), so gar nicht dem allgemeinen Lima-Niveau entspricht. Aber Miraflores ist auch einer der wenigen sicheren (und sauberen) Flecken in Lima. Die Häuser sind total vergittert, hinter hohen Mauern versteckt oder gleich mit Wachpersonal rund um die Uhr bestückt, man läuft nicht durch Straßen mit Reihenhäusern, sondern mit Reihenburgen. Trotzdem nehmen auch hier die Einbrüche inzwischen überhand, jeder Lehrer kann seine Story dazu beitragen.

Eine Fahrt ins Zentrum - wir müssen ja noch unsere Aufenthaltserlaubnis verlängern lassen - bringt mich wieder unsanft auf den Boden der Tatsachen zurück.

Hilflos stehe ich erst einige Zeit am Straßenrand. Welchen Bus nehmen? Mit den Fahrzielen und Nummern kann ich überhaupt nichts anfangen, einen Busfahrplan hat es bestimmt noch nie gegeben, und eigentlich sträubt sich in mir alles, mich einem dieser Busse anzuvertrauen. Denn viel Vertrauen ist schon nötig, noch nie habe ich bisher so heruntergekommene Busse gesehen: total durchgerostet, Scheiben oder andere Teile fehlen, die Reifen ausgefranst. Nur noch die Taxis übertreffen im desolaten Zustand die Busse, als Höhepunkt sah ich einen VW-Käfer, dessen vier Kotflügel, Stoßstange und anderes mehr fehlten, er sah eher aus wie ein Sand-Buggy.

Lima-City enttäuscht: kaum hohe Gebäude, die das Geschäftszentrum einer Millionenmetropole verraten, die Straßen dreckig, die Gehwege mit den Ständen ambulanter Händler fast zugestellt, es stinkt nach Urin, und immer lauert die latente Diebstahlgefahr.

Die Aktion auf der Einwanderungsbehörde ist fast schon ein Abenteuer: eine gewaltige Menschenmenge wogt um das Gebäude, darunter viele Schlepper, die ihre Dienste anbieten. Das Durcheinander im Gebäude ist so konfus, daß wir auch einen engagieren. Also Formulare kaufen, ausfüllen, Gebühren bezahlen (wie vorausgesehen), halbe Stunde auf den Stempel warten und immer aufpassen, wo die Pässe gerade sind. Der arme Capitano braucht noch einen Zuschuß für seinen Familienfond, ohne Spendenbescheinigung. Letztendlich kostet mich der Spaß 35 Dollar, aber eigentlich noch mehr, wie wir gleich sehen werden ...

Auch auf dem Telefonamt, von wo ich nach Hause telefoniere, hält der Kassierer schon im voraus die Hand wieder auf, „damit es glatter geht". Schöne Zustände in diesem Land. Schon aus Prinzip zahle ich nicht, die Verbindung steht auch so nach zehn Minuten.

Erleichtert wieder im Bus. Erleichtert? Ein Routinegriff zur rechten Hosentasche fühlt sich merkwürdig leer an. Das darf doch nicht wahr sein, mein Paß ist geklaut! So ein Mist! Bestimmt hat mich einer seit der Einwanderungsbehörde verfolgt und den günstigsten Augenblick abgepaßt. Diese Dreckskerle! Mein schönes Visum, meine schönen Stempel als Erinnerung! Nun hat es also auch mich erwischt, und gleich der Paß! Hier kann man wirklich niemandem trauen.

Nun gerate ich erst recht in die Mühlen der Bürokratie. Doch zum Glück besitze ich einen zweiten Reisepaß. Auf der Deutschen Botschaft ist mein Fall Routine.

„Einen neuen Reisepaß bekommen Sie nicht, Sie haben ja noch einen", meint die freundliche Dame. „Nun gehen Sie erstmal zum Kommissariat an der Plaza Grau, geben die Anzeige auf und kommen dann wieder zu mir."

Klingt einfach. Am Eingang des Kommissariats sitzt ein Polizist hinter einer Mauer mit Schießscharten, gegenüber parkt ein Streifenwagen mit platten Reifen. Die Räume sind kaum zu beschreiben: kahle Wände, nackter Fußboden, einige verbeulte Schreibtische, zwei Bänke, ein Raumteiler, ein quäkendes Funkgerät, einige Polizisten, deren Funktion nicht genau herauszufinden ist. Doch bevor irgend etwas geschieht, muß ich erstmal am Kiosk an der Ecke ein Formular und Schreibmaschinenpapier kaufen. Dann heißt's warten, denn der Polizist scheint der meistgebrauchte Mann in diesem Laden zu sein. Immer wenn er sich mit meinem Fall befassen will, kommt ihm auch schon wieder irgend etwas anderes Wichtigeres dazwischen.

Ein anderer Polizist konzentriert sich derweil mehr auf die Figur einer Frau als auf deren Aussage. Inzwischen trudeln noch zwei Pakistani ein, denen man ebenfalls die Pässe entwendet hat. Endlich kehrt mal ein wenig Ruhe ein, routiniert schreibt er den Anzeigetext in seine Kladde.

„Übermorgen können Sie dann wiederkommen."

„Übermorgen?"

„Ja, der Text muß nun auf ein Formular übertragen werden, das macht ein anderer Polizist, und der ist mit Arbeit überlastet."

„Und erwartet wohl ein Trinkgeld zur Beschleunigung", denke ich mir. Die Anzeige ist aber dann tatsächlich am versprochenen Tag fertig. Damit gehe ich dann zur Botschaft, bekomme dort ein Schreiben für die Einwanderungsbehörde ausgehändigt, um den neuen Stempel zu erhalten. Erstaunlicherweise erwartet man diesmal kein Schmiergeld, erleichtert halte ich endlich meinen Reisepaß in der Hand. Zur Sicherheit kommt er heute in die Unterhose, da langt mir keiner hin!

Doch damit nicht genug der Klauerei. Beim zweiten Besuch der Innenstadt gehe ich dann noch meiner Armbanduhr verlustig. Mitten in der Fußgängerzone halten mich zwei Typen fest, der dritte reißt sie mir vom Handgelenk und verschwindet damit in der Menschenmenge. Zwei Polizisten schlendern vorbei und schauen ruhig zu, was soll man da noch schreien?

Auch das Geldwechseln gestaltet sich zu einem Krimi. Wir wollen 100 Dollar tauschen.

„Ich habe nur für 80 Dollars Intis, Señor", meint der Peruaner scheinheilig. Klare Sache, der 20-Dollarschein Rausgeld wäre mit Sicherheit falsch gewesen.

Ein anderer tippt 100 Dollar zu 440 Intis in seinen Taschenrechner, und was zeigt der an? 40.400 statt 44.000! Er hat wohl seinen Taschenrechner präpariert.

Resignierend verbringe ich die meiste Zeit in Hartmuts kleinem Traumgarten, einer bunten Wildnis mit Bananenstauden (incl. Bananen!), vielen Blumen, Gebüsch und einem bunten Kolibri. Meist mit Verdauen, denn Rosa ist eine Superköchin. Allein das Erlebnis, sich morgens an einen schön gedeckten Frühstückstisch zu setzen ...

Wie lange hat mir das gefehlt! In der Früh immer nur essen auf dem Schlafsack, auf die Schnelle ein paar Marmeladebrote verdrückt, in Gedanken bereits wieder auf dem Fahrrad. Da merkt man erst, was man vermißt, und wenn es nur solche Nebensächlichkeiten sind.

Wieder ein Abschied. Aber wenn ich so auf meine Digitaluhr für knapp drei Dollar schaue, fällt er mir nicht allzu schwer. Noch etwa 1.400 Kilometer muß ich schließlich dieses Land ertragen. Außerdem will ich mich im April nächsten Jahres mit meinem Vater in Costa Rica treffen, das baut auf.

Chancay, Barranca, Huarmey, Chimbote, Trujillo, Dörfer und Städte, umgeben von einem wohltuenden Grüngürtel und 100 bis 150 Kilometer voneinander entfernt, sind für uns reine Übernachtungsstationen. Dazwischen tut sich nicht viel, „halt Wüste", in allen Zwischenstufen. Nördlich von Barranca schieben sich erneut Andenausläufer ans Meer heran, die uns zu schweißtreibenden Umwegen durchs Hinterland und über Hochplateaus zwingen. Über die Straßenqualität habe ich eigentlich schon alles gesagt.

Abends tue ich mich schwer mit der Erinnerung, was ich überhaupt während des Tages gesehen habe. Ich versuche, mir die Radelzeit mit allen möglichen Dingen zu vertreiben. Spaß macht es, anhand der Geruchswolke eines überholenden Lkws auf dessen Ladung zu schließen. Leicht bei Fischmehl (igitt!) oder Früchten (mmhh). Aber welche Früchte? Ja, da wird's schon schwieriger.

Oder ich denke mir kleine Verse aus, etwa diesen hier:

Des Reiseradlers Leben
Von Hunden gejagt
Von Steinen getroffen
Und jede Nacht, naja, so ziemlich besoffen
Das nennt man:
Dem Leben entsagt!

Huanchaco, ein ruhiges, kleines Fischerdörfchen, 15 Kilometer von Trujillo entfernt, hat sich zum Badeort der „Trujillaner" gemausert, mit entsprechend bescheidener Infrastruktur.

In „Heidis Pension" - deren Adresse unter Reiseradlern als Tip weitergereicht wird, ich hatte von ihr bereits in Chile erfahren - mieten wir ein gemütliches Zimmer unterm Dach. Der Blick über die Stadt, das Meeresrauschen und Truthahngegackere sind kostenlos. Der rechte Fleck zum Atemholen vor der letzten Etappe ins nächste Land Ecuador.

Fast schon leider, so im Nachhinein betrachtet, treffe ich hier Kusi wieder, eine nette Peruanerin, die ich bereits in Pisco kennengelernt hatte. Nachdem sich auch Rolf für sie interessiert, erleben wir einige unschöne Momente, das seit La Paz zwischen uns eigentlich ständig gespannte Verhältnis verschlechtert sich zusehends. Letztendlich geht dieses Hin und Her dann so aus, daß keiner zufrieden ist und bei unserer Weiterfahrt ein schlechtes Gefühl zurückbleibt.

Noch 800 Kilometer bis Ecuador! Über Pacasmayo kurbeln wir nach Chiclayo, in dessen Straßen wirklich „die Post abgeht", das ist seit langem die bisher lebhafteste und interessanteste Stadt.

Nach Besuch des „Brüning-Museums" in Lambayeque, für mich das bisher am professionellsten aufgemachte Museum in Südamerika und eines der interessantesten überhaupt, liegt die Sechura-Wüste vor uns. 200 Kilometer sind es bis Piura, der nächsten Oase. Der Asphalt ist gut, die Strecke relativ eben, wenn auch langweilig, der Wind kommt von schräg hinten, keine Frage, da versuchen wir heute durchzukommen! Es ist zwar schon 11.00 Uhr nach dem ausgedehnten Museumsbummel, aber wir treten flott rein, machen 30 bis 38 km/h im Schnitt, wechseln uns alle fünf Kilometer im Windschattenfahren ab und erreichen dann zwar müde und ausgelaugt in der Dunkelheit um 19.00 Uhr endlich Piura. Wow, 216 Kilometer, das ist neue Tagesbestleistung! Und das durch hitzeflimmernde Wüste!

Talara ist das Ölzentrum Perus, ausgedehnte Raffinerieanlagen ziehen sich durch den Ort, am Beginn der Bucht steht eine große Gasfackel. Auch am nächsten Tag begleitet die Panam noch lange ein schlimmes Gewirr von Pipelines, kreuz und quer laufen die Rohre scheinbar ziellos durchs Buschwerk, von tuckernden Gasmotoren angetriebene Pumpenschwengel wippen fleißig, andere ächzen oder stehen still.

Dieser Tag, der 9.12.1990, sollte das Ende unserer gemeinsamen Fahrt bringen. Wie das? Kusi, die Peruanerin aus Huanchaco, ist uns hinterhergefahren, bringt latenten Frust wieder zum Vorschein. Bei unserer späteren Aussprache spreche ich mich für die Trennung ab Quito aus. Zu viele Unstimmigkeiten sind in den letzten Monaten aufgetreten, ich habe das Gefühl, nicht mehr genug Luft zu bekommen, muß mal einige Zeit alleine radeln. Nur in Anbetracht der Notwendigkeit, gemeinsam durch Peru zu kommen, waren wir wohl noch zusammengeblieben. Allerdings habe ich in Ecuador auch einige Touren vor, die Rolf nicht mitmachen möchte.

Rolf zieht es dann aber gleich vor, in Máncora unbeirrt weiterzufahren, als ich ein Hotel suche. Gut, das ging nun noch schneller als gedacht ...

Wie betäubt und mit den Gedanken ganz woanders suche ich dann im Hotel die Ursache des heutigen Platten und muß feststellen, daß die Kammer der hinteren Felge eingebrochen ist. Der Schlauch hatte sich an den scharfkantigen Bruchstellen allmählich aufgescheuert. Das hat mir noch gefehlt. Komme ich damit noch bis Quito?

Der letzte Tag in Peru. Nun allein, quere ich erst eine kahle, wildgefaltete Berglandschaft, pedale dann an endlosen, einsamen Stränden mit türkisblauem Wasser entlang, während lustig-rote Netze neben Fischerhütten zum Trocknen aushängen und Pelikane im Formationsflug vorbeirauschen.

Hier treffe ich tatsächlich Ladislao, einen polnischen Reiseradler, wieder, vielmehr überholt er mich, hinten auf einem Sattelschlepper sitzend, gibt mir Zeichen: „Bis in Tumbes!" Das ist die peruanische Grenzstadt. Sollte ich tatsächlich schon einen neuen Reisepartner gefunden haben?

Ladislao hatten wir bereits nördlich von Trujillo getroffen, da stand er noch etwas geschockt am Straßenrand, hatte gerade den Überfall dreier Peruaner mit Hilfe seines argentinischen Armeerevolvers abwehren können, den er immer in einem braunen Beutel unter seiner linken Achsel trug.

Ist schon ein Kerl, 40 Jahre alt, seit zwei Jahren und drei Monaten auf Achse, hat bereits Europa und Westafrika durchradelt, will in fünf Jahren die Welt umrunden. Sein Billig-Mountainbike ist der Hit: selbstgefertigte Gepäckträger aus Wasserrohren, auf jedem ein Haufen Gepäck, mit Schnüren verzurrt hängen noch Hut, Wasserkanister, Messer und andere Dinge herunter. Manchmal glaube ich, es gibt nur zwei Sorten von Reiseradlern: die gepflegtere Sorte wie unsereins (ähem) und die abgefahrenen wie Ladislao.

Tatsächlich ist Ladislao schon kräftig am Aufpacken, als ich angeschnauft komme. Rolf trudelt dann auch noch ein, um sich hier endgültig, und dieses Mal richtig, von mir zu verabschieden.

Ladislao hat dieselbe Route. Gemeinsam kämpfen wir uns durch das schlimme Tohuwabohu an der Grenze, im Marktgetümmel ist fast kein Durchkommen. Auf einer überbreiten Straße radeln wir nach Ecuador hinein, ich habe das Gefühl, die Vegetation wird schon grüner.

Ciao Peru, ich weine dir keine Träne nach!

Ecuador: Der Kontinent im Kontinent

Ladislao und ich wollen uns nicht lange in der Küstenebene aufhalten, vielmehr nach Cuenca in die Anden hineinradeln. Von dort soll es dann immer in den Bergen über Riobamba und Ambato nach Quito gehen, und wir hoffen, dort noch vor Weihnachten einzutreffen.

Um uns explodiert die Natur geradezu. Tropisch-üppige Vegetation, Flaschenbäume mit langen Moosfahnen an den Ästen, Bananenstauden, Blüten überall.

„Halt mal an, Ladislao!"

Schon stehen wir im Grünen, saugen begeistert die schwere feuchte Luft ein, den betörenden Blütengeruch.

„Mensch, wie schnell sich die Vegetation geändert hat, dabei sind wir nur wenige Kilometer hinter der ecuadorianischen Grenze!" meint Ladislao nachdenklich.

„Die Küstenwüste ist endgültig passé!"

Wer kann nicht meine Begeisterung nach so langer Fahrt durch karge Anden- und Wüstenlandschaften und Steppen verstehen?

Bananen kosten gerade vier Pfennig das Stück, kein Wunder, die 26 Kilometer bis Pasaje radeln wir durch eine Mauer von Bananenstauden, Lkws voller grüner Bananen überholen uns, Plakate werben für spezielle Schädlingsbekämpfungsmittel, Bananen hier und Bananen dort. Versteckt zwischen den Stauden stehen kleine tropisch-verwitterte Holzhütten auf Stelzen.

Dann geht's wieder in die Anden hinein. Aber welch ein Gegensatz zur letzten Andenquerung in Peru! Die Straße ist so breit und so exzellent ausgebaut wie eine Alpenstraße bei uns, eine Meisterleistung des Straßenbaus, sie schraubt sich beharrlich von einem fruchtbaren Hochtal zum nächsten. Indios in leuchtend bunten Röcken arbeiten in den Zuckerrohrfeldern, weißverputzte Häuschen mit roten, weit heruntergezogenen Ziegeldächern lugen zwischen Bananenstauden und feurig blühenden Büschen hervor, Bächlein murmeln, Zuckermühlen tuckern. Die tristbraunen Adobe-Hütten wie in Bolivien suche ich hier vergebens, selbst die Dörfer strahlen einen gewissen Wohlstand aus. Dazu erlaubt die klare Bergluft faszinierende Ausblicke über ebenfalls bewaldete Bergketten. Das ist eine meiner schönsten Landschaften! Öfters muß ich meiner Begeisterung mit Worten wie „toll", „wie schön" und „unvergleichlich" einfach Luft machen!

Das Verhältnis zur Bevölkerung ist wieder entspannt-freundlich und, nebenbei bemerkt, heißt die giftrote Standard-Pipi-Limo hier „Tropical, El Sabor Nacional" (Der Nationalgeschmack). Nun, der Geschmack ist unbeschreiblich, aber sie ist kalt und billig.

In Cuenca verabschiede ich mich von Ladislao. Unser Fahrstil ist zu unterschiedlich, als daß wir auf Dauer miteinander auskommen könnten, Ladislao kann selbst leichte Steigungen nur schiebend bewältigen, fährt mir allgemein zu langsam. Auch sollte ich unbedingt mal einige Erholungstage einlegen, denn seit Trujillo, seit neun Tagen und mehr als 1.000 Kilometer, sitze ich nun ununterbrochen im Sattel. Sonst beträgt mein Durchschnitt etwa vier bis fünf Tage vor der nächsten Pause.

Kaum ist Ladislao im Verkehrsgetümmel verschwunden, lädt mich eine Familie von der Straße weg in ihr Haus ein. Und da hätte ich auch, wäre es nach Aida, Marlene und dem Rest der Familie gegangen, Weihnachten verbracht. Die Entscheidung zur Weiterfahrt fällt mir dann nicht leicht, denn Cuenca mit seinem kolonialen Stadtbild und buntem Indioleben gefällt mir sehr gut. Aber mir schwebt noch immer eine anständige Weihnachtssause in Quito vor.

Wer übrigens glaubt, hier im fernen Ecuador gäbe es keinen Weihnachtstrubel, der hat sich schwer getäuscht. Aufgeregt flackern Lichterketten und aus allen Läden dudelt Weihnachtsmusik! Und auch sichtliche Einkaufshektik hat die Passanten erfaßt, sogar einen langen Einkaufssamstag gibt's.

Vielleicht hätte ich wirklich in Cuenca bleiben sollen, in Anbetracht der Hindernisse, die sich mir in den folgenden Tagen noch in den Weg legen sollten. Ich meine da weniger die ungezählten Bergketten, die werden wohl ziemlich sicher auch nach Weihnachten noch den Radler herausfordern, auch nicht die dicke Wolkenwatte, die mir mehrmals jegliche Sicht nimmt und auch nicht den Staubsturm, der mich so herrlich überpuderte, sondern etwas anderes.

Am zweiten Tag erreiche ich Tixan, ein wirklich unbedeutendes Nest, für mich aber die Rettung nach 20 Kilometer feuchter und kalter Nebelfahrt. Mit einem Dorf hatte ich schon gar nicht mehr gerechnet, hatte schon verzweifelt in der sonst so grünen und dichtbesiedelten, gerade jetzt aber einsamen und trockenen Landschaft nach Wasser für die Nacht Ausschau gehalten und schließlich begonnen, an einem lecken Wasserrohr meine Wasserflaschen aufzufüllen.

Da taucht ein altes Mütterchen mit einem Riesenbündel Holz auf dem Rücken aus dem Nebel auf. „Weiter vorne gibt es ein Dorf, Tixan heißt es, ist nur ein 'Sol' entfernt."

Weiß der Geier, wie weit ein „Sol" ist, nach zwei Kilometern drehe ich wieder um, aber das Mütterchen schickt mich unbeirrt wieder nach vorne und fast wäre ich im Nebel dann noch dran vorbeigefahren.

Später sitze ich mit wieder trockenen Klamotten im Dorfhaus/Kommissariat (meinem heutigen Schlafplatz), und ich muß trotz meiner Müdigkeit ein (außer-)dienstliches Verhör über mich ergehen lassen.

„Hast du denn keine Fahrerlaubnis?"

„Nein, wieso?"

„In der Provinz gibt es viele Probleme mit den Indígenas, muchos paros."

Was das ist, kann mir der Kommissar nicht erklären, auch mein Taschenlexikon läßt mich im Stich. Erdrutsche? Streiks? Ich bin beunruhigt. Gab's heute deshalb praktisch keinen Verkehr, wie an einem der unvergessenen autofreien deutschen Sonntage? Naja, als Radler müßte ich doch durchkommen, egal, was los ist.

Zum Glück lichtet sich am anderen Morgen der Nebel, gibt den Blick auf karge Bergketten und blaßgrüne Felder frei. Steil windet sich die Straße durch ein kleines Hochtal zu einer Hochebene hinauf. Die dünne Höhenluft macht mir noch zu schaffen, monatelang bewegte ich mich in Peru auf Meereshöhe und nun sind wieder Höhen zwischen 2.000 und 3.500 m angesagt. Außer mir kein Verkehr. Ein Genuß und auch wieder keiner, denn die Unsicherheit nagt. Was wird mich heute erwarten?

Ein Lkw-Konvoi kommt mir entgegen, stoppt neben mir.

„Hey, wie sieht's denn weiter vorne aus? Noch weitere Hindernisse?"

„Nein, kein einziges", kann ich die Fahrer beruhigen.

Doch nun geht es vor mir los: ein toter Hund liegt quer über der Fahrbahn, danach liegen wahllos Felsbrocken herum. Ich schlängele mich durch. Dann Barrieren mit Holzstämmen. Doch zum Glück keine Leute, das könnte unangenehm werden. In Guamote das erste ernste Hindernis: ein Wall aus Felsbrocken, quer über eine Brücke, für Autos nicht passierbar, für Radler schon, nur muß ich abpacken und das Rad drüberheben. Aber ich komme durch.

Das folgende, wunderschöne Hochtal nehme ich nur am Rande wahr, ich kurve und kurve - um Steine, Glasscherben, Baumstämme,

Schrott, sogar zwei fürchterlich stinkende Stinktiere liegen auf der Straße. Ein ruhiges Plätzchen für die Mittagsrast zu finden, dies fällt heute nicht schwer. Die Straße ist breit genug.

Vor Cajabamba erlebe ich die ersten Zusammenrottungen, eine fühlbare Spannung liegt in der Luft. Noch immer bin ich mir über den Grund dieser Blockaden im unklaren.

„Nicht die Indios", klärt mich ein Bäcker auf, als ich mir in Cajabamba Käse-Empanadas und Cola in der furchtbar heißen Backstube genehmige, „nicht die Indios, sondern die Provinzregierung selbst hat das angeordnet, aus Protest gegen die zu geringe finanzielle Hilfe aus Quito."

Deshalb also die Caterpillar neben den Wällen!

Und er fährt fort: „Die Straße nach Riobamba ist unpassierbar. Du wirst ja sehen."

Tatsächlich muß ich nochmals vor einem Hindernis abpacken, zwei weitere Barrikaden kann ich umfahren, bin wohl tatsächlich der einzige heute aus dem Süden. Entsprechend häufig werde ich nach der Situation der Strecke hinter mir befragt.

Auch in Riobamba ist der Verkehr lahmgelegt, auf Kreuzungen brennen Autoreifen, Kinder spielen Fußball auf der Panamericana, einzelne Leute wachen eifersüchtig über ihre mit Glasscherben und Nagelfallen gespickten Privatbarrikaden. Nur Radler sind unterwegs, darunter viele sichtlich ungeübte mit hochrotem Kopf. Auch die Touristen sitzen fest, Ecuadors angeblich größter Indiomarkt fällt mangels Busverkehr aus. Demos, Aufputscher mit quäkendem Megaphon, der Restaurantbesitzer springt bei jedem Gegröhle draußen auf und läßt aus Angst um seine Scheiben die Rolläden herunter. Auch ich fühle mich unwohl.

Bis zur Provinzgrenze begleiten mich noch unzählige Hindernisse. Aber man hat sich arrangiert, einzelne Pickups übernehmen den Personentransport, hinter der letzten Barrikade warten dann die Minibusse nach Quito.

Langsam mühe ich mich durch ein gewundenes Hochtal die nächste kahle, windzerzauste Hochebene hinauf. Gar nicht weit entfernt erhebt sich ein mächtiger Berg aus der Páramo-Landschaft, den leider ab Brusthöhe dicke Wolkenwatte verhüllt: der Chimborazo, 6.310 m hoch! Fasziniert verweile ich einige Zeit. Wie zum Gruß reißt kurz der Wolkenteppich auf, gibt den Blick auf die vergletscherte Gipfelregion frei.

Vor Riobamba in Ecuador wurde die Straße von Indios blockiert

Parken exakt auf der Äquatorlinie zwischen Nord- und Südhalbkugel

Ein Hirtenjunge taucht aus der nur vermeintlich menschenleeren Hochebene auf, bittet um ein „regalito para la navidad" (Weihnachtsgeschenkle).

In Ambato holt mich die Verkehrshektik wieder ein, insgeheim wünsche ich mir einen kleinen Streik herbei. Nur einen klitzekleinen ...

Diese Stadt ist wirklich häßlich, die Verkehrsführung so verschlungen, daß ich schließlich total die Orientierung verliere und erst nach längerer Irrfahrt den Ortsausgang finde.

Jetzt beginnt die berühmte „Avenida de los Vulcanos", so benannt von Alexander von Humboldt, aber da hatte er wohl besseres Wetter als ich heute. Mehr als 15 beeindruckende Vulkankegel dominieren links und rechts der Panamericana die West- und Ostkordilliere, aber ich kann sie in den tiefhängenden Wolken nur erahnen. Zu schade!

Die Asphaltqualität läßt nun stark zu wünschen übrig. Eigentlich ist die Panam hier vierspurig, aber nur die mittleren beiden Fahrspuren sind glatt asphaltiert und werden auch von den Fahrzeugen benutzt, ich armer Radler muß mich mit dem holprigen Asphaltflickwerk am Rande zufriedengeben. Die rücksichtslosen Fahrer lassen mir keine andere Wahl.

„Was, von Argentinien kommst du? Mit dem Fahrrad!?"

Ungläubig mustert die Ladenbesitzerin meine strammen Waderln, meint dann nur noch: „El mundo esta loco."

Während ich aus Salcedo hinauspedale, denke ich nach: Wer ist wirklich verrückt, ich oder die Welt um mich herum? Ist es verrückt, statt der halsbrecherisch fahrenden, fette Abgaswolken ausstoßenden Minibusse das Rad zu benutzen? Ist es nicht verrückt, wenn Indiofrauen vor der Luxushosteria „Rumipampa de las Rosas" mit einem Becher Wasser aus einer Pfütze in einen Kanister schöpfen, während die Hosteria über einen eigenen Swimmingpool verfügt? Ist es nicht verrückt, wenn Kleinkinder unter Oberaufsicht eines älteren Bruders oder einer älteren Schwester zum Betteln angehalten werden? Wer ist nun verrückt?

Noch zweimal nötigen mir Hochebenen um die Dreieinhalbtausend Meter kräftige Beinarbeit ab, aber das wäre ja gar nicht so schlimm, wenn die Minibusse und die Lkws nicht wären: Dichte Abgaswolken nehmen mir richtiggehend den Atem, ich muß einige Male sogar anhalten und Luft holen, schiebe bei besonders schlimmen Abschnitten, Kopfschmerzen stellen sich ein. Radfahren soll doch angeblich so gesund sein ...

Endlich Quito! 2.850 m hoch liegt die Hauptstadt von Ecuador, eingeklemmt zwischen Bergkämme, überragt vom 4.794 m hohen Vulkan Pichincha. Über zwei Stunden mühe ich mich durch verkehrsverstopfte Vororte, durch die Altstadt mit Menschenmassen, verliere einige Male die Orientierung, vertiefe mich verzweifelt in den Stadtplan des Reiseführers, die Leute geben mir nichtssagende Auskünfte, doch dann finde ich endlich meine Kontaktadresse.

Geschafft! Erleichtert mustere ich die eindrucksvolle Auswölbung meiner hinteren Felge. Die Felgenkammer ist inzwischen völlig zusammengebrochen. Um mehr Durchlauf zu schaffen, mußte ich sogar nach Cuenca die hintere Bremse aushängen und mich von da an bei Bergabfahrten allein auf die vordere Bremse verlassen. Nun brauche ich aber eine neue Felge, ob ich wohl eine finden werde?

Die ersten beiden Nächte verbringe ich in einem Hotel der Altstadt, flüchte dann aber vor dem allgegenwärtigen Verkehrslärm und -gestank in eine gemütliche Familienpension in die Neustadt.

Die Gegensätze in Quito sind schon frappierend: hier die quirrlige Altstadt mit zahlreichen Gebäuden, Klöstern, Kirchen und Plätzen aus der Kolonialzeit, einem äußerst lebhaften Treiben in den engen Straßen und auf den Märkten, dort die seriöse Neustadt, das Geschäftszentrum mit seinen gepflegten, großzügigen Avenidas, seinen Banken, Luxus-Restaurants und -geschäften, seinen Artesania-Läden und Straßenkneipen, hier die Indios und dort die Touristen, hier Alt-, dort Neuzeit, hier Tradition, dort Moderne.

Zwischen beiden Stadtteilen liegen der El Ejido- und La Alameda-Park, kleine Oasen der Ruhe, das sonntägliche Ausflugsziel der Quiteños und mein bevorzugter Ort zum Zeitunglesen.

Vergeblich versuche ich, eine neue passende Felge aufzutreiben. Da kann mir auch José, ein brasilianischer Radtourer, der sich hier mit einer Kneipe niedergelassen hat, nicht helfen.

Ebenso vergeblich versuche ich in einem Durcheinander von übereinandergestapelten, vollen und halbgeleerten Postsäcken, Paketen, Karren und hilflos umherirrenden Angestellten, alias Paketpostamt, meine sehnsüchtig erwarteten Päckchen zu lokalisieren. Weihnachten ohne Lebkuchen! Was für ein Pech! Weihnachten wird auch hier ausschließlich im Familienkreis gefeiert, statt der erhofften Fete finde ich mich allein in der Pension wieder. Eine traurige Angelegenheit, den einen oder anderen wehmütigen Gedanken an die ferne Heimat (und „Gutsle") kann ich da nicht unterdrücken.

Silvester ist zum Glück mehr los: man feiert, einem etwa 150 Jahre alten Brauch folgend, die „Años viejos" (Alten Jahre). Mittelpunkt ist die Avenida Amazonas, die Lebensader der Neustadt.

Aus Pappmaché, Draht und anderen Utensilien werden Puppen in Lebensgröße gefertigt, diese angezogen und mit dem Konterfei einer bekannten Persönlichkeit aus Politik oder Sport versehen, dann auf Plattformen zu Szenen arrangiert, mit Musik, Sprechblasen und Beleuchtung. Manche Puppen sind sogar beweglich, da zieht dann einer im Hintergrund ständig an Schnüren.

Gehsteige und Fahrbahn füllen sich zunehmend mit Schießbuden und Essensständen. Fliegende Händler verkaufen Feuerwerkskracher und geschmuggeltes kolumbianisches Dosenbier. Und es gibt eine Menge Masken, hauptsächlich selbstgemachte, viele Leute sind maskiert, King Kong schlendert Arm in Arm mit einer Hexe dahin.

Am Abend wird das Gedränge und Geschiebe schon fast lebensgefährlich, die Leute sind ausgelassen, tanzen zu den Rhythmen einer Salsaband, alle paar Minuten werden Kracher gezündet. Caipirinhagedopt aus Josés Kneipe trudelnd muß ich achtgeben, daß ich nicht in einem der vielen deckellosen Straßengullylöcher verschwinde!

Langsam rückt der Zeiger auf die 12 zu. Um 24.00 Uhr werden Puppen und Requisiten zu großen Haufen auf dem Straßenpflaster aufgetürmt und angezündet, mit allen mißliebigen Personen, Ereignissen und sonstigen unliebsamen Dingen abgeschlossen. Raketen und Knaller fliegen kreuz und quer, die Leute sind total sorglos im Umgang mit dem Zeug und einige Male muß ich vor Tieffliegern in Deckung gehen. Man fällt sich um den Hals, beglückwünscht sich zum Neuen Jahr.

Schwankend, immer zu zweit, machen sich die Polizisten der Polizeikapelle auf den Heimweg. Trotzdem, richtig unangenehm Betrunkene sehe ich kaum, auch keine Schlägereien. Die Straßen leeren sich bald, die Feuer verlöschen, die fliegenden Händler packen zusammen, langsam glüht das Drahtgeflecht aus, das mal ein amerikanischer Panzer war.

Letztes Silvester steckte ich noch in der argentinischen Pampa. Mein Gott, was habe ich 1990, in diesem einen Jahr, nicht alles erlebt! Wo werde ich nächstes Silvester verbringen? Zu Hause? In den USA? Noch gesund und munter? Viele Fragen und keine Antworten. Aber keine Frage: 1991 wird wieder ein ereignisreiches, abenteuerliches Jahr werden!

Besteigung des Cotopaxi

Das erste Abenteuer des Jahres läßt nicht lange auf sich warten, nämlich die Besteigung des 5.897 m hohen Vulkans Cotopaxi. 5.897 Meter, das sind für mich noch total unbekannte und damit um so interessantere Höhenregionen. Da Unerfahrenheit und Leichtsinn hier leicht schlimme Folgen haben können, schließe ich mich einer Gruppe an, die Thomas, ein in Quito lebender Schweizer, führen wird. Der Gruppe gehören neben zwei Schweizern, die ich bereits in Nazca kennengelernt hatte, noch Tom, Lehrer an einer amerikanischen Outdoor-Schule (ein Traumjob!), und - Rolf an!

Zur besseren Höhenakklimatisation fahren Tom und ich der Gruppe voraus, wir wollen noch einige Tage, fernab vom Abgasgestank, im Nationalpark wandern.

Wir wählen eine einfache Hütte in 3.800 m Höhe als Übernachtungsquartier, belassen es bei einigen leichten Wanderungen. Nachts tanzen die Mäuse Charleston, aber Pech gehabt, wohlweislich baumelt unser Lebensmittelvorrat in einem Sack am oberen Querbalken. Tom hat, glaube ich, einen sehr aufmerksamen Schüler, so nebenbei erfahre ich eine Menge über die Sterne, die Pflanzen und allgemeines über die Natur.

Im Refugium auf 4.800 m Höhe treffen wir uns dann mit dem Rest der Gruppe. Der Hüttenbetrieb ist ernüchternd, der Cotopaxi verkommt zunehmend zum Abhakgipfel, den man als ambitionierter, ausgebuffter Gipfelcrack gemacht haben muß (am Wochenende bis zu 130 Leute, heute nur etwa 50!). Abends hochfahren, einige Stunden auf der Hütte schlafen, Aufstieg bis zum frühen Vormittag, Abstieg, mittags Rückfahrt nach Quito und ein weiteres Häkchen in der Liste.

Deutsche, Österreicher und Schweizer stellen das Gros, sie vespern fast gleichgültig deutsche Salami und Schokolade, ohne wohl zu ahnen, was das für einen Südamerika-Radler für Leckereien sind. Der restlichen Vorräte entledigt man sich elegant, aus dem Mülleimer könnte ich einige Tage satt werden. Mit der Zeit entwickelt man halt doch ein spezifisches, bewußteres Verhältnis zum Essen.

Kurz nach Mitternacht hat die Nacht(un-)ruhe ein Ende, wir stellen die Ausrüstung zusammen: Plastikschalenschuhe, Gamaschen, Steigeisen, Gurt, Seil, zwei Paar Handschuhe, Mütze, „Früh"-stück.

Gegen 1.30 Uhr treten wir hinaus in die sternenklare Nacht, fahles Mondlicht beleuchtet das Gelände. Nun wird es sich zeigen, ob die Höhenakklimatisation ausreicht. Im Gänsemarsch überwinden wir langsam den Felsabhang oberhalb der Hütte, legen dann im Licht der Stirnlampen Steigeisen und Seil an. Meine Gedanken kreisen nur noch um den Gipfel.

Stockend, mit vielen Pausen zum Luft holen, bezwingen wir den Gletscher, über mir die funkelnde Sternenpracht, im Hintergrund die gleißenden Lichter von Quito. Langgezogene Lichterketten lassen einzelne Avenidas erkennen, kleinere Lichthaufen verraten weitere Dörfer. Bisher spürte ich keine Probleme.

„Noch knapp zwei Stunden", meint Thomas.

Aber die haben es in sich: Es geht einen Steilhang hinauf, 40 Grad Neigung, der Schnee ist verblasen, er gibt manchmal unerwartet nach, und ich sinke bis zu den Knien ein. Schritt für Schritt, Serpentine für Serpentine, ich meine, auf der Stelle zu treten.

„The ascent is slow, but the mountain is patient", wie wahr, Tom hat recht.

Erstes Morgenrot. Hier jetzt abrutschen ... Wann nur hat das ein Ende? Wozu das Ganze? 70 Dollar zahlen, sich quälen, in dieser Höhe seine Gesundheit riskieren, wieso? Jetzt die letzten 50 Höhenmeter. Ivan, der Hilfsbergführer, zieht kräftig an meinem Seil, langsam erklimme ich die Kuppe.

5.897 Meter! Erstmal fünf Minuten pumpen und pumpen, ohne den Körper wirklich zufriedenstellen zu können. Gegenseitige Glückwünsche. Dann schaue ich mich um. Unter mir liegt der kreisrunde Krater, an einigen Stellen dampft es heraus. Fesselnder ist der Ausblick. Mehrere Vulkangipfel ragen aus der Wolkendecke heraus: Illinazi Nord und Süd, Chimborazo, Antisana, der Cotopaxi, der einen Schatten wirft. Ich habe fast 5.900 m erreicht, hier beginnt bereits die Todeszone, habe meine Leistungsgrenze abgetastet, aber noch nicht ausgeschöpft.

Zurück ins Abgasgewaber von Quito. Es gelingt mir doch tatsächlich, mit viel Beharrlichkeit und noch mehr Kriminalspürsinn, ein Päckchen den Klauen der Post zu entreißen. Das Zweite bleibt verschollen, und gerade da sind alle Briefe drin.

Abenteuer Nr. 2 des neuen Jahres 1991 entführt mich für knapp drei Wochen auf die Galapagos-Inseln! Diese waren schon immer eines meiner absoluten Traumziele, nicht zu unrecht, wie ich im nachhinein meine. Und auch nicht übermäßig teuer, dem allgemein niedrigen Preisniveau in Ecuador sei Dank. So kann ich während einer acht-tägigen Kreuzfahrt zu mehreren Inseln die einzigartige Tier- und Pflanzenwelt live anschauen.

Mein Rückflug von den Inseln endete in Guayaquil, ab hier wollte ich eigentlich die berühmte Andeneisenbahn benutzen. Es bleibt beim Vorhaben: nachts tobt ein Tropengewitter wie noch nie erlebt, Gua-yaquil steht morgens einen halben Meter unter Wasser, Erdrutsche haben die Gleise verschüttet. Kein Zug fährt!

Bleibt nur einer der Überlandbusse, um wieder nach Quito zu kom-men. „Espresso del Ecuador" nennt sich die Busgesellschaft bezie-hungsreich. Zum Glück gibt der Bus nur 80 km/h her, einige überho-lende Busse sind da wesentlich flotter. Hunderte von Kilometer durchfahren wir erst tropisches Tiefland, steigen dann in unzähligen Serpentinen innerhalb von 80 Kilometern von Meereshöhe auf 3.000 Höhenmeter auf! Der Schweiß auf meiner Stirn rührt nicht nur von den tropischen Temperaturen her ...

Ich beruhige mich mit dem Gedanken, daß nur Ecuadorianer mit Röntgenblick und einem 6. Sinn für Gegenverkehr als Buschauffeure eingestellt werden, zumal ich ja auch noch wie bei ARD und ZDF in der ersten Reihe sitze ... Kurven, Steigungen und Gegenverkehr sind ganz gewiß kein Hinderungsgrund für Überholmanöver, und wird es einmal besonders eng, gibt der Beifahrer dem Überholten durch ein kurzes Zeichen zu verstehen, nun doch bitte schön eine kleine Voll-bremsung hinzulegen, denn sonst würde er vom einscherenden Bus gerammt werden. Das funktioniert dann auch immer.

In Quito ist noch alles beim alten, allerdings, ja allerdings nicht ganz: mein zweites Päckchen ist aufgetaucht! Dazu erhalte ich eine neue Felge aus Deutschland! Wie das?

Zufällig hatte ich erfahren, daß ein Angestellter des Unternehmens, bei dem auch ein Onkel von mir arbeitet, von Deutschland zurück zur Auslandsniederlassung in Quito fliegt. Ich konnte ihn als Boten ge-winnen. Daß das deutsche Radgeschäft natürlich zu lange Speichen schickt, der Radmechaniker dann viermal versuchte, ein stabiles Hinterrad zu fabrizieren und dabei fast noch die neue Felge ruiniert hätte, zerrte mal wieder kräftig an meinem Nervenkostüm. Erst mit den altgedienten Speichen steht das Hinterrad zu guter Letzt fahrbe-reit da.

So kann ich mein letztes Ecuador-Vorhaben in Angriff nehmen: eine Tour in den Oriente, in das Dschungeltiefland östlich der Kordilleren. Diese Vielfalt an Landschaftsformen, wie sie Ecuador auf kleinstem Raum bietet, geradezu ideal für Radabenteurer, ist wirklich faszinierend. Wahrlich ein Kontinent im Kontinent!

Von Quito kommend will ich erst wieder ein Stück auf der Panamericana südlich bis Ambato treten, mir den bekannten Indio-Markt in Saquisili anschauen, dann östlich bis Puyo ins Amazonastiefbecken vorstoßen, um über Baeza und einen 4.000er-Paß wieder Quito zu erreichen.

Spotz! Mist! Die Mädchen lachen und winken von der Ladefläche des Pickup, ich muß erstmal anhalten und meine Brille putzen. Warum fährt man denn auch gerade am Faschingsdienstag los! In Quito und anderen Städten in Ecuador folgt man nämlich dem Faschingsbrauch, aus Autos auf ahnungslose Passanten - Zielscheibe sind vor allem Mädchen, aber auch Radler - wassergefüllte Luftballons zu werfen oder ihnen sogar einen Eimer Wasser über den Kopf zu leeren. So konnte ich mich am Faschingswochenende nur noch mit aller Vorsicht auf die Straße wagen, in den Straßenrestaurants standen die Sonnenschirme zur Straße hin abgeklappt wie Schutzschilder und auf den Straßen spielten sich regelrechte Wasserschlachten zwischen einzelnen Pickup-Besatzungen ab.

Schwupp! So ein frecher Bengel! Leert mir gerade beim Vorbeifahren vom Garagenvordach einen Eimer Wasser über das Rad. Er hat Glück, daß ihm die Familie zu Hilfe eilt, als ich ihn gerade in die bereitstehende Wassertonne tunken will.

Saquisili ist ein verschlafenes Dorf, etwa 85 Kilometer südlich von Quito in einem kleinen Seitental abseits der lärmigen Panamericana gelegen. Einmal in der Woche, am Donnerstag, erwacht es zum Leben: Indio-Markttag! Bereits in aller Frühe um 4.00 Uhr treffen die ersten Lkws und Busse aus den umliegenden Dörfern ein und einige Stunden später ist in dem Getümmel fast kein Durchkommen mehr. Wie die drei Hauptplätze der Ortschaft sowie ihre Verbindungsstraßen, eigentlich der gesamte Innenbereich, ins Marktgeschehen einbezogen werden, das ist schon sehenswert.

Noch am selben Tag erreiche ich Baños. In 1.800 m Höhe am Ostabhang der Kordilleren gelegen, hat es sich durch seine Thermalquellen und subtropische Vegetation und Temperaturen zu so etwas wie einem nationalen Ausflugs- und Kurort gemausert. Entsprechend touristisch geprägt ist das Ortsbild, versetzt mir nach Saquisili fast einen Kulturschock.

Mich interessiert weniger das „Café Aleman", auch nicht der ehemalige schwedische Truckdriver, der nun (hervorragende) Pizzas bäckt, auch nicht die lokalen Spezialitäten wie „Canelazo", das ist heißer Zuckerrohrschnaps mit Zimt, Zitrone und einem Spritzer Wasser zur Abrundung (Mann, das haut in die Birne!), oder die süß-klebrige Masse „tofi", die geknetet, gezogen und gewalkt wird (und eigentlich mit einem Warnaufkleber versehen werden sollte: „Achtung, der Genuß von 10 g verursacht Karies!").

Nein, mich interessiert der Tungurahua, ein 5.016 m hoher, unter Bergsteigern populärer Vulkankegel, aber der steckt, und das muß ich leider auch feststellen, aufgrund seiner exponierten Lage direkt oberhalb des feuchten Amazonastiefbeckens an 95 % aller Tage in Wolken.

Bis zum Refugium in 3.884 m Höhe arbeite ich mich mit Fred, einem deutschen Lehrer, durch Sturm, Nebelnieseln und lehmigem Morast empor, schlafe dann am nächsten Morgen nach einigen intensiven Blicken nach draußen kräftig aus und steige wieder ab. Ich muß mich damit abfinden, die Avenida de los Vulcanos will sich mir nicht mehr zeigen.

In Baños treffe ich überraschend viele Bekannte aus anderen Teilen Ecuadors wieder, so Barbara und Achim aus Guayaquil, oder auch Silvi und Frank, deutsche Reiseradler, die ich bereits im Torres del Paine-Park kennengelernt hatte. Was für ein Zufall! Das gibt noch einen flotten Abend bei Pizza und viel Musik. Wir verabreden uns für Quito.

Es ist eh' lustig, wie gut die Informationsbörse unter Reiseradlern funktioniert. So bin ich immer auf dem laufenden, welche Toureros wo in Südamerika unterwegs sind, und oft begrüßen sie mich mit dem Satz: „Ach, du bist der Deutsche, der von Patagonien auf dem Weg nach Alaska ist", und dann folgt meist ein längerer Plausch abseits der Straße.

Meine Oriente-Tour führte mich dann am Fuße des Andenosthanges in einer Schleife wieder Richtung Norden, man muß aber inzwischen sehr, sehr viel weiter Richtung Osten ins Amazonastiefbecken hineinfahren, wenn man noch Primärurwald und Tiere sehen will. Entlang der Straße gibt es nicht mehr viel zu sehen. Auch wenn die sanft dahinrollende dampfige Hügellandschaft an sich sehr schön ist, war die restliche Fahrt so betrachtet letztendlich eine Enttäuschung, zumal ich noch in eine Regenzone geriet, auf den Schotter- und Lehmpisten war das besonders unangenehm.

So trudelte ich dann wieder in Quito zumindest mit der positiven Erkenntnis ein, daß das neue Hinterrad wohl halten wird, die Rüttelpisten waren ja immerhin so schlecht, daß ich durch die Vibration einen Flaschenhalter verlor.

Der Abschied von Quito fällt schwer, die Stadt war mir in den letzten Monaten schon so vertraut geworden. In solchen Momenten fühle ich mich als der einsamste Radler der Welt und nur widerwillig mache ich mich wieder auf die Strecke.

Aber nun drängt die Zeit, denn in zwei Monaten, Ende April, will ich mich, wie schon erwähnt, mit meinem Vater in Costa Rica treffen, außerdem liebäugele ich immer mehr mit dem Gedanken, den Darién Gap zwischen Kolumbien und Panama mit dem Rad zu durchqueren! Die Regenzeit beginnt allerdings dort im April und dann geht nichts mehr.

Von Quito will ich deshalb konsequent der Panamericana folgen, bei Tulcán die Grenze nach Kolumbien überqueren, und dann geradewegs über Cali nach Medellín treten.

Etwa 70 Kilometer nördlich von Quito erreiche ich einen kleinen grauen Globus abseits der Panamericana, ein Pfeiler mit der Aufschrift „Äquatorlinie" weist auf dessen Bedeutung hin. Ich bin am Äquator!

Direkt auf der Äquatorlinie - und um Punkt 12.00 Uhr! - parke ich mein Rad, hüpfe einige Male zwischen Süd- und Nordhalbkugel hin und her, natürlich darf ein Bild genau auf der Äquatorlinie nicht fehlen. Senkrecht, fast wirklich ohne Schatten zu werfen, brennt die Sonne herunter. Die Vorstellung ist schon faszinierend, die Süderdhalbkugel nun endgültig zu verlassen.

Noch am gleichen Tag erreiche ich Otavalo. Ich habe mich mit Silvi und Frank in der Residencia „Santa Marta" verabredet und gemeinsam besuchen wir den berühmten Samstagmarkt.

Am interessantesten ist der wuselige Tiermarkt etwas außerhalb der Stadt. Die Otavaleños sind ausnehmend schöne Menschen mit ebenmäßigen Gesichtern und langen Zöpfen. In ihren Trachten - weißes Hemd und Hose, blauer Poncho und Baststoffschuhe - sind

sie in allen wichtigen Touristenzentren mit ihren Wollwebwaren anzutreffen, selbst in Costa Rica sollte ich sie noch entdecken.

„Ich fliege demnächst nach Deutschland, will dort Decken und Wandteppiche verkaufen", erzählte mir einer, grad so, als ob es das Natür-
lichste der Welt wäre, als Indio in der Weltgeschichte herumzu-
fliegen. Aber ich habe wohl immer noch das Bild der Indios in Bolivi-
en vor Augen, wie sie sich lethargisch ihrem Schicksal als immerfort
Unterdrückte gefügt haben.

Davon hier keine Spur. Vielmehr haben es die Otovaleños zu sicht-
barem Wohlstand gebracht, stellen heute in Ecuador einen nicht zu
unterschätzenden Wirtschaftsfaktor dar. Der Teufelskreis der Unterdrückung und Armut gilt für sie nicht mehr.

Auf der Weiterfahrt lege ich einen Abstecher zur Kraterlagune Cuico-
cha ein, die in 3.100 m Höhe oberhalb des Zentraltales liegt und Teil
eines ausgedehnten Nationalparks ist. Die überaus freundlichen
Ranger laden mich zum Übernachten in ihr Verwaltungsgebäude ein,
und nachdem dann jeder was aus seinen Vorräten beisteuert, gibt's
noch ein schönes Abendessen.

Die nun folgende Landschaft gab einen Vorgeschmack auf Kommen-
des in Kolumbien: Ein tiefes Tal, das Chola-Tal, durchschneidet die
Andenhochebene, innerhalb von 20 Kilometern brause ich locker von
3.000 m in dampfige Tropenlandschaft auf ca. 1.500 m hinunter, bestaune Negersiedlungen, trete dann mehrere Stunden - nun nicht
mehr ganz so locker - die verlorenen Höhenmeter wieder hinauf. Bis
Tulcan, der ecuadorianischen Grenzstadt, bleibt die Landschaft
überwiegend faltig.

Peng, der Stempel sitzt! Nach fast drei Monaten sage ich Ecuador
ade, wird aber auch Zeit, die inzwischen immer merklicher einsetzende Regenzeit treibt mich vorwärts. Kolumbien, Rauschgiftland,
Kolumbien, Guerillaland, seit drei Jahrzehnten. Wohl keine guten
Aussichten auf geruhsames Reiseradeln ...

Kolumbien: Bären, Kokain, Guerilleros

„Si, puro plano", der kolumbianische Grenzbeamte ist sich da ganz sicher. Etwas ungläubig betrachte ich vom Schlagbaum den langen Anstieg ins Zentrum von Ipiales hinein.

„Und die weitere Strecke bis Cali ist tatsächlich, ist die genauso eben?"

„Das sagte ich Ihnen doch schon, plano, plano", und er macht wieder die entsprechende Handbewegung.

Bald schon keuche ich diesen „ebenen" Berg hinauf, finde mich vor der schwer bewachten Banco de la Republica wieder. Ich brauche jetzt kolumbianische Pesos, und zwar dringend. Aber nichts scheint schwieriger als das. Erst nach längerem Zureden darf ich mein Fahrrad am Bankeingang parken, werde danach von einem Wachmann abgeholt und zum entsprechenden Schalter begleitet. Kritisch vergleicht der Schalterbeamte meine Unterschriften von Reisepaß und dem Scheck.

„No, Señor, die Unterschriften stimmen nicht genau überein, ich kann diesen Reisescheck nicht einlösen."

Da hilft kein Argumentieren, wortlos postiert sich der Wachmann neben mich. Ich verstehe.

Es sind viele gestohlene Schecks im Umlauf, verrät mein Reiseführer dazu. Nun gut. Bleibt noch der Schwarzmarkt, den man meist um die Plaza Central findet, aber so schwarz ist der Markt nun auch wieder nicht. Geldtauschen auf der Straße ist zwar wie in den meisten anderen Ländern illegal, wird aber stillschweigend geduldet. Auf der Plaza bin ich jedenfalls dann erfolgreich.

Immer weiter auf der Panamericana will ich nun über Pasto und Popayan nach Cali radeln, dort eine Kontaktadresse aufsuchen, dann soll's über Pereira weiter nach Medellín gehen.

Aber „puro plano" ist hier wirklich nichts. Für die 470 Kilometer bis Cali brauche ich zwar nicht mehr als fünf Tage, aber diese fünf Tage haben es in sich: Als alter Andenfahrer sollte mich eigentlich nichts mehr schrecken, aber so steil und so wild gefaltet hatte ich die Anden noch nicht erlebt.

Mehr als die tägliche Kletterei machen mir jedoch die Klimaunterschiede zu schaffen. Während auf den Berghöhen um die 3.000 m ein angenehmes Klima vorherrscht, taucht man in den Flußtälern in schweißtreibende tropisch-feuchte Hitze ein. So in Äquatornähe brennt die Sonne über die Mittagszeit unerbittlich senkrecht herunter, und dann einen Schatten für Pausen zu finden, ist eine mühsame Sucherei.

Die Landschaft kann man nur unzureichend mit den Worten „interessant" und „vielgestaltig" beschreiben, denn auf kurzen Abschnitten ist wirklich jede Form vertreten: Zunächst sause ich steil ins fruchtbare Guaitara-Tal hinunter, folge einige Zeit auf der Talsohle der tief eingeschnittenen Schlucht dem Fluß, um mich dann durch grüne Seitentäler auf weitausholenden Serpentinen rund 25 Kilometer über die nächste Bergkette arbeiten zu müssen. Pasto liegt ja wieder rund 2.500 m hoch. Aber nur halbkilometerweise komme ich vorwärts, von Schatten zu Schatten hechelnd, es ist einfach zu heiß.

Nur kurzfristig kann ich mich an einen der bergaufschleichenden Lkws hängen. Nebenbei unterhalte ich mich mit einem kolumbianischen Radler, der an der anderen Seite der Plane hängt, bis Sprühnebel von vorne nichts Gutes verheißt. Verflixt, der Kühler!

„Es geht gleich weiter", meint der Beifahrer, zieht einen öligen Kittel über und kramt angestrengt in der Werkzeugkiste.

Da stemme ich mich doch lieber in die Pedale. Was bedeutet hier schon „gleich" nach meinen Erfahrungen mit „puro plano".

Pasto ist, wie die meisten anderen kolumbianischen Städte, uninteressant, die zahlreichen Erdbeben haben nicht allzuviel von der ehemaligen Kolonialarchitektur stehengelassen. Heute herrschen nüchterne, gesichtslose Betonbauten vor.

Hinter Pasto kurble ich dann wieder langsam ein stetig enger werdendes Hochtal hinauf, um danach, mit kurzen Unterbrechungen, gut 40 Kilometer bergab zu sausen. Unwahrscheinlich! Anschließend macht das saftiggrüne, kultivierte Hochtal einer kargbraunen, total zerklüfteter Berglandschaft Platz. Die Panamericana fällt in tiefeingeschnittene Schluchten, Hände und Arme schmerzen bald kräftig vom Bremsen, denn die Straßenqualität läßt immer mehr zu wünschen übrig. Die Temperatur steigt merklich. Hinter der schwerbewachten Brücke über den Rio Juanambú folgen 20 Kilometer stetiger Kletterei, doch schon sause ich wieder, vorbei an zahlreichen Dörfern, ins nächste Tal hinab.

Den ganzen restlichen Tag quäle ich mich in nervendem Auf und Ab durch die braunstaubige Einöde, um dann am nächsten Tag, nach Überquerung des Rio San Jorge, mitten in eine fruchtbare Weidelandschaft hineinzufahren! Hier leben hauptsächlich Schwarze, wohl früher als Plantagenarbeiter „eingeführt", in armseligen Bretter-budensiedlungen, es herrscht eine ganz andere Atmosphäre als in den Andendörfern. Die meisten grüßen begeistert. Ich trete ent-spannt durch die Tropenlandschaft mit vielen Bananenstauden und anderen Fruchtbäumen.

Hinter Popayan fällt das Hochplateau in mehreren Zwischenstufen langsam zum immensen Cauca-Tal hinab, dessen Zentrum Cali ist. Eine ausgedehnte, ebene Weidelandschaft bis zum Horizont, nur un-deutlich sind die Konturen der Ost- und Westkordillere im Dunst zu erkennen. Ich sehe Zebus, Reis- und Zuckerrohrfelder und meist zu-rückgesetzte, herrschaftliche Haciendas.

Die Panamericana ist nun über -zig Kilometer ganz eben, so ein gleichmäßiges Treten bin ich kaum mehr gewohnt! Und es gibt Rad-ler noch und noch! Radfahren ist Kolumbiens Nationalsport Nr. 1, an einem Sonntag wie heute sind die Straßen voll. Man trainiert in Gruppen, schreckt auch vor profimäßiger Aufmachung mit aerody-namischem Radhelm nicht zurück. In einer so radsportbegeisterten Umgebung falle ich naturgemäß besonders auf. Cali ist nicht mehr weit, und ein freundlicher Radsportler lotst mich durch die Stadt zu meiner Kontaktadresse.

Eigentlich hatte ich in Cali mit mehr Unannehmlichkeiten wegen der Guerillagefahr gerechnet, aber das Leben geht hier ganz offensicht-lich seinen normalen Gang. Klar, die schwerbewaffneten Polizeipa-trouillen, das Wachpersonal in fast jedem Geschäft, die Gepäckkon-trollen beim Betreten einer Bank zeugen schon von der latenten Ge-fahr, und auch die Zeitungen berichten jeden Morgen von neuen Überfällen und Mordanschlägen in den diversen Barrios (Stadt-teilen), aber die Leute scheinen die Gefahr zu verdrängen oder sich an ein gewisses Gefahrenpotential gewöhnt zu haben.

Ich bin froh, bei der netten Familie Salcedo, Bekannte von Helge, unterkommen zu können. Helge selbst treffe ich leider nicht, aber ich bekomme gesagt, daß er seine Radtour mit Michael beendet hat.

Aus einem Reisebericht Michaels erfahre ich später weitere Einzel-heiten. So hatten die beiden fast dieselbe Route durch Bolivien, Peru und Ecuador wie Rolf und ich gewählt, waren auf einer Floßfahrt in Bolivien gekentert und in Ecuador beraubt worden. Ecuador schei-nen sie ganz im Gegenteil zu mir nicht in guter Erinnerung verlassen zu haben, wohl auch deshalb, weil es immer wieder mal in der Gruppe kriselte. Zudem waren sie häufig krank, Michael erreichte Cali mit einer Hepatitis und mußte hier vier Wochen pausieren. In Cartagena trennten sich dann die beiden, Helge war des Radelns überdrüssig und hatte sich zudem in Patricia, die Schwester seiner Bekannten, verliebt. Mein Vater erzählt mir dann später, daß die beiden inzwischen geheiratet haben und in Deutschland leben. Michael jedenfalls nahm dann ein Flugzeug von Cartagena nach Panama City und dürfte nun irgendwo in Mittelamerika auf dem Weg in die USA sein.

Eine einst hoffnungsvolle Vierergruppe hat sich endgültig in drei Einzelfahrer aufgesplittet. Ob es zwangsläufig so kommen mußte? Vielleicht hätte ich schon damals in der Planungsphase meinem Gefühl folgen und die Tour mit Rolf allein starten sollen. Zwei Dickköpfe können auf Dauer schon einer zuviel sein, wie ich feststellen mußte. Ich bin jedenfalls seit meinem Alleinfahren nach wie vor davon überzeugt, allein eigentlich besser zurechtzukommen, trotz der zugegeben manchmal schon sehr einsamen und auch schwierigen Momente. Der Schutzwall einer Gruppe vermittelt schon ein gewisses Sicherheitsgefühl, kann aber auch ebenso spontane Kontakte mit der Bevölkerung verhindern. Zudem habe ich meine Entscheidungsfreiheit einfach zu sehr schätzen gelernt, als daß ich mich nochmals jemandem anpassen wollte.

Mein nächstes Ziel ist Pereira. Die ersten 150 Kilometer nach Cali folge ich zunächst dem allmählich enger werdenden Cauca-Tal, passiere in langen Geraden riesige Zuckerrohrfelder, altehrwürdige Haciendas mit obligatorischem Schwimmbad und Freizeitclubs, dann wieder Weiden oder kleine Dörfer. Das Wetter ist dämpfig, es tröpfelt auch mal leicht, aber wirklich zu schaffen macht mir der Verkehr: Busse überholen mich rücksichtslos, der Seitenabstand beträgt oft weniger als einen halben Meter, nur selten kann ich auf die mit Glasscherben und Zuckerrohrstengeln übersäte Standspur ausweichen. Auspuffabgase, Dreck, Staub und Schweiß bilden bald einen schwarzen Film auf der Haut.

Die beiden Kordillerenketten rücken weiter zusammen und kurz vor Pereira folgt wieder ein langer Anstieg. Allein bin ich heute wirklich nicht: Es ist wieder Sonntag, ganze Heerscharen von Radsportlern begleiten mich, sie absolvieren mit sturem Blick auf die Straße eine Bergprüfung ihres Clubs.

Wie sehr genieße ich es da doch, mal gemütlich zwischendurch einen kräftigen Schluck aus der Pulle zu nehmen und den Blick in die

Ferne schweifen zu lassen. Oben auf dem Bergsattel scheint der Sammelpunkt zu sein, ich fahre durch eine johlende, klatschende und pfeifende Meute, so als hätte ich eben eine Bergetappe bei der Tour de France gewonnen. Ich lache und winke zurück.

Pereira ist wirklich abstoßend, das Stadtbild wimmelt von Gammlern, die auf den Gehwegen schlafen, und von abgetakelten Nutten, die überall herumhängen. Abends dröhnen aus den massig vorhandenen, düsteren „Fuente de Soda" laute Salsarhythmen, Besoffene schwanken umher.

Mein „Hotel" mit dem beziehungsreichen Namen „Eden No. 2" steht diesem Bild nicht nach. Nachmittags sah's noch ganz ordentlich aus, doch abends stellte es sich als Puff heraus. Als „reicher Ausländer" übe ich wohl einen besonderen Reiz auf die „Damen" aus und muß mich auf mein Zimmer retten. Bis weit in die Nacht herrscht ein ohrenbetäubendes Geschrei in den Gängen. Bei einer Polizeirazzia am nächsten Morgen bekomme ich die übelsten Gestalten zu Gesicht. Und die wohnen alle hier? Keine Frage, nichts wie weg hier!

Nicht weit von Pereira beginnt der Nationalpark „Ucumari", genau genommen ist es ein regionales Naturreservat, das nahtlos in den Nationalpark „Los Nevados" übergeht. Eigentlich wollte ich Rad und Ausrüstung in meinem Hotelzimmer deponieren und per Bus zum Parkeingang fahren, doch nach den gestrigen Erfahrungen ziehe ich es vor, direkt mit dem Rad zum Eingang in 2.000 m Höhe zu fahren und es dort bei einem kleinen Bauernhof unterzustellen.

Vorher erkundige ich mich noch in der Stadtverwaltung nach der Jugendherberge, nicht ahnend, dort mit dieser Frage den ganzen Betrieb für eine Stunde lahmzulegen. Fünf Angestellte rätseln mit mir.

„Eine Jugendherberge in Pereira? Die gibt's hier nicht!"

Gibt's aber doch, ich finde zufällig die Nummer im Telefonbuch.

„Und wie könnte ich zum Parkeingang kommen?"

„Da fahren Busse, aber du hast doch auch ein Fahrrad", meint Maria, nur um schnell hinzuzufügen: „Aber die Carretera ist bestimmt nicht mit dem Rad befahrbar."

Sie ist es aber doch, eine recht ausgefahrene Schotterpiste zwar, aber wunderschön und fernab von jeglichem Verkehr steigt sie durch Wald bis zum Parkeingang an.

Zwei Stunden und sechs Kilometer durch ein morastiges Bachbett sind es vom Parkeingang bis zum Refugium „La Pastora" in immerhin 2.400 m Höhe. Carlos, der Verwalter, begrüßt mich freudig als erst zweiten Gast heute.

„Du kannst hier im Haus schlafen oder dort auf dem Campingplatz", er zeigt dabei auf einige Runddächer auf Pfosten. Die ziehe ich bei dem angenehmen Klima dann auch vor.

Mein eigentliches Ziel ist die Laguna del Otún in 4.000 m Höhe. Ein einsamer, sehr schwierig zu begehender Trail führt durch mehrere Vegetationszonen bis zum Páramo, der windzerzausten Grassteppe. Frailejón gedeihen hier, das sind vier Meter hohe Pflanzen, die lediglich aus einem struppigen Blätterkopf auf einem Stengel bestehen und ganz und gar zu dieser wilden Umgebung passen.

Die Lagune selbst ist dagegen recht undramatisch, ich verbringe die Nacht draußen im Schutz der Verwaltungshütte.

Vorsichtig spähe ich am anderen Morgen unter meiner Kapuze hervor. Minus 5 °C zeigt das Thermometer! Die Wiesen sind rauhreifbedeckt, in kleinen Wölkchen steigt mein Atem empor. Zorro, ein junger Mischlingshund, hat sich mitten auf dem Schlafsack zusammengerollt. Jetzt eine Tasse heißen Tee! Aber die Ranger betrachten mich Wanderer wohl eher als Störfaktor, nicht einmal eine Toilette hatten sie mir angeboten, sie angelten lieber (während der Schonzeit) draußen auf der Laguna Forellen.

Zurück in meiner Rundhütte knabbere ich anderentags gerade an einem Vollkornbrötchen mit ecuadorianischem Bienenhonig, als einige Pferde und Maultiere aufgeschreckt in das Campgebiet eintraben. Gemütlich stapft ein größeres Tier hinterher. Ein Brillenbär! Und der hält doch geradewegs auf meine Hütte und mein Honigbrötchen zu! Doch ich bin nicht gewillt, meinen wenigen Honig mit jemanden zu teilen, und schon gar nicht mit einem Bären, der aber jetzt gerade, noch dazu ohne anzuklopfen, am Hintereingang über die halbmeterhohe Mauer in die Hütte steigt!

Was hatte mir Carlos geraten? In die Hände klatschen und der Bär haut ab! Mein Klatschen gefällt ihm tatsächlich sichtlich nicht, aber seine Nase arbeitet heftig, und eine Zeitlang weiß er nicht so recht, was er tun soll. Ich überlege, was ich noch anstellen könnte, um ihn zu verscheuchen, rufe ihm alle möglichen Dinge zu. Tatsächlich dreht er nach einigen Minuten Richtung Refugio ab, wohl um dort noch für einige Aufregung und Unordnung mehr zu sorgen.

Nun, ich war vorgewarnt, denn gestern abend hatten sich vier Viecher wieder einmal hungrig beim Refugium eingefunden. Eigentlich leben sie in einem eingezäunten Areal, aber meist stöbern sie trotz eines stromführenden Zauns in der Umgebung herum. Ich hatte einen dieser mehrere hundert Kilo wiegenden und bis zu 1,80 Meter großen Bären behende am Maschendrahtzaun herumturnen gesehen. Da verwundert einen nichts mehr.

Nach einem ansonsten gemütlichen Vormittag steige ich nachmittags vollends ab, wobei es mich in ganzer Länge in ein Schlammloch haut. Doch damit noch nicht genug: zurück am Fahrrad muß ich feststellen, daß mir sämtliche Radtaschen durchwühlt wurden, aber wohl mehr aus Neugierde, denn es fehlt nichts. Trotzdem fühle ich mich betrogen, augenscheinlich kann zuviel Vertrauen nur enttäuscht werden.

Der nächste Tag beginnt so wie der letzte endete: In Pereira muß ich feststellen, daß die Straße nach Manizales wegen eines Radrennens gesperrt ist.

„So in vier oder fünf Stunden wird die Strecke wieder frei sein", versucht mich ein kolumbianischer Radfan an der Straßensperre zu trösten, „komm, schau dir das Rennen mit uns an."

Weitere Zuschauer scharen sich um mich, rücken mir unangenehm nahe. Ich will weg hier, die Leute sind mir zu neugierig.

Der Polizist an der Straßensperre versteht wohl meine Absicht falsch, als ich mich einige Meter von dem Menschenhaufen hinter das Sperrgitter absetze, um in Ruhe die Straßenkarte studieren zu können. Er stürzt heran, reißt an Lenker und Spiegel und schreit mich an: „Hau sofort ab, du mieser Ausländer!"

Das ist zuviel. Während so einer Reise lernt man ja auch Wörter, die nicht unbedingt im Langenscheidt aufgeführt sind, und die lade ich nun ab. Als ihm allerdings ein zweiter Polizistenkumpan zu Hilfe eilt und der wild mit seinem Schlagstock vor meinem Gesicht herumfuchtelt, trete ich den Rückzug an. Gegen Polizeiwillkür ist bei Verhältnissen wie in Kolumbien kein Kraut gewachsen. Später bestätigen mir Kolumbianer den allgemein schlechten Ruf von Pereira.

Die Anden lassen bis Medellín nicht locker, tropisch-heiße Täler wechseln sich ab mit hohen Bergkämmen, allein vor Medellín trete ich 45 Kilometer und gut viereinhalb Stunden nur bergauf, ich muß mir unzählige „Gringo, Gringo"-Rufe in den Dörfern gefallen lassen.

Beeindruckend finde ich die Lage einiger Städte, Anserma z.B. wurde genau um einen Bergkamm herum gebaut, die Seitenstraßen fallen steil zu den Bergflanken ab.

Eines Nachts trenne ich mir in einem Hotel fast zwei Finger in einem Tischventilator ab, als ich das Ding im Dunkeln und Halbschlaf verschieben möchte. Was wird mich bei meiner augenblicklichen Pechsträhne nicht noch alles in Medellín erwarten?

Ein Rennradler hält sich lange hartnäckig in meinem Windschatten, schließt dann auf. Verwegen schaut er aus, so mit Kopftuch und dunkler Sonnenbrille.
„Hey man, a donde vás?"
Das ist ja ein tolles Kauderwelsch.
„Ich bin auf dem Weg nach Medellín."
„Ist ja irre, ich wohne da, ich heiße Jaime", grinst er und gibt mir die Hand. „Wir machen gerade einen Feiertagsausflug."
„Wir" bezieht sich auf eine ganze Clique von Mitradlern, die mit dem unterschiedlichsten Gerät, vom Kinder-BMX-Rad bis zum Mountainbike unterwegs sind. Schon öfters hatte ich BMXler gesehen, wie sie sich von Lkws hochziehen ließen, um dann wieder bergab zu brausen. Das machen wir nun auch. Jaime haut's auch prompt in einer Kurve hin.
„Übrigens, ich wohne zusammen mit Ruben und John in einer WG in Medellín. Wenn du willst, kannst du bei uns schlafen, Platz ist genug". Jaime ist sich da ganz sicher. Ruben lacht: „John hat eh' heute 'Dienst' bei seiner Freundin."
Da bin ich nun in Medellín, der berüchtigten Stadt, die ich eigentlich unter allen Umständen meiden wollte. Verrückt. Durch die Straßen kann ich eigentlich ganz ruhig schlendern, doch bei genauem Hinsehen fallen mir einige Dinge auf: einmal die starke Polizeipräsenz, die vielen Motorradstreifen mit schußbereiter MP und daß hier jeder Wachmann ein Gewehr trägt, wenn auch manchmal so unbeholfen, daß er sich im Ernstfall wohl eher selbst in den Fuß schießen würde.
„Jaime, hast du eigentlich keine Angst, in so einer gewalttätigen Stadt zu leben? Bei einem Anschlag könnte es dich jederzeit mal erwischen."
„Du mußt dich arrangieren. Straßen und Barrios werden hier als 'gefährlich' oder 'ungefährlich' eingestuft und entsprechend gemieden. Unsere WG liegt in einem 'sicheren' Viertel, das deshalb, weil sich unweit eine Polizeiwache mit entsprechender Polizeipräsenz befindet. Außerdem haben wir weniger vor Guerillaanschlägen als vor 'normalen' Raubüberfällen Angst."

Dschungel-Abenteuer Darién Gap

Es ist schon gemein: Da wird immer von der Panamericana als der längsten durchgehenden Straßenverbindung der Welt gesprochen, dabei aber vergessen (oder unterschlagen), daß diese in der Mitte für gut 135 Kilometer unterbrochen ist!

Der „Darién Gap", die Landenge zwischen Kolumbien und Panama, die Nahtstelle von Süd- und Mittelamerika, hat bisher allen Straßenbauversuchen widerstanden. Der Darién Gap ist von zahllosen Sümpfen und Flüssen durchzogen, es ist ein heißfeuchtes Urwaldgebiet. Probebohrungen stießen an einigen Stellen erst in 100 m Tiefe auf festen Untergrund! Eine Straße ließe sich nur unter großem finanziellem Aufwand bauen. Der gute Nebeneffekt: Die Sümpfe wirken als natürliche Schranke, die Maul- und Klauenseuche konnte sich nicht von Süd- nach Mittel- und Nordamerika ausbreiten.

1971 schlossen die USA einen Vertrag mit Panama und Kolumbien und versprachen, zwei Drittel der Straßenbaukosten zu übernehmen. Doch stetig steigende Kosten und bürokratische Hemmnisse verzögerten das Projekt bisher immer wieder. So schwebt das Menetekel eines Dschungel-Highway weiter über diesem noch unberührten Landstrich und seinen Indianerdörfern, und sicher wird es wohl noch einige Jährchen so bleiben.

Mit wirklich gemischten Gefühlen nehme ich die Strecke Richtung Turbo an der Karibikküste unter die Räder. Bis zuletzt wußte ich nicht so recht, ob ich nun die unkalkulierbare Darién-Gap-Durchquerung wagen oder nicht doch lieber den bequemeren (und auch billigeren) Weg nehmen und ein Flugzeug direkt nach Panama-City besteigen sollte. Irgendwie hatte sich aber die Idee in mir festgesetzt, den Trail durch den Dschungel zu versuchen, trotz der Unsicherheit, ob das mit Fahrrad überhaupt möglich ist.

Aber ist es auch das Risiko wert? Nach all den Schilderungen der Einheimischen scheint zudem die Fahrt bis Turbo noch schlimmer als die Dschungeldurchquerung selbst zu sein, schließlich ist es Guerillagebiet, und der Reiseführer spricht von furchtbaren Pisten.

Ein weiterer Unsicherheitsfaktor bleibt das Wetter. Ich bin eigentlich zwei Wochen zu spät dran, die Regenzeit könnte mich nun jeden Tag einholen. Unentschlossen schwanke ich hin und her, schließlich will ich es wagen - die Abenteuerlust siegt.

Jaime und Ruben sind so nett und begleiten mich in ihrer Uralt-Ami-karre, einem '61er Desoto, durch die ihrer Ansicht nach besonders gefährlichen Vororte von Medellín. Als es steiler wird, hänge ich mich einfach an den Türpfosten und lasse mich ziehen. Auf diese Weise meistere ich den größten Teil des Andenanstiegs. Da nehme ich so-gar in Kauf, daß mein Arm länger und länger wird.

„Schade, daß ihr mich nie besuchen könnt, ganz einfach, weil das Geld fehlt" denke ich beim lautstarken, endgültigen Abschied von den zweien. Wir machen noch ein paar Erinnerungsfotos, Marke Still-leben mit Fahrrad, Amischlitten und drei johlenden Gestalten auf der meterlangen Motorhaube.

Mein vorletzter Andenpaß! Von gut 2.000 m kurve ich nach Santa Fé de Antioquia auf knapp 600 m hinab, kein Vergnügen bei der schlechten Asphaltqualität. Im Talboden reiht sich ein Luxus-Feri-enressort ans andere, eine Welt für sich, eine Welt der wohlhaben-den Medellín-Einwohner, unterbrochen nur von den ärmlichen Hüt-ten der Campesinos. Antioquia besitzt das bisher bei weitem schön-ste Stadtzentrum: enge Kolonialgassen, in denen sich einstöckige Häuser aneinanderreihen, deren Fenster mit alten verschnörkelten Holzgittern verziert sind.

Ich fülle nochmals meine Radtaschen mit Proviant auf, habe ja keine Ahnung, was mich in den nächsten vier oder fünf Tagen bis Turbo noch alles erwarten wird.

Mein letzter Andenpaß ist gar nicht so schlimm wie gedacht. Die teil-weise nur einspurige, ausgefahrene Schotterpiste folgt erst dem Flußtal des Rio Cauca, windet sich dann durch mehrere Seitentäler und durch herrliche tropische Vegetation in die Höhe, die letzten Ki-lometer bis zur Paßhöhe sind überbreit und hervorragend ausge-baut. Das ist ein stilgemäßer Abschied von den unzähligen Pässen und Bergen, die ich in Südamerika die Anden hinaufschob, -keuchte, -kurbelte und -fluchte!

Die Aussicht ist toll. Kein weiterer Höhenzug versperrt den Blick, nur noch im blauen Dunst verschwimmende Hügelketten liegen vor mir.

Dann abwärts. Doch es gibt wohl nichts Frustrierenderes beim Ra-deln, als eine Schotterpiste hinunterbremsen zu müssen, dazu noch so eine verschlammte. Fühlbar steigt die Temperatur, es riecht be-reits wieder nach Tropen, das ist so ein charakteristischer, dampfiger Geruch, der mir wohl immer in Erinnerung bleiben wird.

Die Schotterpiste entlang des Rio Sucio bis Dabeiba, der nächsten Stadt 105 Kilometer von Antioquia entfernt, ist verheerend. Ich muß mir einen Weg zwischen den großen Steinen suchen, Erdrutsche mit Schlammabschnitten halten mich auf. Nur mühsamst komme ich vorwärts, schimpfe über den Straßenbau. Wird das Fahrrad, insbesondere die angeknackste Hinterradfelge, das durchhalten?

Entlang der Piste ist die Besiedlung erstaunlich dicht. Kleine Bretterhütten wechseln sich ab mit Haciendas. Leute sitzen vor ihren Hütten und starren mich an wie einen Marsmenschen. Ein dichter Urwaldteppich überzieht die Hügelketten, Papageien schreien.

Vor Dabeiba wähle ich die alte, direktere Piste, habe Mühe, mein Rad auch nur schiebend die Steigungen hinaufzubekommen, muß noch eine Brücke mit klaffenden, wackeligen Holzbrettern überqueren, bevor ich total geschafft Dabeiba erreiche. Die dampfige Hitze und 105 Kilometer Schotterpiste, das war zuviel!

Anderntags weiter auf der Schotterpiste. Aber bin ich überhaupt richtig? Gerade fahrspurbreit zwängt sich die Panamericana, jawohl, das ist immer noch die Panamericana, an Felsen vorbei, während unten die braunen Fluten des Rio Sucio schäumen und viele Bächlein von den Felswänden über die Straße stürzen. Ab und zu eine tropische Bretterbude, dann wieder kilometerlang nur grünwuchernde Wildnis mit herrlichen Pflanzen wie in einem übergroßen Botanischen Garten.

Plötzlich bricht eine Gestalt aus dem Dickicht. Ein Typ im Tarnanzug mit Gewehr und Sturmgepäck kommt auf mich zu. Ich erschrecke mich zu Tode. Ist das ein Guerillero auf der Suche nach einem schnelleren Fortbewegungsmittel oder ein Soldat? Er trabt neben mir her, auf dem Weg zu seinem Trupp.

„Ich muß hier meinen Wehrdienst ableisten. Guerillahatz", schnauft er verächtlich.

Stolz präsentiert er seinen Fang dann dem Truppführer. Der nimmt mich gleich ins Kreuzverhör, die ganze Meute hört neugierig zu. Wieder die üblichen Fragen, so wie ich sie schon einige Male an Straßensperren beantwortete. Reine Neugierde.

Diese Soldaten und eine Reihe ausgebrannter, verrosteter Autowracks am Straßenrand bleiben die einzigen sichtbaren Zeugen eines erbitterten Kampfes zwischen Regierung und Guerilleros, die vielen Warnungen der Kolumbianer waren wohl doch etwas übertrieben.

Ich kämpfe. Ich kämpfe mit der furchtbaren Schwüle, die alle Poren öffnet, ich kämpfe mit der Piste, die nun teilweise so schlecht ist und sich so steil von einem engen Flußtal zum nächsten windet, daß nur Schieben übrigbleibt. Einzelne Lkw-Spuren sind im getrockneten Schlamm bestimmt 40 Zentimeter tief, also regnen sollte es jetzt bitteschön nicht. Mich wundert einmal mehr, wie das Fahrrad das überhaupt durchhält. Die sieben Stunden reine Fahrzeit für 57 Kilometer bis Mutatá sprechen für sich.

Mutatá ist nur ein Kaff. Es ist Karfreitag, zweieinhalb Stunden predigt der Pfarrer abends vor der Kirche gegenüber der Pension, die Leute haben sich Stühle mitgebracht und sitzen nun mitten auf der Panamericana. Bei dem „regen" Verkehr ist das gefahrlos möglich.

In Sichtweite von Chigorodo, des nächsten Ortes, zweigt eine unscheinbare Piste links ab, es ist die Panamericana. Einige Kilometer weiter wird sie sich im Sumpfdickicht verlieren, dann ist endgültig Endstation.

Ich fahre weiter nach Chigorodo, wo die Schotterpiste endlich aufhört. Wieder eine richtige Stadt, und das in dieser Abgeschiedenheit! Aber vielleicht meine ich das auch nur. Überglücklich stelle ich mein schlammverkrustetes Rad im Hotel ab. Geschafft! Und das Rad hat durchgehalten.

In den Straßen herrscht ein toller Völkermischmasch aus Schwarzen, Mulatten und Weißen. An der Plaza reiht sich eine Taberna an die andere, jede hat Lautsprecher nach draußen gestellt und könnte allein den ganzen Platz beschallen. Dabei sind's deren zehn oder fünfzehn Stück. Ist das ein Getöse! Mir gefällt diese Wildwest-Stimmung, die Typen mit ihren breitkrempigen Hüten, die sich mit einer „Poker"-Cerveca in der Hand trotz dieser Lautstärke noch unterhalten können, dabei das Pferd vor der Kneipe festgebunden.

Die restlichen 60 Kilometer bis Turbo rolle ich über hervorragenden Asphalt. Irgendwie warte ich immer noch auf das große Zentrum, aber es bleibt beim ersten Eindruck: ein ramschiges, stickig-heißes Tropennest mit kleinem Geschäftszentrum und endlosen Vororten aus Bretterhütten. Es stinkt penetrant aus offenen Kanälen.

„Gehen Sie zur 'Residencia Turbo', wenn Sie nicht nur stundenweise ein Zimmer haben wollen, ist ganz preiswert", meint der freundliche Polizist auf der Wache. Ein guter Tip.

Eindringlich warnt mein Reiseführer vor dem Besuch dieser „Stadt der Banditen", in der ein Menschenleben so viel gilt wie die Mücke an der Wand. Der Hafen dient der Kokainmafia als Umschlagplatz, die Guerilla preßt den Händlern Schutzgelder ab, an den Straßenecken warten dicke Negermamis auf Kundschaft. Eine heiße Mischung. Entsprechend unwohl fühle ich mich.

Abends bestimmen lautstarke, bierstinkende Tabernas mit über den Tischen zusammengesunkenen Betrunkenen das Stadtbild. Bestimmt sind 80 Prozent der Bevölkerung Mulatten, Nachkommen entflohener Plantagenarbeiter, die hier wohl ziemlich undurchsichtigen Geschäften nachgehen.

Wie soll ich nun weiter vorgehen, was zuerst anpacken? Wie ein Puzzle setze ich die vielen bruchstückhaften Informationen zusammen, denn bisher hatte noch kein Radler seine Erfahrungen beim Durchqueren des Darién Gap niedergeschrieben. Ist es denn überhaupt möglich?

Ich gehe zur „Indirena", das ist die Nationalparkverwaltung. Francisco, der Projektleiter, meint zuversichtlich: „Mit dem Fahrrad wirst du keine Probleme bekommen, aber hinter der Nationalparkgrenze kenne ich mich nicht weiter aus. Aber vielleicht kann dir Bernardo, der dortige Chef, weiterhelfen."

„Was meinst du, wird es bald Regen geben?", will ich wissen.

„Jetzt haben wir noch Sommer, ideales Wetter für dich. Das wird sich auch in den kommenden Tagen nicht ändern. Ich gebe dir noch ein Erlaubnisschreiben für Bernardo mit, sonst kommst du nicht in den Park, außerdem weiß Bernardo dann auch gleich, daß du mit dem Rad weiter nach Panama willst."

Als nächstes gehe ich zum Hafen.

„Morgen um 6.00 Uhr fährt ein Boot zum Nationalpark Los Katios, das kostet acht Dollar", erfahre ich von einem bulligen, nicht eben vertrauenerweckenden Typ.

Jetzt fehlt nur noch der Ausreisestempel, den ich nach mehrstündigem Warten bei der Ausländerbehörde DAS im Viertel der Strandkneipen erhalte. Für die zahlreichen Flußdurchquerungen erstehe ich noch ein Paar billige Stoffschuhe und mehrere stabile Plastiksäkke, stopfe Lebensmittel für 14 Tage in meine immer praller werdenden Radtaschen. Nun gibt es kein Zurück mehr.

Doch bis zur letzten Minute bleibt ein nagendes Unsicherheitsgefühl. Die nächsten Tage und Wochen werden zeigen, ob ich nicht doch zuviel gewagt habe! Ich schlafe schlecht in meiner letzten Nacht vor dem großen Abenteuer „Darién Gap-Durchquerung mit Fahrrad".

Kolumbien: luftige Busfahrt mit Balkonblick

Mit dem Boot auf dem Rio Atrato zum Darién Gap

Am nächsten Morgen geht's in aller Frühe zu den Kais. Einen Hafen mit dicken Pötten darf man in Turbo nicht erwarten: Nur Fischkutter und Motorboote fahren von hier entlegene Dörfer im weitverzweigten Flußsystem und entlang der Nordküste an, die Bananendampfer („Turbana"-Bananen) liegen weiter draußen vor Anker und werden auch an anderer Stelle beladen.

Bis ich in dem ganzen Trubel das Boot gefunden habe, vergeht einige Zeit. Ein Peruaner, den ich gestern schon bei der Paßbehörde kennengelernt hatte, fängt mich schließlich ab.

„Hola Clemente, du willst doch den Rio Atrato hinauf, stimmt's? Dann komm mit mir!"

Schon packt er mich am Ärmel, gemeinsam schieben wir uns zielstrebig zu einigen kleineren, offenen Booten vor.

„Nach Sautatá? Macht 4.500 Pesos", sagt der Schwarze.

„Mein Fahrrad, das müßte auch noch mit", füge ich hinzu und zeige etwas verschüchtert auf meinen hochbepackten Drahtesel, der im Hafengetümmel zwischen Menschen, Rucksäcken, Koffern, Kisten und Paketen wie ein Fremdkörper wirkt.

„Macht 4.500 Pesos extra."

Der massige Schwarze, Herr über mehrere Boote, zeigt sich überhaupt nicht beeindruckt. Ich zahle also nochmals die knapp neun Dollar, nicht wenig, immerhin entspricht das dem Preis der Personenpassage.

Aber wegen der niedrigeren Kosten hatte ich mich ja nicht für die Durchquerung des Darién Gap entschieden, die Kosten liegen vielmehr mit 280 Dollar um über das Doppelte höher als ein Flug von Medellín nach Panama City, wie meine Endabrechnung später zeigen sollte. Aber was sollte ich dafür nicht alles in den nun folgenden 15 Tagen erleben!

Zunächst einmal verschiebt sich die Abfahrtszeit des Bootes um mehrere Stunden. Ambulante Händler machen das Durcheinander nun endgültig perfekt, versorgen die noch müden Reisenden mit Kaffee, heißem Maisgetränk, Brötchen und Ananas.

22 Leute quetschen sich schließlich ins Boot, deren Gepäck und das Fahrrad kommen nach vorn, das Fahrrad wird ordentlich mit Gepäck vollgestapelt. Langsam tuckern wir dann an einem bunten Reigen gammeliger Stelzenhäuser vorbei, die sich noch ein ganzes Stück an der Wasserkante entlang die Landzunge hinausschieben, bis wir schließlich offenes Wasser erreichen. Der Käpt'n gibt Gas, die bei-

den 75-PS-starken Außenborder heulen auf und schieben uns in den Golf von Urabá hinaus, direkt auf eine kompakte grüne Dschungelmasse zu.

Wir fliegen fast über die Wellenkämme, die Wellen schlagen hart und schütteln uns kräftig durch, vor allem die hinten Sitzenden werden gut naß. Meine besorgten Blicke gehen zum Rad, doch es ist alles okay.

Nach gut einer halben Stunde erreichen wir die Mündung des Rio Atrato, jetzt geht es immer in Ufernähe flußaufwärts. Gelegentlich zwingt Treibholz zu Ausweichmanövern. Gut hundert Meter breit ist der Fluß, gesäumt von vereinzelten Ansiedlungen und Maispflanzungen. Von Urwald kann man eigentlich nicht mehr sprechen, die Menschen haben hier nicht allzuviel davon übriggelassen.

Bald wird der Anblick eintönig. Ich konzentriere mich wie die anderen darauf, auf der unbequemen Bank die Pobacken abwechselnd zu entlasten.

Plötzlich, mitten im Vegetationseinerlei, taucht ein geschnitztes Holzschild am Ufersaum auf: „Parque National Los Katios". Sautatá, meine erste Station, ist erreicht. Als einziger steige ich aus.

Da stehe ich nun mit Rad und Gepäck mehr oder weniger mitten in der Wildnis und fühle mich etwas deplaziert. Die anderthalb Kilometer lange Erdpiste zu den Verwaltungsgebäuden kann ich radelnd zurücklegen, aber es muß schon recht lustig aussehen, wie ich so hochbepackt ankomme. Inelda und Cruselena, die schwarzen Köchinnen, lachen herzlich.

Die Ranger freuen sich gleichfalls über ein neues Gesicht, obwohl hier trotz fehlender Straße doch erstaunlich viele Rucksackler vorbeischauen. Aber der Nationalpark ist auch zu verlockend, verspricht die abgelegene Lage doch unmittelbares Urwalderleben. Zum Schutz des Urwalds vor den Einflüssen der Panamericana wurde dieses große Gebiet vorsorglich zum Nationalpark erklärt, entlang der geplanten Straßentrasse sind weitere Rangerstationen eingerichtet, um den Tourismus überwachen zu können. Ich hoffe nur, daß man in den Anstrengungen, diese herrliche Natur zu schützen, nun nicht nachläßt, nachdem der Bau des Highway unsicherer als je zuvor ist. Denn daß das hier ein wunderbares Fleckchen Erde ist, sollte ich in meinen vier Tagen Aufenthalt noch erfahren.

Ich übergebe Bernardo den Brief der Nationalparkbehörde in Turbo, der mich zum Betreten des Nationalparks autorisiert.

„Wie sieht's denn mit einem Boot Richtung Grenze aus?" frage ich beim Kaffeetrinken in der Funkerbude.

„Mach dir keine Sorgen wegen deines Fahrrads. Kommenden Sonntag, also in vier Tagen, kannst du mit Rangern nach Bijao, der nächsten Station, mitfahren. Damit sparst du 90 Dollar für das Expreßboot. Nicht übel, wie? Irgendwie wird es von dort dann schon weitergehen. Werde mal die Leute in Bijao anfunken und nach Führer und Trägern fragen."

„Kommen hier tatsächlich viele viajeros, Reisende, durch?"

„Oh ja, die meisten auf dem Weg von Quibdao, aber heute morgen sind zwei Deutsche Richtung Panama losgezogen. Die hast du knapp verpaßt."

„Mierda!" rutscht es mir enttäuscht heraus.

„Mach dir nichts draus, im Gästehaus sind noch genügend Betten frei. Die Übernachtung ist umsonst, und für 600 Pesos kannst du bei uns auch mitessen. Zwar nur einfache Reisgerichte, aber du wirst bestimmt satt. Gebe nur Cruselena rechtzeitig Bescheid", fügt er im Hinausgehen noch hinzu.

Hier zeigt es sich mal wieder, wie wichtig es ist, den Mut für den ersten Schritt ins Ungewisse aufzubringen, den Sprung ins kalte Wasser einfach zu tun. Was hatte ich mir in Turbo und schon die Wochen zuvor den Kopf zerbrochen! Steckt man erst einmal mittendrin (nun im Urwald), gibt es meist irgendeine Möglichkeit, sich weiter Richtung Ziel durchzuwursteln. Aber das Beste ist, daß man vorher nie weiß, was einen erwartet. Hätte ich vor meinem Abflug aus Deutschland geahnt, was mich schon in Patagonien erwarten würde, ich hätte das Flugticket wohl meistbietend verscherbelt und das Rad gleich mit, an irgend so einen anderen Verrückten, der unbedingt von Feuerland nach Alaska radeln möchte ...

Abends sitze ich mit den anderen Bediensteten im Gemeinschaftsraum zusammen, jeder gibt Anekdötchen zum besten.

Später liege ich noch lange wach. Von meinem Bett habe ich direkten Blick durchs Moskitofenster nach draußen, es raschelt geheimnisvoll, Zikaden summen, Leuchtkäfer blinken aufgeregt, in der Ferne ertönt das schauerliche, unirdische Geheul der Brüllaffen. Morgens weckt mich ein Vogelkonzert vom Feinsten. Ich liege still im Bett, lausche diesem wunderbaren, exotischen Vogelgesang. Käfer brummen vorbei. Ein herrliches Fleckchen Erde, ein kleines Paradies.

Dann wollte ich die Umgebung erkunden. Eigentlich wäre ich auch gerne wie Anamaria und Jean Guillermo, ein kolumbianisches Pärchen, auf Maultieren die 12 Kilometer zum Wasserfall „El Tilupo" geritten, aber Bernardo meinte, ich hätte ja mein Rad, der Weg sei hervorragend zum Radeln geeignet. Naja, nach zwei Kilometer Schüttelei über Steine und Erdlöcher stellte ich es dann ins Unterholz. Nichtradlern soll man halt doch nicht glauben ...

Der Weg führte vorbei an verwilderten Bananenplantagen, teils auch wie im Tunnel durch dichtes Unterholz aus exotischen Pflanzen. Aufmerksam suchte ich den Boden nach Schlangen ab.

„Immer schön kräftig auftreten, die Erschütterungen verscheuchen die Schlangen", hatte mir Bernardo noch als Tip mit auf den Weg gegeben.

Riesige Bremsen umkreisten unaufhörlich meinen Kopf und hielten mich in Trab. Anamaria und Jean holten mich ein.

Der Wasserfall stürzte hundert Meter inmitten tropischer Vegetation die Felsen hinunter, direkt in einen großen und tiefen Pool. Keine Frage, was nun folgte: alle Klamotten aus (außer der Badehose natürlich, wir sind ja im g'schamigen Südamerika) und hinein ins kühle Naß. Wir schwammen zum Wasserfall, aber der Windsog war so stark, daß man nicht ganz herankam. Und dann sich im Wasser treiben lassen, dem Fall des Wassers zuschauen, wie es im Sonnenlicht in allen Spektralfarben glitzerte, die tropisch-exotische Vegetation bestaunen und ab und zu erschreckt einen größeren Fisch über die Wasseroberfläche herausspringen sehen ...

Abends mußte ich meinen Körper gründlich nach „Garapatas", wie die Zecken hier heißen, absuchen, denn von denen gibt es hier wirklich mehr, als einem lieb sein kann.

Die restlichen beiden Tage ließ ich es ruhig angehen, saß lange in der Hütte auf dem „Cerro la Popa", der sich 200 m über die Ebene erhebt, genoß das angenehme Lüftchen und den herrlichen Rundblick über „mein" Land, eine satte grüne Ebene, die sich am blaustichigen Horizont verlor und nur von einigen Kurven des Rio Atrato durchbrochen wurde.

Wegen meines Weiterkommens verhandle ich mit Raoul und Ricardo, das sind Vertragsarbeiter im Nationalpark. Es gelingt mir schließlich auch, sie als Guides und Träger für den flußlosen Teil des Trails anzuheuern.

„Und was wollt ihr für euren Job haben?"

Raoul druckst herum: „50 Dollar pro Person, plus Essen."

„Hm, ganz schön viel."

Fragend schaue ich Olegario, den immer zu einem Späßchen aufgelegten schwarzen Ranger, an.

„Das ist der übliche Preis hier, Clemente, und denk dran: die beiden sind zuverlässig. Was hast du davon, wenn die Guides vielleicht nur 25 Dollar kosten, aber dann nach halber Wegstrecke und mitten im Dschungel eine sofortige Gehaltserhöhung verlangen? Wenn sie nicht gleich mit deiner Ausrüstung abhauen." Olegario rollt mit den Augen und lacht.

„Also gut."

Per Handschlag besiegele ich mit Raoul und Ricardo den Vertrag, der mich noch vor einigen Unannehmlichkeiten bewahren sollte.

„Olegario, weißt du zufällig, ob ich für Panama ein Visum brauche?"

Er überlegt nicht lange: „Da mach dir mal keine Sorgen, die werden dich bestimmt aufnehmen. Jedenfalls haben sie bisher noch keinen wieder zurückgeschickt, aber vielleicht stecken die ja auch alle noch da drüben im Knast. Wegen illegaler Einreise."

Olegario haut sich prustend auf die Schenkel.

Ich weiß nicht, ob ich das lustig finden soll. Tatsächlich hatte ich es in der ganzen Aufregung verschlafen, mich nach den Panama-Einreiseformalitäten zu erkundigen. Die Vorstellung, wegen fehlenden Visums wieder durch den Urwald zurückgeschickt zu werden, schmeckt mir gar nicht.

Um 10.00 Uhr soll uns das Boot am Sonntag nach Cacarica zur Rangerstation „La Loma" bringen, aber wir müssen noch fast anderthalb Stunden warten. Bernardo bringt Fleisch aus Turbo für die übrigen Stationen mit, kleine, in Bananenblätter eingeschnürte Bündel.

Der Rio Atrato schlängelt sich gemächlich durch undurchdringliche Sumpfgebiete. Brüllaffen heulen. Eine Stunde benötigen wir bis Puente America, ein Bretterhüttendorf voller Schwarzen. Dann fahren wir nach kurzem Stopp auf dem Rio Cacarica hinein bis zur Nationalparkstation. Dunkle Wolkenungetüme bauen sich auf, es grollt unaufhörlich. Das wird doch jetzt nicht anfangen zu regnen! Sieht aber ganz danach aus.

Dreieinhalb Dollar will der Bootsführer von mir haben, na gut. Aber der Führer des nächsten Bootes, ein knorriger alter Neger, der mir nicht sehr sympathisch ist, verlangt gleich achteinhalb Dollar.

Weiter geht's den Rio Cacarica flußaufwärts zur Nationalparkstation Bijao. Allmählich werden die Boote immer kleiner, die Motoren immer schwächer und der Cacarica immer enger. Nur ein schmaler Wasserweg, kaum breiter als das Boot, schlängelt sich durch den Hyazinthenteppich.

Regelmäßig muß der Bootsführer den Außenborder aus dem Wasser heben und ihn von Wasserpflanzen befreien. Eine Knochenarbeit. Wilde Urwaldvegetation herrscht vor, viele Wasservögel, Affen und Leguane lenken mich ab. Ein Blauer Amorph flattert vorbei, heutzutage ein seltener Anblick, da diese großen, farbenprächtigen Schmetterlinge extensiv gejagt werden.

Der Fluß wird noch enger, Baumstämme blockieren die Durchfahrt. Schaffen wir das überhaupt? Am gemeinsten sind die Stämme unter Wasser, da muß der Außenborder rechtzeitig kurz angehoben werden, falls nicht, wird wieder ein neuer Sicherungsstift für den Propeller fällig, während der Mann im Bug das Boot mit Hilfe einer langen Stange auf Kurs hält.

Sattel und Lenkertasche meines Rades stehen etwas über die Bordwand des kleinen Bootes hinaus, und manchmal schieben wir uns nun in Zentimeterabstand an Baumstämmen vorbei. Nicht auszumalen, wenn sich einmal der Sattel verfängt. Manche Durchfahrten sind so eng und kurvenreich, daß wir zurückstoßen müssen, um mit Hilfe aller das Boot um die Kurve zu bugsieren. So einen Fluß würde ich normalerweise nicht einmal mit einem Kajak befahren wollen, dazu diese starke Strömung! Ich habe das Gefühl, jemand hat den Stöpsel gezogen und nun läuft der Fluß vollends aus, bald werden wir auf dem Trockenen sitzen ...

„Da ist nichts zu machen," ruft mir der knorrige Alte in einer ruhigen Minute zu, „zum Ende der Trockenzeit ist das immer so. Aber die ist bald vorbei, glaube ich." Sein Blick wandert kurz zu den Wolkentürmen über uns.

Wider Erwarten erreichen wir wieder tieferes Fahrwasser, nur noch gelegentlich blockieren Stämme die Durchfahrt. Nach dreieinhalb Stunden taucht schließlich Bijao am Rande ausgedehnter Maisfelder auf. Ein Bretterhüttendorf, bewohnt von „Morenos", Braunen, wie die Neger hier genannt werden. Die Nationalparkhütte, ebenfalls ein Bretterhaus, liegt auf der anderen Uferseite. Mit den Leuten komme ich irgendwie nicht so klar, Raoul und Ricardo werden von vielen freudig begrüßt, mich streift man gerade mal kurz mit einem Blick.

Nach zwei Stunden bringt es die Köchin, eine laute Alte, fertig, für jeden vier Kochbananenschnitten und ein schrumpeliges Stück Fleisch
als Abendessen aus der Küche zu zaubern. Ich verhandle derweil
mit dem Bootsführer um den Preis der morgigen Bootsfahrt zur Station „Cristales", wir einigen uns letztendlich auf 20 Dollar.

Nachts entlädt sich ein Tropengewitter mit unaufhörlichen Blitzen,
nur gelegentlichem Donnergrollen und einem Regenguß, der sich
wirklich „gewaschen" hat. Schlafen kann ich da nicht mehr. Die Regenzeit hat mich eingeholt, und das einen Tag vor dem Trail! Kann
oder soll ich überhaupt noch starten? Wieviel Regen kann der Boden
aufsaugen, bevor er aufweicht? Ich hatte das ja bereits befürchtet,
aber in Sautatá hatte man mir immer versichert, daß die Regenzeit
erst Anfang Mai beginne ...

Am anderen Morgen ist der Boden schmierig, doch nicht durchge-
weicht. Der Rio Cacarica präsentiert sich heute breiter und wesentlich aufgeräumter. Trotzdem läuft das Boot bis Cristales einige Male
auf Kiesbänke auf.

„Aussteigen und schieben!" kommandiert der Bootsführer und schon
zerren acht Hände an der Bootswand.

Nachdenklich betrachte ich den Pfad, der sich hinter dem Generator
der Nationalparkstation Cristales Richtung Paya in den Wald hinein-
schlängelt. Ich schreite ihn einige hundert Meter ab. Da muß ich
morgen mit dem Rad durch! Denn vor mir liegt nun die Wasserschei-
de, hügeliges Urwaldgebiet, das kein Fluß durchquert, nur ein 30 Kilometer langer Urwaldpfad. Für mich ist diese Strecke die Schlüs-
selstelle der Darién-Gap-Durchquerung. Habe ich die geschafft,
kann ich mich wieder Booten anvertrauen.

Nachmittags mache ich mein Rad trailklar, montiere Pedale und die
drei Flaschenhalter ab, um es besser tragen zu können, klappe die
Spiegel nach innen. Bis zum Abendessen liege ich dann in der Hängematte in einer kleinen Rundhütte und hänge meinen Gedanken
nach, die sich alle um den morgigen Tag drehen.

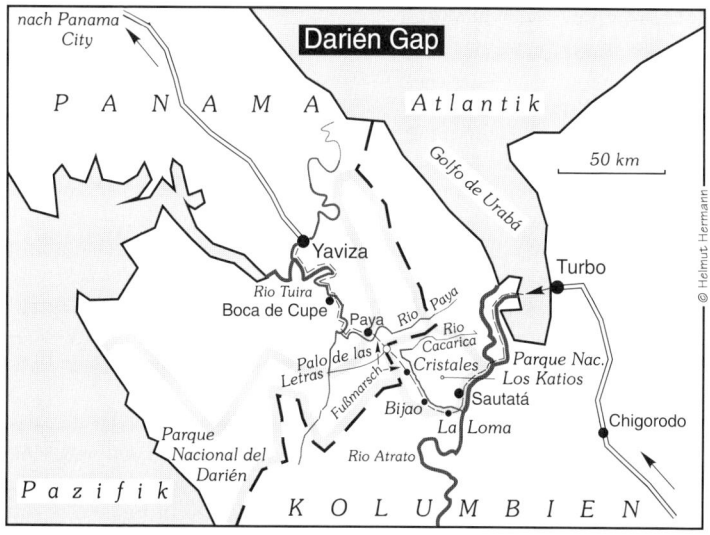

Rast beim Fußmarsch durch den Darién-Dschungel nach Panama

Durchgekommen

In der Nacht regnet es wieder kräftig und ausdauernd. Am nächsten Morgen ist der Fluß um nahezu einen halben Meter gestiegen! Aber ich muß heute durch, das ist vielleicht die letzte Gelegenheit.

Noch in der Dämmerung schultert Ricardo den Plastikgewebesack mit meinen hinteren Radtaschen, Raoul den Rucksack mit den vorderen Radtaschen und der Lenkertasche, ich nehme das Fahrrad und die Fototasche.

Es regnet immer noch. Entsprechend glitschig ist der mit Laub bedeckte Pfad. Bereits nach einer Stunde will ich vor einer Überquerung des Rio Cristales umdrehen: die Fluten sind braun und gut hüfthoch.

„Vamos!" Raoul fackelt nicht lange, schnappt sich mein Rad und balanciert durch den Fluß, kehrt gleich zurück, um das restliche Gepäck hinüberzuschaffen.

Schon ohne Rad, nur die Fototasche über den Kopf haltend, habe ich Mühe, auf den rutschigen Steinen das Gleichgewicht zu halten. Wie macht Raoul das nur?

Es folgt ein mehrstündiges Auf und Ab, ich bin bald von den Blättern total durchnäßt, die Schuhe sind verschlammt. Wir queren unzählige Flüsse und Bäche, mit immer demselben Ritual: erst das verschlammte, sehr steile Ufer hinunterschlittern, teils auf allen Vieren, dann die Schuhe ausziehen, den Bach durchwaten, Schuhe anziehen, sich mühsam das Steilufer wieder hocharbeiten. Eine elende Schinderei, doch zum Glück hilft mir Raoul viel.

Auch ohne Gepäck habe ich mit dem nackten Rad große Probleme. Ständig verfangen sich Zweige, Wurzeln und Astwerk in Rädern und Schaltung, umgestürzte Bäume zwingen zu Kriech-, Schieb-, Zieh- und Klettereinlagen. Mit Gepäck würde ich wohl einige Tage brauchen, müßte mehrere Male hin- und herlaufen. Die Träger trotz der Kosten zu engagieren, war eigentlich die einzig richtige Entscheidung. Nicht zu vergessen die sonst auch zwangsläufigen Orientierungsprobleme.

Bis zum Mittagessen - es gibt Reis aus dem Bananenblatt und Fisch - haben wir etwa fünfzehnmal Bäche gequert.

„Das war die letzte Überquerung", behauptet Raoul, wohl mehr, um mich aufzumuntern, denn es folgen noch etliche weitere. Doch zumindest wird der Weg nun breiter, führt öfter auf einem Berggrat entlang, ich kann das Fahrrad schieben und auch mal einen Blick in die Vegetation werfen. Den Urwald hatte ich mir undurchdringlicher vorgestellt, mit mehr Blumen und Tieren. Doch ich entdecke nur einige Affen in den Baumwipfeln.

Nach sechsstündigem anstrengendem Fußmarsch kann ich einen Freudenschrei nicht unterdrücken: in einer kleinen Lichtung steht ein verstümmelter Betonsockel, daran hängt lose eine gußeiserne Platte mit dem kolumbianischen Staatswappen, daneben türmt sich ein mittlerer Haufen leerer Fleischkonserven von touristischen Umweltsäuen auf. „Palo de las Letras", die kolumbianisch-panamesische Grenze ist erreicht! Ich bin in Mittelamerika!

Nach einigen Fotos blase ich auch schon zum Aufbruch. Raoul hatte zwar behauptet, der Weg sei nun angenehmer zu gehen, aber genau das Gegenteil tritt ein. Meine Kräfte lassen spürbar nach. Die Strecke zieht und zieht sich, und die Sonne nähert sich langsam dem Horizont. Höchste Zeit, ich habe keine Lust, durch die Nacht zu latschen. Doch Raoul und Ricardo haben Mühe, den richtigen Weg zu finden, wir verlaufen uns einige Male. Das kostet noch mehr Zeit, zerrt an den Nerven.

Endlich stehen wir am Rio Paya. Ich stille erstmal meinen höllischen Durst, während Ricardo bestimmt eine halbe Stunde nach dem Weg zur Guardia sucht. Na, das sind mir zwei so Guides. Inzwischen rückt die schwarze Wolkenwand bedrohlich näher, es blitzt unaufhörlich.

Fast schon rennend erreichen wir nach zehnstündigem Fußmarsch die Baracken der Sanitärstation. Ich entledige mich erstmal meiner stinkenden Klamotten und springe in den Fluß.

Später stelle ich mein Zelt in der Baracke auf, draußen schwirren zu viele hungrige Moskitos herum. Zuvor hatte mir der Beamte noch erklärt, daß es mit dem Einreisestempel in Boca de Cupe kein Problem geben werde. Mir fällt ein Stein vom Herzen.

Erst im Schlafsack läßt die innere Anspannung langsam nach, und mir wird richtig bewußt, daß ich diesen Dschungeltrail bezwungen habe! Dies in einem Tag und nicht in zwei, wie es die Regel ist, und mit einem Rad, was auch nicht die Regel ist, und bei einsetzender Regenzeit. Habe ich Glück gehabt!

Am anderen Morgen werden alle Ledersachen desinfiziert, um die Einschleppung der Aphtose, der Maul- und Klauenseuche, zu verhindern. Ich reihe mein Gepäck schön auf und bitte zum Appell. Doch der Beamte verliert beim Anblick der vielen Gepäckstücke sichtlich jede Lust zum Wühlen und Desinfizieren, winkt nur ab, und ich atme auf.

Eine halbe Stunde auf schmierigem Lehmpfad weiter liegt auf einer schmalen Landzunge Paya, ein Indianerdorf des Cuna-Stammes. Einige Palmdachhütten stehen auf Stelzen, das sind die fortschrittlichen, die Mehrzahl aber direkt auf dem Boden, das sind die traditionellen. Die Männer, kleine, muskulöse Typen, sind indifferent gekleidet mit T-Shirt und Shorts, die Frauen tragen „Molas", Blusen mit herrlichen Tiermotiven und Ornamenten, dazu einen goldenen Nasenring und ein Band um die Waden, manche laufen aber auch barbusig umher. Die Jugendlichen versuchen, sich mit ihren Klamotten dem „American Way of Style" anzupassen. Sie sind scheu, aber freundlich.

Meine beiden Guides verabschieden sich hier von mir. Sie werden den gleichen Weg heute noch zurücklaufen.

Ich verbringe den restlichen Tag hier, bald wimmelt es von Interessenten, die mich nach Boca de Cupe hinunterschippern wollen. Aber ich muß zu Ernesto, dem Corregedor, Häuptling oder Dorfvorsteher, ein gar nicht so alter und auch nicht so würdevoller Mann, und ihm meinen Wunsch vortragen, so ist es Sitte. Nachmittags ist eh' Versammlung, da wird entschieden, wer mich rudern darf.

Während eines Fotorundgangs werde ich in eine Hütte gewunken. Das junge Paar macht einen recht zivilisierten Eindruck, aber irgendwie merkt man, daß sie den Sprung ins 20. Jahrhundert noch nicht ganz geschafft haben. Da ist diese Faszination für alle farbenfrohen Verpackungen, und als ich mich gerade mit der jungen Frau unterhalte, lupft die plötzlich ihren Rock und läßt über den Rand der Hängematte einen lustigen Springbrunnen auf den Erdboden plätschern. Und das mitten in ihrer Hütte ...

Es gibt sogar eine Stromleitung im Dorf, irgendwie habe ich sie immer unschön im Sucher meines Fotoapparats, sie will gar nicht so recht zu der Hütten-, Palmen- und Flußromantik passen.

„Der Generator ist schon lange kaputt, wir kriegen keine Ersatzteile", gesteht mir ein Indianer, „und eigentlich kommen wir auch ganz gut ohne Strom zurecht."

Die Atmosphäre ist entspannt, tagsüber arbeitet man in den Bananenplantagen, junge Frauen sitzen mit ihren Kleinsten zu einer Plauderstunde zusammen, die Leute grüßen sich im Vorbeigehen oder rufen sich Scherzworte zu. Was würde wohl mit diesem Dorf passieren, wenn die Panamericana wirklich mal gebaut werden sollte?

Später erscheinen die Indianer, die mich nach Boca de Cupe fahren sollen, natürlich gerade die vorlautesten, mir am wenigsten sympathischen. Nach zähen Verhandlungen unter Anteilnahme des halben Dorfes einigen wir uns auf 70 Dollar, ein stolzer Preis.

Der Dorfarzt lädt mich zum Übernachten in seine Hütte ein, eine der wenigen auf Stelzen. Trotzdem klettern nachts ganze Heerscharen von Kakerlaken durch die Ritzen, so ein Gewusel ist mir noch nicht untergekommen. Unter den erstaunten und neugierigen Blicken der Familie stelle ich daraufhin mitten in der Hütte mein Innenzelt auf.

Der nächste Tag sollte mein längster Tag auf dem Fluß werden. Immerhin legt die Palanca, ein aus einer Baumstammhälfte gefertigtes Kanu, pünktlich ab. Aber weit kommen wir nicht: Einige hundert Meter flußabwärts legen wir beim Haus der Familie an. Man versucht, den richtigen Schwerpunkt fürs Gepäck und fürs quer auf den Bordwänden liegende Fahrrad zu finden, und treibt noch einen Hocker für mich auf. Aber alles geschieht mit einer Langsamkeit wie in einem Film, der im Zeitlupentempo abläuft. Man hat alle Zeit dieser Welt und will noch heute bis Boca de Cupe kommen. Zum Aus-der-Haut-Fahren!

Also, in so etwas Wackeligem wie dieser Palanca bin ich noch nie gesessen! In der ersten halben Stunde habe ich das Gefühl, mindestens zweimal fast zu kentern. Ich kann mich nicht entspannt hinsetzen, bin immerfort dabei, mit meinem Körper dieses Gewackle auszugleichen. Überdies hat der Rio Paya viele Stromschnellen, die Wellen schwappen über die Bordwand.

Die Fahrt hat allerdings den Vorteil, alle Stimmen des Urwaldes ohne störende Motorengeräusche aufnehmen zu können. Weißkopf-Affen sitzen in den Bäumen, zahlreiche Blaue Amorph-Schmetterlinge tänzeln über die Wasseroberfläche, ich sehe so viele Tiere wie bisher noch nicht während der ganzen Darién-Tour. Die Bäume sind über uns teilweise zu einem Tunnel zusammengewachsen. Später geht's öfter an Bananenpflanzungen von Cunas vorbei, mit Rufen grüßt man sich.

Furchtbar langsam bewegen wir uns vorwärts, nur geringfügig schneller als die Strömung, die beiden Cunas halten die Palanca mit ihren Stangen mehr auf Kurs als daß sie sie vorwärtstreiben. Mittagessen dann auf einer Sandbank. Die Schiffer werden langsam müde, ihr Gesprächsfluß versiegt immer öfter. Und die Einmündung des Rio Paya in den Rio Tuira kommt und kommt nicht in Sicht! Dagegen schlängelt sich der Rio Paya in endlosen Windungen weiter durch den Urwald. Viele Baumstämme versperren den Weg, die Bäume werden aus den Rodungen einfach ins Wasser geworfen und blokkieren nun die Durchfahrt. Einige Male müssen wir uns flach ins Boot legen, ich habe Angst um mein Rad auf der Bordwand.

Dann endlich der Rio Tuira! Der ist breiter und fließt noch träger, häufig ist das Wasser zu tief zum Staken, dann wird mit den Stangen gerudert. Ich frage mich nur, warum man nicht zwei Paddel mitnimmt.

Die Sonne sticht herunter, ich rutsche ständig umher, um meine Sitzfläche zu entlasten, die langsame Fortbewegung zerrt an den Nerven. Es wird spät. Große Kräfte haben die beiden nicht mehr, sie sind recht still geworden. Aber sie haben mir versprochen, mich noch heute nach Boca de Cupe zu bringen, da müssen sie halt arbeiten.

Der Dorfarzt hatte mir noch erzählt, daß Cunas nachts nicht fahren, sie hätten Angst vor Geistern, meine zwei scheinen eine Ausnahme zu sein. Als allerdings mit unheimlichem Schrei eine Eule ruft, greifen sie voll in die Stangen.

Nach 12 Stunden legen wir tatsächlich in Boca de Cupe an. Es ist bereits dunkel. Während die Cunas ihren Lohn wohl zu einem guten Teil in „Atlas"-Bier umsetzen, suche ich mir erstmal eine Unterkunft. Eine Familie lädt mich schließlich in ihre Tanzdiele ein. Hinter dem Podest für die Musikkapelle kann ich in dem riesigen Wellblechschuppen mein Nachtlager aufschlagen. Ein Boot nach Yaviza, dem nächsten größeren Ort, habe ich auch bald organisiert. Pipiyo will mich übermorgen für 60 Dollar hinbringen.

Ich bin zurück in der Zivilisation, wenigstens ein wenig: Der Stromgenerator funktioniert, die Wege zwischen den Holzhäusern sind zementiert und kleine Läden bieten Brot, Margarine und dergleichen an. Bei einem wohlverdienten „Atlas"-Bier unterhalte ich mich mit meiner schwarzen Familie, während von nebenan Salsa-Rhythmen herüberdröhnen.

Am nächsten Morgen suche ich Señor Antonio alias Señor Sello (Stempel) auf, Besitzer eines kleinen Gemischtwarenladens und Herr über den Einreisestempel. Er gibt mir anstandslos 15 Tage, alle meine Sorgen waren also unbegründet. Den restlichen Tag bade ich im Fluß, wasche Wäsche und schlendere im Dorf herum. Daß ich nach Yaviza will, hat sich schnell herumgesprochen, jeder möchte mich hinfahren.

Nachmittags entlädt sich wieder ein Tropengewitter, fast waagerecht peitscht der Wind die Regentropfen über den Fluß. Der Lärm auf dem Wellblechdach ist so stark, daß wir uns schreiend unterhalten müssen.

Anderntags verzögert sich die Abfahrt, weil es dunstig-trüb ist und Pipiyo besseres Wetter abwarten möchte. Ich werde wieder unruhig, wird doch hoffentlich heute klappen. Ja, nach einer Stunde Ungewißheit wird die „Piragua", ein großes Lastenkanu mit Außenborder, mit Yamsknollen beladen. Ein Bettgestell, viel Gepäck, mein Rad und etwa zehn Passagiere füllen den restlichen Raum. Ich mache es mir auf der Bordwandkante bequem.

Gemütlich tuckern wir dann den Rio Tuira hinunter, Pipiyo möchte Gasolina sparen. Er legt zahlreiche Stopps ein, um Passagiere von Bord zu lassen und um Benzin zu holen. Dann treiben wir eine halbe Stunde antriebslos mit Motorschaden den Fluß hinunter. Die Sonne brennt erbarmungslos herunter und zwei Negerinnen lümmeln auf meinen Taschen herum, treiben meinen Puls in die Höhe.

Die Vegetation am Ufer ist niedergemacht und gerodet worden, viele Cuna- bzw. Choco-Indianer haben ihre Hütten errichtet.

Wieder sieht es nach Regen aus. Der Fluß hat Niedrigwasser, führt viel Treibholz, es ist ungewiß, ob wir überhaupt durchkommen. Aber der Rio Yaviza hat dann genügend Wasser, und der Rest kommt in Form eines Regensturms von oben.

Die Ankunft in Yaviza hatte ich mir dann ein wenig ruhiger vorgestellt. Im Regen sprinten wir schnell aus dem Boot unter das Vordach eines nahen Kiosks und warten dort das Ende des Gusses ab.

Yaviza macht keinen besseren Eindruck als Boca de Cupe, ist nur ein wenig größer, und ein einsam herumstehender Lkw verrät, was mich so freut: ab hier gibt's wieder eine Straßenverbindung! Endlich bin ich wieder mein eigener Herr, muß mich nicht mehr auf andere verlassen.

Ich hätte den Dschungel allerdings auch wesentlich bequemer durchqueren können - mit entsprechendem Dollareinsatz. Man nehme nur ein Expreßboot von Sautatá am Rio Cacarica hinauf bis Cristales und ein Motorboot von Paya bis Yaviza. Nur die Wandereinla-

ge steht wohl immer noch einem weiter ausufernden Darién-Touris-
mus im Wege, und das ist vielleicht ganz gut so.

Leider ist gerade Samstag und leider liegt das einzige Hotel genau
gegenüber der Dorfdisco. Saturday-Night-Fever ab 19.00 Uhr. In
dem Lärm kann ich meine eigenen Gedanken nicht mehr verstehen.
Ich gehe einkaufen, doch viel Auswahl gibt's nicht und die Preise
sind gesalzen. Mit der neuen Währung habe ich diesesmal keine
Schwierigkeiten, den neben dem Balboa ist der amerikanische Dollar
gleiches offizielles Zahlungsmittel in Panama.

Später am Abend ist auf der Hauptstraße der Bär los, leichte Mädels
und rauhe Gestalten mit Westernhüten verbreiten die Atmosphäre einer Pionierstadt. Und das ist Yaviza ja auch in gewisser Weise, ein
Dschungelvorposten. Die Straße sollte es mir gleichfalls noch bewei-
sen. Mein nächstes Ziel heißt Panama City, 300 Kilometer entfernt.

Einspurig schlängelt sich die Piste aus Yaviza heraus, bald bleiben
die letzten Holzhütten hinter mir zurück. Endlich wieder im Sattel, der
Zivilisation entgegen! Aber voran komme ich nicht, denn auf der
feuchten Lehmpiste setzt sich die zähklebrige Lehmpaste unter den
Schutzblechen fest, die Räder blockieren. So eine Pampe! Ich schiebe, aber schnell kleben an den Schuhen auch noch mindestens je
ein Kilo Lehm.

Weiter vorne sehe ich die Lehmpiste wieder in Schotter übergehen
und so beginnt ein nettes Spielchen: 10 oder 20 Meter Schieben,
Schutzbleche mit dem Schraubenzieher freikratzen, Schieben, Kratzen ... Nach 500 Meter und einer halben (!) Stunde erreiche ich wieder festen Untergrund. Warum nur konnten die letzten 500 m bis Yaviza nicht auch noch befestigt werden? Straßenbaulogik à la Lateinamerika.

Doch jetzt komme ich flott voran, pedale an Urwaldrodungen vorbei,
aber ich habe meine Rechnung leider ohne die Straßenbauer gemacht: stellenweise ist die Piste ausgefahren, Lehmlöcher mit den
bekannten Folgen warten: sofort klebt der Lehm wieder unter den
Schutzblechen, Kratzen ...

Ein Lkw hängt schief und bis zu den Achsen im Morast, viele Leute
stehen herum, aber eilig hat man's augenscheinlich nicht.

Nach dem dritten oder vierten Lehmloch gebe ich mich doch geschlagen, montiere Schutzbleche, Dynamo und alle Fahrradteile ab,
die dem Lehmpapp im Wege stehen könnten. Doch selbst jetzt hän-

gen noch riesige Lehmklumpen an Gabel und Hinterbau, alles ist versaut, einschließlich des verbissen dreinschauenden Chauffeurs. Und heute morgen freute ich mich noch über mein sauber geputztes Rad ...

Jetzt geht's nur noch ums Durchkommen. Manchmal breitet sich vor mir nur die reine Lehmlandschaft aus, zerfurcht von einigen tiefen Fahrspuren. Da halte ich erstmal an, studiere die möglichen Ausweich-Alternativen. Welche Fahrspur kann ich noch fahren, ohne mit den Radtaschen aufzusetzen, oder soll ich das Ganze umgehen? Aber die halbtrockene Erde am Rand ist fast noch klebriger. Einige Male trage ich das Rad lieber.

30 Kilometer weiter und vier Stunden später erreiche ich endgültig tragfähigen Untergrund. Die Schotterpiste ist nicht nur recht gut, sondern auch noch überbreit. Auffallend ist die dichte Besiedlung, allenthalben tauchen, etwas zurückversetzt von der Straße, kleine Holzhütten auf, der Urwald mußte Pflanzungen weichen. Es ist furchtbar heiß, fast unerträglich.

Reiseradler scheinen hier wirklich eine Seltenheit zu sein, und ich scheine in meiner Lehmkluft und den klappernden Schutzblechen auf dem Gepäckträger noch eine besondere Attraktion darzustellen, die Leute stieren und starren wirklich unangenehm.

Nach der Lehmschlacht schlägt zu meiner Freude auch noch einige Male der Plattfußteufel zu, meist sind es Nägel, die sich gerade so am Schlauchschutzband vorbeimogeln. Mitten in der größten Mittagshitze beginnt nun ein neues Drama. Der Kleber taugt nichts mehr, viermal muß ich allein bei einem Loch den Reifen wieder demontieren, weil der Flicken nicht dicht ist.

Wie in den folgenden Nächten auch suche ich mir ein kleines, blickgeschütztes Fleckchen abseits im Busch zum Campieren.

Wo nur bleibt der Lago Bayano? Nach der Kilometerangabe in meinem Reiseführer müßte ich schon längst nasse Füße bekommen haben, dagegen breitet sich weiterhin hitzeflirrende Savanne vor mir aus. Nach wiederholtem Nachfragen dann Gewißheit: Die Strecke ist 50 Kilometer länger als angegeben, also ein zusätzlicher Tag auf dieser staubigen Schüttelpiste! Das hebt nicht gerade die Stimmung. Dieser Tag führt auch noch durch ein Indianerreservat ohne jegliche Ansiedlungen, bei meinem Wasservorrat hatte ich das nicht berücksichtigt. Verschrumpelt wie eine Dörrzwetschge treffe ich am Lago

Bayano ein. Gerade will ich mit einigen kräftigen Schlucken den Wasserspiegel senken, als auch schon einige Indianer herbeigeeilt kommen.

„Hey Mister, trinken Sie bloß nichts aus diesem See, sonst werden Sie sehr krank." Wie zur Bestätigung drückt sich einer kräftig auf den Magen .

„Wieso, sieht doch sauber aus?"

„Das Seewasser ist verseucht und ungenießbar. Wir selbst kriegen unser Wasser im Camión direkt aus Panama City."

Mit etwas mehr Respekt betrachte ich nun das Naß. Da hat man einen Saudurst und Wasser im Überfluß, aber beides paßt nicht zusammen. Bleibt nur die nächste Colabude als Rettung.

Die Landschaft öffnet sich nun zunehmend mit ausgedehnten Viehweiden, Haciendas und vielen Brandflächen. Ein ermüdendes Auf und Ab beginnt, unterbrochen von Brücken, die auf den Fahrspuren meist nur Bretter oder schön rumpelnde Metallplatten aufweisen. Dazwischen ein großes Loch, ein Radler würde wohl ungehindert durchfallen. Nur jetzt keine Konzentrationsschwäche!

Chepo! Und Asphalt nach 235 Kilometern! Seit Medellín hatte ich an diesen Augenblick gedacht, mir das Gefühl ausgemalt, ruhig dahinzugleiten in der Gewißheit, die nächsten paar tausend Kilometer das Asphaltband nicht mehr verlassen zu müssen. Die fugenlose Betondecke ist der Panamericana nun gewiß würdig. Nur ein zunehmender Schlag im Hinterrad stört meine Freude, ich schiebe das auf das zu weiche Felgenmaterial. Die wahre Ursache sollte ich erst einige Tage später beim Fahrradputzen in Panama City feststellen.

Zwanzig Kilometer vor Panama City schlägt die Zivilisation in Form eines ungeheuren Verkehrschaos unbarmherzig zu. Das Getümmel in der Altstadt nimmt mir nach vier Wochen in kleinen Städten und im Urwald den Atem, ich will nur noch eine Pension erreichen.

Nachdem ich wohl die ganze heutige Wasserration des Viertels verduscht habe, liege ich total geschafft auf dem Bett, alle Energie scheint auf den letzten 20 Kilometern verpufft zu sein. Ich bin durch! Darién Gap und Südamerika liegen endgültig hinter mir, nach genau 16.759,2 Kilometern.

Mittelamerika

Panama - Puente de las Americas

*P*anama-City ist eine merkwürdige Mischung aus altem Spanien, amerikanischem Fortschritt und der Basar-Atmosphäre des Ostens", so steht es in meinem „South American Handbook", und das ist wohl die zutreffendste Kurzcharakterisierung, die man für diese Stadt finden kann.

In keiner anderen Stadt hatte ich bisher ein derart buntes Völkergemisch auf engstem Raum kennengelernt: überall Schwarze, Weiße, Mestizos, Cuna-Indianer in ihren farbenprächtigen Molas und Chinesen, die die Supermarkt- und Wäschereiszene in der Altstadt beherrschen, ein kunterbuntes Durcheinander.

Auf der einen Seite der Bucht von Panama drängen sich alte, verwitterte Häuserzeilen um enge, kopfsteingepflasterte Gassen, schieben sich Menschenmassen durch die Geschäftsstraßen, versuchen lautstarke Anwerber Passanten in Ramschläden umzuleiten, versammeln sich die Bewohner abends auf ein Schwätzchen in kleinen Parks und wird das Familienleben in voller Lautstärke bis weit nach 22.00 Uhr auf den Gassen ausgelebt. Auf der anderen Seite der Bucht erhebt sich die Banken-Skyline von Neu-Panama, ziehen sich breite Avenidas mit teuren Restaurants und Cafés durch vornehme Residencia-Viertel. Ein Gang dorthin bleibt niemanden erspart, der irgendwas in Geld- oder Botschaftsdingen zu erledigen hat.

Im Norden schließt sich Balboa an, mit Holzhäusern in sauber abgezirkeltem Grün. Klimaanlagen summen, die Schilder sind amerikanisch, die Menschen offensichtlich auch, eine x-beliebige amerikanische Kleinstadt. Und weiter im Norden reiht sich eine amerikanische Kaserne an die andere, Panama ist wirklich eine gigantische amerikanische Militärbasis, durch die zufällig der Panamakanal verläuft.

Ja, der Kanal. Der Anblick der Frachter und Passagierschiffe, die gemütlich durch die Hügellandschaft ziehen, ist eine weitere Facette im schillernden Bild Panamas, ein Besuch der gigantischen, perfekt funktionierenden Miraflores-Schleusen ist wirklich lohnenswert.

Als ich mein Fahrrad mühsam von der zähen Lehmkruste befreit habe, traue ich zuerst meinen Augen nicht: die Flansche der Hinterradnabe sind gebrochen! Die Quittung dieser Sch... piste! Schrott!

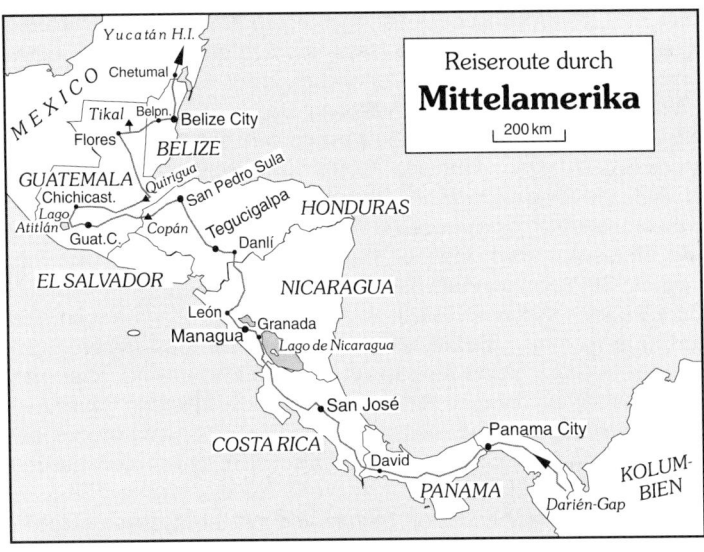

Die „Puente de las Americas" verbindet die beiden Amerikas

Klar, daß die Felge da schlagen mußte. Ich hatte so etwas nicht für möglich gehalten, zählt diese Nabe doch zu den anerkannt besten und dauerhaftesten auf dem Markt, aber diesen Pisten (oder meinem Fahrstil?) ist augenscheinlich nichts auf Dauer gewachsen.

Nun beginnt für mich das große Herzklopfen, denn ich muß schnellstens Ersatz finden, da meine Aufenthaltsgenehmigung für Panama abläuft. Die übliche Prozedur, wenn ich in einer Großstadt Fahrradteile brauche: Ich picke in den Gelben Seiten des Telefonbuches die mir interessant erscheinenden Radgeschäfte heraus, markiere ihre Lage im Stadtplan und rufe dann das nächstgelegene an.

Bereits hier scheine ich Glück zu haben: „Ja, Shimano-Naben sind auf Lager, kommen Sie bitte wegen des genauen Typs vorbei."

Doch kein Glück: kein Kassettentyp, wie ich ihn brauche. Aber man empfiehlt mir ein anderes Radgeschäft, das die Shimano-Kassettennaben auf Lager haben soll. Das stimmt! Dazu Einzelstücke der hochwertigen Ausführung, ich muß also nicht gleich den ganzen Satz kaufen.

Während ich in der nächsten Stunde von meiner Radreise erzähle, wechselt der Mechaniker gleich die Nabe, eine arbeitsintensive Sache, denn das alte Laufrad muß aus- und das neue eingespeicht werden. Ganze 20 Dollar kostet mich das, inklusive der Nabe. In Deutschland hätte ich allein für die Nabe das Dreifache bezahlt!

So habe ich mal wieder Glück gehabt, auch deshalb, weil mir dies in Panama passierte, das ein Eldorado für Importartikel ist. Die letzten Neuheiten und alle bekannten Markenartikel der japanischen, amerikanischen und europäischen Radindustrie sind hier erhältlich.

Nun muß ich aber schnellstmöglich Richtung Costa Rica durchstarten, in fünf Tagen läuft meine Aufenthaltserlaubnis ab. Außerdem steht das Treffen mit meinem Vater an. Auf dem Highway will ich direkt nach San José, der Hauptstadt Costa Ricas, pedalen und kleine Städte wie Penonomé und David links liegenlassen.

In weitem Bogen spannt sich die Puente de las Americas über den Kanal. Für einen Augenblick hänge ich zwischen den beiden Kontinentenhälften gleichsam in der Luft, sause dann auf die nördliche hinunter.

„Gib acht, jetzt komme ich", schießt es mir durch den Kopf, dann stimme ich ein ganz gewiß recht schauriges Freudengeheul an.

Aber trotz der bis auf wenige Abschnitte hervorragend asphaltierten Panamericana bleiben mir auch hier Mühen nicht erspart: Entnervend steigt und fällt die Straße von einem Flußtal zum nächsten, aber meist braucht es gar keinen Fluß, dazu brennt die Sonne bereits morgens um 9.00 Uhr unbarmherzig herunter. Trotz mehr als 11(!) Liter Wasser und Limo pro Tag und ausgedehnter Mittagspausen während der heißesten Tageszeit habe ich das Gefühl, zu wenig Flüssigkeit zu mir zu nehmen.

Eine Blasenentzündung setzt mir zu, die ich mir wohl durch die ständig naßgeschwitzten Klamotten geholt habe. Nur unter großen Schmerzen schaffe ich es noch nach Aguadulce ins Hotel „Sarita" und verbringe dort den restlichen Tag in einem stickigen Zimmer.

Die weiteren Tage bis zur Grenze habe ich dann keine Probleme mehr, nur recht eintönig ist die Landschaft.

„Frontera 53 km", die Grenze ist nah! Das Schild hinter David beflügelt. Es ist auffällig, wie amerikanische Getränkekonzerne die Beschilderung übernommen haben, sei es an Schulen, an Abzweigungen, oder seien es Kilometerangaben, immer taucht der Hinweis klein inmitten großbuchstabiger Werbung auf. Vor Ortschaften weist gleich ein ganzer Schilderwald, meist schon einige Kilometer vor dem eigentlichen Ortsanfang, mit „Bienvenidos a ..." und der Cola-Marke auf den Ort hin.

An der Grenze zwischen Panama und Costa Rica bleibe ich im Niemandsland stecken. In Costa Rica gehen nämlich die Uhren anders (eine Stunde zurück), es ist noch Siesta-Zeit. Kein Problem, ich trinke so lange mit einem Rennradler eine Cola und kann dann problemlos einreisen.

Costa Rica - ein Treffen und ein Unfall

Ein neues Land, ein neues Glück! Auf der glatt asphaltierten Straße komme ich flott voran, die Landschaft ist überraschend grün. In Ciudad Neily, der ersten Stadt hinter der Grenze, gehe ich in ein Hotel. Ich bin glücklich. Das neue Hinterrad hat die ersten 500 Kilometer ohne Schäden überstanden, ich habe die panamesische Grenze noch rechtzeitig erreicht, und nun trennen mich nur noch 330 Kilometer von San José und damit einem Wiedersehen mit meinem Vater. Hurra!

Des Nachts schrecke ich hoch, direkt aus einer Tiefschlafphase, versuche, einen klaren Kopf zu bekommen. Was war denn los gerade? Wer hat an meinem Bett gerüttelt? Was hatte das Ächzen des ganz aus Holz gebauten Hotels zu bedeuten? Jetzt dämmert es mir - ein Erdbeben! Aber diese Einsicht beruhigt mich nicht besonders.

„Das ist etwas ganz Normales in dieser Gegend", versichert mir der Hotelbesitzer nach weiteren Erdstößen. „Jeden Tag findest du in der Tageszeitung eine Liste mit den Orten, wo es gestern in welcher Stärke und mit welchen Auswirkungen gebebt hatte. Hast du eine Karte von Costa Rica?"

Ich bringe ihm meine Straßenkarte.

„Schau", seine Hand fährt quer über die Karte, „das sind alles aktive Vulkane, der Irazú, der Poás, der Santa Maria und wie sie noch alle heißen, die ziehen sich, aufgereiht wie Perlen auf einer Kette, in Nordwest-Südost-Richtung durchs Land. Von dem starken Terremoto vor einer Woche hast du bestimmt schon gehört."

Das habe ich. Da suchte ein verheerendes Beben Costa Ricas Nordküste heim und machte alle meine Pläne, Badeurlaub unter Palmen zu machen, zunichte.

„Costa Rica - die Schweiz Mittelamerikas" ist eine bekannte Reiseprospektweisheit. Sieht man mal von dem doch recht wackligen Untergrund ab, ist da etwas dran, zumindest so lange lateinamerikanische Verhältnisse als Vergleichsmaßstab herangezogen werden und man nicht etwa denkt, daß hier lila Milka-Kühe auf saftigen Wiesen grasen und der Franzl in Krachledernen von der Alm jodelt ...

Als ich so recht entspannt aus Ciudad Neily heraus durch die Küstenebene radle, fällt mir auf, daß einiges anders als sonst ist. Frappierend ist die Sauberkeit, die Dörfchen sind adrett, die Straßen abfallfrei, alles wirkt irgendwie aufgeräumt. Dazu gibt es eine Unmenge Schulen.

„Weiße und Mestizen stellen 98 Prozent der Bevölkerung", entnehme ich meinem Reiseführer, „ganze 5.000 Indios haben Konquistadoren, eingeschleppte Krankheiten sowie jahrhundertelange, bis in die unmittelbare Gegenwart hineinreichende Unterdrückung überlebt". Das ist die Kehrseite der Medaille, die man beim nun beginnenden Jubeljahr zum 500. Jahrestag der Entdeckung Amerikas bedenken sollte.

Costa Rica ist das einzige lateinamerikanische Land ohne Armee, und das trotz der Brandherde Mittelamerikas und der Tendenz zu weiterer Aufrüstung in den Nachbarländern. Wohl nur möglich, weil Demokratie und wirtschaftliche Verhältnisse bisher stabil waren.

Langsam gleiten im Wechsel Bananen- und Ölpalmenplantagen sowie Reisfelder vorbei, viele Bäume und blühende Büsche neben der Straße gewähren mir Schutz vor der stechenden Tropensonne. Eine wunderbare Tropenlandschaft, wie in einem botanischen Garten.

In einem scharfen Knick dreht die Panamericana ins Landesinnere ab, schlängelt sich zuerst lange am Rio Terraba entlang, quert dann einsames, sanft dahinrollendes, bewaldetes Hügelland - und unzählige Flüsse, eine entnervende Berg- und Talfahrt. Gewitterfronten erhöhen meine Trittfrequenz bis Florida, dem ersten Dörfchen nach 50 oder 60 Kilometern, ganz erheblich. Dort muß ich die Direktorin der Grundschule dann nicht lange überreden, in einem Klassenzimmer übernachten zu dürfen, der Regen spricht für sich.

Hinter endlosen, hitzeflirrenden Ananasfeldern erreiche ich San Isidro. Die Erde bebt nachts zur Abwechslung gleich zweimal.

San José, die Hauptstadt Costa Ricas, ist nun gerade noch 135 Kilometer entfernt. Aber immer wieder gleitet mein Blick über die „Cordillera de Talamanca", dem höchsten Bergzug in Costa Rica, mit einigen Gipfeln weit jenseits der 3.000er-Grenze, und genau da führt die Panamericana drüber! Innerhalb von 45 Kilometern schraubt sie sich von San Isidro von 760 Metern Höhe zum Paß mit dem ach so schönen und sinnigen Namen „Cerro de la Muerte" (Todesberg) auf 3.491 Meter hinauf, ich denke lieber nicht darüber nach, wo der Name herrührt. So genau ist die Paßhöhe nicht herauszubekommen, die Straße verläuft wohl etwas unterhalb des Gipfels, aber knapp 2.700 Höhenmeter sind es allemal.

Langsam, mit vielen Pausen, schnaufe ich in der Berguntersetzung bergan, genieße Sonnenschein und weite Ausblicke bis zum Pazifik. Mittags setzt dann Regen ein. Ich habe noch Glück, passiere in eben diesem Moment ein Dörfchen, El Jardin heißt es, nur einige Häuschen, die sich an den Berghang schmiegen. Dort warte ich unter einem Kioskvordach das Regenende ab. Pech, war nur eine Regenpause! Gerade 400 Meter schaffe ich, dann pratzelt es erst richtig los und nun ist kein Haus weit und breit in Sicht. Fluchend schiebe ich das Rad unter einen Baum, werfe die Zeltplane drüber und kauere mich drunter. Langsam wird es feucht, die Beine schlafen ein. Weitere Flüche. Unterhalb des Kiosks war doch eine Schule? Nach einer halben Stunde Dauerregen reißt mir der Geduldsfaden, mit einem Wutschrei schiebe ich das Rad auf die Straße zurück, fege zum Kiosk hinunter. Total durchnäßt und vor Kälte zitternd trinke ich dort erstmal einen Kaffee.

„Meinen Sie, ich könnte hier irgendwo übernachten, vielleicht in einer Pension oder der Schule?"

Die Leute im Kiosk sind freundlich.

„Eine Pension gibt's hier keine, aber frage doch mal den Präsidenten, ob du nicht im Salon übernachten kannst."

Der Präsident schaut recht einfältig drein, sieht wie alle anderen hier ein wenig nach Inzucht aus, und der Salon stellt sich als Gemeindesaal heraus. Er schließt mir die Tür auf.

„Hier drin ist es trocken. Wann geht's denn morgen weiter?"

„Mit Sonnenaufgang, ich will schnell über diesen Mistpaß kommen, und zwar trocken", füge ich hinzu.

Nach einer heißen Fleischbrühe liege ich auch schon im Schlafsack zwischen Tischen und Stühlen. Verrückt, vor wenigen Tagen lief mir noch nachts der Schweiß herunter, nun brauche ich wieder den Schlafsack. Aber so ist's mir lieber. Bereits um 5.30 Uhr zuckle ich wieder los, es kostete mich schon einige Überwindung, den wohlig warmen Schlafsack zu verlassen. Bin recht gut ausgeruht, nur die dünne Höhenluft macht mir etwas zu schaffen, und der Wind, der an jeder Ecke aus einer anderen Richtung bläst. Und kalt ist er!

Nach zahllosen Kurven erreiche ich das Restaurant auf 3.335 m Höhe, trinke eine heiße Schokolade und passiere nach weiteren fünf Kilometern den Paß. Wegen der Nebelsuppe kann ich ihn aber nur erahnen. Das Nebelnieseln geht in Regen über. Die Sicht hat sich auf wenige Meter reduziert, ich spüre nur Steigungen und Gefälle. Es ist kalt, die Finger sind klamm, die Klamotten naß, ein stürmischer Wind bläst meist von vorn. Ist das eine Fahrerei! Eines ist mir klar: Die Wolken hängen verdammt tief, ich habe kaum Chancen, da wegzukommen. San José will ich heute unbedingt erreichen.

Tief über dem Lenker liegend, die Schildmütze möglichst weit ins Gesicht gerückt, pedale ich verbissen weiter, an einigen Stellen bläst mich der Wind fast von der Straße. Endlich geht es dann konsequent abwärts, doch die Panamericana ist an vielen Stellen weggerutscht, wird umgeleitet. Dann stoße ich durch die Wolkendecke, unter mir in der Ebene liegt Cartago.

Auf den restlichen 20 Kilometern bis San José, das mit 1.150 m tiefer als Cartago liegt, schiebt mich ein strenger Rückenwind vorwärts, die vierspurige Schnellstraße ist gut ausgebaut und nur aus Rücksicht auf meine Vorderradtaschen und deren gebrochene Aluschienen ziehe ich bei 70 km/h die Bremsen.

Für mich ist die Ankunft in San José etwas Besonderes. Der Termin des Treffens mit meinem Vater stand schon seit Monaten fest und ich habe ihn eingehalten, über all die Monate hinweg, trotz Dschungeldurchquerung, Krankheiten und den ganzen anderen Unwägbarkeiten meiner Südamerika-Radtour.

Nach einer ersten unruhigen Nacht in der Jugendherberge (dort erzählte man mir, daß ich Rolf gerade um fünf oder sechs Tage verpaßt hätte), quartiere ich mich in der familiären Pension „Otoya" im Zentrum ein und warte auf weitere Nachrichten vom Vater.

Ich kundschafte derweil San José aus: am auffallendsten sind leider wieder, wie schon in vielen lateinamerikanischen Städten zuvor erlebt, Verkehrshektik und Autogestank. Busse röhren wie Büffel durch die viel zu engen Einbahnstraßen und stoßen immense schwarze Rußwolken aus, die Fußgänger müssen sich in Spurts von einer Gehsteigseite zur anderen retten. Zum Glück ist wenigstens die Avenida Central im Zentrum für den Verkehr gesperrt, hier haben sich Dutzende von ambulanten Händlern mit ihrem Touri-Schnickschnack breit gemacht, hier spielt eine Indiogruppe auf, die ich sofort als Otovaleños aus Ecuador identifiziere, hier findet das Leben der Einheimischen nach Feierabend statt.

Wenn ich so durch die Innenstadt schlendere, fühle ich mich wie „back in Europe". Man sieht fast nur hellhäutige Menschen, keine Indios, die Straßen sind auffallend sauber ohne jeden Abfall, nur wenige Bettler lungern herum, das Elend spielt sich wohl mehr in den Außenbezirken ab. Die Ordnung ist überall spürbar, nur gelegentlich taucht mal ein Polizist auf, und der dann auch noch zu Pferde (mit angehängtem Pferdeapfel-Auffangbeutel!) und in malerischer Tracht, wohl eher zur Attraktion der Touristen als zur Aufrechterhaltung der Ordnung. Und von den Touristen gibt's hier wirklich schon mehr als genug, Costa Rica scheint unübersehbar sehr beliebt zu sein. Sehr beliebt dagegen bei den „Ticos" - so nennen sich die Bewohner Costa Ricas -, scheint Fastfood-Kultur à la Americana zu sein, allein McDonalds ist gleich sechsmal (!) in der Stadt vertreten, neben Kentucky Fried Chicken, Burger King und wie sich all die Repräsentanten des schlechten Geschmacks sonst noch so nennen.

Abends bieten viele Kinos hervorragende Filme zu Preisen unter anderthalb Dollars an, ich gucke mich im Laufe der Zeit durchs gesamte Kinoprogramm der Stadt.

Ja, und was ist mit den Erdbeben los? Nun, die finden hier derzeit mehr auf T-Shirts statt, solche mit dem Spruch „7.5 - I've survived" (Erdbebenstärke 7.5 - ich hab's überlebt) sowie einer Karte von Costa Rica mit dem Epizentrum bei Puerto Limón sind der absolute Knüller, ein Schuß schwarzer Humor gepaart mit bewundernswertem Einfallsreichtum muß schon sein. Lediglich an einem Gebäude hier ist die Fassade abgebröckelt, aber im Eingang des Nationaltheaters weist ein Schild Besucher darauf hin, daß sie das Gebäude auf eigene Verantwortung betreten, das Theater nicht für Unfälle haftet, die durch Erdbebenschäden verursacht werden. Opern mit allzu durchdringenden Arienpassagen stehen wohl nicht mehr auf dem Programm ...

Nachdem ich auch in der Pension einige interessante Leute kennenlerne, darunter Wendee, eine nette Amerikanerin, mit der ich einige flotte Tage und Nächte erlebe, wird mir die Zeit nicht lang.

Aber, wo steckt nur der Vater? Er reist als Passagier auf einem Frachtschiff an, doch der Schiffsagent kann leider auch nicht weiterhelfen.

So bin ich dann doch überrascht, als es eines Tags mitten in der Nacht um 1.30 Uhr ungestüm an der Tür klopft. Er ist da! Das ist nun doch eine Überraschung! Die etwas müde Begrüßung (ich bin noch zu geschafft von der „Happy Hour" - Biere zum halben Preis in der „Show Bar" die Stunden zuvor) holen wir dann am nächsten Tag nach. Klar, daß es eine Menge zu erzählen gibt. Wir haben uns anderthalb Jahre nicht mehr gesehen.

Eine Woche möchte er in Costa Rica bleiben. Zeit genug also, um über alles und jedes zu reden, ohne ständige nervöse Blicke auf den Telefon-Gebührenzähler. Zeit genug, um auch die Umgebung von San José gemeinsam ein wenig näher kennenzulernen. Aber zuerst ist einmal „Bescherung", wenigstens für mich, denn einer seiner schweren Koffer enthält nur Ersatzteile fürs Rad, ein neues Tunnelzelt, einen Packen Briefe und andere gute (quadratische) Dinge.

Wir wählen ein anderes kleines Hotel außerhalb des lauten Zentrums als Stützpunkt und mieten ein Auto, das ich natürlich fahren darf, bei all meiner Südamerika-Verkehrserfahrung. Hei, das ist schon ein Leben, ein- oder meist zweimal am Tag ins Restaurant zum Essen gehen, so im Vergleich zu meinen belegten Broten, die ich meinem Magen ansonsten antue.

Leider sollte uns die Regenzeit einen kräftigen Strich durch alle Pläne machen. Denn ab dem zweiten Tag regnete es eigentlich durch, von kurzen Unterbrechungen einmal abgesehen, und die dazu gemeinerweise noch nachts. So fallen unsere Ausfahrten zu den Vulkanen Irazú und Poás und hinunter an die Westküste sprichwörtlich ins Wasser. Schade. So gern hätte ich meinem Vater die Schönheiten dieses Landes gezeigt, aber es sollte nicht sein.

Gemeinerweise klärte das Wetter noch an seinem Abflugtag auf ...

Nun bin ich also wieder allein. Eine merkwürdige Leere macht sich breit, irgendwie gewöhnt man sich doch schnell wieder an Gesellschaft.

Eine weitere Woche bleibe ich noch in San José, schreibe Briefe, ziehe mit Bekannten aus der Pension umher, lasse mal wieder meine Laufräder zentrieren, vor allem das ständig eiernde Hinterrad bereitet mir Sorgen, und unternehme als Abschluß eine Zugfahrt nach Puntarenas an die Pazifikküste.

Dann breche ich Richtung Nicaragua auf. Doch schneller als je gedacht sollte ich wieder in meiner Pension in San José sein. Und das kam so: Ich hatte mir eine schöne Strecke durchs Hinterland, vorbei an zwei Vulkanen, zurechtgelegt, aber bereits nach 30 Kilometern, unterhalb des Vulkan Poás, war Schluß. Und daran war ich zu einem Großteil selbst schuld.

Die Straße führte stetig aufwärts und in vielen Kurven aus dem Meseta-Zentraltal hinaus, nach vier Wochen Ruhe und wohl auch wegen dem einen oder anderen Schokoladenpfund zuviel auf den Rippen bereitete mir die Strecke einige Mühe.

Ein Pickup überholte mich, der Fahrer stoppte, lehnte sich zum Fenster heraus: „Na Junge, soll ich dich ein Stück mitnehmen? Kannst dein Fahrrad auf die Ladefläche legen."

„Bueno, aber ich pedale lieber, jeder Kilometer zählt. Aber vielleicht kann ich mich hinten festhalten?"

Der Fahrer legte die Stirn in Falten: „Ist das nicht zu gefährlich?"

„No, no, das habe ich bestimmt schon dutzendmal gemacht. Sie dürfen nur nicht schneller als 20 Kilometer die Stunde fahren. Also nur 20 km/h, comprende?"

Der Fahrer nickte, wir zuckelten langsam los. Wie gesagt, das hatte

ich schon oft gemacht. Doch irgendwann mußte es ja mal schiefge-
hen. Nach einigen Kilometern gab der gute Mann hinter einer Kurve
plötzlich wie wahnsinnig Gas - er hatte mich wohl vergessen -, ich
konnte das schwere Rad mit nur einer Hand nicht mehr stabilisieren,
verlor das Gleichgewicht, der Horizont kippte weg und ich stürzte
hart und direkt auf meine linke Körperseite.
Ich rappelte mich hoch. Nichts gebrochen? Nein! Aber Knie und lin-
ker Ellbogen waren kräftig aufgeschürft, beständig tropfte Blut. Vor
allem die linke Schulter hatte es erwischt, ich konnte den Arm nur
noch unter Schmerzen bewegen.
Das Rad sah nicht gut aus, einiges war verdreht. Der Fahrer hielt
kurz an: „Soll ich dich Richtung Poás mitnehmen?" Ich winkte ab.
Ich schob das Rad erstmal an den Straßenrand in den Schutz einer
Tanne, denn zu all meinem Unglück begann es noch aus allen Kü-
beln zu schütten. Ans Weiterfahren war nicht mehr zu denken, ich
konnte meinen Arm kaum mehr bewegen, geschweige denn auf Len-
kerhöhe heben. Blieb nur die Fahrt zurück nach San José, aber per
Auto. Über eine Stunde mußte ich schlotternd vor Kälte auf einen
Pickup warten, und konnte auf dieser Nebenstrecke noch froh sein,
daß es nicht länger dauerte.
Ich stellte mich mitten auf die Fahrbahn, gab den beiden Männern
keine Chance, an mir vorbeizufahren.
„Señores, ich hatte einen Unfall, können Sie mich nach San José
bringen? Ich glaube, ich muß ins Krankenhaus."
Der Anblick meiner blutbesudelten Klamotten genügte. Ohne viele
Worte hoben sie meine Ausrüstung auf die Ladefläche, ich selbst
war dazu nicht mehr imstande, fuhren mich, als ich ihnen 1.000 Co-
lones (ca. acht Dollar) Benzingeld anbot, direkt nach San José in die
Pension zurück. Da war ich also wieder ...
Yolanda, die junge Verwalterin, kümmerte sich liebevoll um mich. In
der Pension war zwar alles belegt, aber ich konnte die Nacht bei ei-
nem Deutschen im Zimmer schlafen. Yolandas Ehemann war Arzt
(Glück muß man haben), er untersuchte mich am nächsten Tag.
„Hombre, da hast du ganz schön Glück gehabt. Die Schulter ist nur
schwer gezerrt, und die Prellungen will ich gar nicht zählen."
„Ist also doch nichts gebrochen?"
„Nein, aber hast du ein Dreiecktuch dabei? Ich muß deinen Arm ru-
higstellen. Ans Weiterfahren brauchst du erst gar nicht zu denken, im
Bett bist du am besten aufgehoben."

Stimmungsbilder von der Panamericana-Tour: Radlercamp in Patagonien; am Lago Ypacarai in Paraguay; Morgennebel am Lago Tinquilco in Chile

Blumenmarkt im vielbesuchten Dorf Chichicastenango, Guatemala
Unt.: „Drinking is fun" (?) - fotografiert in Belize City

Mexiko: Farbenprächtiger Indígena-Markt in Nachig/Chiapas
Unt.: Auf der Baja California. Nur noch 1.482 Kilometer bis in die USA!

USA: Die schöne Mission San Xavier del Bac in Tucson, Arizona
Unt.: Umstieg vom Rad auf den Zweitwagen. Geisterstadt Bodie, Kalifornien

Aufregend: Mit dem Rad über die Golden Gate Bridge von San Francisco!
Unt.: Am Cape Arch-Tunnel in Oregon ist man um Radler besorgt

Nur wenige Großstädte liegen so traumhaft wie Vancouver in Westkanada
Unt.: Bootsfahrt in türkiser Naturharmonie. Emerald Lake, British Columbia

Auf dem Weg in die Kanadischen Rockies: der Glacier National Park
Unt.: Zum Verirren - der Schilderwald von Watson Lake

Vollmondaufgang über Bergen im herrlichen Denali-Nationalpark, Alaska
Unt.: Abschied von wilder Schönheit - herbstlich-rot leuchtet die Tundra

Meine Güte, da hatte ich etwas angestellt! Schade nur, daß Wendee schon lange nach Hause geflogen war, zu gerne würde ich mich jetzt pflegen lassen ...

Mein Rad hatte zum Glück doch nicht allzuviel abbekommen, das hintere Schutzblech war an einer Stelle gebrochen, ein Spiegel umgeknickt, eine Radtasche aufgescheuert.

Langsam gewann ich meine Bewegungsfähigkeit zurück, jeden Tag ein bißchen mehr, der Oberarm schillerte inzwischen in den tollsten Farben: grün, gelb, ein wenig blau, schon ein beeindruckender Bluterguß. So verbrachte ich dann die Tage wieder mit Schreiben, ins Kino gehen ...

San José übte keinen Reiz mehr auf mich aus, die Wege waren bekannt, außer einigen Museen und den Kneipen hatte ich wohl das meiste gesehen, mich nervte der Verkehr, die Hektik, der Lärm, das Abgasgewaber, das Gedränge auf den Gehwegen. Keine Frage, ich mußte möglichst bald hier abzwitschern.

Ich machte mir den Spaß, meine weitere Wegstrecke bis in die USA auszurechnen: ich kam auf 10.000 Kilometer! Wollte ich Weihnachten in den USA sein, bedeutete das 2.000 Kilometer pro Monat, das Doppelte meines bisherigen Monatsdurchschnitts. War das überhaupt zu schaffen? Wohl nur mit einem straffen Zeitplan und den stellte ich mir dann gleich auf.

Nun stand ich wieder unter dem üblichen Zeitdruck, dabei hatte ich doch gehofft, durch Mittelamerika etwas entspannter fahren zu können. Aber ich nahm mir auch immer zuviel vor, hier noch ein Abstecher, da ein interessanter Umweg. Ich könnte ja auch wie andere Radler direkt durchfahren, doch gegen diese Art des Reiseradelns sträubt sich in mir alles.

Nach einer Woche konnte ich meinen Arm bereits wieder so weit heben, daß ich an den Lenker kam, nur das Betätigen des Umwerfers bereitete mir noch Schmerzen. Aber mir genügte das.

Zum Abschied gab es einige Küßchen von Yolanda, nach fünf Wochen gehörte ich wohl bald zum Inventar der Pension ...

Mein nächstes Etappenziel war Managua, die Hauptstadt von Nicaragua, auf der Panamericana eine Strecke von rund 500 Kilometern. Die ersten paar Dutzend Kilometer aus San José heraus auf der Schnellstraße überstand ich unfallfrei, diesmal schien's zu klappen. Die Landschaft war schön, aber nicht umwerfend. Ich passierte viele kleine Dörfer und noch mehr Kaffeekulturen, grüne Vegetation und sattrote Erde bildeten einen wunderbaren Kontrast. Langsam kämpfte ich mich zum Meseta-Abbruch hinauf. Überholende Pickups strafte ich mit einem verachtenden Blick, lieber würde ich hier hochkriechen, als mich nochmals an so ein Ding zu hängen.

Jenseits des Meseta-Abbruches fiel die Straße dann 1.000 Höhenmeter zur Küstenebene ab. Für mich eine schmerzhafte Sache, denn ein guter Teil des Körpergewichtes ruhte beim Bergabfahren auf den Schultern. Weite Ausblicke über urwaldbestandene Bergketten lenkten mich ein wenig ab.

Es wurde zunehmend schwülheiß, und so nahm ich das Angebot eines Rennradlers, in Esparza im Rotkreuzzentrum zu übernachten, gerne an. Und auch das von Jorge und Dinorah Oreamuno, ein älteres Ehepaar, bei ihnen konnte ich in einem leerstehenden Gebäude auf ihrer Hacienda nahe Liberia nächtigen. Klatschnaß vom Schwitzen mußte ich einen hilfsbedürftigen Eindruck gemacht haben.

Nach einem Super-Farmerfrühstück steuerte ich dann den Nationalpark Santa Rosa an, allerdings in vielen Etappen, nicht, weil ich zuviel gegessen hatte, sondern vielmehr war die Hitze so unerträglich, daß ich immer wieder im Schatten eines Baumes anhalten und abkühlen mußte. Die Landschaft war total trocken, nur struppige Weiden, so weit das Auge reichte.

Der Zeltplatz im Park war ein Hit: Im Schatten mächtiger Feigenbäume baute ich zum ersten Mal mein neues Zelt auf, bei jeder Windböe wurde ich mit überreifen Früchten bombardiert. Nur zwei weitere Camper teilten sich mit mir den riesigen Platz.

Eine himmlische Ruhe herrschte hier, nur Vögel lärmten, von weitem drang das Heulen von Brüllaffen heran. Ohne lange zu überlegen, hängte ich hier noch einen Tag dran, wanderte zur schönen Laguna Escondido und schüttelte über übelste Geröllpisten zum Playa Naranjo hinunter. Ein einsames Bad im Pazifik beschloß meinen letzten Tag in Costa Rica.

Wie immer machte ich am letzten Abend Kassensturz. Wie teuer mochte wohl Costa Rica gewesen sein? Rund 13 Mark pro Tag errechnete ich, so wie Argentinien. Damit blieb Panama (DM 34,41) der Spitzenreiter, gefolgt von Ecuador (DM 29,41), während alle anderen Länder um die 15 bis 22 Mark lagen. Etwa 20 Mark pro Tag hatte ich ja kalkuliert.

Berittene Polizei in Costa Ricas Hauptstadt San José

Hier bin ich richtig: Die Panamericana in Nicaragua

Nicaragua - Land im Umbruch

„Bienvenidos a la tierra Sandinista", freundlich und mit stolzge-
schwellter Brust begrüßt mich der Grenzer in Khaki-Uniform vor seinem halbzerfallenen Wachhäuschen.

Ich lächele ihm zu und rumple fünf Kilometer weiter zu den Grenz-
kontrollen. Mein Visum hatte ich mir bereits in San José für 25 Dollar
in den Paß stempeln lassen, dennoch muß ich hier nochmals anderthalb Dollar berappen, bevor die Touristenkarte ausgefüllt wird.

Am nächsten Schalter erhalte ich einen Passierschein für mein Rad
(mit Rahmennummer und -farbe!), den dann die Transitpolizei an einem Schalter außerhalb des Gebäudes begutachtet.

„So ein Zufall, vor gerade zwei Stunden ist hier ein Radler durchgekommen, ein Franzose, glaube ich. Gehört ihr beide zusammen?"
Der Zöllner prüft nur oberflächlich meine Daten, ist wohl mehr an einem Gespräch interessiert.

„Ach, das kann nur Frederick sein, ein französischer Weltumradler.
Wir hatten uns vergangene Woche in San José kennengelernt. Bei
den wenigen Radlern hier kann dies nur er sein. Vor zwei Stunden,
sagten Sie? Na, den müßte ich doch noch einholen können. Ciao!"

Und schon sitze ich auf meinem Rad, froh, so elegant durch die Zoll-
kontrolle schlüpfen zu können.

Nun bin ich also in Nicaragua. Nachdem das Land seit Jahrzehnten
regelmäßig in den Negativ-Schlagzeilen aller Medien auftaucht, bin
ich gespannt, wie es hier nun wirklich aussieht. Meine Erwartungen
sind nicht eben hochgeschraubt, was kann denn schon nach mehr
als einem Jahrzehnt Bürgerkrieg, nach verheerenden Erdbeben und
Wirbelstürmen von diesem Land noch übrig sein?

Ein angenehmer Rückenwind schiebt mich am immensen Lago de
Nicaragua entlang, aus dem die Vulkankegel des Madera und Concepción emporragen. Ich passiere saftiges Weideland, viele feuerrot
blühende Akazien und eigentlich recht wohlhabend wirkende Fincas,
die im totalen Kontrast zu den zahlreichen zerfallenen Häusern stehen, die die Straße säumen. Der relative Wohlstand Costa Ricas hat
wieder der Armut Lateinamerikas Platz gemacht, aber die Leute,
dunkelhäutige Mestizen meist, die „Nicas", sind freundlich, viel offener als die „Ticos", sie lachen viel. Ich fühle mich wohl, gar nicht
unsicher wie befürchtet.

In Rivas, dem ersten Dorf, gabelt mich Frederick tatsächlich auf, während ich gerade an einer der vielen Bretterbuden eine Limo trinke. Das ist eine Freude! Klar, daß wir zusammen weiterfahren. Doch leider ist Frederick furchtbar langsam, er hat ein Wahnsinnsgepäck (über 45 kg, wie er lachend meint), das ihn an leichten Steigungen bereits in die kleinen Gänge zwingt, er schafft sein Kilometerpensum nur durch kontinuierliches Treten über den ganzen Tag. Die Nacht verbringen wir in einem Strohunterstand neben einer kleinen Finca. „Zelten ist viel zu gefährlich für euch", meint der freundliche Besitzer, und bringt uns nicht nur Kaffee, Reis und Bohnen, sondern schafft auch noch ein Bettgestell herbei! Und so schlafe ich mit direktem Blick auf den Vulkan Mombacho ein.

Ein kleiner Umweg führt uns nach Granada, angeblich die interessanteste Stadt Nicaraguas, aber es lohnt nicht. Die Häuser sind heruntergekommen oder zerfallen, teils auch zerschossen, lediglich die Hafenpromenade ist ganz nett, es fehlt jegliche touristische Infrastruktur, und seien es nur die gewohnten ambulanten Händler. Auch Touristen suche ich vergebens. In den Freiluftcafés auf der Plaza ist man zwar geschäftig dabei, Tische und Stühle zurechtzurücken, aber Limo gibt's keine.

Ich rufe von hier aus Willi in Managua an, Rolfs Vater hatte mir dessen Adresse gegeben. Zehn Minuten bearbeitet die Telefonistin in der jeder Beschreibung spottenden, total heruntergekommenen Zentrale angestrengt die Wählscheibe, bis sie mir strahlend Vollzug melden kann. Das muß wohl ein Erfolgserlebnis für sie sein! Dennoch habe ich das Gefühl, daß ein Bataillon Panzer auf der Leitung steht. Managua ist eben 50 Kilometer von Granada entfernt ...

Ich verabschiede mich von Frederick. Unser Fahrstil ist zu verschieden, um längere Zeit gemeinsam fahren zu können, außerdem möchte ich mich einige Tage in Managua umsehen, während er ans Durchfahren denkt. Schade, er ist ein netter Kerl.

Wie üblich gerät die Anfahrt in eine Hauptstadt zu einer stressigen Angelegenheit: Es ist furchtbar heiß, der Verkehr und die Abgase werden immer dichter, die Straßen sind eng.

Dann Orientierungsprobleme: In Managua gibt's keine Straßennamen! Adressen enthalten vielmehr neben dem Stadtteil ein ortsbekanntes Gebäude und von diesem wird die Richtung zum eigentlichen Adressaten dann nach der Himmelsrichtung und Entfernung angegeben, eine total verwirrende Sache, wenn man das übliche Schachbrettmuster lateinamerikanischer Innenstädte gewohnt ist. Willi wohnt in „Don Bosco D 121 De la Cruz Roja 3 cuadras abajo 20 varas al sur". Mich rettet dann Isabel, Willis Freundin, aus der Irrfahrt.

„Ein Glück, daß ich dich getroffen habe! Nach längerem Herumgefrage habe ich immerhin herausbekommen, daß Don Bosco der Stadtteil ist und es irgendwas mit dem Rotkreuzgebäude auf sich hat. Aber was bedeutet denn nur '3 cuadras abajo 20 varas al sur'?" Ich halte ihr mein Adreßbuch hin.

Sie lacht: „Ach, das ist ganz einfach, Clemente. Vom Rotkreuzgebäude sind's drei Blocks abajo, also nach Westen, und 16 Meter nach Süden, al sur. Und schon stehst du vor unserem Häuschen."

„Wieso denn 16 Meter?"

„Weil ein vara 33 inch entspricht, das macht 660 inch oder 16 Meter."

„Dios mío, da braucht man ja Kompaß und Taschenrechner. Weißt du, daß ich schon zweimal an eurem Haus vorbeigefahren bin?"

Nun müssen wir beide lachen. Erleichtert schiebe ich mein Rad aus dieser verwirrenden Umgebung ins sichere Haus.

Willi arbeitete bereits sechs Jahre als Lebensmittelchemiker beim Gesundheitsamt und hat sich inzwischen für eine weitere Beschäftigung beim Deutschen Entwicklungsdienst beworben. Mir wird zwar nicht klar, was jemanden so viele Jahre am gleichen Platz, zudem noch an einem solchen wie Nicaragua, halten kann, aber politische Gründe spielen bestimmt stark hinein.

Abendelang sitzen wir im engen Innenhof zusammen und diskutieren.

„Wußtest du, daß die Inflation 1986 bis 1988 ungeheure 12.617 Prozent betrug?"

„12.617 Prozent? Da mußt du ja mit einem Koffer voller Geld einkaufen gehen."

„Die Regierung hat nun ein Anti-Inflationsprogramm aufgelegt und eine neue Währung, den Gold-Córdoba, eingeführt. Die Inflation ist gebremst, aber für viele ist das Leben zur täglichen Lotterie geworden. Geh' nur mal in einen Supermarkt! Bei den Preisen wird es dir die Sprache verschlagen."

„Und wie kommen die Leute über die Runden?"

„Wie die über die Runden kommen? Schau nur Isabels Eltern an. Ich karre gelegentlich Lebensmittel aus einem der wenigen Supermärkte heran und sie verkaufen sie dann aus dem Wohnzimmer heraus, wie so viele andere. Nebenan gibt's Limo, an anderen Häusern Eis oder Brot oder sonstwas."

Die lautstarken fliegenden Händler, die den ganzen Tag mit ihrem Gemüsekarren, dem Tortillakorb oder dem Kasten Limo durch die Straßen ziehen, waren mir schon aufgefallen. Eigentlich müßte man gar nicht mehr das Haus zum Einkaufen verlassen.

„Und der Mercado Central, der öffentliche Markt im Zentrum, schwappt inzwischen bis in die umliegenden Wohnviertel hinein. Nach meiner Einschätzung ist der Markt seit dem Regierungswechsel 1990 auf den doppelten Umfang angewachsen, die Arbeitslosigkeit zwingt viele zu einem Händlerdasein", fügt Isabel noch hinzu.

In den folgenden Tagen schaue ich mir Managua genauer an, doch Berührungsängste sollte man als Busbenutzer nicht haben. Einmal fuhr ich mehrere Kilometer mit einem Bein auf dem Trittbrett stehend mit, das andere baumelte währenddessen draußen in der Luft, ein anderes Mal verpaßte ich die Haltestelle, weil ich im Bus dermaßen von Leuten eingekeilt war, daß ich nicht mehr nach draußen schauen konnte.

Eines ist verblüffend: Managua hat kein Zentrum! Vielmehr besteht es aus einer Ansammlung von Stadtteilen, die alle über die nötige Infrastruktur verfügen, dazwischen liegen Parks, noch mehr Grünland oder auch Elendshüttenviertel. Im alten Zentrum ragen nur noch vereinzelte Ruinen aus dem Brachland, breite, fast menschenleere Straßen führen in alle Richtungen, Menschen wohnen in den Ruinen, Leinen voller bunter Wäsche flattern in den leeren Fensterhöhlen. Endzeitstimmung, Kulisse eines Endzeitfilms.

Nur die Plaza Central wurde seit dem verheerenden Erdbeben 1972 und der nicht minder verheerenden Revolution 1978/79 wieder hergerichtet, der gammelige Nationalpalast, nun „Palast der Helden der Revolution", steht einträchtig neben der Ruine der Kathedrale und dem modernen Vorzeigezweckbau des Ruben-Dario-Theaters, während im Hintergrund das Hochhaus des Regierungszentrums aufragt. Übrigens eines der ganzen zwei Hochhäuser, über die Managua verfügt, das andere ist das Luxushotel Intercontinental. Von Aussichtspunkten wirkt Managua daher wie eine Parklandschaft, denn sämtliche Häuser verschwinden im Baumbestand. Aufgebaut wird das Zentrum wohl nicht mehr, genau unter ihm verläuft eine Erdbebenspalte.

Mich lassen diese Ausflüge fassungslos zurück: Alles wirkt so desolat, so hoffnungslos, so desorganisiert, so pessimistisch. Erdbeben, Revolution, Guerillakämpfe, das nächste verheerende Erdbeben wurde bereits prognostiziert, die demokratisch gewählte Regierung beginnt bereits, die wenigen Errungenschaften der sandinistischen Regierung - wie z.B. ein verbessertes Gesundheits- und Schulsystem - zu demontieren, und in den Nachrichten hört man bereits wieder starke Sprüche der Opposition unter Ortega, die nach einem Jahr relativer Ruhe und wirtschaftlicher Konsolidierung ganz nach einer neuen Revolution klingen.

Kann das Volk diesen Kreislauf irgendwann einmal auf Dauer durchbrechen? Kein Wunder, wenn die „Ticos" nur abfällig über die „Nicas" sprechen, aber die „Nicas" hatten ja auch noch nie die Chance, ihr Land in Ruhe aufzubauen.

Bei einem Anruf zu Hause erfahre ich, daß Rolf inzwischen Mexiko erreicht hat. Mann, hat's der eilig! Doch auch mich zieht es weiter, Tegucigalpa, die Hauptstadt von Honduras mit dem unaussprechlichen Namen, ist mein nächstes Etappenziel.

Auf dem Weg statte ich noch einer ehemaligen Kollegin von Willi in León einen Besuch ab. Ein Umweg zwar, aber León, Hauptstadt bis 1858 und dank der Uni intellektuelles Zentrum, hat sich einen besonderen kolonialen Charme bewahrt. Die Gassen sind eng, mit grobem Kopfstein gepflastert, die Häuser einstöckig mit weit heruntergezogenem Dach. Ein schönes Stadtbild.

Die nächsten Tage habe ich es dann recht eilig: Ein Furunkel etwas oberhalb meines linken Fußknöchels hat sich entzündet. Ich hatte bereits einige in Costa Rica, die ich aber mit Selbstbehandlung immer wieder in den Griff bekam, diesen aber nun nicht. Mein Bein schwillt immer stärker an, ist rotunterlaufen, Blut und Eiter quellen aus der Wunde. Nur noch unter großen Schmerzen kann ich laufen, Radeln geht da noch am besten.

Normalerweise bin ich nicht eben sehr rücksichtsvoll, wenn's um den eigenen Körper geht, aber dieses Mal befürchte ich Schlimmeres. Zu den hiesigen Krankenhäusern habe ich allerdings überhaupt kein Vertrauen, das einzig moderne steht in Managua, ein Entwicklungshilfeprojekt aus DDR-Zeiten. Klar, ich muß raus, nach Honduras, nach Tegucigalpa. Dieser Gedanke treibt mich vorwärts, durchs heiße Bergland, das ich Richtung Norden nun durchqueren muß.

Wenigstens ist der Asphalt gut und es gelingt mir immer, in einer Schule zu nächtigen, die Leute sind so freundlich und hilfsbereit.

Nachts wälze ich mich in Fieberträumen, steige morgens total gerädert und kraftlos aufs Rad.

Bereits am dritten Tag erreiche ich nach einer, wie mir scheint, endlosen Fahrt flußaufwärts durch ein Hochtal die direkt auf einer Kuppe gelegenen Grenzgebäude. Nach weiteren anderthalb Dollar und knapp einstündigem Warten auf den Zöllner darf ich aus Nicaragua ausreisen. Hinter dem Schlagbaum erwarten mich bereits anhängliche Schlepper, die ich kaum wieder loswerde.

Honduras - zur Mayastadt Copán

Wenn es so etwas wie perfekten Bürokratismus überhaupt gibt, dann stellt die honduranische Grenzabfertigung ein Lehrbeispiel dar.

Das beginnt mit der Registrierung der Paßdaten, wo man mir einen Papierstreifen mit Platz für weitere sechs Stempel aushändigt. Eine geschlagene Stunde renne ich dann zwischen Transit-, Zahl- und Landwirtschaftsstelle, zwischen Sicherheitsüberprüfung und Desinfektion hin und her, stehe an, passe aufs Rad auf und wehre allzu aufdringliche Schlepper ab.

Und nicht, daß man glaubt, das gehe alles kostenlos über die Bühne! Ein Stempel kostet wenigstens einen halben Dollar, das gäbe einen guten Stundenlohn, aber der Staat hat sich da wohl nur eine kräftig sprudelnde Nebeneinnahmequelle geschaffen.

Dann endlich kann ich erleichtert dem Wachposten an der Sperrkette einen vollgestempelten Papierstreifen in die Hand drücken, passiere die Grenze mit einigen Seufzern („von der Wiege bis zur Bahre Formulare, Formulare") und noch mehr innerlichen Flüchen. Nichts wie weg hier! Kein guter Anfang für ein Land.

Mein Bein pocht wie wild. Bereits in Danlí, der ersten Stadt hinter der Grenze, stoppe ich, lege mich nach einem kurzen Rundgang gleich ins Bett.

Bis Tegucigalpa gilt es noch einige Bergketten zu überwinden, zehn, ja zwanzig Kilometer lange mühsame Anstiege. Die Höhenlagen sind von ausgedehnten, siedlungslosen Kiefernwäldern bedeckt. Nadelwälder hatte ich schon eine ganze Weile nicht mehr gesehen, eine tolle Sache. Die Täler werden landwirtschaftlich intensiv genutzt.

Endlich liegt Tegucigalpa tief unter mir, eingebettet in Bergland, aber immer noch knapp 1.000 m hoch.

In der Deutschen Botschaft lasse ich mir die Adresse eines deutsch-sprechenden Arztes und einer guten Klinik geben. Nach den besorg-ten Gesichtern der um mich herumstehenden Ärzte zu schließen, sieht es mit meinem Bein nicht gerade gut aus. Dr. Tinoco in der Cli-nica „El Carmen", ein freundlicher älterer Farbiger, der einige Zeit an einer deutschen Uni gelehrt hatte, schickt mich dann auch gleich in die Ambulanz weiter. Dort wird der Furunkel aufgeschnitten, die wei-teren Einzelheiten erspare ich dem Leser lieber, jedenfalls ist die Sa-che äußerst schmerzhaft, da die Betäubungsspritze wegen der fortgeschrittenen Infektion nicht mehr wirkt und der Eiterherd bereits sehr tief sitzt.

„Von allein wäre das auf keinen Fall mehr geheilt", meint Dr. Tinoco tadelnd, „du hättest auf diese Weise sogar noch dein Bein verlieren können!"

„Na, so schlimm muß es ja nicht gleich kommen."

Weitere lockere Sprüche bleiben mir im Hals stecken, als mir eine Schwester recht rabiat zwei Antibiotika-Spritzen in den Hintern jagt.

So habe ich viel Zeit zum Briefeschreiben, Lesen und Fahrrad put-zen, sehenswerte Gebäude oder lebhafte Straßenszenen sind in Te-gucigalpa Mangelware. Aber immer noch besser, hier als im trauri-gen Managua festzusitzen.

Nur die hohe Polizei- und Militärpräsenz stört mich. Gleich am ersten Morgen klopfen zwei Typen von der Migración an die Hoteltür und überprüfen meine Aufenthaltserlaubnis (Pech gehabt, Jungs!).

Einige weitere Klinikbesuche zum Verbandwechseln, Spritzenkrie-gen und, endlich, Fäden ziehen, füllen die kommenden Tage aus. Die Heilung schreitet langsam, aber kontinuierlich voran. Ich kann wieder ans Weiterfahren denken.

Über Comayagua und vorbei am Lago Yojoa will ich nach San Pedro Sula in die Küstenebene strampeln, von dort weiter zu den Ruinen von Copán fahren. Guatemala ist dann nur noch einen Katzensprung entfernt.

Ein Vorteil der mittelamerikanischen Staaten ist ihre Größe bzw. eher Winzigkeit, sie sind schnell durchquert, zumal die Durchgangs-straßen recht gut asphaltiert, wenn auch nicht immer schotterfrei sind.

Zunächst mühe ich mich noch zwei Tage durchs Bergland, aber die weiten Kiefernwälder und die frische Luft sind mir trotz der Anstiege immer noch lieber als die brütend-heißen Täler. Ich fühle mich gut, die Schulter schmerzt inzwischen nur noch bei ganz ungeschickten Bewegungen und auch mein Bein sieht bereits wieder ganz annehmbar aus.

Der Lago Yojoa liegt nicht nur malerisch eingezwängt in schroffer Bergszenerie, sondern wird auch von einer unübersehbaren Zahl „Comedores" gesäumt, einfachen Bretterhütten-Lokalen, die „Pescado frito" (Bratfisch) mit Tortillas und eingelegtem, saurem Gemüse anbieten. Schmeckt toll, das Fleisch ist weiß und mager, und den Blick über die See- und Bergkulisse gibt's auch dazu.

Nach einer Gratis-Nacht in den Grünanlagen eines Luxusmotels brause ich auf irre langen Abfahrten vom Hochland in die schwülwarme Küstenebene Richtung San Pedro Sula hinab, die Hügel sind mit Ananasfeldern überzogen. Zum Mittagessen kaufe ich mir für 30 Pfennig eine große Ananas, lasse sie gleich schälen und esse sie im Stehen. Von honduranischer Sonne auf dem Feld bis zur Reife verwöhnt, das schmeckt doch ganz anders als Supermarktware!

Auf der Suche nach einem Zeltplatz gerate ich auf einigen Umwegen ins Haus des örtlichen Schuldirektors, eine Adobe-Hütte wie die restlichen des Dorfes auch. Es ist mal wieder ungemein interessant, hinter die Kulissen eines Dorfes zu sehen, das nicht einmal in meiner Straßenkarte eingezeichnet ist, und das Leben eines Schuldirektors zu beobachten.

„Schuldirektor" - klingt das nicht toll? Wohl in Deutschland. Hier bedeutet das: Ein Haus, dessen einziger Raum durch halbhohe Wände in drei Zimmer, nämlich zwei Schlafzimmer und ein kahles Wohnzimmer, aufgeteilt wurde und dessen Fußboden ebenso wie der Hof aus festgestampfter Erde besteht, ein Küchenanbau mit Holzfeuer, im Hof ein Wasserhahn, der Spüle und Waschmöglichkeit zugleich ist, weiter hinten im Garten ein Plumpsklo mit Tuch-Sichtschutz, einige Mangobäume, Hühner mit Küken und neun Kinder.

Drei davon besuchen die Sekundaria in San Pedro Sula, das ist schon etwas ganz Besonderes in einem Land, in dem gerade 35 % aller Kinder - mit einigen Warteschleifen - die Primaria beenden, in dem aber auch viele Kinder angesichts der Kosten für Uniform, Schreibzeug und Unterkunft (falls man keine Verwandten im Ort hat) nicht einmal die Sekundaria besuchen können. Viel Geld zum Leben bleibt so nicht mehr, seine Frau bemüht sich derzeit um ein Arbeitsvisum für die USA.

Trotzdem sind die Leute überaus freundlich. Klar, ist ja auch eine Sensation, so ein Radler aus Alemania in diesem Dorf, immer wieder schauen neugierige Köpfe zur Tür herein.

Einer der Söhne erklärt mir die verschiedenen Mangoarten im Garten, ich muß von jedem Baum eines von diesen köstlichen Riesendingern probieren und nach der dritten ist's mir etwas komisch im Magen zumute.

Wieder sorgt ein kräftiges Spätnachmittagsgewitter für etwas Abkühlung, so wie jeden Tag inzwischen. Der Regen prasselt ohrenbetäubend auf das Wellblechdach und hört erst spät in der Nacht wieder auf.

Dann ade, liebe Leute. Die folgenden Tage steht „Kultur" auf dem Programm. Am Ende eines langgezogenen Tales erreiche ich das Dörfchen „Copán Ruinas". Anita und Thomas, Rucksacktouristen aus Ludwigsburg - nur zwanzig Kilometer von meinem Heimatort entfernt - gabeln mich gleich bei meiner Ankunft auf und zeigen mir ein schönes nettes Hotel. Wenig später sitzen wir bereits in einer urigen Kneipe mit dem sinnreichen Namen „Llamas del Bosque" (Waldesrufen) und schwätzen kräftig schwäbisch.

Die Ruinen von Copán sind mein erster Kontakt mit der Maya-Kultur überhaupt. Es sind die einzigen von Bedeutung in Honduras und sie werden entsprechend touristisch betreut. Aber fast noch interessanter als die eigentlichen Ruinenstätten mit ihren Stelen (Inschriftsteinen), Tempeln, Zeremonienplätzen, der Sonnentreppe und den beeindruckenden Steinmetzarbeiten sind die Restaurierungsarbeiten. Ganze Hundertschaften werkeln an weiteren Tempeln, bauen wieder auf, was Zeit und Klima zerstört haben.

Nach längerem Überlegen steuere ich Guatemala nun doch direkt an, es sind nur 14 Kilometer bis zur Grenze. Ich mache mich bereits wieder auf Unannehmlichkeiten gefaßt, aber Migración und Transitpolizei sind heute die einzigen Stationen, und schon bin ich draußen. Auf der guatemaltekischen Seite ist die Prozedur noch formloser.

Maya-Stele in Copán, Honduras

Auf kurvigen Pisten durch das Bergland von Guatemala

Guatemala - Land der Märkte und Farben

Ich will nun geradewegs nach Guatemala City strampeln, das müßten so etwa 230 Kilometer sein, kleinere Städte wie Chiquimula, Zacapa und Sanarate möchte ich nur als Übernachtungsstopp nutzen.

Die 50 Kilometer Schotterpiste bis Chiquimula machen mich fühlbar mit einem typischen Merkmal Guatemalas vertraut: Die Straßen sind ganz schlicht miserabel, sei es nun Schotter oder Asphalt. Vor allem an den kurzen und harten Anstiegen gleicht die Straße eher einem Flußbett mit weit herausschauenden Steinen denn einer Fahrbahn. In den Flußtälern liegen kleine Dörfer, die Leute haben heute ihre Sensation: ein Radler kommt durch!

Nach all den US-amerikanisierten Staaten wie Panama, Costa Rica, Honduras und auch Nicaragua, die kaum noch eine größere indianische Urbevölkerung aufweisen, hat sich die indigene Kultur hier in Guatemala auf wundersame Weise behaupten können. Dies gilt vor allem fürs Hochland im Norden und Westen Guatemalas, wo fast nur Indígenas leben, während sich die „ladinos" im Tiefland in Sitten, Kultur, Kleidung und Lebensweise bereits dem mächtigen Nachbarn Mexikos angepaßt haben. Der Anteil der Indígenas beträgt in Guatemala über 50 Prozent. Das erinnert mich stark an Bolivien.

Wie alle lateinamerikanischen Staaten hat auch Guatemala eine Menge wirtschaftlicher Probleme. Die Indígenas leben in traditioneller Selbstversorgung und tragen so nicht übermäßig zum meßbaren Bruttosozialprodukt bei. Der Export basiert überwiegend auf Landwirtschaftsprodukten wie Kaffee, die Exporterlöse von Bananen fließen zum größten Teil in die Kassen amerikanischer Fruchtkonzerne. Guatemala macht sich erst langsam von den Nachwirkungen einer brutalen Militärdiktatur frei, deren Repression vor allem die Indios in voller Stärke zu spüren bekamen. Das ging bis zur Zwangsumsiedlung rebellischer Bergdörfer in überschaubare, leichter kontrollierbare Plansiedlungen. Auch heute noch kann ich regelmäßig von Übergriffen des Militärs auf die indianische Bevölkerung in der Zeitung lesen, und im Norden tobt weiterhin ein erbitterter Guerillakrieg.

Die gesamte Infrastruktur bewegt sich auf entsprechend niedrigem Niveau, angefangen bei den Straßen, obwohl nun zumindest an der Panamericana fleißig gewerkelt wird. Aber damit scheinen sämtliche Finanzmittel für den Straßenbau bereits aufgebraucht zu sein, Nebenstrecken fristen weiterhin ein staubiges Dasein.

Meine Erwartungen sind irgendwie indifferent, ich bin mir nicht sicher, ob Guatemala nun wirklich eine Neuauflage von Bolivien wird, das mir ja landschaftlich und kulturell ungemein gut gefallen hat, oder ob hier nicht auch schon mehr dem Dollar und dem US-Tourismus als den eigenen Ursprüngen gehuldigt wird.

Guatemala ist jedenfalls angenehm billig, die erste Nacht schlafe ich für rund einen Dollar in einem netten Hotel in Zacapa, einer Provinzhauptstadt, sitze abends an einem Kiosk auf der Plaza, trinke Limo und beobachte das fröhlich-lärmende Treiben junger Leute. Motorroller oder gar schwere Maschinen scheinen hier ein Statussymbol zu sein, man fährt auf und ab, gibt auch mal kräftig und eindrucksvoll Gas, „cruising" nennt sich das so schön auf Englisch.

Zwei weitere Tage brauche ich bis Guatemala City, steige von 200 m Höhe in Zacapa auf rund 1.500 m in Guatemala City auf, aber absolut sind's natürlich wieder einige Höhenmeter mehr, da jede Gebirgsfalte wieder zusätzliche Höhenanstrengungen kostet.

Die Straße erfordert meine volle Konzentration: Risse in allen Richtungen gibt's immer, 15 Kilometer sind total zerfressen, sind x-mal mit Asphaltpflastern ausgebessert worden. Straßenbauarbeiter werfen den Asphalt einfach vom langsam fahrenden Lkw in die Löcher, der Verkehr fährt ihn dann fest. Ich habe das Gefühl, einen langgezogenen Streuselkuchen zu befahren. Dazu sticht die Sonne im Juli nun mit voller Kraft, röstet mich langsam zu einer überdimensionalen Kaffeebohne, Schatten suche ich auf der Bergstrecke vergebens.

Zum Glück gibt's viele Tankstellen, meist kombiniert mit Kiosk oder Restaurant. Und da wartet mein Standardessen: Reis mit Rührei, Frijolenpampe (Bohnenmus) mit Sauercreme, nicht zu vergessen die allgegenwärtigen Maistortillas mit ihrem gewöhnungsbedürftigen faden Geschmack wie, na ja, wie vielleicht ein gut abgelagerter Pappkarton (obwohl ich zugeben muß, noch keinen probiert zu haben).

Stundenlange schweißtreibende Anstiege folgen, ohne sensationelle Ausblicke, aber mit sensationeller Giftstoffkonzentration in der Atemluft, wenn mich einer der vielen stinkenden Busse überholt.

Mein erster Eindruck und Wunsch in Guatemala City ist, diese Stadt so schnell wie möglich wieder zu verlassen! Röhrend und rauchend und stinkend brausen Hunderte von Minibussen durch die Avenidas, machen es mir schwer, den zahllosen Rissen und Schlaglöchern auszuweichen. Die allgemeine Hektik, die Menschenmassen und die Enge, die nach den Tagen auf dem Land mit seiner Weite wie eine Woge über mir zusammenschlagen, tragen das ihrige dazu bei. Platzangst übermannt mich.

Das „Hotel"-Angebot in der unteren Preisklasse beschränkt sich auf muffige Löcher mit Armeen von Kakerlaken, die allabendlich zum Angriff auf alles halbwegs Eßbare (in ihrem Sinne) blasen. An ihren Anblick und ihre Gesellschaft habe ich mich zwischenzeitlich leidlich gewöhnt. Mehr als an die rücksichtslose Lautstärke von Radio und Fernseher, meine allabendlichen Hoffnungen auf einen stundenlangen Stromausfall erfüllen sich leider nicht.

Ich hoffe nur, daß das ersehnte Päckchen meines Vaters mit Straßenkarten und Ersatzteilen bereits auf der Botschaft liegt, ich habe keine Lust, hier längere Zeit zu warten. Aber nun ist erstmal Wochenende, reichlich Zeit, das wenige Sehenswerte dieser Stadt zu inspizieren. Plaza Central, Kathedrale und Nationalpalast im schwülstigen Pseudo-Kolonialstil gehören dazu, und am Sonntag zuckle ich wie Tausende Einheimischer zum Zoo im Süden der Stadt. Ein wahres Volksfest ist das fürs Auge, dieses Durcheinander aus traditionellen Indiotrachten und westlichem Einheitslook, die lärmende Ausgelassenheit der Familien ist ansteckend, und ich lasse mich einfach von der Menge mittreiben.

Montag: Das Päckchen ist tatsächlich eingetroffen! Erleichtert rufe ich gleich meinen Vater an. Der sagt auch:

„Michael ist vor Mexico City von drei Pickup-Fahrern mit Waffengewalt überfallen worden!

„Wie ist denn das passiert?"

„Er wurde wohl mit einem Gewehr bedroht, bekam noch einen Stein an den Kopf und mußte die gesamte Ausrüstung samt Rad abgeben. Die Polizei händigte ihm dann sämtliche Habe im nächsten Dorf wieder aus, irgendwie konnte sie die Täter bald erwischen. Aber so ganz bin ich aus den Schilderungen von Michaels Vater nicht schlau geworden."

Keine gute Nachricht. Unsere Eltern stehen immer noch im Telefonkontakt miteinander, obwohl wir schon lange nicht mehr zusammen radeln. So bin ich weiterhin ganz gut über die Erlebnisse meiner ehemaligen Kollegen informiert. Michael hatte wirklich Schwein gehabt. Vor einem Überfall fürchte ich mich inzwischen am meisten. Allein die Tagebücher zu verlieren wäre nur schwer zu verschmerzen!

Am folgenden Tag suche ich das örtliche Touristenbüro auf.
„Señor, eine Tour in das nördliche Bergland kann ich überhaupt nicht
empfehlen. Bis Chichicastenango schon, aber weiter nördlich auf
keinen Fall. Und dazu noch mit dem Fahrrad!"
Die Señora im Touristenbüro ist außer sich. Dabei hatte ich nur wissen wollen, in welchem Zustand die Straße durchs Bergland sei.
„Ja, aber da leben doch Menschen. Was soll denn so gefährlich
sein?" versuche ich einzuwenden.
„Guerilleros gibt es dort, und die schrecken auch vor Anschlägen auf
Touristen nicht zurück. Da oben herrscht Krieg."
Das scheint hier wohl ähnlich wie in Kolumbien zu sein. Entsprechend ernst nehme ich die Warnung - nämlich überhaupt nicht. Klar,
die gute Frau gibt nur Informationen weiter, die sie von höheren Stellen vorgesetzt bekommt. Der Regierung ist es sicherlich nicht sehr
gelegen, wenn Touristen Zeugen von Menschenrechtsverletzungen
des Militärs werden, oder als was sonst soll man die zwangsweise
Umsiedlung ganzer Dörfer verstehen?

Mein Entschluß steht fest: Nächstes Ziel ist Antigua, anschließend
will ich nach Panajachel an den Lago Atitlán pedalen. Danach soll's
vorbei an Chichicastenango hinein ins Bergland gehen, in einer weiten Schleife möchte ich wieder auf die Panamericana östlich von
Guatemala City treffen. Belize und die mexikanische Yucatán-Halbinsel locken.
Leichten Herzens packe ich also nach zwei Tagen wieder mein Rad
und sage den Kakerlaken „ciao". Antigua ist nur eine Halbtagesfahrt
entfernt.
Antigua, oder genauer, Antigua Guatemala, war bis zu einem schweren Erdbeben 1777 die Hauptstadt Guatemalas. Heute ist es ein nettes Städtchen mit viel Kolonialflair, mit einstöckigen, farbenfrohen
Häusern, mit engen Gassen und einem Kopfsteinpflaster, das beweist, daß früher noch weniger als heute Rad gefahren wurde. Mit
dem ruhigen, beschaulichen und überschaubaren Lebensstil genau
der Gegensatz zur Hauptstadt, es sei denn, man kommt gerade am
Sonntag, wenn Tagesausflügler aus der nahen Hauptstadt die
Innenstadt in einen großen Parkplatz mit Verkehrsstaus und die Plaza in ein Tollhaus verwandeln.
Gesprächspartner finde ich genügend, denn Antigua ist eine Hoch-
burg für Sprachschulen. Über 30 soll es hier geben, mit entspre-

chend vielen nordamerikanischen und europäischen Gringos. Viele Touristenrestaurants, Kneipen und Cafés (mhh!), Bücherläden usw. machen die Tage angenehm.

Tagsüber sitze ich stundenlang auf einer Bank unter schattenspendenden Platanen auf der Plaza oder schlendre durch die engen Gassen, beobachte die Indios in ihren farbenfrohen Trachten, wie sie ihren Tagesgeschäften nachgehen oder mit einem Bündel auf dem Kopf zum Markt eilen. Dieser bietet boliviengewohnte Atmosphäre: Da sitzen die Indiofrauen in farbenvollen Röcken und Blusen, zwischen wohlgeordneten oder wilden Gemüsehaufen, Schnittblumen, Holzkohle oder Fleisch.

Abends besuche ich eine Fiesta auf der Plaza, wo eine Salsaband auf der einen und eine Marimbaband auf der anderen Seite unter Lampionketten für ein schwer entwirrbares Musikknäuel sorgen und dazu noch ohrenbetäubende Kracher gezündet werden. Mit Pechfackeln beheizte Luftballons steigen in die Luft. Mir ist nicht ganz klar, was hier eigentlich gefeiert wird, augenscheinlich geht es mehr darum, zu sehen und gesehen zu werden. Auf dem Nachhauseweg ziehen mich urige Bluesrhythmen in eine Kneipe, hier feiern nun die Touris, die Füße wippen und „Gallo-Cerveza" läuft in Strömen.

Wochen hätte ich noch hierbleiben können, aber mein knapper Zeitplan läßt mir keine Wahl: Lago Atitlán, eine weitere Touristenhochburg, wartet. In endlosen Steigungen arbeite ich mich durch das Gebirge von 1.520 m bis über 2.620 m Höhe empor, passiere dabei auch Hochebenen. Indios arbeiten emsig in Mais- und Kohlfeldern, bis sie mich entdecken. „Mira, la bicicleta!", dann wird gegafft. Die Leute an der Strecke sind oft recht unfreundlich, machen spöttische Bemerkungen, ahmen amerikanischen Slang nach, es fliegen auch mal Steine. Tja, Amis sind auch hier Zielscheibe des Spotts, und jeder Tourist ist erstmal ganz automatisch ein Amerikaner. Ich glaube, „Alemania"-Schilder am Gepäck haben auch wenig Sinn, wenn die Analphabetenrate auf dem Land über 40 % beträgt ...

Ich schlängele mich weiter durch grüne Seitentäler, die saftigen Mattenwiesen und Nadelwälder wirken auf mich heimatlich. Die Panamericana ist teilweise total zerbröselt, da fahre ich dann lieber auf dem sandigen Seitenstreifen. Dann endlich die Abzweigung zum See. Nach weiteren Kilometern durch ein liebliches Seitental voller Obstbäume und Maisfelder fällt die Straße hinter Sololá abrupt zum Seeufer ab, 550 Höhenmeter innerhalb acht Kilometer, und das auf einer sehr schlechten Straße. Über eine Stunde bremse ich hinunter, gewinne weiteres Vertrauen in die Verläßlichkeit meiner Bremsen.

Wie ein Lapislazuli liegt der Atitlán-See eingebettet zwischen olivgrünen Hügeln, überragt von drei Vulkankegeln, dem Tolimán, Atitlán und San Pedro, kleine Dörfchen kann ich am Seeufer ausmachen. In Panajachel, von den Guatemalteken wegen der hier zahlreich lebenden Gringos auch scherzhaft „Gringotenango" genannt, suche ich mir eine Pension.

Bob, ein Ami, der mehrere Monate im Jahr hier lebt, hilft mir dabei. Ich verabrede mich mit ihm für den nächsten Tag in einer Kneipe. Viele Althippies mit Bärten und langen Haaren hängen hier herum. „Das sind nicht nur Aussteiger", erzählt mir Bob, „manche machen hier ganz gute Geschäfte mit Korbwaren."

„Und wie läuft das ab?"

„Immer nach demselben Muster: Man gründet mit den Indios eine Cooperative und exportiert dann die Artikel, hauptsächlich in die USA. Das hat für beide Seiten Vorteile. Einmal werden Traditionen gepflegt, zum anderen pflegen die ihr Konto."

„Meinst du, die Indios werden dabei nicht ausgebeutet?" will ich noch von ihm wissen.

„So würde ich das nicht sehen, immerhin haben sie eine Beschäftigung. Die Arbeitslosigkeit ist ja wahnsinnig hoch. Du mußt nur mal die Hauptstraße zum Seeufer hinunterlaufen, was siehst du da? Stände über Stände mit Webtextilien, Gürteln und sonstigen Lederartikeln. Jeden Morgen werden sie aufgebaut und jeden Abend mit gleicher Regelmäßigkeit wieder ab."

„Stimmt", pflichte ich ihm bei, „und kaum liegst du zehn Minuten am Ufer und willst mal in Ruhe lesen, schon halten dir die nächsten Indio-Mamis oder Kinder Hemden und Armkettchen unter die Nase."

„Na also, besser, die Indios arbeiten für den Export als daß sie betteln gehen, wie inzwischen immer öfters zu sehen ist."

Das mag ja noch verständlich sein, aber wenn man als Amerikanerin in Original-Indiotracht aufkreuzt und dann breitesten amerikanischen Slang zum Besten gibt, dann ist meine Toleranzschwelle erreicht. Wie kann man sich nur so einer Tradition, einer uralten Kultur, anbiedern, die aber wohl aus etwas mehr als nur Trachten besteht? Das wirkt lächerlich.

Der Kontrast zwischen reichem Aussteiger und armem Indio fällt mir oft auf, noch mehr, als ich eine Halbtageswanderung am Seeufer entlang unternehme. Zeit dazu habe ich genug, ein entzündeter Furunkel am Gesäß hält mich länger als mir lieb ist in Panajachel fest.

Per Bus lasse ich mich die 600 Höhenmeter nach Godinez aufs Hochplateau hinaufbringen, die Fahrt allein ist schon ein Abenteuer. Das beginnt mit der Herumfragerei nach Startpunkt und Uhrzeit eines Busses in die gewünschte Richtung - die Indios haben eine erstaunliche Vielfalt von Antworten auf Lager -, und endet dann eingezwängt zwischen zwei dicken Indiomamis und ihren Körben auf einer viel zu schmalen Sitzbank, verurteilt zur Bewegungslosigkeit.

Die Fahrt bietet atemberaubende Ausblicke, der Bus röhrt und ächzt im ersten Gang über Felsplatten und Geröll die steile Piste hinauf, und an der engsten Stelle muß uns natürlich ein anderer Bus begegnen. Nach kurzer Begutachtung werden die Spiegel eingeklappt und es geht im Zentimeterabstand am gähnenden Abhang entlang. Danach bin ich froh, der Enge entfliehen und für einige Stunden wandern zu können.

In vielen Kehren fällt der Fußweg vom Hochplateau zum Seeufer ab, glattgestampft von unzähligen barfüßigen Indios, Erwachsenen wie Kindern, die schwere Lasten auf dem Kopf balancieren. Sie grüßen überaus freundlich und sind gern bereit, für ein paar Quetzales (die Landeswährung) für ein Foto zu posieren. Das habe ich aus Prinzip noch nie gemacht, obwohl mich die Motive schon reizen würden. Wie oft mögen die Indios die gleiche Strecke zurücklegen? Und wie lange noch? Einige Orte hat die neue Piste am Seeufer entlang bereits erreicht, Motorengeräusch dringt herauf.

Nach einer Cola in San Antonio Polopó laufe ich die zehn Kilometer auf der staubigen Uferstraße bis Panajachel zurück, passiere Villen der Ami-Aussteiger inmitten unnatürlich grünem Rasen. Allenthalben wird kräftig an neuen Häusern gewerkelt. Wie wird das hier in fünf Jahren aussehen? Vielleicht wie Santa Catarina Polopó? Das ist ein Indiodorf, an den Abhang gezwängt und vom Wasser abgeschnitten durch einen breiten Gürtel von Luxushotels und -villen. Ein harter Kontrast von arm und reich.

Ich unternehme noch eine weitere Wanderung, dieses Mal von Sololá nach Panajachel hinunter, eine Strecke, die ich bereits mit dem Fahrrad befahren hatte, deren Szenerie ich aber wegen der miserablen Piste nicht so recht genießen konnte. Und ich besuche auf zwei Bootstouren abgelegene Dörfer am See, Dörfer, die nur über Fußwege oder Pisten zu erreichen sind. San Pedro La Laguna, zwei Stunden von Panajachel, enttäuscht mich etwas, es ist nicht so touristenverseucht, aber vielleicht fallen deshalb die Touris in ihren Shorts zwischen den Trachten so unangenehm auf.

In Santiago Atitlán bin ich positiv überrascht: Es ist Markttag in dem kleinen Dörfchen, die Indios tragen wieder wunderbare, unglaublich farbenfrohe Trachten, ältere Frauen meist noch eine Kopfbedeckung aus einem aufgerollten leuchtend roten oder orangenen Tuch, die Männer gestreifte, knielange weite Hosen, die manchmal noch mit Motiven bestickt sind.

Im „Museo Ixchel" in Guatemala City konnte ich mich noch davon überzeugen, daß jedes Departement, jedes Dorf seine eigene Tracht hat. Für einen Kenner ist es dann leicht, von der Tracht auf den Heimatort des Indios zu schließen. Auch mir gelingt das bereits in einigen Fällen. Unglaublich, wie anmutig auch kleine Indios schwere Lasten auf dem Kopf balancieren und durchs Getümmel zu bereitstehenden Lkws eilen. Und lustig ist, daß fast alle Indiofrauen alte Niveadosen als Geldbeutel benutzen.

Abends sitze ich an der Uferpromenade, bestaune die Abendstimmung am See, den endlosen Variationsreichtum im Zusammenspiel von Wind, Sonne und Wolken, die den See allabendlich in anderen Formen schimmern läßt, hänge meinen Gedanken nach.

Schade, daß eine so wunderbare Landschaft touristisch so ausgeschlachtet wird. Ausverkauf, und die Indios haben sich anzupassen. Würde ich mich hier in fünf Jahren noch auskennen? Wahrscheinlich gibt's dann noch mehr Bettler als jetzt schon, die ambulanten Händler werden noch aufdringlicher und die Preise noch höher sein.

Donnerstags und samstags ist großer Wochenmarkt in Chichicastenango, Grund für mich, wieder das Rad aufzupacken. Zweieinhalb Stunden keuche ich 1.000 Höhenmeter hinauf, radle bis zur Panamericana dieselbe Strecke zurück und zweige dann nach Norden ab. Die Gegend ist dicht besiedelt, Adobe-Hütten tauchen bis zum Dach in den Maisfeldern unter. Ich werde einige Male mit Gegenständen beworfen, mal mit Obstresten, mal mit Holzstücken. Wenn ich nur wüßte, was in den Köpfen dieser Leute vorgeht! Mich trifft ihr Verhalten ganz besonders, denn gerade als Reiseradler versuche ich ja, den Menschen und der Natur unaufdringlich nahe zu sein, ohne eine trennende Scheibe zwischen mir und der Umwelt. Nur so glaube ich, ein enges Verhältnis, gepaart mit Verständnis, zu den Menschen, ihrer Kultur, ihrer Lebensweise und aktuellen Lebenssituation aufbauen zu können. Das Rad ist einfach das ideale Fortbewegungsmittel dafür. Vielleicht ist das Steinewerfen Ausdruck von latentem Frust mit der eigenen Situation, vor allem die Amis sind nicht eben zimperlich, wenn es um die Zurschaustellung von Reichtum geht. Ein langsamer, ungeschützter Radler kommt dann gerade recht, aufgestaute Aggressionen abzulassen. Vielleicht spielt bei Kindern auch Langeweile oder Spott mit, nicht selten schaute ich zornig in lachende Gesichter, was meinen Ärger nur noch mehr anstachelte.

Als ich in Chichicastenango eintreffe, sind bereits viele Stände auf der riesigen Plaza aufgebaut, es herrscht schon reger Betrieb. Enttäuscht stelle ich aber fest, daß 80 oder gar 90 Prozent aller Stände nur Touristenwaren anbieten.

Trotzdem ist das Getümmel sehenswert. In einer Prozession tragen kirchliche Würdenträger, ältere Indios in ihren Trachten, Jesus auf dem Esel (als Figur) ums Carré. An jeder Ecke wird ein Böller gezündet, eine Musikkapelle rundet mit schrägen Tönen die Geräuschkulisse ab. Vor dem Portal der Santo-Tomás-Kirche schwenken Indios stundenlang Kessel mit brennendem Weihrauch, murmeln dazu Gebete und verschwinden ins Kircheninnere, um dort weiterzubeten. Für Böller ist offensichtlich genug Geld vorhanden, -zig davon werden nachmittags mit dem Segen der Kirche in die Luft gejagt. Da könnte ich schon wieder schimpfen. Auffallend viele Betrunkene torkeln umher, schlafen ihren Rausch auf dem Gehweg oder in Hauseingängen aus.

Meine Pension füllt sich mit Touristen. Der Markt am nächsten Morgen ist enttäuschend, eigentlich ein reiner Touristenmarkt. Das klassische Angebot von Obst, Lebensmitteln und was der Indio sonst noch so braucht fehlt fast gänzlich. Und als dann noch Busladungen von Touristen mit schußbereiten Videokameras in Pulkformation in den Markt drängen, nehme ich Reißaus. Für mich hatte der kleine Markt in Santiago Atitlán wesentlich mehr Flair. Vergiß Chichi!

Damit wären die Wochen der kurzen Fahrtstücke und langen Aufenthalte beendet, vor mir liegt nun eine Etappe, die ich als Herausforderung betrachte, vielleicht auch ein wenig als Abenteuer. Ich glaube, nur wenige Reiseradler haben bisher diese Strecke unter die Räder genommen. Wenn die in der Touristinfo wüßten, daß ich nun mitten ins Rebellengebiet hineinfahre ...

Guatemala ist das Land der farbenprächtigen Märkte und Trachten

Zeitungsartikel von der Panamericana-Radtour

In einer weiten Schleife durchquere ich das Bergland im Norden, eine Strecke, die mich östlich von Guatemala City wieder auf die Panamericana bringen wird.

Drei Tage quäle ich mein Rad über Schotter, über gepflasterte Abschnitte, die so grob und ausgewaschen sind, daß ich gerade noch so am Rande fahren kann. Aber ich muß auch einige Stücke schieben, kratze nach Regen klebrigen Lehm unter den Schutzblechen hervor, wuchte mein Rad stundenlang übersteile und ausgewaschene Abschnitte hinauf und malträtiere die Bremsen ebenso lang auf steilen Abfahrten.

Es sind drei Tage einsame Berg- und Talfahrt, denn nur wenige Ortschaften behaupten sich in den Tälern, ansonsten habe ich die Landschaft und eine meist nur einspurige Piste, die teilweise mit grandiosen Blicken an Berghängen entlangführt, für mich allein. Drei Tage, die mich einige Male an den Rand der Erschöpfung bringen und mir doch größere Glücksgefühle bescheren als jede gut ausgebaute Asphaltpiste.

Sacapulas, Uspantán, San Cristóbal Verapaz, das sind unbedeutende Orte auf der Straßenkarte, aber für mich immer Oasen der Erholung nach anstrengendem 40- bis 60-Kilometer-Tagesritt, denn immer findet sich eine kleine Pension und eine Dusche.

Als ich am Abend des dritten Tages in San Cristóbal Verapaz auf einer Anhöhe vor der Wallfahrtskapelle sitze und über die Stadt und das bergige Umland schaue, weiß ich, daß ich es mal wieder geschafft habe. Hier beginnt nämlich zu meiner Freude bereits wieder Asphalt! Und kein einziger Guerillero lief mir über den Weg!

Eine kurze und abwechslungsreiche Tagesetappe führt mich weiter über unzählige Hügel und entlang eines gewundenen Hochtales zum „Biotopo Quetzal". Ein Möchtegern-Hobbyrennradler schließt auf, nach einigen Sätzen kommt er auch schon auf das für ihn Wesentliche zu sprechen.

„Schenk' mir eine deiner Trinkflaschen - als Erinnerung." So was passiert öfters, ich lache dann nur, reagiere nicht weiter. Allerdings frage ich mich jedes Mal, für wie doof sie eigentlich die Touris halten. Das Biotop ist noch relativ neu, die Anlage wirkt noch unfertig. Ist der mehrstündige Trail durch den Bergurwald schon ein Genuß, wird der Campingplatz vollends zum Traum. Kräftig sprudelnde Bergbäche und dichte Tropenvegetation umschließen vier terrassenförmig angelegte Plätze mit Feuerstelle und Sitzgelegenheiten. Ganz allein stelle ich hier mein Zelt auf. Gibt es ein schöneres Fleckchen als dieses? Lange windet sich die Straße noch durch herrlich kühlen Nadelwald, vorbei an Almwiesen und kleinen Dörfchen, und vielleicht gefällt mir die Strecke deshalb so gut, weil sie mich ein wenig an den heimischen Schwarzwald erinnert. Aber natürlich nur ein wenig. Außerdem fahre ich ja mit dem Fahrrad der Karibik entgegen ...

Nach einem letzten atemberaubenden Blick über die Tiefebene um die Stadt Salamá sause ich abwärts. Und sause und sause und sause. Innerhalb von 30 Kilometern verliere ich 2.000 m Höhe, verlasse den letzten kühlen Nadelwald, durchquere Buschvegetation, um dann die ersten bläulich-dunstigen Ausläufer der Trockensavanne zu erreichen. Schwerer Tropengeruch steigt mir in die Nase, die drückende Hitze wirkt erschlagend. Bis weit nach Mexiko hinein wird mich dieses Klima noch begleiten, keine schönen Aussichten. An einem Stand hole ich mir erstmal eine gekühlte Kokosnuß, feiere so die Rückkehr in subtropische Klimazonen.

Guatemalas Norden, die Dschungelregion Petén und die Maya-Ruinen von Tikal sind mein nächstes Ziel. Hinter der Abzweigung nach Zacapa wird kräftig an der Straße gewerkelt, zwischen total zerfurchten, teilweise nur geschotterten Abschnitten surren die Reifen über Flüsterasphalt vom Feinsten. Ein Potpourri, dessen Logik ich nicht ganz verstehe.

Das ist schon ein toller Kontrast: gestern noch kühle Kiefernwälder und Almwiesen, heute eine saftig grüne und hügelige Tropenlandschaft, durchsetzt mit Palmen und verwitterten Holzhütten mit Palmwedeldächern. Wenigstens spenden Bäume entlang der Straße genügend Schatten.

Der Kilometerzähler springt wieder auf 0,0 um - 20.000 Kilometer sind abgeradelt! Die meisten der letzten 10.000 bin ich nun alleine gefahren, ich hätte nie geglaubt, so gut alleine zurechtzukommen, nicht nur mit meiner Umwelt, sondern ganz besonders mit mir selbst. Ich fühle mich ausgeglichen und selbstbewußt wie noch nie zuvor in meinem Leben und habe keine Zweifel, diese Tour auch vollends allein durchstehen zu können. Ich habe mich inzwischen so an den Reiserhythmus gewöhnt, daß ich gar nicht mehr an ein Ende der Tour denken mag. Das Bewußtsein, auf dem Fahrrad zu sitzen und Strecke zu machen, einfach die Kilometer dahinfließen zu sehen, ohne einen Gedanken an das Ziel zu verschwenden, ist mir oft wichtiger als das Erreichen eines imaginären Zielpunktes. Ich habe das

Gefühl, abends ein Etappenziel nur noch zu erreichen, um es anderenmorgens frohgemut wieder verlassen zu können, um neuen Erlebnissen und Eindrücken entgegen zu fahren. Ich bin auf dem besten Weg, ein „Radreise-Maniac" zu werden. Biken als Droge. Was braucht der Mensch wirklich zum Überleben und zum Glücklichsein? Alles Lebensnotwendige hat in meinen sechs Packtaschen Platz, und was nicht hineinpaßt, ist nicht mehr wichtig. Vieles vermeintlich Unentbehrliche hatte ich in den ersten Monaten nach Hause geschickt oder einfach verschenkt oder verkauft, mit meiner jetzigen Ausrüstung könnte ich noch um die Welt radeln. Und so billig wie jetzt würde ich zu Hause nie leben können. Aus dem Kauf- und Konsumkreislauf habe ich mich inzwischen ausgeklinkt, viel wichtiger ist mir ein voller Magen, gute Gesundheit und gelegentlich eine heiße Dusche geworden.

Die Ruinen von Quirigua liegen inmitten einer endlos erscheinenden Bananenplantage, Sattelschlepper karren unentwegt die krummen, noch grünen Früchte heraus und decken mich mit einer Staubschicht nach der anderen ein. Durch die Plantage zieht sich eine Art „Bananenlift", an dessen Stahlhaken Bananenbündel nach Bananenbündel langsam zum Verladeplatz schwebt. Leider viel zu grün zum sofortigen Verzehr ...

Im Vergleich zu den Mayaruinen von Copán sind die von Quirigua recht unscheinbar, am eindruckvollsten sind die bis zu acht Meter hohen, überaus reich verzierten Stelen, die damit die höchsten in ganz Amerika sein sollen! Aber ein sogenannter Geheimtip ist auch das hier nicht mehr. Englische, französische und deutsche Sprachfetzen schwirren mir um die Ohren. Eine junge Französin schenkt mir ein Pfund überzählige Wurst und genügend Brot, um auch einen Radlermagen zu füllen.

Ich darf direkt neben den Ruinen auf dem Parkplatz zelten. Die Luft steht im Zelt, kontinuierlich laufen Schweißtropfen am Körper herunter, ich liege bald im eigenen Saft und hoffe nur, möglichst rasch einzuschlafen. Aufgeregt - oder zornig? - summen wahre Moskitowolken ums Zelt, die Platzwachen sitzen in ihrer Hütte ums Feuer herum und klopfen Sprüche. Machen sie sich Mut? Ich weiß eh' nicht, was es hier eigentlich zu bewachen gibt, wer will denn schon eine der Stelen klauen?

Vor Puerto Barrios und der Karibikküste biege ich auf ein schmales, aber relativ gutes Sträßchen Richtung Norden zum Lago Izabal ab, der Verkehr läßt spürbar nach. Ich befinde mich nun inmitten einer „Zuckerhut"-Landschaft mit Hügelkuppen, die von dichter Vegetation bedeckt sind. Auf Lichtungen stehen Holzhütten, an kleinen Straßenständen bietet man Ananas an, deren süßlich-saure Geruchswolke mir beim Vorbeifahren jedes Mal entgegenströmt.

Später führt die Straße, wie mit einem Lineal gezogen, auf einem Damm durch sumpfige Weidelandschaft, erreicht schließlich die Brücke über den Rio Dulce. Wie ein metallener Fremdkörper in der grünen Landschaft spannt sie sich in weitem Bogen über das Wasser. Langsam pedale ich zum Scheitelpunkt hinauf und stoppe. Vom Lago Izabal ist nicht ein Zipfelchen zu sehen, die Vegetation deckt ihn völlig zu, aber der Rio Dulce ist unerwartet breit und strotzt vor Leben. Frauen waschen am Ufer Wäsche, Kinder planschen herum, Motorboote kreuzen den Fluß. So eine Flußszene habe ich aus Panama noch zu gut in Erinnerung!

Nach stupidem Auf und Ab erreiche ich Modesto Méndez mit wenigen Holzbuden und Kiosken, letzter Vorposten der Zivilisation, Endpunkt der Asphaltstrecke und Beginn der Schotterpiste mitten in den „Petén" hinein. Aus Spaß an der Schüttelei tue ich mir diese „Straße" bestimmt nicht an, vielmehr liegen etwa 260 Kilometer weiter die berühmten Mayaruinen von Tikal im Urwald, und die sind für mich einfach ein „Muß".

„Wann ist denn hier der letzte Radler durchgekommen?" frage ich einen der verwegen dreinschauenden Gestalten an einem Kiosk.

„Das war dieses Jahr, oder ... nein, letztes Jahr habe ich einen hier gesehen. Willst du nach Tikal? Ist eine schreckliche Strecke." Dann wendet sich der Typ wieder seinem Gallo-Cerveza zu.

Nun gut. Meine „Küchentasche" ist prall gefüllt, und die Tatsache, daß im Zuge des aufkommenden Tikal-Tourismus doch relativ viel Verkehr herrscht, beruhigt ebenfalls.

Meine Befürchtungen, die Piste habe sich in Folge der starken Regenfälle der letzten Tage in einen klebrigen Lehmteig verwandelt, bewahrheiten sich zum Glück nicht, das wäre wohl das vorzeitige Aus gewesen. So holpere ich vielmehr auf einer erbarmungslosen Geröllpiste dahin. Ich hoffe nur, daß das noch besser wird.

Erstaunlich viele Fincas säumen zunächst den Weg, dann beginnt die Piste aus der Weidelandschaft herauszusteigen, so zerfurcht, daß ich schieben muß, sogar manchmal Mühe habe, das Rad überhaupt über die Steine und Brocken gewuchtet zu bekommen. Unerbittlich brennt die Sonne herunter, Schatten gibt es keinen und einige Male meine ich, nun endgültig umzukippen.

In einem Fünf-Häuser-Dorf trinke ich eine Limo, wenigstens eisgekühlt! Die Antwort auf meine Frage nach dem Dorfnamen ist frustrierend: „Quebrada Seca - Trockener Bach"!

Das ist noch kein Zentimeter Fortschritt auf meiner Karte, die Entfernungsangabe bis zur nächsten Stadt ist mal wieder zu kurz angegeben. Ich quäle mich weiter, stoppe schließlich an einem „Comedor", der lateinamerikanischen Bretterbudenausgabe eines „Truckstops". Ein sauberes Flüßchen rauscht vorbei, hier könnte ich eigentlich campieren. Aber zuerst hole ich nach 131 Kilometern Tagesleistung mein Mittagessen nach, in der Hitze war mir jeglicher Appetit vergangen, der sich nun mit Gewalt zurückmeldet. Die Leute sind überaus freundlich und bieten mir an, die Nacht in der Hängematte zu verbringen, die unter einer offenen Hütte hängt.

Wenig später tolle ich mit einigen Kindern im Fluß herum, der hier einen tiefen Pool aus dem Felsen ausgewaschen hat, schwimme gegen die Strömung an, lasse mich wieder zurücktreiben, genieße das erfrischend kühle Flußwasser nach der staubig-heißen Fahrt.

Als Hängematten-Novize tue ich mich schwer, eine bequeme Lage zum Schlafen zu finden, außerdem ist die hier bestimmt kein Luxusmodell! Nach dem ersten Gefühl, etwas Neues zu erleben, beginnt der Kampf, zu guter Letzt falle ich auch noch heraus. Hat's auch keiner gesehen? Ich wechsle schließlich genervt bis zum Morgen auf den Boden, kann so noch einschlafen. Hängematte? Nein danke!

San Luis ist ein modriges Urwaldnest voller Läden, die nichts Brauchbares zu verkaufen haben, nach einigen Limos mache ich mich wieder aus dem Staub. Nun folgt ein wirklich mieser Abschnitt: Die Straße ist mit großen, unbefahrbaren Pflastersteinen befestigt, oder sie führt einfach über Felsen. Selbst die Busfahrer, bekannt für ihren notorisch-schnellen und federnbrechenden Fahrstil, tasten sich im Schrittempo vorwärts. Ich muß kilometerlang, auch abwärts, schieben.

Kurz vor Poptún zweige ich zur Finca Ixobel ab. Eigentlich möchte ich nur eine Nacht hierbleiben, muß mich aber dann nach einigen Tagen fast schon losreißen, denn die Finca, von zwei amerikanischen Ehepaaren gemanagt, ist das, was man ein kleines Paradies nennen könnte! Das zweistöckige dunkle Holzgebäude liegt inmitten eines Pinienwaldes in einer Lichtung. Man kann hier campen, seine

Hängematte in einer der Rundhütten aufspannen, oder für einen Dollar eines der Baumhäuser mieten. Saugemütlich - auf gut schwäbisch - ist es, abends bei Kerzenschein im Schlafsack zu liegen, einen Bananenkuchen zu mampfen und den Geräuschen der Nacht zu lauschen.

Für die gesamte Traveller-Familie (bis zu 50 Personen) wird abends ein Essen gekocht und in relaxter Atmosphäre genossen. Die meisten Zutaten kommen aus eigener Produktion. Wir sitzen zusammen und klönen, spielen, lesen oder musizieren. Nach den einsamen Wochen kann ich mich mal wieder ausgiebig unterhalten, lerne Petra kennen, die in Santa Barbara nördlich von Los Angeles Photographie studiert und mich über Weihnachten einlädt. Strom gibt's keinen, nur Kerzen. Tagsüber habe ich die Wahl zwischen Badeweiher, Volleyball, Lesen oder einer Höhlentour, die ich mitmache.

Nach zweistündigem morastigem Anmarsch erreichen wir endlich den Eingang zur Unterwelt. Vielleicht eine Stunde stolpern und schwimmen wir bei Kerzenschein durch den Höhlengang. Dann der Höhepunkt: Der Fluß stürzt in mehreren Kaskaden etwa fünf Meter eine Wand hinunter, es gurgelt und tost in rabenschwarzer Tiefe.

Unser Guide, ein Australier, macht's vor: „Also Jungs, da hinten geht's weiter, wir müssen da runterspringen. Seht zu, daß ihr in die Mitte springt, außenrum sind ziemlich viele Felsen. Auf geht's!"

Und schon ist er weg.

Ich hatte mich auch sonst noch nie getraut, vom „Fünfer" im Freibad zu springen, nun das, und dazu ist unten kaum etwas zu sehen, vor allem kenne ich die Wassertiefe nicht.

Die meisten springen locker hinterher, „wie die Lemminge", kommt es mir in den Sinn. Was denken Lemminge, bevor sie in den Abgrund springen? Selbst bei gründlichem Nachdenken kommt mir kein entsprechender Forschungsbericht in den Sinn. Ich brauche mehrere Anläufe, meine Tiefenangst zu überwinden, weiche einige Male vor dem Abgrund zurück, springe aber dann doch. Uff! Die Angst des Lemmings vorm Fünfmeter ...

Den krönenden Abschluß der Tour bildet ein vielleicht 20 Meter messender Pool. Wir stellen die Kerzen außen herum und gehen bei dieser herrlichen Beleuchtung baden.

Von der Finca waren es nur noch etwa 100 Kilometer bis Flores. Die Fahrbahn war nun recht breit, wenn auch steinig, meist konnte ich auf einem engen, relativ glatten Seitenstreifen zwischen eigentlicher

Fahrbahn und Böschung fahren. Dunkle Wolkentürme brauten sich am Horizont zusammen. Gerade zur rechten Zeit erreichte ich noch ein Dörfchen, trank einige Limos, während sich die Wolkenwand mit Vehemenz entlud.

Schnurgerade und über Hügel schwingend zog sich die roterdige und recht steinige Piste weiter durchs Buschdickicht, teilweise kriegte ich über 20 km/h auf dem Seitenstreifen drauf, um dann auf schlechten Holperstücken wieder ebenso abrupt abgebremst zu werden.

Des Nachts campierte ich in einem Steinbruch, umgeben von undurchdringlichem Buschdickicht, in dem es kräftig und geheimnisvoll raschelte. Brüllaffen heulten erst von links, andere antworteten von rechts, Zikaden und jammernde Moskitos sorgten für die Hintergrundmusik. Das Urwald-Feeling war perfekt. Trotzdem schlief ich hervorragend.

Am anderen Morgen waren es bis zur Asphaltpiste nur noch 20 Kilometer. Ja, Asphalt, mitten im Urwald! Dann nur noch ein paar Kilometer bis Flores, das sich wegen des Tikal-Tourismus zu so etwas wie einer kleinen Touristenmetropole mitten im Dschungel entwickelt hat. Ich kaufte nur kurz im Ort ein und traf zufällig nochmals Petra. Die Wiedersehensfreude war perfekt. Einige Stunden saßen wir dann in einer Kneipe und unterhielten uns angeregt. Zum Abschied umarmte sie mich.

„Ich hoffe, ich sehe dich zu Weihnachten in den USA wieder."

„Ich werde mein Möglichstes tun." Das meinte ich wirklich so.

Die Asphaltstrecke von Flores zu den Tikal-Ruinen war herrlich nach der tagelangen Rüttelei. Die Reifen summten aufgeregt und die Kette mahlte mitleiderregend in einem Staubölgemisch. Allerdings forderten zahllose Hügel ihren Schweißtribut, einige Male mußte ich wieder vor heftigen Tropengüssen Schutz unter Bäumen suchen.

Ein verschwitzter Radler genießt aber auch gewisse Vorteile. Dazu zählt eine besondere Aufmerksamkeit und Freundlichkeit der Bevölkerung, die „Normaltouristen" in diesem Ausmaß verwehrt bleibt und die er manchmal schon als aufdringlich empfindet.

So war es für die Ranger der Station am Nationalparkeingang selbstverständlich, mich neben den Häusern am Waldesrand zelten zu lassen, ich konnte eine Dusche aus Blechkanistern nehmen und bekam ein Abendessen spendiert, es wurde mir geradezu aufgezwungen!

Die Ranger waren aber auch ganz schön sauer.

„Gerade sagtest du mir was von einem tollen Job in herrlicher Natur, von Freiheit und so. Und ich sage dir nur eins: Wir kriegen kein Geld dafür! Die Regierung läßt uns langsam verhungern!"

„Ja, durch einen Präsidentenerlaß wurde zwar die Eintrittsgebühr auf einen Schlag versechsfacht, von einem auf sechs Dollar, doch unsere Löhne wurden keineswegs angepaßt", pflichtete ihm ein anderer bei. „Sechs Dollar sind für guatemaltekische Verhältnisse schon astronomisch, für die Normaltouristen aber immer noch wenig. Schau sie dir nur an, wenn sie in ihren klimatisierten Bussen oder Mietwagen vorbeifahren. Wo geht das Geld nur hin?"

Ich zuckte mit den Schultern: „Es darf geraten werden ..."

Nun war ich gespannt, ob Tikal wirklich so schön ist, wie immer behauptet wird. Bereits die Fahrt zu den Ruinen führte durch wunderbaren, menschenleeren Urwald. Nachdem ich das übliche Konglomerat aus Hotels, Restaurants, Campingplatz und Souvenirläden passiert hatte, fand ich mich eher in einem Botanischen Garten denn einer Ruinenstätte wieder. Hier ist alles unglaublich: die Größe, die Wuchtigkeit, die Ausdehnung, teils eine halbe Stunde kann man durch Urwald zur nächsten Tempelanlage gehen und trotz der Größe schaut man von den Aussichtspunkten doch nur auf ein endloses grünes Blättermeer, aus dem vereinzelt besonders hohe Tempelpyramiden herausragen. Frühmorgens, noch vor den Touristenströmen, lassen sich zudem viele Tiere beobachten. Zwei Tage durchstreifte ich die Anlage, zeltete, um die teure Campingplatzgebühr zu vermeiden, abseits des Dorfes (verbotenerweise) im Urwald, ein herrliches Plätzchen mit jeder Menge Brüllaffengeheul zum Nulltarif.

Nach einer weiteren Nacht bei den freundlichen Rangern kurbelte ich die 16 Kilometer nach El Cruce zurück und nahm die letzten 65 Kilometer guatemaltekische Schotterpiste Richtung Belize in Angriff. Andere Touristen hatten mir wahre Schauermärchen über die Piste erzählt, von riesigen Schlaglöchern und mehr, aber ich wurde auf der ganzen Linie positiv überrascht. Vielleicht lag es an meinem Erfahrungsschatz an Pisten, diese gehörte jedenfalls ganz klar zu den besseren. Dazu war die Gegend überraschend dicht bevölkert und somit der Wassernachschub auch gesichert.

Unangenehm war nur ein Abschnitt mit vielleicht 20 bis 30 Zentimeter tiefem Pulverstaub, auf dem mir zum Glück kein Auto begegnete, und ein total ausgewaschener Abschnitt mit tiefen Rinnen ins nächste Tal hinunter.

Aber da war das schöne Gefühl, unerwarteterweise bereits an einem Tag den Grenzort Ciudad Melchor de Mencos erreichen zu können. Selbst ein Sturz aus Konzentrationsschwäche, bei dem ich einen meiner Spiegel abbrach, schmälerte meine Freude nicht mehr wesentlich.

Mit einem Seufzer sank ich aufs Bett in der Pension, alle Anspannung und Ungewißheit der letzten Wochen fiel mit einem Mal von mir ab, ich fühlte mich nur noch unendlich müde. Endlich konnte ich den hartnäckigen Staubfilm abduschen und die ekelhaft schweißige Wäsche waschen. Für meine letzten Quetzales ging ich zum Abendessen in ein Restaurant, morgen schon würde ich in Belize sein.

Guatemala war jedenfalls ein sehr interessantes Land, sowohl landschaftlich als auch kulturell, aber durch den stetig wachsenden US-Tourismus wird sich hier in den nächsten Jahren einiges zum Nachteil entwickeln. Bolivien war und bleibt mein favorisiertes Land.

Belize - ein tropischer Genuß

Eine jugendliche Queen Elizabeth II. lächelt mir von den Geldscheinen entgegen, die Amtssprache ist Englisch, was bei mir zunächst für ein ziemlich furchtbares Spanisch-Englisch-Kauderwelsch bei der Einreise sorgt, nach bald zwei Jahren Spanisch klemmt die Schublade mit den englischen Vokabeln noch ein wenig.

Keine Frage, mit Belize habe ich ein bemerkenswertes Land erreicht. Einige Fakten: flächenmäßig etwas größer als Hessen, 190.000 Einwohner, davon leben allein in der Hauptstadt Belize City gut 45.000, es gibt nur sechs weitere Kleinstädte, viele Hautfarben, vom Karibik-Neger bis zum Maya-Abkömmling mit allen Zwischenstufen. Das frühere Britisch-Honduras wurde 1981 ein eigener Staat, abhängig ist Belize jedoch weiterhin vom militärischen Schutz seiner früheren Kolonialmacht. Guatemala erhebt immer noch Gebietsansprüche, hat die Unabhängigkeit formell nicht anerkannt, und konsequenterweise weisen alle guatemaltekischen Karten Belize als guatemaltekische Provinz aus. Säbelrasseln und starke Sprüche des Außenministers („Die Belizefrage ist und bleibt offen") jenseits der Grenze lassen eine Präsenz der Tommies weiterhin angeraten erscheinen.

Wie ich in den folgenden knapp zwei Wochen noch feststellen sollte, haben englischer Kolonialismus, gepaart mit einem Schuß Karibik und lateinamerikanischen Zutaten eine besondere Atmosphäre hervorgebracht.

Mein erstes Ziel ist Belize City an der Karibikküste. In knapp zwei Tagen durchquere ich dazu das Land auf dem durchgehend asphaltierten „Western Highway" (eine Wohltat!) in seiner ganzen Breite.

Die Landschaft ändert innerhalb kurzer Strecken ihr Gesicht vollkommen, das macht das Radeln abwechslungsreich. Aber nach all der Zeit bin ich wohl etwas lateinamerikamüde geworden, ich sauge nun alles Andersartige in mich hinein. Aus den Fenstern bunter Stelzenholzhäuser lehnen Schwarze heraus und rufen mir irgendetwas zu, es folgen große Farmen oder ein Dörfchen mit klangvollem Namen. Großvolumige alte Ami-Schlitten schaukeln langsam an mir vorbei, die Atmosphäre wirkt relax.

Ich stoppe an einem Straßenrestaurant mit „Three Flags", was bedeutet, wie mich ein Schild aufklärt, daß Bier nur bei Tisch zum Essen getrunken werden darf. Kein Zweifel, die puritanischen Engländer waren da ...

Ein offensichtlich amerikanischer Farmer zieht mich ins Gespräch.

„Wo bist du denn losgeradelt? In Mexico oder Guatemala?"

„Nein, ich komme von Argentinien hoch."

„Wow, Argentinien! Aber wo ist denn nur Argentinien? Noch südlicher als Brasilien?"

Er läßt einen frustrierten Radler zurück, der meinte, geographische Unkenntnisse der Indios seien Ausdruck ihrer allgemeinen Rückständigkeit. Vielleicht ist es doch nicht so ...

Im Nationalpark „Guanacaste" kann ich mich davon überzeugen, daß man mit dem Aufbau eines Nationalparksystems auf dem richtigen Weg ist und wohl nicht die Fehler anderer Länder wiederholen will.

Nach Belmopan, zur neu erbauten Hauptstadt, biege ich nur kurz ab. Wegen vieler Küstenhurrikane wurde sie extra ins Landesinnere verlegt, doch über ein paar Verwaltungsgebäude ist sie noch kaum hinausgekommen. Schon der „Markt" mit seinen drei Buden sagt alles.

Schnurgerade durchschneidet der Highway weiter nun menschenleeres, undurchdringliches Buschwerk, abgelöst von sumpfigen Rodungen. Ich verbringe die Nacht neben der Hütte guatemaltekischer Flüchtlinge und in Reichweite kühler Limos, die sie in ihrem Laden verkaufen. Sie sprechen kein Wort Englisch.

„Wir mußten vor einigen Jahren mit einigen Freunden vor den Repressalien der Militärdiktatur aus unserer Heimat fliehen", erklärt mir der Kioskbesitzer, „für uns wäre die Okkupation dieses Landes durch Guatemala eine persönliche, existenzielle Katastrophe. Ich kann mir gut vorstellen, was die Junta mit uns machen würde."

Sein Erzählfluß stockt, traurig schaut er einen seiner Söhne an, streicht ihm übers Haar. „Solamente queremos vivir en paz! Wir wollen endlich in Frieden leben!" preßt er zwischen den Zähnen hervor.

Bretteben geht's vollends bis nach Belize City, mal begleiten mich herrlich harzig duftende Pinienwälder, mal Sümpfe mit einer Art Buschpalme, mal ein kurzer Regenschauer.

Nach einigen Orientierungsproblemen finde ich doch noch das Zentrum, stoppe erstmal an einem Kiosk und zische zwei Pepsi. Sonntags ist hier wirklich alles geschlossen, einige britische (Un)Sitten hat man mit in die Unabhängigkeit übernommen.

Ein Schwarzer mit Rastalöckchen gesellt sich zu mir, singt mir auf einer Cola-Flasche als Mikrophonersatz einen Reggae vor, da kommt das volle Lebensgefühl rüber, er rät mir dann zum Abschied: „Take it easy, man" - Karibikatmosphäre!

Nachdem mir der knorrige, alte schwarze Ladenbesitzer noch mindestens zehnmal in schwer verständlichem Creolenenglisch-Singsang den Weg in die North Front Street zu einem bestimmten Guest House erklärt hat, bin ich auch soweit, sehe die Sache locker.

Ein Althippie winkt mich auf meiner Suchfahrt lachend zu sich heran und begrüßt mich wie einen alten Freund. Er meint: „Aber wir haben uns doch schon einmal gesehen ...!" Daran kann ich mich zwar überhaupt nicht mehr erinnern, ganz einfach, weil's nicht stimmt, aber er erklärt mir nun nochmals und besser verständlich den Weg.

Lisa und Felix begrüßen mich im „Eyre Street Guest House" mit viel österreichischer Herzlichkeit, können aber an den neun Dollar pro Übernachtung auch nichts ändern.

„Das Preisniveau ist hier allgemein sehr hoch", erklärt Felix, „ganz einfach, weil praktisch alles importiert werden muß, meist aus den USA. Du mußt nur mal in einen der Supermärkte gehen."

Keine Frage, das wird ein teures Land.

Ich lerne nicht nur eine Menge anderer Touristen im Guest House kennen, sondern durchstöbere auch ausgiebig die Stadt, vor der mich eigentlich alle Touristen einstimmig gewarnt hatten. Selbst Felix meint, daß hier zuviel Crack geraucht werde.

Belize: Plakatwand mit Drogenwarnung

Mexiko: die eindrucksvolle Mayastätte Tulúm liegt direkt am Meer

Ich weiß nicht genau, woran es liegt, vielleicht mache ich doch nicht mehr den Eindruck eines frischen, unerfahrenen Touri, den man leicht überrumpeln kann, denn die vielen in den Straßen herumhängenden Typen sind erstaunlich zurückhaltend und verschonen mich vor jeder Anmache.

Ich mag diese Mischung aus Stein-Neubauten, Pfahl-Holzbauten und einem Schuß relaxter Karibikatmosphäre ungemein, genieße abends die stets frische Seebrise und den Ausblick auf einige Inseln vom „Baron Bliss Lighthouse" an der Mündung des Belize River. Mit Einheimischen sehe ich zu, wie die alte Schwingbrücke über den Belize River, die die beiden Teile der Stadt miteinander verbindet, per Hand (!) von acht Leuten mittels einer Kurbel gedreht wird. In dieser Zeit ruht der Verkehr in der City.

Es ist tropisch-feucht, dafür sorgt auch das eine oder andere Tropengewitter, der Propeller an der Decke meines Zimmers quirlt müde durch die schwere Luft.

Mich zieht es auf die Cayes zum Schnorcheln. So heißen hier die Inseln vor Belizes Küste, sie gehören zum zweitgrößten Riffsystem der Erde (nach dem australischen Great Barrier-Riff), und wegen dieser strömen die Touristen ins Land. Caye Caulker ist eine der größeren Inseln, seit dem Hurrikan von 1961 durch einen Kanal zweigeteilt.

„Chocolate", der Bootsführer, ein wind- und wettergegerbter Fünfziger mit dunkler Haut, schneeweißem Schnurrbart und verschmitzt dreinblickenden Augen steht am Heck des Bootes, die Hände auf den Gasgriffen seiner beider 75-PS-Außenborder. Er dreht voll auf, die Motoren heulen los. Wir jagen über die Wellenkämme der recht bewegten See und nehmen Kurs auf das Riff. Regentropfen peitschen hart ins Gesicht. Innerhalb des Riffs ist die See ruhiger, trotzdem blicke ich in einige recht fahlgewordene Gesichter.

Auf Caye Caulker angekommen suche ich, zuerst noch etwas schwankend, „Vega's Far Inn Campground", den einzigen Campingplatz hier. Mit über sechs Dollar ist er nicht eben ein Sonderangebot, aber die Lage ist traumhaft. Aus meinem Zelt schaue ich direkt auf das türkisblaue Meer, die kräftige Seebrise wiegt die Palmwedel über mir, sorgt für Abkühlung und vertreibt die Moskitos.

„Seit wann ist denn die Insel bewohnt?" frage ich die Eigentümerin, Miss Vega.

„Oh, das kann ich nicht sagen. Früher lebten die Insulaner von ihren

Kokosnußplantagen auf dem Nordteil der Insel. Mein Mann gründete dann in den 60er-Jahren Fischkooperativen und sie fischten Lobster, bis sie eine noch ungleich attraktivere Einnahmequelle entdeckten: den Tourismus."

„Wie ist das eigentlich mit dem Müll? Als ich heute mittag hier ankam und das Ufer entlanglief, stach mir sofort der viele Müll ins Auge."

Jetzt wird sie ärgerlich: „Manchmal verwünsche ich den Tourismus wirklich. Niemand will hier die negativen Begleiterscheinungen sehen, nur noch das Geld zählt. In einigen Jahren werden die hier ein ernsthaftes Problem haben, spätestens dann, wenn das kleine Flugfeld fertig ist und noch mehr Leute auf die Insel kommen. Es gibt hier keine Müllabfuhr, jeder muß das selbst organisieren."

„Und geht den billigsten Weg", füge ich in Gedanken hinzu.

„Achten Sie auf herabfallende Kokosnüsse, wenn Sie vor ihrem Zelt sitzen", warnt sie mich zum Schluß.

Nur der Südteil der Insel ist bewohnt, drei Sandwege ziehen sich zwischen den Stelzenhäusern dahin, Schilder warnen: „Go Slow". Aber schnell geht hier augenscheinlich eh' nichts. Die Luvseite ist die bessere Seite, mit mehr Wind und weniger Moskitos, auf der Leeseite kann man die (Un)Wirksamkeit seines Moskitomittels testen. Einige Kneipen gibt es, neben Läden, Geschenkshops, Hotels, einer Disco und einem mickrigen „Strand" am Kanal, der gerade einige Quadratmeter Sand hinter schützenden Holzbohlen umfaßt.

Der Insel fehlt irgendwie die Klischee-Tropenromantik, vielleicht deshalb, weil weiße Sandstrände fehlen oder weil die Insel schon zu überlaufen und auch zu dicht besiedelt ist.

Einen Schnorcheltrip zum nahen Riff lasse ich mir aber nicht entgehen, der entschädigt wirklich. Das Wasser ist so glasklar, wie ich es noch nie gesehen habe. Eine einzigartige Korallenlandschaft mit tollsten Farben und Formen und unbeschreiblich farbenreiche Fische warten auf den Schnorchler. Stundenlang trieb ich zwischen ihnen umher, glitt über ständig neue Korallenbänke, entdeckte nicht nur einen mächtigen Rochen mit meterlangem Schwanz und grauem Rückenmuster, einen unbeweglich im Wasser stehenden Barrakuda, sondern auch einen etwa zwei (oder drei?) Meter langen schlafenden Riffhai, den ich erst bei näherem Herankommen als einen solchen identifizierte! Schnell ging ich wieder auf Abstand.

Zum Wochenende füllt sich die Insel zusätzlich mit Tagesausflüglern. Neben englischen Soldaten auf Wochenendurlaub mit Stoppelhaarschnitt und einem Haufen Tattoos am Körper sowie unendlichem Bierdurst rücken zusätzlich noch ganze Rastacliquen an. Die Luft vibriert bald vor Reggae- und Rockrhythmen, weißhäutige Touris verwandeln sich in der starken Sonne zu rötlichen Ölsardinen, betrinken sich ungehemmt an der Bar oder zischen auf ihrer Kühlbox mit roter Rübe eine Bierdose nach der anderen. Anschließend werden die mit einem gezielten Wurf in den Kanal entsorgt.

Ich beobachte den Zirkus einige Zeit amüsiert, verschwinde dann in die Hängematte neben meinem Zelt. Leicht im Wind schaukelnd hänge ich meinen Gedanken nach, lausche dem Rauschen des Windes in den Palmblättern, blicke über das heute noch intensiver einladend türkisschillernde Wasser und träume mich auf eine wirklich einsame Insel, vielleicht mit einem hübschen Mädchen wie Wendee ...

Gegen Abend kaufe ich schweren Herzens ein Bootsticket für den nächsten Morgen, nicht ohne den festen Vorsatz, nochmals zurückzukehren. So viele Korallenbänke warten noch auf ihre Entdeckung.

Ich muß Belize schnellstmöglich verlassen, für mein Sparbudget ist das Land einfach zu teuer. Die Yucatán-Halbinsel im Norden ist mein neues Ziel. Zwei Tage benötigte ich, um das Land Richtung Grenze zu durchqueren. Das Stück bis zu den Maya-Ruinen „Altun Ha" legte ich auf dem alten „Northern Highway" zurück, der nach Bau der neuen Schnellstraße ein Schattendasein fristet, für mich aber eine der schönsten Strecken in Belize überhaupt. Nur wenig mehr als Lkw-breit schlängelte er sich durch üppig wuchernden Tropenwald, Savannen und Rodungen, passierte viele Stelzenhäuser und einige kleine Dörfer. Unbehindert durch Verkehr trat ich entspannt langsam dahin. Am nächsten Tag radelte ich dann wieder auf ermüdend-eintönigen Geraden durch eine Savannen- und Weidelandschaft, mußte wiederholt vor anrückenden Regenfronten Schutz suchen.

An der Grenzstation verhinderte der mexikanische Grenzer mürrisch meine Absicht, die riesige Landesflagge aufzunehmen. Ich merke schon, Lateinamerika hat mich wieder. Etwas lustlos, der karibisch-entspannten Atmosphäre nachtrauernd, radle ich nach Mexiko hinein.

Nordamerika

A donde vás, Mexico?

Ich bike zunächst die 15 Kilometer nach Chetumal, der südlichsten mexikanischen Hafenstadt an der Karibikküste. Mein erster Weg führt mich in eine Apotheke.

„Haben Sie etwas gegen Amöbenruhr?" frage ich die Apothekerin.

Als Souvenir mußte ich mir aus Guatemala doch tatsächlich noch eine Amöbenruhr mitbringen, die mich in ihrem typischen Drei-Tages-Rhythmus bereits die vergangenen drei Wochen in Belize mit heftigem Durchfall geplagt hatte. Nachdem mein Magen zwischenzeitlich eigentlich resistent gegen alle gewöhnlichen Krankheitserreger war, wußte ich, daß sich da was Besonderes in meinem Magen heimisch gemacht hatte. Nach Konsultation meiner Gesundheitsfibel war ich mir dann auch sicher: Amöbenruhr!

Ich entscheide mich für ein schweizerisches Präparat, zahle lächerliche drei Dollar (dabei machen die Pharma-Hersteller doch bestimmt auch in Lateinamerika keine Verluste, oder?) und schlucke gleich die erste Tablette. Und es wirkt bald!

Eine längere Krankheitsphase konnte ich mir nun auch wirklich nicht leisten: in drei Monaten, so viel Zeit ließ mir mein Visum, wollte ich nicht nur Mexiko von Süd nach Nord durchradeln, sondern mir auch die Yucatán-Halbinsel ansehen.

Geographisch zählt Mexiko bereits nicht mehr zu Mittelamerika, aber von seinen Ausmaßen her könnte es locker ein eigener Subkontinent sein: Über 7.000 Kilometer sollte mich meine Suche nach immer neuen Eindrücken durch dieses Land führen, davon knapp 2.000 Kilometer innerhalb von 26 Tagen durch Yucatán.

Bereits während der ersten Tage mache ich mich mit der mexikanischen Mentalität vertraut, die da heißt: dem Gringo einen möglichst überhöhten Preis ohne jedes Lächeln als Gegenleistung abknöpfen. Und das bei den eh' schon im Vergleich zu Mittelamerika hohen Preisen. So werde ich wiederholt in längere Preisdiskussionen verwickelt, bald habe ich heraus, was z.B. die Cola für einen Einheimischen und was sie für einen Touristen kostet.

Vor allem in den kleinen Landläden, in denen die manchmal schon recht eingestaubten Waren ohne jede Preisauszeichnung in den Regalen hinter der Theke aufgetürmt liegen, bin ich voll der Laune des

Reiseroute durch

Mexico u. USA

0   Km   500

Vancouver
Port Angeles
Seattle
Washington
C a n a d a
Oregon
Highway 101
Red-wood N.P.
Nevada
San Francisco
Santa Cruz
Death Vly.
Las Vegas
Arizona
New Mexico
Santa Barbara
Los Angeles
San Diego
Phoenix
Tijuana
Ensenada
Mexi-cali
Organ Pipe N.P.
El Rosario
Cataviña
Santa Rosalia
Bahia Concepción
Baja California
M E X I C O
La Paz
Cabo San Lucas
José del Cabo
Mazatlán
Tepic
Guadalajara
Mexico City
Cuerna-vaca
Chapala
Pátzcuaro
Toluca
Tehuantepec
Tuxtla Gutz.
Palenque
Uxmal
Mérida
Chichén Itzá
Cancún
Tulúm
Chetumal
Oaxaca
San Cristob.
BELIZE
GUATEMALA

Verkäufers ausgeliefert. Die Ehrlichkeit der Mexikaner, so scheint mir, macht vor dem eigenen Geldbeutel halt, eine für mich bisher ungewohnte Situation.

Andererseits: kann man es ihnen verdenken, angesichts der vielen amerikanischen Touristen, die in den Touristenressorts ganz ungeniert vorführen, wie man auch leben kann, falls man nur im richtigen Land geboren wurde? Ich sollte diesen Kontrast in den nächsten Wochen auch noch kennenlernen, denn wohl mehr als in jeder anderen Region Mexikos prallen in Yucatán zwei Welten aufeinander.

Mexiko, trotz kräftig sprudelnder Ölfelder und staatlichem Ölmonopol (Pemex überall - und Korruption ebenfalls) immer gefährlich am Rande des Schuldenabgrundes entlangschlingernd, braucht Touristendollars. Dennoch hat der Tourismus bestimmt auch seine guten Seiten. Vielleicht wären heute viele der eindrucksvollen Maya-Ruinen, mit denen die Yucatán-Halbinsel so gesegnet ist, vergessen und überwuchert vom Dickicht, als wohlfeile Steinbrüche genutzt oder sie würden ihren jahrhundertelangen Schlaf weiterschlummern, wenn die mexikanische Regierung nicht ihren kulturellen und touristischen Wert erkannt und entsprechend gehandelt hätte.

Mein Yucatántrip soll mich nun zuerst Richtung Norden bis Cancún, dann westlich bis Mérida führen, von dort will ich über Palenque ins mexikanische Zentralland pedalen.

Stumpf vor mich hinbrütend trete ich die Kilometer herunter. Ich habe das Gefühl, Objekt eines Ausdauertests besonderer Art zu sein: Schnurgerade führt die Straße durch undurchdringliches, mehrere Meter hohes Buschdickicht, nur sehr selten bietet eine kleine Lichtung, vielleicht mit Maisfeld oder einigen Hütten, Abwechslung. Und noch viel seltener kann ich an einem Laden stoppen und ein paar kalte Cokes zischen. Es ist heiß, wirklich sehr heiß, die Sonne sticht gnadenlos herunter, öffnet jede einzelne Schweißpore, die Luft ist voller Feuchtigkeit und nicht einmal der Wind bietet Abkühlung. Regelmäßig bilden sich gegen Mittag imposante Wolkentürme, die sich im Laufe des Nachmittags mit aller Vehemenz entladen. Regenzeit.

Der Straßenbelag ist gut, die Straße aber eng und die Luftwirbel der auf den Geraden sehr schnell fahrenden Lastwagen und Busse bringen mich gefährlich ins Schwanken. Bereits am frühen Nachmittag erreiche ich nach hundert oder noch mehr Kilometern und mit jammerndem Hintern mein Tagesziel.

Doch seit Tagen sorgt der Plattfußteufel mehrmals täglich für Notstopps. Mal reißt ein Schlauch infolge eines Fertigungsfehlers irreparabel der Breite nach auf, mal ritzt das Felgenband den Schlauch ein oder die Flicken halten nicht. Allein im Laufe des ersten Tages in Mexiko muß ich viermal flicken! Ein breiteres Felgenband kann ich nicht auftreiben, doch Not macht erfinderisch: Ich erstehe schließlich in einer Apotheke mehrere Rollen medizinisches Klebeband, das bestimmt für andere Zwecke gedacht war als auf einer Felge zu enden.

In Tulúm mache ich Bekanntschaft mit meiner ersten mexikanischen Maya-Ruinenstätte. Auf dem Parkplatz herrscht Volksfeststimmung, endlose Touristenmassen schieben sich an unzähligen Andenkenläden vorbei Richtung Eingangstor. Ich steuere auf einen Info-Stand zu.

„Perdone, wo kann ich denn mein Rad deponieren?" frage ich zwei jüngere Mexikaner.

„Hier gibt's keine Stelle zur Aufbewahrung", erwidert der eine schroff.

„So viele Touristen und keine Möglichkeit, mein Rad sicher unterzustellen?" Ich schaue recht ungläubig.

„Dritte Welt, Señor", meint der andere.

„So scheint's mir auch", rutscht es mir zynisch heraus.

Sein folgender Wutausbruch zeigt, welches Konfliktpotential unter der geschäftsmäßig freundlichen Fassade schlummert: „Hauen Sie ab in die USA, wenn's Ihnen hier nicht gefällt, das ist Mexiko! Wir haben Sie nicht gerufen und nun machen Sie unser Land kaputt mit Ihren Scheißdollars. Sie meinen wohl, nur weil Sie Dollar haben, können Sie hier bestimmen! Gehen Sie mir aus den Augen!"

So suche ich mir zunächst einen Zeltplatz nahe den Ruinen - und will dann von einem Ruinenbesuch gar nichts mehr wissen. Sämtliche Palmhütten auf dem Campingplatz sind zwar bereits belegt, aber unter einer Palme finde ich auch so ein schönes Plätzchen für mein Zelt, mit Blick auf ein Karibik-Klischee par excellence. Ein fast leerer, sehr breiter Strand mit blendendweißem, feinsten Korallensand erstreckt sich links und rechts ins Unendliche bzw. geht kurz davor in türkisblaues Wasser über, Palmen neigen sich im Wind, und sehr dürftig bekleidete Bikinimädchen bilden bunte Farbtupfer im Sand.

Nach einem ersten Bad und der anschließenden „Dusche" aus einem Eimer sitze ich bald in einer urigen Bretterkneipe mit zahlreichen Althippies und Rastatypen zusammen und lasse, ganz easy, den Tag seinen ureigenen Lauf nehmen. Warum auch heute noch hektisch über Steine pedalen, die aller Wahrscheinlichkeit nach auch noch morgen da sein werden? Und noch viel besser: Morgen ist Sonntag, und da ist der Eintritt in alle mexikanische Museen und archäologischen Stätten frei. Erstaunlicherweise wurde diese Regelung noch nicht der touristischen Realität angepaßt und so kommen auch Ausländer in ihren Genuß.

Der nächste Tag versank dann allerdings im subtropischen Regensturm, und meine kleine Welt aus Nylon dazu. Trotz einiger, wie ich meine, technischer Meisterleistungen im Dammbau wurden meine ungeahnt in mir schlummernden Fähigkeiten von den Wassermassen mitleidlos weggeschwemmt und Episoden aus Hollywood-Katastrophenfilmen flimmerten im Kopf, während ich zu retten versuchte, was noch zu retten war. Damit war auch der freie Eintritt am Sonntag baden gegangen.

Auf der Suche nach einer Abkürzung zu den Ruinen stoße ich am nächsten Tag oberhalb einiger recht eindrucksvollen Klippen auf einen Leuchtturm.

Zufällig taucht gerade der Leuchtturmwärter an der Tür auf.

„Señor, wie komme ich denn zu den Ruinen?"

„Also, wenn Sie zahlen möchten, gehen Sie da durch das Gatter und weiter bis zur Straße vor, und wenn nicht, na, dann folgen Sie diesem kleinen Weg - aber cuidado, Vorsicht!"

Nachdem der „kostenlose" Weg an den Klippen entlangführt und ich nicht weiß, ob er nicht vielleicht zumindest das Leben kostet, tue ich eine weitere Variante auf, die Mexikaner mögen es mir nachsehen: Ich steige einfach im Schutz einiger Reisebusse über die Umgrenzungsmauer und mische mich ganz unschuldig unters zahlende Volk. Das ist meine kleine Rache für den vorgestrigen Wutausbruch der beiden Mexis.

Die Tulúm-Ruinen können nun beileibe nicht mit denen von Tikal konkurrieren, aber sie sind einzigartig direkt am Meer gelegen, umgeben von weißem Sand, türkisblauem Meer, Palmen und Kakteengestrüpp. Klingt das nicht schon verführerisch-exotisch? Aber die Touristen strömen unablässig, ich nehme bald Reißaus - diesmal durch den offiziellen Ausgang.

Rund 65 Kilometer weiter mache ich in der Jugendherberge von Playa del Carmen für zwei Nächte Station. Die Straße führte eintönig mehrere Kilometer im Inland durchs Buschdickicht, lediglich Zufahrtswege zu Strandressorts erlaubten kurze Blicke auf die Küstenlinie und auch nur insoweit, wie die Kassenhäuschen am Eingang es zuließen.

Auffällig in der Jugendherberge ist wieder der teilnahmslose, ja fast unwillige Empfang, ich komme mir wie ein Störenfried vor. Richtige Jugendherbergen sind das eh' nicht. Vielmehr handelt es sich um größere Sportanlagen, die auch Unterkünfte für die Sportler umfassen, und die außerhalb von Veranstaltungen als Jugendherberge genutzt werden. Süßwasser ist auch hier ein Problem. Wie fast überall auf Yucatán strömt nur recht salziges Grundwasser aus den Leitungen, das zum Trinken völlig ungeeignet ist. Entweder sind die Brunnen nicht tief genug oder der Wasserbedarf ist durch die ganze Entwicklung mit ständig neuen Hotels und Ressorts einfach zu hoch, jedenfalls bleibt mir nur die Möglichkeit, teures Trinkwasser im Kanister zu kaufen. Nachts wird zudem das Wasser abgestellt, um den Wasserverbrauch zu drosseln, das ist augenscheinlich auch einfacher, als die ständig leckenden Wasserhähne und Toilettenspülungen zu warten. Wie's da dann morgens in den Toiletten aussieht, brauche ich wohl nicht weiter schildern ...

Am nächsten Morgen setze ich in aller Frühe auf die Isla Cozumel über, besuche zuerst den Nationalpark „Laguna Chankanab", der vor allem für seine Korallenriffe bekannt ist. Ein schönes Schnorchelrevier. Belize bleibt aber unerreicht, noch mehr, als ich später beim zweiten Schnorchelgang mehr plumpe, zweibeinige und käsehäutige „Fische" im Wasser sehe als Fische an sich.

Den restlichen Tag umrunde ich die Insel auf der asphaltierten Küstenstraße. Während die Westseite hauptsächlich mit Mangrovendickicht bewachsen ist, beherrschen offene, herrliche Sandstrände im Wechsel mit felsigen Abschnitten die Szenerie im Osten. Diese 20 Kilometer einsame Küstenlinie zähle ich zu den besonders tiefen Eindrücken in Mexiko; die Art, wie sich die Straße gewagt am Ufersaum entlangschlängelt, über Dünen und Klippen hinwegschwingt, der salzige Wind, die Iguane und Krebse, alles läßt mich unmittelbar am Schauspiel Natur teilhaben.

Nur einen Tagesritt entfernt liegt Cancún, das ist nun der endgültige und absolute Gipfel im amerikanischen Ressorttourismus, Klein-Miami in Mexiko!

Die „Zona Hotelera" erstreckt sich 20 Kilometer auf einer Landzunge vor dem Festland, ich kann es nicht glauben, aber es stimmt: 20 Kilometer führt die Straße vierspurig an Hotelanlagen, Lagunen, Stränden, an Shoppingzentren und typischen Touristenrestaurants in schräger Aufmachung vorbei. Ich kann es nicht glauben, weil mich bisher das Schicksal vor entsprechenden Italien- und Spanienzielen bewahrt hatte. Ich fühle mich irgendwie total deplaziert hier.

Der dortige Jugendherbergskomplex steht den benachbarten Hotels in nichts nach, doch angesichts des Übernachtungspreises von acht Dollar bleibt mir nur der angegliederte Campingplatz als Ausweichadresse.

Von meinem Vater erfahre ich am Telefon, daß Rolf überraschend vor einer Woche von San Diego/USA nach Hause geflogen ist! Anscheinend machte sein Fahrrad größere Probleme.

Rolf ist zu Hause. Ich kann es nicht fassen. Abends sinniere ich im Schlafsack über die tatsächlichen Gründe, die wohl zum Abbruch seiner Tour führten. Bestimmt hatte ihm die Motivation gefehlt, da hatte er ja schon in Südamerika Probleme, das Geld wird ein weiterer Punkt gewesen sein. Schade, denn ihm hätte ich es noch viel eher als Michael gegönnt, Alaska zu erreichen. Komisch, ich fühle mich jetzt ziemlich einsam, so als letzter der Gruppe auf die Endetappen zu gehen. Ich könnte es mir jetzt gar nicht vorstellen, so spontan nach Hause zu fliegen. Dazu bin ich viel zu sehr meinem Reiseleben verfallen.

Maya-Ruinen und Indios

In den folgenden Tagen durchquere ich die Yucatán-Halbinsel in Ost-West-Richtung. Landschaftlich bieten sich mir keine neuen Eindrücke, bezüglich der Straße auch nicht, mal abgesehen von den Bodenschwellen, die in jedem Dorf den Durchgangsverkehr wirkungsvoll abbremsen und beliebt bei Kindern sind, um den Stoppenden manchmal recht aufdringlich Früchte anzubieten. Erste „Gringo"-Rufe ertönen.

Bezüglich meiner Schlafstätte könnte der Gegensatz zu Cancún allerdings nicht größer sein: gestern noch im Touristenressort mit allem erdenklichen Luxus, heute in einem Mayadorf namens Cocojal, in keiner Karte verzeichnet und nur über einen verschlammten Feldweg zu erreichen. Wie ich da hingeraten bin?

Nun, mitten auf freier Strecke holte mich der Nachmittagsregen ein, knapp zwei Stunden kauerte ich dann neben meinem Fahrrad unter der übergeworfenen Zeltplane. Ich war sauer. Was hatte noch keine zehn Kilometer zuvor der Besitzer einer Kneipe in Xcan felsenfest behauptet? „Nein, regnen wird es auf keinen Fall." Beruhigt hatte ich weiter meinen Vorderradschlauch geflickt, nicht ahnend, was sich da über mir zusammenbraute. Meine Stimmung war schon ziemlich abgerutscht, als die Rettung in einem Indiopaar nahte, das aus einem Feldweg gegenüber auftauchte und auf den Bus wartete.

„Gibt's hier im Umkreis ein paar Hütten, wo ich mich unterstellen kann?" fragte ich.

„Ja, gut hundert Meter den Feldweg hinein ist ein Dorf."

Am Ende des Feldweges tauchten dann tatsächlich Hütten in Holz- und Strohdachbauweise auf, kein einladender Eindruck mit dem ganzen Morast außenrum, aber nicht viel weiter kam der betonierte Dorfplatz mit Kirche und Schule. Da stellte ich mich erstmal unter, in Minutenschnelle fanden sich auch erste Kinder ein.

„Wie heißt denn dieses Dorf hier?" wollte ich von dem neugierigsten Kind wissen.

„Cocojal."

Trotz angestrengtem Suchen konnte ich den Namen nicht auf meiner Karte finden.

„Gibt's hier auch ein Gemeindehaus, wo ich vielleicht übernachten könnte?"

Der Junge zeigte wortlos auf ein kleines Gebäude hinter der Schule.

„Den Schlüssel kriegst du da hinten in der Hütte, kannst hier bestimmt schlafen", fügte ein anderer hinzu.

Wenig später hatte ich den Schlüssel aufgetrieben und konnte mich in der wohligen Wärme der Hütte ausbreiten, während ich gleichzeitig - ziemlich vergeblich - versuchte, die neugierige und übermütige Dorfjugend in Schach zu halten.

Nur 115 Kilometer trennten mich von Cancún, aber, wie mir schien, auch Jahrhunderte. War dieses Dorf nun mexikanische Realität, war es Cancún, oder wohl eher der Gegensatz? Gestern noch schriller Plastiktourismus, heute stehe ich in der Dämmerung mit einigen Indios zusammen und unterhalte mich in gedämpfter Lautstärke, während in den umliegenden Hütten geschäftig mit Töpfen geklappert wird. Kindergeschrei dringt durch die Bäume herüber, ein einsamer Vogel ruft ab und zu. Die Nachfahren der alten Maya-Kultur haben eine kleine Statur, langes schwarzes Haar und ziemlich runde Gesichter. Aber sie werden nicht nur seitens der Regierung als Minderheit behandelt, im Dorf gibt es beispielsweise keinen Strom, trotz nahe vorbeiführender Stromleitung und hundert Familien. Sie haben ihr eigenes Erbe vergessen, können sich nicht an den Namen der Ruinenstätte bei Mérida - nämlich Uxmal - erinnern, wissen auch nicht, wie viele es sonst hier gibt. Aber der tägliche Überlebenskampf ist wohl zwingender und die Frage nach dem deutschen Geld, wie es heißt, der Tauschkurs zum Dollar etc. viel interessanter.

In Chichén Itzá, eine weitere Ruinenstätte für Archäologie-Fans auf halbem Weg zwischen Cancún und Mérida, erwische ich glücklicherweise wieder einen eintrittsfreien Sonntag, das sind immerhin viereinhalb Dollar Ersparnis. Ich freue mich über die perfekten Pyramiden und die herrlichen, aber doch teilweise recht blutrünstigen Steinmetzarbeiten. Da wird enthauptet und da werden Herzen herausgerissen, daß es eine wahre Pracht ist. Gegen Mittag rücken wieder Bustouristen-Geschwader an, 16 Reisebusse zähle ich beim Hinausgehen.

Mit recht gemischten Eindrücken besuche ich abends noch eine Licht-und-Ton-Schau, in Englisch, ein Fehler, denn manch einer der Sprecher kämpft schwer mit der Fremdsprache und ist nicht zu verstehen. Da bleibe ich das nächste Mal doch gleich bei der spanischen Version.

Bis Mérida sind es drei Tage. Ich lasse meinem Entdeckerherzen mal wieder freien Lauf und biege, anstatt auf der stark befahrenen Durchgangsroute zu bleiben, Richtung Norden zum Meer ab. Auf teilweise nur noch einspurigen Sträßchen erreiche ich kleine, aus häßlich verwaschenen Betonbauten bestehende Städte, die fernab vom Touristenpfad weiterhin ihr gewohnt-geruhsames Leben führen. Regionaler Hauptexportartikel ist Sisal. Ich passiere dann auch große Henequénpflanzungen, aus deren Blättern die Fasern gewonnen werden, und die eine oder andere Fabrik, vor der Sisalfasern zum Trocknen über Leinen hängen. Nach einem Spurt über 15 Kilometer kann ich mein Rad gerade noch vor den ersten Regentropfen im Schutz der Dorfgebäude von Dzilam de Bravo, einem Fischernest, parken. Ein kühler und staubiger Raum im Gemeindehaus wird meine Nachtadresse.

Da die Uferstraße vom großen Hurrikan vor drei Jahren weggespült und bisher nicht wieder instandgesetzt wurde, muß ich wieder ein Stück zurückpedalen, rolle dann gemächlich an Sisalfeldern, Buschwerk und Brachland vorbei und auf einem Damm durch Sümpfe. Die Fahrbahn ist voller kleiner Krebse, die Harakiri unter meinen Reifen spielen und erst im letzten Moment flüchten, manchmal auch zu spät, wie ich höre. Kleine Fischerdörfer liegen an der Strecke, voller rauher Gestalten, die bereits morgens um 9.00 Uhr vor den Läden herumsitzen und sich an Bierflaschen festhalten. In Schlangenlinien führt die Straße dann durch Palmenhaine, vorbei an Lagunen oder am Meer entlang, die Küstenvegetation duftet herrlich würzig nach Thymian und Minze. Progreso, der Badeort der Mexikaner im Norden von Mérida, kündigt sich bereits von weitem durch Ferienvillen an, hat aber mehr den Flair einer schmuddeligen, unansehnlichen Hafenstadt.

In Mérida herrscht wieder die atemlose, pulsierende Hektik einer Großstadt. Mehr gezwungenermaßen bleibe ich drei Tage hier, nachdem mein Magen mit „Mole poblano", das ist Huhn in einer Soße aus Chili, Schokolade und Kokosnuß (zugegeben eine wilde Mischung) nun gar nichts anzufangen weiß und nachdrücklich protestiert. So erstehe ich noch eine schöne Hängematte, Mérida gilt als „Hängemattenhauptstadt der Welt". Vergeblich suche ich aber nach neuen Schuhen. Welcher Indio hat auch Schuhgröße 45? Einmal mehr beweist ein barmherziger Schuster, was mit viel Leim und Faden möglich ist, aber dennoch sind meine guten Asolo-Schuhe nach bald zwei Jahren definitiv reif für den Mülleimer.

Da ich von eintönigem Buschdickicht und undichten Regenwolken nun endgültig genug habe, beschließe ich, auf direktem Wege nach Palenque, 700 Kilometer entfernt, zu fahren. Weitere Maya-Ruinenstätten liegen auf dem Weg, wie Uxmal, das ich, welch ein Wunder, wieder sonntags erreiche, andere lasse ich links und rechts liegen. Die Ruinen sind fest in deutscher Hand und so ist für Unterhaltung gesorgt. Mal übernachte ich im Gemeindehaus eines Indiostädtchens, mal in der Jugendherberge, einige Male auch in Hotels, die nachmittäglichen Tropengewitterstürme haben mir jede Lust zum Zelten verleitet.

Nach einer Woche in der „Provinz" erlebe ich in Palenque wieder den Trubel einer Touristenmetropole, fast alles dreht sich hier um die nahen Ruinen. Palenque liegt am Fuße des Chiapas-Gebirges und am Rande ausgedehnter Dschungelgebiete, die sich von hier bis weit nach Guatemala hinein fortsetzen. Die Lage der Ruinen inmitten einer Dschungellichtung verleiht ihnen einen besonderen Reiz, mich beeindrucken vor allem die fein herausgearbeiteten Relieftafeln an den Tempelwänden.

Mein Yucatántrip endete an den wunderschönen Wasserfällen des Naturparkes „Agua Azul" noch südlich von Palenque. Blaugrünes Wasser stürzt hier donnernd und gischtend über mehrere Felsstufen in Pools, die ideal zum Baden sind. Symbolisch wusch ich all die Mühen der vergangenen vier Wochen ab, bereitete mich auf einen neuen Radelabschnitt durch Mexiko vor.

Und der sollte recht anstrengend werden. Schließlich liegen nun über 2.000 Kilometer durchs gebirgige Zentralland vor mir, mit Großstädten wie Oaxaca, Cuernavaca, Toluca und Morelia. Erst nördlich von Guadalajara werde ich wieder auf dem Weg nach Mazatlán die Küstenregion erreichen. An Mexico City mit seinem berüchtigten Smog will ich mich so gut wie möglich vorbeimogeln.

Mein nächstes Ziel jedoch ist die Provinzhauptstadt von Chiapas, San Cristóbal de las Casas. Da die Stadt auf 2.100 m Höhe liegt, der Paß davor sogar 2.500 m Höhe aufweist, ist wieder Strampelarbeit angesagt.

Langsam steige ich aus den dampfig-heißen Regionen immer höher in dicht mit Pinien bestandene Bergregionen empor, die würzige, kühle Luft und phantastische Fernblicke über die Gebirgslandschaft verleiten mich wiederholt zu Begeisterungsausbrüchen. Indiodörfer schmiegen sich in enge Täler voller Maisfelder und roter Erde, in einem namens Cuxulja übernachte ich mal wieder in der Schule.

An die Gafferei der Leute konnte ich mich nie recht gewöhnen, hier ist es besonders schlimm. Das Klassenzimmer ist gut einsehbar und wie befürchtet stellen sich bald schon die ersten Gucker ein. Wie ein Lauffeuer muß es sich herumgesprochen haben, daß es da in der Schule was zu sehen gibt, die Menge wächst. Nachdem ich den ganzen Nachmittag immer von mindestens zehn Leuten penetrant in allem, was ich tat, beobachtet wurde, sich die ersten Indios sogar ins Klassenzimmer vorwagen, reißt mir jetzt der Geduldsfaden.

„Sale inmediatamente! Sofort raus hier!" herrsche ich den ersten an, dränge ihn Richtung Tür.

„Señor, die Schule gehört auch uns", widerspricht der, und ein anderer: „Wir haben das Recht, die Schule zu betreten, wann immer wir wollen."

Ich weiß, daß mein Verhalten nicht eben sehr höflich ist, aber ich habe einfach die Nase voll.

„Warum fragt ihr nicht höflich um Erlaubnis, wenn ihr ins Klassenzimmer wollt, wie es doch sonst üblich ist? Könnt ihr nicht verstehen, daß ich nach einem anstrengenden Tag in Ruhe mein diario, mein Tagebuch, schreiben möchte?"

Natürlich können sie das nicht, wo ihnen doch schon die Art meiner Fortbewegung mehr als merkwürdig vorkommen muß.

„Hast du überhaupt die Erlaubnis, hier zu übernachten?" begehrt einer auf.

„Ja, die habe ich, frage nur beim Maestro, dem Direktor, nach", erwidere ich und fahre fort zu schreiben.

In kürzester Zeit versammeln sich nun mehr als 50 Leute vor der Schule, die Diskussion nimmt zunehmend bedrohliche und heftige Töne an. Immer mehr Leute scharen sich um die Gruppe, haßerfüllte Blicke streifen mich. Ich überlege schon, wie ich Fahrrad und Ausrüstung zum rückwärtigen Fenster hinausbekomme, bevor der Volkszorn in handfeste Aktionen ausartet, als endlich der Maestro auftaucht. Er hatte mir vorhin die Erlaubnis zum Übernachten erteilt und beschwichtigt die Menge bald.

Dennoch lege ich mich mit unsicherem Gefühl schlafen, ich befürchte Vergeltungsaktionen. Was kann ich nur ändern im Verhältnis zu den Leuten? Nicht selten hörte ich heute wieder Gelächter voller Unverständnis und Spott, Kinder warfen Steine. Für diese Leute muß Reiseradeln wohl so abwegig, so unvorstellbar, so verrückt sein, daß man darauf mit Gelächter reagiert. Ich finde es traurig, daß es mir anscheinend nicht möglich ist, um mehr Verständnis für radelnde Touristen zu werben, vielleicht, weil mir die Geduld und Ausdauer nach bald zwei Jahren Lateinamerika abgeht, vielleicht auch, weil ich nicht den vermittelnden Charme anderer besitze, der Barrieren erst gar nicht entstehen läßt bzw. bestehende Barrieren leichter niederreißt. Ich fühle mich mies, habe der Gastfreundschaft des Direktors ja so wenig entsprochen, und beschließe, in Zukunft beim Übernachten eine größere Distanz zur Bevölkerung zu wahren. Also keine Schulen mehr.

Allerdings hat Chiapas auch den höchsten Anteil an Indios, und es ist auch Mexikos vernachlässigste Provinz, was z.B. die Infrastruktur mit nur wenigen Krankenhäusern, Schulen, Straßen usw. angeht. Die Indios haben sich ihren Hang zur Unabhängigkeit und ihren Stolz bewahrt, regelmäßig ist von erbitterten Streitereien zwischen der Zentralregierung in Mexiko City und der Indiovertretung zu hören und zu lesen. Sogar vor Verhaftungen von Indios und ihren Interessen nahestehenden Geistlichen macht man nicht halt, wie ich während meines Aufenthaltes in San Cristóbal de las Casas erleben kann. Eine nette Stadt ist das, mit engen, holprigen Kopfsteinpflastergassen, die von einstöckigen Häusern mit weit heruntergezogenen roten Ziegeldächern gesäumt werden, mit einem pulsierenden Indioleben, das besonders auf dem Markt seinen Ausdruck findet. Wieder eine Explosion von Farben, Gerüchen und Geräuschen, von der ich mich nur allzu gerne mitreißen lasse. Daß sich die Indios nicht noch mehr vom unübersehbar vorhandenem Tourismus einvernehmen lassen, kann ich nur mit ihrer starken Verwurzelung in alten Traditionen erklären. Vielleicht hat sie auch ihr Kampf mit der Regierung noch kompromißloser in ihrer Haltung zur eigenen Vergangenheit gemacht, was ich nur befürworten kann. Ich genieße die vielen interessanten Gespräche mit anderen Travellern in der Pension „Margarita" in vollen Zügen.

Die Fahrt nach Tuxtla Gutiérrez, etwa 90 Kilometer weiter, zähle ich zu meinen Höhepunkten in Mexiko. Frühmorgens und noch etwas widerwillig (in San Cristóbal ließ es sich so schön entspannen) pedale ich aus der Stadt hinaus und mühe mich erstmal auf schlimmer Asphaltbuckelpiste zehn Kilometer einen Berg hinauf. Dennoch ist meine Entscheidung, weiterzuradeln, im Endeffekt ein Glücksfall. Ein Tal weiter, in Nachig, einem kleinen Indiodorf, das nicht mal in meinem an sich sehr genauen Pemex-Autoatlas verzeichnet ist, wird Wochenmarkt abgehalten. Die Sonne hat die ersten umliegenden Bergketten überstiegen und beleuchtet nun mit weichem Morgenlicht eine Marktszenerie, wie ich sie nur selten so gesehen habe: Die Indios tragen knallrosa und -rote Trachten, die in der klaren Bergluft und der grünen und braunen Umgebung noch intensiver leuchten, wie rosa Perlen auf einer Kette sehe ich in der Ferne weitere Indios auf ihrem Weg zum Markt. Kein einziger Touri-Bus stört das Marktgeschehen, und ich habe wirklich das Gefühl, einen Markt zu erleben, der vor Generationen auch nicht viel anders abgelaufen ist.
Direkt beschwipst von all den Eindrücken trete ich schließlich weiter und meine Stimmung steigt weiter, nicht nur von der klaren, frischen und würzigen Luft, sondern auch von den nach jeder Kurve neuen

Ausblicken über die Chiapas-Berge. Indios traben als bunte Farbtupfer in der Landschaft zum nächstgelegenen Markt. Wieder erreiche ich ein Indiodorf, diesmal fernab der Straße in einer Hochtalsenke neben einem See gelegen und von Bergketten umrahmt. Vor der Kirche wogt ein Meer roter Trachten.

Wie in einer endlosen Achterbahn kurve ich dann innerhalb von 40 Kilometer von 2.500 auf 500 Meter Höhe hinab, wechsle von kühler Bergluft und Nebelschwaden in drückende Schwüle. Ein deutscher Reiseradler schnauft mir entgegen, der erste seit langem, und erklärt mir bei einem Smalltalk am Straßenrand, daß er in sechs Monaten von New York nach Chile kurbeln wolle ... - na, dann viel Spaß!

Tuxtla Gutiérrez wird in meinem Reiseführer als akzentlose Geschäftsstadt beschrieben, was ich nur bedingt bestätigen kann. So läßt es sich sehr angenehm auf der Plaza sitzen und Leute beobachten, in Gesellschaft vieler anderer Mexikaner, während Schuhputzer vor ihrem Stuhl auf Kundschaft warten und ein nie versiegender Strom fliegender Händler die Parkbänke patrouilliert.

Zudem besitzt diese Stadt einen Zoo, den „Zoologico Miguel Alvarez del Toro", den ich schlichtweg als besten der vielen, die ich bereits gesehen habe, bezeichnen muß. Die Art, wie hier wirklich riesige Freiluftgehege und großzügige Käfige in ein bergiges und bewaldetes Terrain integriert wurden, ohne den Natureindruck zu schmälern, wie jedes Tier vorbildlich beschrieben wird und auch die ökologische Verantwortung des Menschen ständiges Thema ist und wie man sich vernünftig auf regionale Tierarten beschränkt (keine einzelne traurige Giraffe wie in Mendoza), sehe ich als vorbildlich an. Zudem kann es passieren, daß man Tieren, die man gerade noch im Käfig beguckt hat, plötzlich in relativer Freiheit gegenübersteht. Vielleicht ein Idealzoo? Natürlich nicht, jeder Zoo ist eine gesellschaftlich anerkannte Art von Tierquälerei, aber dieser vielleicht weniger als andere. Und noch viel verblüffender ist es für mich, gerade in Mexiko einen solchen anzutreffen.

Außerhalb von Tuxtla ist der „Cañon del Sumidero" sehr interessant. Über 1.000 Meter tief hat sich hier der Grijalva durchs Gestein genagt, eine grandiose Szenerie nicht nur vom Boot aus, sondern auch von den Aussichtspunkten entlang der Straße im gleichnamigen Nationalpark.

Gefährliche Straßen

Rund 550 Kilometer trennen mich vom nächsten Etappenziel, der Stadt Oaxaca. Zunächst kurve ich zwei Tage über karge Berge und durch Täler voller gelb-dürrer Weiden und Kakteen, bis die Chiapas-Berge schließlich in mehreren Wellen in den Isthmus von Tehuantepec auslaufen.

„Auf Wiedersehen, auf baldige Rückkehr" verkündet ein großes Schild an der Provinzgrenze von Chiapas und Oaxaca, aber das Geld hätte man lieber in den Straßenbau investieren sollen: Schlagartig wird die Straße zur Holperpiste, weist riesige, beinahe radlerschluckende Löcher auf und teilweise fehlt der Asphalt auch gänzlich. 15 Kilometer schüttele ich so den Berg hinunter, erreiche fast Meereshöhe und denke, nun, nach Einmündung in die Panamericana, wird es endlich besser werden. Doch weit gefehlt! Vielmehr quert die Panam in langen, eintönigen Geraden den Isthmus von Tehuantepec. Buschwerk, Palmen, verdorrte Weiden, kleine Fincas und Fernfahrerkneipen lenken meine Blicke nicht besonders von der Fahrbahn ab und das ist auch gut so, weil ein Potpourri aus unzähligen Schlaglöchern und gewohnt schludrig ausgebesserten Abschnitten, die große Steine im Asphalt aufweisen und wohl nie eine Walze gesehen haben, meine volle Aufmerksamkeit erfordern. Wie auf einer Schotterpiste rüttele ich über den Asphalt, die Lkws fahren teilweise im Schritttempo. „Die Panamericana, die längste schlechte Straße der Welt", denke ich. Nur in Peru habe ich Vergleichbares erlebt, selbst in Guatemala waren die Straßen besser.

Zudem stehe ich jeden Tag Ängste aus, denn die Fahrbahn ist gerade gut zwei Lkw breit, hat keine Seitenstreifen, und ein nicht nachlassender Strom von Lastwagen und Bussen passiert mich mit hohem Tempo und knappstem Abstand. Wiederholt werde ich auch von entgegenkommenden, rücksichtslos überholenden Bussen in den Graben abgedrängt, kann nur noch hilflos die Faust schütteln und den Fahrern die schlimmsten Flüche hinterherschleudern. Meine Rückspiegel werden einmal mehr zur Lebensversicherung. Bis Mazatlán am Pazifik sollte sich das nicht mehr viel ändern, ein guter Grund mehr für mich, nie wieder durch Mexiko zu radeln! Ich treffe auch einige andere Reiseradler, die bereits entnervt größere Strecken per Bus zurückgelegt hatten.

Mexikaner beim Plausch auf dem Zócalo (Marktplatz)

*Radelnde Gerippe des mexikanischen Zeichners Posada (1890) -
ahnte er schon damals die heutige Gefährlichkeit der mexikanischen
Straßen für Radfahrer ...?*

Dennoch erlebe ich auch hier lateinamerikanische Gastfreundschaft, die mich für die während des Tages erlittene Ungemach versöhnt: Müde und abgeschlafft von der Hitze und der mörderischen Straße erkundige ich mich im Rathaus von Tepanatepec nach einer Bleibe für die Nacht, die Nähe zum nächsten Laden (Coke und Kekse!) und eine Wasserleitung sind mir heute wichtiger als ein einsamer Campingplatz im Busch. Nach kurzem Interview durch den Rathauschef kann ich um 18.00 Uhr wiederkommen und direkt in den Büroräumen, zwischen Schreibtischen und Regalen voller Akten, meine Matte ausrollen! Man stelle sich mal Gleiches in Deutschland vor ...

Kurz vor der Stadt Tehuantepec passiere ich die engste Stelle des Isthmus, der hier nur etwas über 200 Kilometer breit ist. Die Wettersysteme des Golfes von Mexiko und des Pazifiks ringen kräftig um die Vormacht, Sturmböen verschieben mich teilweise über einen Meter, in abenteuerlicher Schräglage stemme ich mich gegen den Wind. Die Vegetation ist hier wesentlich niedriger und kümmerlicher, die Bäume einseitig geneigt, alles Zeichen, daß der heutige Wind kein Einzelfall ist.

Den Nachmittag nutze ich in Tehuantepec dazu, meinen vorderen Alu-Gepäckträger provisorisch zu schienen. Bereits in Palenque ließ ich ihn schweißen, nun ist er aber wieder gebrochen und droht bei starken Schlägen in die Speichen zu geraten!

Auf dem Markt werden sogar Iguanas, das sind kleine Echsen, zum Verkauf angeboten (igitt!). Die Indiofrauen tragen bunte Blusen voller Ornamente und bodenlange, weite Röcke. Motor-Dreiräder besorgen den Stadttransport. Wenn die Frauen da hinten mit wehendem Rock auf der Ladefläche stehen, erinnert mich das stark an einen römischen Kampfwagen in moderner Version. Schneller als diese keuchenden Dreiräder waren sie wohl allemal!

Zwei Tage dauert es nun noch, bis die langgezogene Hochebene von Oaxaca endlich vor mir liegt, zwei Tage, in denen ich einen einsamen Kampf mit sonnendurchglühten, nur spärlich mit Kakteengestrüpp bewachsenen Höhenzügen führe. Die Flüsse in den staubigen Tälern führen nur selten Wasser, der Boden ist rissig und ausgemergelt. Selbst die Mais- und Bananenpflanzungen um die kleinen Adobe-Dörfer herum hinterlassen einen vertrockneten Eindruck. Wenn diese Dörfer mit ihren „Limo-Tankstellen" nicht wären! Mal eine Viertelstunde im Schatten die Füße weit von sich strecken, zwei

Limos, eine Packung Kekse, Atempause vor dem nächsten stunden-langen Anstieg, vor weiteren unzähligen Kurven und Kehren.

Matatatlán, ein staubiges Indio-Nest am Rande der Hochebene, gilt als „Hauptstadt des Mezcal", das ist der Schnaps mit dem netten ap-petitlichen Wurm drin! Eine Mezcaldestillerie und -Ausschankstätte reiht sich an die nächste, nur mit Mühe finde ich überhaupt einen Le-bensmittelladen, der nicht Hochprozentiges mit Proteinreichem ver-bindet.

Bereits mittags erreiche ich Oaxaca, noch Zeit genug, die Zapote-ken-Ruinen auf dem 20 Kilometer entfernten Monte Alban zu besich-tigen. Allerdings fahre ich mit dem Bus hin, da spare ich insgesamt immer noch etwas, nachdem heute gerade wieder Sonntag und der Eintritt somit frei ist (ich wundere mich schon gar nicht mehr). Die Zapoteken, eine sehr alte Kultur, die um die Zeitwende begann, bau-ten ihre Stadt und ihren Tempelkomplex auf ein Bergplateau, 25.000 Menschen lebten einmal hier. Vieles hat den Zahn der Zeit nicht überstanden, aber die Lage hoch oben über weiten Ebenen und Bergketten ist auch heute noch ungemein eindrucksvoll.

Ansonsten enttäuscht mich Oaxaca ziemlich, das koloniale Flair geht in Verkehrslärm und -hektik weitgehend unter. In einem der vielen Straßencafés am „Zócalo" - so heißt der Marktplatz in Mexiko - treffe ich regelmäßig auf deutsche Touristen und kann mich mal wieder in Deutsch üben.

Ich will wiedermal zu Hause anrufen, doch es ist gar nicht so einfach, ein Telefon zu finden. Eine Telefongesellschaft an sich gibt es nicht, nur kleine, enge Kabuffs in Hinterzimmern, meist von Drogerien, wo dann eine mehr oder weniger freundliche Telefonistin eine Leitung und mehrere Fernsprecher verwaltet. Daß dennoch, trotz all der her-umhängenden Drähte und trotz des insgesamt desolat-antiquierten Zustandes der Telefonanlage eigentlich immer eine Verbindung nach Deutschland zustandekommt, zähle ich zu den kleinen unfaßbaren und erstaunlichen Wundern der Technik.

„Übrigens, Michael hat inzwischen Alaska erreicht", berichtet mir mein Vater.

„So schnell? Dann müßte er ja in knapp drei Monaten von San Fran-cisco nach Fairbanks geradelt sein." Das kommt mir doch ziemlich unrealistisch vor.

„Doch, doch", bekräftigt mein Vater, „Mitte Oktober will er nach Hau-se fliegen."

Ein schwer beschreibbares, eigentlich irrationales Gefühl der Einsamkeit macht sich in mir breit, ich fühle mich nun als der wirklich Letzte Mohikaner unseres einmal so hoffnungsvoll gestarteten gemeinsamen Radabenteuer-Teams. Um so mehr, als nun jene Strecke vor mir liegt, auf der Michael überfallen wurde! Erst im letzten Moment entscheide ich mich doch dagegen, vorsichtshalber den Bus zu nehmen und pedale mit mulmigen Gefühlen los. Ich habe inzwischen von so vielen in Mexiko überfallenen Radlern erfahren, daß ich mich in ein regelrechtes Überfallsyndrom hineingesteigert habe ...

Sicherheitshalber, aber auch wegen der regelmäßig und hundertprozentig einsetzenden Nachmittagsregen, übernachte ich mehrere Male in Hotels. Fünf Tage bis Cuernavaca, das südlich von Mexico-City liegt, mühe ich mich weiter durchs Gebirge, eigentlich insgesamt eine sehr abwechslungsreiche Strecke, von pinienbestandenen, würzig riechenden kühlen Berghöhen bis zu schwülwarmen, langgezogenen Flußtälern. Einige Zeit begleiten mich auch majestätische, mehrere Meter hohe Säulenkakteen.

Ängstlich beäuge ich jedes einzelne der wenigen mich überholenden Fahrzeuge, manche fahren erst verdächtig lange hinter mir her, bevor überholt wird. Viele der Insassen erscheinen mir nicht gerade vertrauenerweckend. Aber ich habe Glück. So freue ich mich am letzten Tag vor Cuernavaca besonders über die herrlich gelb-, lila- und rotgetupften Wiesenteppiche und die merkwürdige Wolkenformation, die ich erst, als sich die Wolken etwas heben, als vereiste Vulkanspitze identifiziere. Der Popocatépetl! Der perfekte Vulkankonus scheint auf einer Dunstdecke zu schweben.

Leider begleitet mich von nun ab ein endloser Müllgürtel, kein Land hatte ich bisher als so dreckig empfunden. Umweltbewußtsein muß für Mexikaner wahrlich noch ein Fremdwort sein. So einfache Dinge wie Mülltonnen fehlen selbst an Rastplätzen, die konsequenterweise mit einem Müllteppich überzogen sind, des öfteren kann ich beobachten, wie prallgefüllte Müllsäcke in aller Öffentlichkeit aus den Autos einfach in den Straßengraben fliegen. Das wiegt um so schwerer, als hier regelmäßig beim Einkaufen wahre Verpackungsorgien gefeiert werden. Bezeichnend dafür ist die Unsitte, sich die Limos in einer Plastiktüte mit Strohhalm aus dem Laden mitzunehmen, sie leerzutrinken und die Tüten dann einfach da fallenzulassen, wo man gerade geht oder steht. Die Landschaft wird's schon schlucken. Nur gut für die Mexikaner, daß ihr Land so groß ist!

Neid und Unverständnis sind scheinbar ein weiterer Wesenszug der Mexikaner, an dem ich mich wiederholt stoße. Höhnische Bemerkungen wie „burro!" (Esel) ertrage ich noch ungerührt, einmal beschimpft man mich aber aus einem Golf heraus mit „you shit!". Mich trifft nicht so sehr das Wort, sondern der Haß, mit dem es der junge Mexikaner herausspuckt.

Eine so nervige Stadtdurchfahrt wie die durch Cuernavaca hatte ich noch nicht erlebt. Eingezwängt zwischen einer Hundertschaft bösartiger Minibusse, die mich entweder mit ihren häufigen Stopps nervten oder beim Überholen bedrängten, schnaufte ich im Slalom und umhüllt von Motorenlärm und Dieselabgasen ins Stadtzentrum hoch. Aber was zählt das alles gegen das ungeheure Gefühl, wieder eine Etappe gemeistert zu haben, eine gefährliche dazu? Nicht viel. Meine Gedanken eilen immer einige Tage voraus, kaum im Hotel angekommen, beginne ich bereits die nächste Etappe zu planen. Städte dienen nicht mehr als Basis für einige Tage wohlverdiente Ruhe, sondern nur noch als willkommene Gelegenheit, Lebensmittelvorräte aufzustocken und auf Kurztrips das Interessanteste anzuschauen. Meine Art und Weise, ein Land zu „erfahren", hat sich im Vergleich zu Südamerika total geändert. Für mich zählt das Vorankommen, die tägliche Kilometerleistung, immer mehr als das Bedürfnis, neue Eindrücke zu sammeln. Die USA sind immer noch so weit entfernt und mit Mexiko will ich einfach nicht recht warm werden. Das Vernünftigste in meinem Fall wäre bestimmt, eine Etappe vielleicht per Bus zu überbrücken, aber größer als die Vernunft ist mein sportlicher Ehrgeiz, ein gestecktes Ziel mit eigener Kraft zu erreichen.
Und so sitze ich nach einem Tag Ruhepause bereits wieder im Sattel. Mexico-City umfahre ich in weitem südwestlichem Bogen, schon rein gar nichts zieht mich in diese Stadt. Vierzig steile Kilometer zieht sich die Straße durch Pinienwälder von 1.450 m bis auf 3.000 m Höhe empor, dann wechseln sich kultivierte Hochebenen und häßliche, uninteressante Industriestädte mit bewaldeten Höhenzügen ab. Das bleibt auch die folgenden Tage so. Das Wetter ist meist schlecht, trüb und regnerisch, kein Genuß, und die Autofahrer erscheinen mir noch rücksichtsloser als bisher.
Nur einmal kann ich dem Autoverkehr entrinnen, als ich nämlich zwischen Ciudad Hidalgo und Morelia die alte Straße über den „Mil Cumbres"-Paß statt der neuen Umgehungsstraße wähle. Ganze fünf

Autos zähle ich da. Zum ersten Mal seit langem höre ich wieder den Wind in den Baumwipfeln rauschen, lausche den Vögeln oder einem glucksenden Bächlein, stoppe oft, um mir die Blumen am Wegesrand zu begucken, das Panorama zu bestaunen oder ganz einfach einige Male in der klaren und sauberen Bergluft durchzuatmen, bevor es weiter bergauf geht. Da kann selbst ein 2.881 m hoher Paß zum Genuß werden.

Nach vier Tagen und 400 Kilometern erreiche ich Pátzcuaro, ein Industriestädtchen mit wunderbarer Kolonialarchitektur, das zwar etwas abseits meiner Route liegt, aber den Umweg mehr als rechtfertigt. Hier lege ich spontan einen Tag Pause ein. Wie San Cristóbal de las Casas ist auch Pátzcuaro Mittelpunkt eines farbenfreudigen, lebhaften - und auch lautstarken - Indiolebens.

„Ich glaube, bald jeden zweiten Tag steigt hier eine Fiesta", erklärt mir ein deutscher Ethnologe im Hotel „Concordia".

„Und was haben die Indios denn ständig zu feiern?"

„Ach, Kirchen und damit Schutzheilige gibt's ja genug, auch sonst weist das Stadtbild genügend Standbilder und Monumente auf, an denen man nach zackigen Paraden Kränze niederlegen kann."

Womit er gar nicht so unrecht hat. Heute wird die Virgen de Guadelupe in einer nahen Kirche geehrt. Da startet zuerst unter ohrenbetäubendem Gehupe ein Korso luftballon- und girlandengeschmückter Taxis, auf einigen Motorhauben sitzen wie Puppen herausgeputzte Kinder, gefolgt von Lieferwagen und Bussen, die alle vor dem Kirchenportal mit ein paar Tropfen Weihwasser besprengt werden. Anschließend wartet eine endlose Schlange von Gläubigen in und vor der Kirche auf den Segen, Böller krachen, seit Stunden läutet man bereits wie verrückt die Kirchenglocken, und - als wäre das nicht schon Geräuschkulisse genug -, eine ohrenbetäubend laute Kapelle gibt erschreckend schräge Töne von sich. Danach beginnt die Fiesta auf der Straße, mit Buden, die Essen und Getränke verkaufen und an denen ein Spielchen gewagt werden kann. Ich kaufe mir einen „Ponche", eine Art Obstbowle aus Apfel, Ananas, Guave, Vanille, Canela und Zuckerrohr. „Mit" oder „ohne" gibt's die, nämlich mit oder ohne Alkohol. Da das Trinken von Alkohol auf Mexikos Straßen eigentlich verboten ist, geht's da recht geheimnisvoll zu: Die Alte zieht eine in braunes Packpapier eingewickelte Flasche aus den Tiefen ihrer Bluse und gibt rasch einen Schuß in den Becher, was den Reiz des Ganzen doch deutlich erhöht. Als wenn es nicht alle wüßten ...

Südlich von Guadalajara erreiche ich die „Laguna de Chapala".
Abends übernachte ich in Cojumatlán im Gemeindehaus, ein Durch-
schnitts-Dörfchen, wie man sie wohl tausendfach in Mexiko findet.
Morgens starte ich mit den ersten Sonnenstrahlen. In vielen Kurven
schlängelt sich die Straße über blumenübersäte Berghänge am Süd-
ufer des Sees entlang, gibt wiederholt schöne Panoramablicke über
See und Berge frei. Ein wunderbares Stück Strecke. Die Luft ist klar
und frisch, eine kräftige Brise schiebt mich die Berge hoch.
Am Nordufer reiht sich eine Villa mit Seeblick an die nächste, mir
bleibt nur der Blick auf hohe Schutzmauern. Unübersehbar haben
sich hier die Amis breitgemacht, Ressorts und Villen schieben sich
die Talhänge hinauf. Die Beschriftungen auf den Schildern sind
hauptsächlich in Englisch, fast nur Fahrzeuge mit amerikanischem
Nummernschild überholen, viele bleichhäutige ältere Amerikaner in
grobkarierten Shorts bevölkern die Gehwege. Alle Dörfer haben sich
voll dem Tourismus verschrieben. Erschreckend. So eine Enttäuschung nach dem wunderbaren Fahrvergnügen am Morgen!
In Chapala, meinem eigentlichen Tagesziel, erwartet mich dann ein
einziger Touristen-Ameisenhaufen.
Bis Guadalajara sind es noch 50 Kilometer. Als bisher einzige mexikanische Großstadt gefällt sie mir ausnehmend gut, sie weist einige sehenswerte Gebäude und Plätze auf. Aber das richtige Leben
beginnt auch hier erst nach Feierabend, es ist schon unglaublich,
welche Menschenmassen dann durch die Straßen flanieren. Da gerade Festwochen sind, ist auch kulturell allerhand geboten, vom Frei-
lufttheater über Ausstellungen bis zu Konzerten.
Aber noch viel mehr hebt meine Stimmung die Tatsache, daß nun
endgültig die letzte Etappe auf dem Festland bis Mazatlán vor mir
liegt. Hinter Tepic fällt die Straße kontinuierlich ab. Die zum Schluß
doch eher nervende Berg- und Talfahrt hat endlich ein Ende, leider
auch die kühle Bergluft, bald schon umfängt mich wieder die brü-
tende Hitze und die Vegetation wuchert tropisch-üppig. Lange, eintö-
nige Geraden über Hügel und durch Buschwerk und Sümpfe bestimmen das Bild, die Straße bleibt gewohnt schlecht und gefährlich dazu. Ich zähle die Tage bis Mazatlán.
Zuerst empfängt mich der Brackwassergestank der Sümpfe im Süden der Stadt, dann Fischgestank, abgelöst vom Kaffeegeruch
großer Fabriken. Mir egal. Nach über 500 Kilometern in vier Tagen
und drei Nächten in halb zerfallenen Scheunen denke ich nur noch

ans Ankommen, an eine heiße Dusche, an frischgewaschene Klamotten und ein erholsames Bett für meinen ausgelaugten Körper. Aber vor allem an die USA, die nun nur noch vier Wochen entfernt sind.

Von den mexikanischen Highways habe ich jedenfalls die Nase voll. Ich träume vom entspannten Dahinradeln, ohne ständige, gehetzte Blicke in die Rückspiegel, ohne die Angst, doch einmal von einem der mexikanischen Truck-Rambos ins Jenseits katapultiert zu werden. Kann mir die Baja California meinen Seelenfrieden zurückgeben? Schlimmer als jetzt wird es bestimmt nicht, also buche ich eine Fährpassage von Mazatlán nach La Paz, der größten Stadt an der Ostküste der Baja California.

Bikerparadies Baja California

Die Schiffsnacht war nicht eben das, was man komfortabel und erholsam nennt: Wie die meisten anderen hatte ich es mir nach mehreren Versuchen, in den Sesseln eine bequeme Schlafstellung zu finden, zwischen den Sesselreihen auf dem Boden bequem gemacht, während die „MS Azteka" gemächlich gen Baja California voranschob. 15 Dollar kostete mich die billigste „Salon"-Klasse, mein Rad fuhr umsonst mit. Allerdings mußte ich es anfangs wiederholt unter größeren Gepäckbergen im Aufbewahrungsraum ausgraben.

Morgens stand ich früh an der Reling, beobachtete, wie der Himmel erst alle Purpur-, Rot- und Gelbtönungen durchspielte, bis die Sonne endlich selbst aufging.

Nun tuckern wir bereits an der Ostküste der Baja entlang. Während ich so auf die kahlen, schroffen Bergzüge schaue, überlege ich, ob die Astronauten damals vor der ersten Mondlandung dieselben Gefühle hatten: elektrisiert vom Ereignis an sich, aber abgestoßen vom Anblick.

Nach 20 Stunden legen wir in Pichilingue an, das ist der Hafen von La Paz. Vorbei an einer Thermoelektroanlage und einigen wunderschönen Stränden pedale ich in die Stadt. Im „Hotel California" - jeder Rockmusikfan weiß mit diesem Namen etwas anzufangen - steige ich für zwei Nächte ab.

La Paz ist Zollfreihafen und entsprechend viele Importläden, die vor allem billige Elektronikartikel und Uhren anbieten, bestimmen das Straßenbild. Vielleicht der Hauptgrund überhaupt, La Paz zu besuchen, denn außer der vor dem Beginn der Hauptsaison noch recht verwaisten Strandpromenade bietet die Stadt sonst nichts.

Der schmale Finger der Baja California erstreckt sich etwa 1.300 Kilometer von Kalifornien entlang der Westküste Mexikos in den Pazifik. Wegen weiter Wüsten- und Steppenregionen ist das Land nur sehr schwach besiedelt, einige schroffe Bergzüge und Trockentäler, die nur nach einem Gewittersturm urplötzlich Wasser führen, durchziehen es. Erst die Fertigstellung der „Carretera Transpeninsular Mex 1" Anfang der 70er-Jahre, die sich von Tijuana kommend bis La Paz durch die Halbinsel windet, und der bald darauf einsetzende Tourismus führte zu einem vehementen Entwicklungsschub, der seine Grenzen augenscheinlich noch nicht erreicht hat. Die Südspitze profitierte davon besonders.

Die USA sind nach meiner Schätzung noch etwa 15 Radeltage entfernt, damit bleibt mir noch genügend Zeit bis zum Ablauf meiner Aufenthaltsgenehmigung, um auch den Südzipfel der Baja California auf einer viertägigen Rundfahrt zu erkunden. Dabei kann ich gleich meinen Reiseführer auf seine Richtigkeit prüfen. Eigentlich ist er mehr ein Logbuch des Amerikanischen Automobilclubs, das Meile für Meile Sehenswertes, Strände, Restaurants etc. auflistet. Mich interessieren aber vor allem die Wassernachschubmöglichkeiten, denn da dürfte ich im Innern der Halbinsel noch einige Probleme bekommen.

Um es vorwegzunehmen: Die Rundfahrt hinterließ einen zwiespältigen Eindruck. So faszinierte mich die herbe Schönheit der Wüste, die Vegetation, ein tropischer Dornenwald voller meterhohen „Cordón"-Kakteen, jede Menge Dorngengestrüpp und wunderbar gelb und rot blühende Büsche vor der kargen Bergkulisse der „Sierra de la Laguna". Niederschmetternd dagegen fand ich die Szenerie entlang der Südküste. Zwischen San José del Cabo und Cabo San Lucas, das sind 30 Kilometer, durchfuhr ich eine einzige Baustelle mit braunen, umgepflügten oder verschobenen Hängen sowie Hotel- und Ressortkomplexe in allen Baustadien. Der Anspruch von San José del Cabo, Stadt der Golfplätze zu werden, und das trotz der fortwährenden Wasserknappheit, spricht wohl für sich.

Dennoch begann ich die Baja bereits zu lieben. Es war einfach erholsam, nach zwei Monaten einschlägiger Mexikoerfahrungen bei nur leichtem Verkehr dahinzupedalen, wenn auch die Topographie mit nie nachlassendem Auf und Ab über Hügel und ins nächste Trokkental hinunter sowie der recht vehement blasende Nordwest-Wind spürbar an den Kräften zehrten. Das Campen hier war so einfach: einem Pfad zehn Meter ins Dorndickicht folgen, eine Lichtung suchen, sie von Kaktustrieben und stacheligen Ästen säubern, und schon hatte ich eine kleine, wenn auch stachelige Welt für mich. Nicht ganz, denn Tiere gab's ja auch noch, auch Skorpione, mit denen ich bald Bekanntschaft machte. Bereits um 18.00 Uhr ging die Sonne unter und vor 6.00 Uhr nicht wieder auf, lange Nächte und kurze Tage, die ich zu verlängern versuchte, indem ich bereits im fahlen Mondlicht Zelt und Ausrüstung zusammenpackte, dann frühstückte, während die Kaktusspitzen im Licht der Morgensonne rötlich-warm aufleuchteten.

Nach nochmals zwei Tagen La Paz breche ich endgültig zu meiner letzten Etappe gen USA auf. Ich will immer dem schwarzen Band der „Mex 1" folgen.
„Tijuana 1.482 km", verkündet ein Wegweiser an der Stadtgrenze von La Paz. Diese Kilometerangabe ändert sich allerdings auf den folgenden 10 Kilometern nur unwesentlich um gerade einen Kilometer. Nobody is perfect ...
Ich folge zunächst noch in weitem Bogen der Bucht von La Paz, steuere dann durch zunehmend karger und öder werdendes, staubig-braunes Cordón-Kakteenland auf die Sierra de la Laguna zu, überquere sie in heißen Anstiegen. Über Dutzende Kilometer sehe ich keine menschliche Ansiedlung, nur Cordón-Kakteen recken ihre stacheligen Stummel in den hitzeflirrenden Himmel, begleiten mich auf meinem schweißtreibenden Weg von Trockental zu Trockental. Diese Szenerie sollte sich in den kommenden vier Wochen nur unwesentlich ändern.
Kleine Ranchos, gerade einige Gebäude im Nichts, haben sich in den Trockentälern etabliert. Man betreibt ein wenig Viehzucht, wo das Grundwasser höher und das Buschwerk dichter steht. Aber Wasser gibt es! El Cién, Las Pocitas, Santa Rita, kleine Dörfer in brauner Staublandschaft, gruppiert um eine Pemex-Tankstelle, und ich frage mich, wovon die Leute hier leben.
Ciudad Constitución, schon eine Stadt, liegt inmitten einer riesigen

Tiefebene, die landwirtschaftlich intensiv genutzt wird, wenn auch unter ungeheurem Wasserverbrauch. 70 Kilometer vor der Stadt machte die Straße plötzlich einen 45-Grad-Schwenk, führte dann wie mit dem Lineal gezogen durch öde-trostloses Buschwerk, das erst allmählich Anbauflächen wich. Aber angebaut wurde derzeit nichts, weite karg-braune Flächen, deren Anblick fast noch trister als der der Wüstenvegetation war, breiteten sich bis zum Horizont aus. Das Radeln artete zur stupiden Tretarbeit aus, unterbrochen nur von Pausen alle fünf Kilometer, in denen ich einige Schlucke Wasser trank, meine Fortschritte an den Kilometertafeln verfolgend. Armselige Ranchos tauchten am Horizont auf und verschwanden wieder, und ich trat und trat.

Neben dem Eingang zum gut bestückten Supermarkt - das sollte in den nächsten Wochen kein Normalfall sein - stand ein Mountainbike mit Karrimor-Taschen. Den Besitzer stöberte ich bald zwischen den Regalreihen auf: Otto aus Hüttlingen bei Aalen.

„Hast du schon von dem tollen Campingplatz gehört, 'Campestre La Pila' heißt der, oder so ähnlich, nur drei Kilometer entfernt?" fragte er mich beim Hinausgehen.

„Nein, aber was hältst du davon, dort zu zelten? Ist bestimmt angenehmer als die Kanalröhre, in der ich die letzte Nacht verbrachte."

„Hm, eigentlich wollte ich noch weiterfahren", erwiderte er, „aber so richtig schwätzen, das wäre auch mal wieder was!"

Das taten wir dann auch bei Kerzenlicht bis tief in die Nacht hinein, unterbrochen nur von kurzen Schwimmeinlagen im dazugehörigen Schwimmbecken. Er erzählte mir, daß er früher Busfahrer war und sich nun einen Traum verwirklichen wolle, nämlich nach einigen Monaten in Kanada noch bis Yucatán zu radeln. So wies denn sein Reisegepäck neben einer halbvollen Schnapsflasche auch eine Angelrute auf. Was er mit der wohl auf Yucatán anstellen wollte?

Am nächsten Tag durchquere ich vollends die weite Tiefebene um Ciudad Constitución Richtung Osten, halte dann direkt auf die Sierra de la Giganta zu. Hinter ihr wartet bereits der Golf von Californien. Bis Mulegé folge ich der wunderschönen „Bahia Concepción" mit ihren unzähligen Inselchen und kleinen Buchten, die augenscheinlich auch eine starke Anziehungskraft auf Touristen ausübt. So sprießen überall gutbesuchte Campingplätze aus dem Sand. Abwechslungsreich, wenn auch anstrengend zu fahren, führt die Straße mal durch eine schmale Küstenebene mit Trockentälern, Wüstenvegetation und Mangrovendickicht am Ufersaum, dann gewagt in Felsen mit weiten Panoramablicken und wieder durchs Hinterland mit den schroffen und nur spärlich bewachsenen Küstenbergen, was mir natürlich nicht so behagt.

Eher schon die heiße Dusche im „Villa Maria Isabel Trailerpark" nahe Mulegé, spontan entschließe ich mich, hier einen Tag auszuspannen. Zwanzig Minuten Fußmarsch entfernt liegt Mulegé, das in seinen ausgedehnten Dattelpalmenhainen fast verschwindet, während karge Bergzüge am Horizont für verblüffenden Kontrast sorgen. Die Dattelwälder wurden zu Missionszeiten im 18. und 19. Jahrhundert angelegt, heute scheint der Tourismus wohl mehr abzuwerfen, viele Früchte verfaulen am Boden.

Erst zwischen Mulegé und Cataviña breitet die Baja ihre ganze Wüstenvielfalt aus, die mich endgültig zu einem Baja-Fan werden läßt. Zugegeben, die Baja macht es nicht leicht, fordert mich jeden Tag von neuem, dazu bleibt das latente Wasserproblem und die verwaltete Leere in den Supermärkten der wenigen Dörfer. Aber ich erkenne auch, wie schön Wüste sein kann, wenn man sich nicht gleich vom ersten Eindruck abschrecken läßt, sondern die kleinen interessanten Dinge hinter der hitzeflirrenden Fassade sucht.

Santa Rosalia hebt sich mit seinem Ortsbild aus bunten Holzhäusern und der von Eiffel konstruierten und hierher verschifften Kirche in Eisenträgerkonstruktion wohltuend von der üblichen Standard-Betonbauweise ab. San Ignacio liegt hinter einer zwei Kilometer breiten Mauer aus gepflegten Dattelpalmenhainen und vermittelt genug Tropenfeeling, um die 200 Kilometer durch die Vizcaino-Wüste frohgemut anzugehen.

Zwei Tage trete ich gegen Monotonie, Hitzeflirren und stürmischen Westwind an. Dürre, graue Grasbüschel verdrängen schließlich den letzten Kaktus, ich finde den einzigen Schatten für ein Mittagspäuschen in Abflußröhren unter der Straße. Dennoch gibt es auch hier zwei größere Ansiedlungen und so verdurste ich nur halb.

Als ob die Baja mich um Verzeihung bitten wolle, strample ich über einige interessante Bergzüge, kurve um weitere Trockentäler und tauche unvermittelt in den herrlichsten Kakteen-Steingarten ein, so schön, wie ihn nur die Natur kreieren kann. In aufgelockertem Bewuchs stehen Kakteen in den unterschiedlichsten Größen und Formen beieinander - märchenhaft!

Kaum Verkehr und guter Asphalt: Radlerparadies Baja California

Mein Camp unter dem Vulkan Las Tres Virgenes, Baja California

Von der nächsten Bergkette bieten sich wieder weite Panoramablicke über Täler und blaudunstige Bergstaffeln, die Vegetation ist
spärlich, aber um so eindrucksvoller. Knorrige, gedrungene Elefan-
tenbäume kriechen gleichsam zwischen Felsbrocken am Boden dahin. Ich mache Mittagspause und denke mitleidig an all die Touristen, die in ihren Blechgehäusen an dieser Szenerie vorbeisausen
und nur schnell ihr Ziel erreichen wollen.

Dann quere ich südlich von Cataviña den wunderbarsten Kakteen-
wald, den ich je gesehen habe: Immens hohe Cordón-Kakteen, skur-
rile Cirion, Yucca valida mit ihrem Büschelkopf und viele weitere Ar-
ten wuchern da.

Nach dem Überqueren des höchsten „Passes" (900 m), nach einigen
Trockenseen und „El Pedregoso", einem riesigen Schuttberg am
Weg, campiere ich kurz vor Cataviña inmitten des Kakteengartens,
wie bereits in den letzten Tagen. Lange stapfe ich mit der Kamera
umher, finde immer neue fotogene Motive, doch letztendlich treibt
mich der schneidend-kalte Wind aber ins Zelt. Das Klima ändert sich
allmählich, aber spürbar. Zwar scheint die Sonne weiterhin kräftig,
aber die Nächte sind jetzt Mitte November schon ungewohnt kalt.

Cataviña besteht eigentlich nur aus Pemex-Tankstelle und staats-
eigenem Luxushotel, der Campingplatz hat kein Wasser, ich fahre
gleich weiter nach El Rosario, das ich zwei Tage später erreiche.

El Rosario stellte früher das südliche Ende der asphaltierten „Mex 1"
dar, dahinter führte nur noch eine Schotter- bzw. Sandpiste weiter
gen Süden, für ganz Wagemutige! Kein Wunder, daß die Strecke
zwischen El Rosario und Tijuana wesentlich dichter besiedelt und
weiter entwickelt, teilweise gar schon zersiedelt ist, was aber nicht
bedeutet, daß man sich hier nun auf die Füße tritt. Der Boden ist einfach zu karg, um intensive Landwirtschaft zu erlauben, und es über-
wiegen weiterhin Wüstenabschnitte. Aber ich passiere doch mehr
Ranchos mit dem obligatorischen Schrottauto im Hinterhof.

Die Müllhalden nehmen zu, der Verkehr wächst spür- und hörbar,
und auch mehr vertrocknete Kuhhäute mit Skeletten als je zuvor liegen im Straßengraben. Hier werden nicht nur Hunde, wie sonst üblich, sondern auch Kühe überfahren.

Kurz vor Ensenada besuche ich das „La Bufadora"-Blasloch am Ende der Punta Banda-Halbinsel, offensichtlich ein bevorzugtes Ziel
der Amerikaner, wie die vielen Souvenirhütten und Taco-Stände be-
weisen. Schnell radle ich wieder aus dem Touristenspektakel her-

aus, suche mir auf dem Rückweg einen schönen Zeltplatz weit über der Bahia de Todos los Santos, an deren anderem Ende bereits Ensenada liegt. Nachts funkelt die gesamte Küstenlinie im Lichterglanz, aus dem Radio dröhnt Rockmusik eines Senders in San Diego. Etwas wehmütig denke ich an all die herrlichen, einsamen Campingplätze der vergangenen Wochen zurück, an die glutroten Sonnenuntergänge hinter der struppigen Kakteensilhouette, an den unfaßbar funkelnden Nachthimmel und an die Streifzüge durch Kakteen-Märchengärten im fahlen Mondlicht. Aus und vorbei. Dabei freute ich mich doch so auf die USA! Was ist nur los mit mir?

Kurzentschlossen fahre ich in Ensenada direkt zur Migración und erhalte nach beharrlichem Nachfragen eine zweiwöchige Verlängerung meiner Aufenthaltsgenehmigung. Verrückte Welt: Vor einigen Wochen wäre ich um jeden Tag froh gewesen, das ungeliebte Mexiko früher verlassen zu können, nun möchte ich noch eine Rundtour über Mexicali nach Tijuana dranhängen.

Aber erstmal spanne ich zwei Tage auf dem „Campo Playa Trailerpark" aus. Die amerikanische Besitzerin hatte wohl noch nie erlebt, daß jemand so hartnäckig wie in einem orientalischen Basar um den Preis feilschen konnte, schließlich wird sie bei vier statt sieben Dollar weich.

Tom, der seine Pension hier als Aushilfe aufbessert, steht der Mund offen: „Oh boy, noch nie, und ich arbeite hier schon eine ganze Zeitlang, noch nie hat hier jemand zu solch einem Preis übernachtet! Die Alte ist sonst eisenhart, wenn's ums Geld geht. Wie hast du das nur angestellt?"

„Tja, die Schule der vergangenen Monate war auch hart genug ...", antworte ich ihm da nur.

Die Großstadt Ensenada bietet zwar viel für Amerikaner auf der Suche nach Souvenirs, mir genügt es, herauszufinden, wo der beste Bäcker und ein Supermarkt ist. Zwischendurch lerne ich auf Verdauungsspaziergängen die Sehenswürdigkeiten kennen, wie den Fischmarkt, auf dem mich jeder Verkäufer auf englisch anschwätzt und ich zu seinem Erstaunen auf spanisch antworte (komischer Gringo ...)!

Ich glaube, man muß schon ziemlich radelverrückt sein, um so kurz vor Tijuana und den USA noch einen Rundtrip über Mexicali planen zu wollen. Schließlich sind das über 500 Kilometer Tretarbeit mehr, und das angesichts des großen Ziels. Vielleicht möchte ich auch nur das Gefühl, so nahe vor der Erfüllung eines Traumes zu stehen, noch ein wenig auskosten. Oder hat mich die Baja mit ihrer wilden Natur doch mehr in ihren Bann gezogen, als es mir bewußt ist, und nun sträube ich mich unbewußt davor, sie mit unbekanntem Neuem tauschen zu müssen?

Diese vier Radeltage bis Mexicali entwickeln sich dann doch etwas anders als erwartet. Erwartungsgemäß ist die Landschaft wieder einsam, auch teilweise sehr schön wie die „Llano Colorado", eine weite, leicht geneigte Hochebene mit einer mannshohen Zypressenart, oder die Fahrt zwischen den Bergzügen der Sierra de Juárez im Norden und der Sierra San Pedro Mártir im Süden hindurch, die zum San Matias-Paß zusammenwachsen.

Als ich meinen Lenker dann endgültig nach Norden Richtung Mexicali drehe, bremst mich aber nicht nur ein vehementer Nordwind wirksam ab, sondern auch die relativ neuen mexikanischen Schläuche reißen einer nach dem anderen auf. Bestimmt ein Produktionsfehler, aber diese Einsicht ist nicht sehr hilfreich inmitten des Nichts. Nur mit einigen Kunstgriffen und unter vielen Schweißtropfen schaffe ich es, wenigstens zwei zu retten und Mexicali radelnd zu erreichen. Am letzten Tag erwischt mich auch noch eine Darminfektion, ich bekomme Fieber, und als Krönung haucht der hintere Schlauch mitten in Mexicali seine Luft aus. Natürlich auch noch sonntags, und so erreiche ich die Jugendherberge in den Außenbezirken der Stadt gehend mit humpelndem Rad. Ich weiß nicht, wer von uns beiden wen mehr stützte. Aber zum Feilschen um den Übernachtungspreis reicht die Kraft noch, statt 5,30 Dollar deren nur 1,70 - ist doch ganz gut, oder? Mit dem Ersparten kann ich mir schon wieder einige neue Schläuche kaufen. Belustigt stelle ich im Bett fest, daß dies seit vier Wochen meine erste Nacht in einem Bett ist!

Ich erhole mich dann schnell, kann bald die Stadt erkunden, die sich eigentlich nur zum Einkauf für billige Textilien lohnt.

Dann stehe ich nachdenklich einige Zeit vor dem Zwei-Mann-hohen Grenzzaun. Da liegt es nun, das gelobte Land, nur zwei Meter entfernt. Wie viele Mexikaner hier wohl Nacht für Nacht drüberklettern, auf der Suche nach einem besseren Leben?

Knapp 200 Kilometer Richtung Westen trennen mich nun noch von Tijuana. Ich bin endgültig Baja-müde, sehne mich nach den USA, noch mehr, als ich kurz hinter Mexicali erst in einen Sandsturm und dann beim Überqueren der Sierra-de-Juárez-Ausläufer in Graupelschauer gerate. Als wenn 1.300 Höhenmeter innerhalb von 24 Kilometern nicht schon genug wären! Der Wind bleibt eisig, entsprechend kühl fällt die abendliche Wäsche aus und nachts bildet sich eine Eisschicht im Wasserkanister.

Der Verkehr wird immer dichter, einige Male glaube ich, nun endgültig überfahren zu werden. Da überholt ein Auto einen Lastwagen, obwohl ich nicht mehr allzuweit entfernt bin, und wird dann durch den Windsog bis auf den Seitenstreifen auf meiner Seite hinübergedrückt. Ich trete einen stuntmanreifen Sprung in den Graben an, mit Fahrrad wohlgemerkt! Ein anderes Mal überholt mich ein Lkw trotz Gegenverkehr so knapp, daß er einem Entgegenkommenden den Außenspiegel abfährt! Mit gesenktem Kopf pedale ich durch einen Glassplitterregen, der Fahrer hält eh' nicht an ...

Die Zeltplatzsuche vor Tijuana verläuft ergebnislos. Zu dicht stehen die Häuser schon, außerdem pfeift ein eisiger, durch Mark und Bein gehender Wind die kahlen Hänge herunter. Also steuere ich direkt die Jugendherberge in Tijuana an. Über 2.550 Kilometer sind's nun allein auf der Baja California geworden!

Abends haue ich im Supermarkt meine letzten Pesos auf den Kopf. Vor Aufregung kann ich lange nicht einschlafen. Wie oft hatte ich diesen Moment herbeigesehnt, hatte manchmal schon nicht mehr daran geglaubt, und nun soll es doch noch wahr werden. Vor allem muß ich mich nun wieder neu orientieren, zwischen den einzelnen lateinamerikanischen Ländern waren die Unterschiede ja mehr marginal.

Was soll ich in den USA überhaupt anstellen? Inzwischen herrscht in meiner Reisekasse gähnende Leere, denn für maximal zwei Jahre hatte ich mein Budget geplant. Soll ich arbeiten und meine Tour durchziehen oder nach Hause fliegen? Würde ich überhaupt Arbeit finden?

Egal, jetzt bike ich erst einmal nach San Diego, das genau gegenüber von Tijuana liegt. Etwa 15 Kontrollhäuschen fertigen den amerikanischen Grenzverkehr auf mexikanischer Seite ab, viele Autos werden nur durchgewunken, während ich als Radler meine gesamte Ausrüstung abpacken und durch die Röntgenschleuse in einem separaten Raum schicken muß. Verkehrte Welt! Aber meine sechsmonatige Aufenthaltsgenehmigung versöhnt mich wieder und mit ziemlich feuchten Augen radle ich über die Grenze.

Nach genau 27.884 Kilometern erreiche ich ein Ziel meiner Träume. California, here I am!

USA: (K)ein Land für Biker

Schon taucht das erste Problem auf: Wie komme ich als Radler, für den die Freeways verbotenes Terrain darstellen, nach San Diego? Der amerikanische Grenzbeamte wiegt nur bedächtig den Kopf: „Also, ehrlich gesagt, ich habe keine Ahnung, wie du in die City kommst, ich benutze immer den Freeway."

Erst eine Restaurantbesitzerin bringt mich auf den richtigen Weg: „Wenn du auf dieser Straße bleibst, triffst du bald auf einen Boulevard, und dem folgst du bis in die City. Am besten fragst du unterwegs nochmals nach, denn oft bin ich diese Straße auch noch nicht gefahren."

In Lateinamerika wäre ich halt einfach drauflos gefahren. Autobahnen gab's dort nicht, und wenn eine Straße mal tatsächlich für Radler gesperrt war, so störte sich niemand daran, falls sich ein Biker in die Karawane der Ochsengespanne und Fußgänger auf dem Seitenstreifen einreihte. Das gehörte zum Straßenbild ebenso wie die mangelnde Polizeipräsenz.

Ich irre noch einige Zeit in gleichförmigen Vororten umher, bis ich endlich das grünumrandete Schild entdecke: „Bike Trail Chula Vista" - mein Weg in die City! Geschützt durch eine dicke weiße Linie radle ich relax dahin. Der tägliche mexikanische Radelhorror auf engen, verkehrsüberlasteten Straßen ist Vergangenheit, auf dieser Vorortstraße hätte schon ein mexikanischer Highway mit sechs Fahrspuren Platz. Entsprechend ausgeruht erreiche ich den YMCA in der City, dem ich nach einem überaus unfreundlichen Empfang auch gleich wieder den Rücken zukehre. Im „Elliott International Youth Hostel" schlüpfe ich dann für einige Nächte unter.

Genaugenommen sind es neun Nächte, trotz des für mich astronomisch hohen Übernachtungspreises von zwölf Dollar. So lange brauchte ich, um mein Tief zu überwinden, in das ich nach Erreichen der USA geschlittert war. Irgendwie war die Luft raus. Dreieinhalb Monate war ich durch Mexiko nur mit den USA als Ziel vor Augen geradelt, hatte fast jeden Tag und jeden Kilometer durchgeplant. Was soll ich nun machen? Auf dem Konto gerade noch 5.000 DM und Alaska immer noch 10.000 Kilometer entfernt. Zumal nun Dezember ist, vor Juni brauche ich bei Alaska erst gar nicht anzuklopfen. Das Geld rinnt mir durch die Finger, mit rund 15 Mark pro Tag wie in Mexiko werde ich hier nicht weit kommen. In Supermärkten kann ich zwar relativ günstig einkaufen, aber „Extratouren" wie Museumseintritte gehen gehörig ins Geld. Knapp 23 Dollar kostete mich der Eintritt zum „Sea World", inklusive einem dahingehauchten „enjoy your day" der Kassiererin. Hätte ich mal in Mexiko geglaubt, umgerechnet 69.000 Pesos Eintritt zu zahlen? Da war ich schon bei 15.000 Pesos ausgeflippt ...

Erst ein Anruf bei Petra in Santa Barbara weckt wieder meine Reiselust.

„Erinnerst du dich noch an den Reiseradler, den du in Guatemala kennengelernt hattest?" frage ich sie.

„Ja klar, Clemens, komm auf jeden Fall bei mir vorbei, ich warte schon auf dich. Wann bist du denn in Santa Barbara?"

„Laß mich mal überlegen - das sind doch etwa 400 Kilometer, nicht wahr? Das heißt vier Tage Fahrt, so zwischen dem 10. und 15. Dezember müßte ich dann bei dir sein. Muß noch mein Rad reparieren und meine Ausrüstung durchchecken", füge ich hinzu.

„Also bis dann, und fahr vorsichtig, die Amerikaner sind nicht eben sehr rücksichtsvoll zu Bikern!"

Voller Energie treffe ich meine Reisevorbereitungen, erstehe in einem Outdoorladen einen „Whisperlight"-Benzinkocher und einen Radführer für die Pazifikküste, der mich noch unzählige Male aus „verfahrenen" Situationen retten sollte. Die Straßenkarten erfüllen nur die Bedürfnisse der Autofahrer und eignen sich gerade mal als Überblick. Ich muß Flaschenhalter, Lowrider und Kette ersetzen, doch nur wenige der zahllosen Radläden führen überhaupt Zubehör für Reiseräder.

Meine Reiselust schlägt auf dem Weg nach Santa Barbara aber bald in Radelfrust um. Nur selten kann ich bis Los Angeles die endlosen Strandpromenaden, die Wohnviertel der Reichen und die Shopping Center hinter mir lassen und für einige Kilometer unverbaute Landschaft genießen. Aber was sollte ich auch anderes erwarten bei der Anziehungskraft, die Kaliforniens Küste auf alle Amerikaner ausübt? Doch den Straßenplanern muß ich Anerkennung zollen. Denen ist es nämlich gelungen, einen durchgehenden „Bike Path" auszuschildern! Aber gerade dieser sorgt für Frust: Dirigiert von Schildern fühle ich mich bald nicht mehr Herr meiner selbst. Fehlt mal eines oder fahre ich bewußt anders, beginnt das große Raten. Diese grünen Schilder bestimmen fortan meinen Weg.

Ich frage mich, wieso die Landschaft mich so teilnahmslos läßt. Bin ich nun endgültig übersättigt, nicht mehr imstande, Neues aufzunehmen? Ist es der Gegensatz zwischen fast menschenleerer Baja und überquellendem Kalifornien? Oder kämpfe ich doch mit einem milden Kulturschock, der es bisher verhindert hat, wieder meine alte Ruhe und Selbstsicherheit zu finden?

Den Moloch Los Angeles bezwinge ich an einem Tag. Zunächst folge ich für 40 Kilometer (!) dem Pacific Coast Highway im Stop-and-Go-Verkehr durch Los Angeles und dann für 30 Kilometer einem Radweg an so berühmten Stränden wie Venice Beach entlang. Mitte Dezember sind die endlosen Strände verwaist. Schade, keine Beachparties und Muskelshows. Aber auf dem Bike Path ist die Hölle los. Wild mit den Armen rudernde Geher, Rennradler im Tour-de-France-Dress und zahllose Mountainbiker im schrillsten Outfit sorgen für Kurzweil. Ein Mountainbiker, ganz in Schwarz gehüllt, seinen Helm tief in die Stirn gerückt und eine Trillerpfeife im Mund, wirbelt die Szene gehörig durcheinander.

Erleichtert erreiche ich endlich nördlich von Los Angeles offene Landschaft. LA ist geschafft, bezwungen, niedergerungen! Bis Santa Barbara kann ich dann entspannt dahintreten.

„Santa Barbara", so entnehme ich es meinem neuen Reiseführer, „wurde nach einem verheerenden Erdbeben 1925 als Hommage an seine Gründer im spanischen Kolonialstil wiederaufgebaut. Selbst heute noch wacht eine Kommission bei jedem Bauvorhaben darüber, ob der Neubau sich auch mit dem Kolonialstil verträgt. Santa Barbara ist heute bevorzugtes Wohngebiet der reichen 'Angelenos', der Bewohner von LA."

So passiere ich dann zahllose Villen hinter hohen schmiedeeisernen Toren, bis Nebel vom Meer hereindrückt und die Sichtweite auf wenige Meter beschränkt.

Petras gemütliches Appartement wird für die nächsten drei Wochen mein Zuhause. Hier finde ich endlich die Ruhe, die ich mir schon lange gewünscht hatte, verbringe die Tage mit Lesen, Basteln an Fahrrad und Ausrüstung und ein wenig Sightseeing. „Ich mache jetzt Urlaub vom Urlaub", erkläre ich Petra einmal.

Weihnachten feiere ich zusammen mit Petras Studienkollegen auf norwegische Art mit viel Aquavit und Bier. Das Lebkuchenpaket von Onkel Rolf und viele Briefe von Freunden machen die Bescherung komplett.

Hier haben Radler Vorfahrt: Bike Path am Venice Beach, Kalifornien

Das County Court House in Santa Barbara im Kolonialstil

Ein neuer Entschluß reift in mir: Warum sollte ich nicht bis zum Frühling eine Schleife durch das südliche Kalifornien, Arizona und Nevada drehen, so dem Winter ein Schnippchen schlagen? Vor Mitte April hätte es eh' keinen Sinn, von San Francisco Richtung Kanada zu starten und mein Vater hatte mir zugesagt, etwaige Defizite auf meinem Konto vorerst auszugleichen. Trotzdem war er nicht eben begeistert von der Aussicht, daß ich erst im Herbst nächsten Jahres nach Hause fliegen wollte.

„Paß auf, ich schaue nach einem Frachtschiff Richtung San Francisco, dann treffen wir uns Anfang April dort", waren seine letzten Worte am Telefon.

Berücksichtigte ich die 800 Kilometer bis San Francisco, blieben mir zweieinhalb Monate für meinen Rundtrip. Hurra, ein neues Ziel!

Ausgestattet mit topographischen Karten von Arizona und einem „Golden Eagle-Paß", der mir für ein Jahr freien Zutritt zu allen Nationalparks gewährt, starte ich am Jahresanfang 1992 meine neue Tour. Ein zweites Mal bezwinge ich die Krake Los Angeles, diesesmal bei Regen, der mich in den nächsten Monaten fast täglich nerven sollte. Am Ende meiner Rundtour sollte ich erst nach 4.823 Kilometern wieder bei Petra eintrudeln.

Erstes Ziel ist das Joshua Tree National Monument. Wenn nicht schon hier, dann wohl irgendwo auf einer der kerzengeraden Strekken Richtung Phoenix finde ich wieder zu mir selbst. Gleichförmige Wüstenlandschaften und einsame Camps geben mir reichlich Gelegenheit, in mich hineinzuhorchen, die Mißstimmung der vergangenen Wochen auszuräumen. Mich faszinieren die zwei so gegensätzlichen Facetten von Kalifornien: hier überschäumende Lebensfreude, dort endlose Weiten, in denen Kojoten nachts um die Wette heulen. Keine Frage, wohin es mich mehr zieht.

Nur gelegentlich stoppe ich für eine heiße Dusche bei einem der zahllosen Trailerparks, reihe mich ein in die Phalanx der „Snowbirds". So heißen hier die Rentner, die jeden Winter am Steuer ihrer riesigen Wohnmobile zum Treck in den warmen Süden starten. Eigentlich gehöre ich ja auch dazu ... Nette Leute sind das, schnell für meinen Trip zu begeistern und immer zu einem Schwätzchen aufgelegt.

Sue, Managerin der „Metcalf"-Jugendherberge in Phoenix, gelingt es fast, daß ich meinen Trip vorzeitig abbreche. Für sie bin ich der absolute Star des Hostels. Vielleicht, weil ich Wüsten ähnlich faszinierend wie sie finde und einen ebenso unorthodoxen Lebensstil führe.

„Glaube ja nicht, daß du was für die Übernachtungen zahlen mußt", überrascht mich Sue bereits am ersten Tag. „Und wenn du mal ein Auto brauchst, um die Sehenswürdigkeiten in der Umgebung abzuklappern, nimm meins!"

Nach einer Woche packt mich aber wieder der Entdeckerdrang. Einen Teil meiner Ausrüstung deponiere ich in der Jugendherberge.

„Überleg's dir nochmal", raunt Sue mir noch augenzwinkernd zu, „die Stelle meines Lovers ist zur Zeit frei ..." Lachend nehme ich sie nochmals in den Arm, winke der Schulklasse, die zum Abschied Spalier steht.

In einer großen Schleife stoße ich südlich bis an die mexikanische Grenze vor, verbringe einige zauberhafte Tage im Organ Pipe Cactus National Monument. Ausgerüstet mit einem Ghost Town-Guide, den ich mir in der Uni in Tucson kopierte, erkunde ich dann Arizonas südöstlichsten Zipfel und Amerikas junge, aber wie mir scheint, um so wildere Vergangenheit. Vereinzelte Adobe-Ruinen am Rande staubiger Dirt Roads zeugen heute noch vom kurzen Goldrausch.

Von Phoenix pedale ich dann auf endlosen Geraden in die Glimmer- und Glamour-City Las Vegas. Nicht einen einzigen Nickel versenke ich in einem der unzähligen Einarmigen Banditen. Viel mehr Spaß macht es, die Spieler und die ganze Atmosphäre drumherum zu beobachten, und - die mittäglichen Büfetts der Casinos für knapp drei Dollar abzuräumen!

Seit längerem ernähre ich mich nämlich ausschließlich von Sandwiches und viel Obst, das ist billiger und gesünder als jeder Fast-Food-Kram. Restaurants sehe ich nur in Ausnahmefällen von innen. Wie in Phoenix. Da hatte Mister Bill, tourenbegeisterter Manager der „Landis Cyclery", zuerst mehrere Stunden mein Bike gewartet, dafür gerade mal 30 Dollar genommen, und mich dann abends in die „Spaghetti-Factory" eingeladen.

Mich erstaunt es immer wieder, mit wie wenig mein Körper zufrieden ist und dennoch Tagesleistungen von 150 Kilometer und mehr verkraftet. Der Wille zählt. Der Wille, ein Ziel zu erreichen, ist viel wichtiger als ein austrainierter Körper und bestimmt die Grundvoraussetzung, eine Panamericana-Radtour erfolgreich durchzustehen.

Eine Woche radelte ich dann noch kreuz und quer durch das Death Valley. Ich befand mich bereits wieder auf dem Weg nach Santa Barbara, als das passierte, wovor ich mich immer schon gefürchtet hatte: Langsam pumpte ich gegen böigen, kalten Wind zum Walker-Paß hinauf, wollte die südlichen Ausläufer der Sierra Nevada noch heute überwinden. In Gedanken sah ich mich schon durch Bakersfield, der nächsten größeren Stadt, pedalen. Die südlich gelegenen Rafael Mountains und die Pazifikküste wären dann nur noch einen Tagestrip entfernt. Mich zog es nach Norden, ich hatte die täglichen Regenfälle satt und wollte mich nun endlich wieder Alaska nähern.

Ein harter Schlag in den Rücken riß mich aus meinen Gedanken. Aus dem Augenwinkel sah ich noch den Inhalt meiner Küchentasche an mir vorbeifliegen, dann fiel ich auch schon kopfüber in die Böschung. Ein Auto hatte mich von hinten gerammt! Hastig befreite ich mich von meinem Fahrrad, rannte zu dem Pickup-Fahrer.

„What the hell is going on with you!" schrie ich ihm meine Wut ins Gesicht. „You're a fucking idiot!"

Derweil sammelten andere Autofahrer bereits meine Habseligkeiten ein, 40 Meter weiter lag meine Hinterradtasche total zerfetzt auf der Straße. Langsam beruhigte ich mich wieder. Was tun? Die Tasche war hinüber, die Schiene der linken Vorderradtasche verbogen, die hintere Radfelge total verzogen und unter meiner neuen, nun zerfetzten Radhose wurde blutige Haut sichtbar.

Der junge Fahrer war bestimmt ebenso geschockt wie ich: „Es tut mir furchtbar leid, was ich da angerichtet habe. Was hältst du davon, Richtung Bakersfield zu fahren und ein Radgeschäft zu suchen?"

Ich willigte ein, gemeinsam hoben wir mein Rad neben die Jetskis auf die Ladefläche des Ford. In Lake Isabela, der nächsten Stadt, gab es aber keinen Radladen.

„Wir können nach Ridgecrest zurückfahren, dort wohne ich und kenne den Inhaber eines Cycleshops. Vielleicht kann der dein Rad heute noch reparieren", schlug er vor.

Auf der Rückfahrt kamen wir langsam ins Gespräch. Stockend erzählte Mike mir die Vorgeschichte zum Unfall: „Ich war gerade mit meinem Bruder Rick auf dem Weg zum Lake Isabel, wir wollten unsere neuen Jetskis ausprobieren. Shannon, Ricks Frau, und Lisa, meine Freundin, fuhren hinter mir im zweiten Pickup. Ich wollte gerade einen Wagen vor mir überholen, achtete nicht besonders auf die rechte Fahrbahnseite, als der dir auswich. Rick schrie noch, ich riß den Wagen zur Seite, erwischte dich aber noch mit Stoßstange und Seitenspiegel."

„Und wieviel hattest du da gerade drauf?"

„Vielleicht 50 Meilen."

„Also über 80 km/h! Mein Gott, habe ich Glück gehabt!"

Die Radtasche hatte wohl mein linkes Bein vor der Stoßstange geschützt, und die Kameratasche, die ich immer auf dem Rücken trug, meinen Rücken vor der Wucht des massiven Seitenspiegels! Das sollte ich aber erst später entdecken, als ich das zertrümmerte Blitzgerät und kaputte Filter entdeckte.

Mike bot mir 80 Dollar Entschädigung, aber ich wollte lieber mein Rad repariert haben. Mister Frisbee, der Bikeshop-Besitzer in Ridgecrest, schraubte über eine Stunde an meinem Hinterrad herum. Ein unschöner Höhenschlag blieb. Das war um so ärgerlicher, weil auf den letzten 7.000 Kilometern keine Speiche mehr gebrochen war. Nun würde wohl das Theater wieder losgehen.

Ausgestattet mit neuen Radtaschen stand ich schließlich wieder auf der Straße. Ich wollte Richtung Paß losfahren.

„Ich würde es besser finden, wenn du heute bei uns übernachten würdest, Clemens. Mike kann dich morgen früh zum Paß hochfahren. Außerdem kannst du bei uns deine Klamotten waschen und duschen", animierte mich Lisa zum Dableiben.

„Und zu essen kriegst du natürlich auch was, wie wär's mit Spaghetti und Knoblauchbroten?" fügte Mike lachend hinzu. Das zog. Es wurde noch ein lustiger Abend.

Noch lange lag ich nachts wach, immer wieder spulte sich die Unfallszene im Kopf ab. Daß so etwas mal passieren mußte, war klar. So schnell, wie die Amis auf engen Straßen fahren, und so rücksichtslos, wie sie im allgemeinen Radler behandeln. Ich hatte Angst, daß mir kurz vor Erreichen meines Zieles noch etwas zustoßen könnte. Da mußte nur mal auf einer meiner rasanten Abfahrten ein Reifen platzen oder Rollsplit in einer Kurve liegen. Kaum auszudenken, bei 70 km/h vom Rad zu fallen. Oder einer der Hunderte von Autofahrern, die mich tagtäglich überholten, mußte nur mal für einen Moment nicht achtgeben. Wie Mike.

Am nächsten Morgen nahm ich dann den Paß doch selbst unter die Räder, vielleicht ist das gut für mein Selbstvertrauen, dachte ich mir.

Eine stabile Psyche brauchte ich auch noch: Bei Lake Isabela wurde ich aus einem Auto heraus mit leeren Bierflaschen beworfen, eine zerschellte keinen Meter vor meinem Vorderreifen.

In Bakersfield geriet ich dann in die Fänge der Highway Patrol, als

ich die Stadtdurchfahrt bequemerweise auf dem Freeway abkürzte.
„Zu gefährlich ...", meinte der Cop. „Eigentlich sollte ich dir jetzt ein
Ticket geben, aber ich belasse es mal bei einer Belehrung."
„Ich würde eh' nie zahlen", dachte ich beim Abschied.
Ein kräftiges Hallo schallte mir entgegen, als ich die Tür zu Petras
Apartement öffnete: „Na, erzähle, wie war's, hast du vieles erlebt?"
forderte sie mich gleich auf. Und ob!

San Francisco

Immer der Küstenlinie folgend will ich nun nach San Francisco ra-
deln. Mein Vater ist bereits auf einem Frachtschiff dorthin unterwegs,
Mitte April wollen wir uns treffen. Ich freue mich schon riesig darauf.
Mit einem fröhlichen Beach Boys-Song auf den Lippen radle ich aus
Santa Barbara heraus. „Welcome to the California sunshinecoast!"
denke ich mir noch, da fällt auch schon ein gemeiner Nordwind über
mich her und zwingt mich in die kleinen Gänge.
„Sorry, Campground closed" lese ich am Eingang zum Gaviota State
Beach, aus der erholsamen Anfangsetappe wird wohl nichts.
„Die Flutkatastrophe am Anfang des Jahres hat hier alles über-
schwemmt", rechtfertigt der Ranger das Schild, „der ganze Platz ist
noch schlammverkrustet."
„Und wo finde ich den nächstgelegenen Zeltplatz"?
„Fahr weiter nach Lompoc, 20 Meilen, der Platz müßte offen sein."
Mit einer dunklen Gewitterfront im Rücken erreiche ich gerade noch
den Campground vor dem Regen. Zwei Speichen brachen noch kurz
zuvor, wie bereits befürchtet bleibt der Unfall nicht ohne Folgen.
Das schlechte Wetter sollte mir auch in den folgenden zehn Tagen
bis Frisco treu bleiben. In stetem Wechsel pedale ich an wunderschönen State Parks, an Stränden mit gischtender Brandung und an
Klippenhängen entlang. Surfer lassen sich selbst von üblem Regen-
wetter nicht von ihrem Sport abhalten. Am meisten aber begeistert
mich das satte Grün der Wiesen und die Vielzahl der Blumen. Wie
wunderbar ist das nach all den Monaten in der Wüste!
Das Radeln ist einfach erholsam. Der berühmte „Highway 1" ist gut
in Schuß, Supermärkte in jedem kleineren Ort sorgen für einen vol-

len Radlermagen und sogenannte „Hiker-Biker-Sites" in den State Campgrounds befreien mich von allen Übernachtungssorgen. Mit zwei bis drei Dollar sind sie billig und bieten Gewähr für interessante Begegnungen.

Viele Biker sind zu dieser Jahreszeit noch nicht unterwegs, desto mehr freue ich mich, im „Kirk Creek Campground" mal einen zu treffen, und John Hathaway ist gleich ein ganz besonderer!

„Hello, how are you doing?" Ein vielleicht 1,50 Meter großes, o-beiniges Männchen schiebt sein Reiserad zu mir heran, schüttelt mir herzlich die Hand.

„My name is John, what's yours?" Sein Akzent ist gut hörbar britisch, aber er lebt schon einige Jahre in Vancouver. John stellt schnell sein Zelt auf, deckt sein Rad sorgfältig mit einer Plastikplane ab, dann sitzen wir vor unseren Zelten. Auf einem alten Kerosinkocher köchelt er sein Abendessen und beginnt zu erzählen. Ab und zu kramt er in einem Schnellhefter und reicht mir Zeitungsausschnitte.

„Zur Zeit bin ich auf einem Trip durch alle amerikanischen und kanadischen Staaten, 25 habe ich schon durchradelt. Jetzt geht's erstmal wieder nach Hause, nach Vancouver, und das ist ja auch deine Richtung."

„Hast du keine Bedenken, daß dich der Sommerwind unterwegs erwischen könnte? Der soll nämlich ab Mai herum ganz gemein von Norden blasen, wie in meinem Guidebook steht". Ich zeige ihm die entsprechenden Passagen im Buch.

„Und wenn", lacht er, „das wäre nicht der erste Gegenwind in meinem Radlerleben. Früher bin ich Rennen gefahren, stehe jetzt im Guiness-Buch der Rekorde für meine Marathon-Weltumrundung: 80.600 Kilometer in 99 1/2 Wochen!"

Mir steht der Mund offen. Neben ihm komme ich mir mit meinem Panamericana-Trip als kleines Licht vor. Die Gründe für seine Touren kann ich ihm nicht entlocken, es hat wohl etwas mit dem frühen Tod seiner Frau zu tun. Aber eines gibt John noch preis: er ist 67 Jahre!

Bis tief in die Nacht nippen wir an unseren Teetassen, lauschen dem Bellen der Seehunde und geben Radlerlatein zum besten.

„Ruf mich doch mal in Vancouver an!" sind seine letzten Worte, bevor wir in unsere klammen Zelte kriechen.

In Vancouver habe ich ihn dann angerufen, nur um von einer Frauenstimme zu erfahren, daß er bereits wieder zu einer neuen Etappe durch Kanada gestartet sei.

Vor Santa Cruz wird mir der Verkehr auf dem Highway zu hektisch. Ich weiche auf kleine Nebensträßchen aus, passiere ausgedehnte Artischockenfelder und komme durch verschlafene, mexikanisch beeinflußte Dörfer.

Joel bereitet mir einen herzlichen Empfang in Santa Cruz. Ich hatte ihn in Panajachel am Lago Atitlán kennengelernt. Voller Begeisterung zeigt er mir „sein" Santa Cruz, das neben San Francisco wohl stellvertretend für den „Californian way of life" steht. „Fun, Fun, Fun", getreu den Beach Boys, ist Joels Lebensphilosophie. Das Leben hat Spaß zu machen, sei's auf dem Surfboard oder in einem der vielen urgemütlichen Cafés.

„Wenn du in San Francisco bist, melde dich auf jeden Fall bei Pam, meiner Freundin. Bei ihr kannst du bestimmt wohnen. Nächste Woche komme ich auch. Have fun ...!" Mit einem Schulterklopfen verabschiedet er sich von mir.

Nun trennen mich nur noch zwei Tage von Frisco, zwei Tage, in denen ich mühsam gegen stürmischen Wind ankämpfe. „Speed enforced by Aircraft" warnen Schilder am Straßenrand allzu schnelle Autofahrer. Zu gerne würde ich ein wenig schneller pedalen.

Pam lebt mit drei anderen Girls in einer wunderschönen Wohnung im Mission-Distrikt, einem Stadtteil von San Francisco. Ich fühle mich gleich wohl in ihrer Wohngemeinschaft. Außerdem brauche ich nur einen Schritt zur Haustüre hinaustun, und schon stehe ich auf der Mission Street, mitten im lautstarken, prallen Leben der mexikanischen Auswanderer. Endlich wieder Stimmung auf der Straße!

Frisco begeistert mich immer wieder von neuem, die Stadt paßt mit ihrer multikulturellen Atmosphäre gar nicht so recht ins Einerlei amerikanischer Cities. Mission-Distrikt, Chinatown, der Japanische Teegarten im Golden Gate Park, Nob Hill, die Wohngegend der Reichen, und Haight Ashbury, Zentrum der immer noch lebendigen Hippie-Subkultur, das sind schon starke Gegensätze.

Tagelang radle ich kreuz und quer über die Hügel, besuche viele Sehenswürdigkeiten und natürlich auch die weltbekannte Golden Gate Bridge.

Nach langem Suchen finde ich in „Velo City" einen Bikeshop, der mir ein neues Laufrad nach meinen Ansprüchen bauen kann. Seit Santa Barbara hatten mich fünf Speichenbrüche im Hinterrad genervt, entschieden zu viele, wenn ich an die schlechten Straßen in Kanada und Alaska denke. Also lasse ich Speichen und Felge ersetzen.

Die Skyline von San Francisco

Arizona: Wo, bitteschön, geht's zur Ponderosa Ranch?

Am 12. April trifft dann mein Vater ein, und wie sollte es auch anders sein, wieder mit einem Koffer voller Ersatzteile. Wie Weihnachten und Geburtstag zusammen ist das! Kaum zu glauben, daß bereits wieder ein Jahr seit unserem Treffen in Costa Rica vergangen ist!

Auch dieses Mal mieten wir ein Auto und erkunden Kaliforniens Hinterland, das mir sonst total entgangen wäre. Yosemite Valley, King's Canyon und Sequoia National Park sind nur einige der Höhepunkte auf unserer 2.300-Kilometer-Tour rund um die Sierra Nevada. Viel zu schnell vergeht die gemeinsame Zeit, viel zu schnell stehe ich in Oakland am Zug, um meinen Vater wieder zu verabschieden.

„Denk einfach dran", beruhige ich ihn zum Abschied, „daß Alaska nun nicht mehr weit ist und daß ich schon in einem halben Jahr zu Hause sein werde ...!"

So sicher bin ich mir da insgeheim allerdings gar nicht. Ich denke zwar nun oft an das Ende meiner Tour, freue mich allerdings überhaupt nicht darüber. Zu viel Unbekanntes wartet daheim auf mich, zu viele Dinge, die ich durch meine Tour einfach zur Seite geschoben hatte. Wird mir dieser Trip mit all den Erfahrungen die Kraft geben, Neues anzupacken? Oder soll ich doch besser „on the road" bleiben, ein Leben als Radvagabund führen? Auch keine schlechte Idee, aber ist dies auf Dauer befriedigend?

Pam und Joel fühlen instinktiv meine nagenden Zweifel, ohne daß ich sie ausspreche, und sie versuchen mich auf rührende Weise von meinen Gedanken abzulenken. Freunde wie sie kennenzulernen, ist ein großes Glück.

Es zieht mich weiter gen Norden, Richtung Kanada. 2.000 Kilometer auf den Highways „One-o-One" und „Number One" liegen vor mir, immer entlang der Pazifikküste durch Nord-Kalifornien, Oregon und Washington. In Port Angeles will ich dann die Fähre nach Victoria auf Vancouver Island nehmen.

Viele Biker treffe ich nicht auf meinem Weg, und wenn, dann nur in Gegenrichtung. Kein Radler will sich hier mit dem stürmischen Nordwind, der im Sommer so regelmäßig die Küste hinunterblasen soll, anlegen. Ha, Pech gehabt, Jungs! Ein stetiger, manchmal sogar kräftiger Südwind schiebt mich vorwärts, nur an wenigen Tagen muß ich mich dem Wind entgegenstemmen. Aber wie! Derweil mußte die Stadt Seattle angesichts der ungewöhnlichen und langanhaltenden Schönwetterperiode bereits den Wassernotstand ausrufen!

Dennoch rechne ich jeden Tag mit einem Wetterumschwung. Wiederholt schrecke ich nachts aus dem Schlaf hoch und horche. War das nun ein Windstoß oder lediglich das Rauschen der Meeresbrandung? Die Unruhe treibt mich bereits frühmorgens aufs Rad, flott kurbele ich mein Tagespensum herunter.

Leider bereitet mir das neue Hinterrad schon wieder Sorgen, das Fahrgefühl ist ungewohnt schwammig und bis Kanada brechen dann auch bereits fünf Speichen. Schade, denn ansonsten ist mein treues Gefährt nach nun 35.000 Kilometern und einer Generalinspektion in San Francisco wieder topfit. Dort hatte ich Kette, Ritzel und Kettenblätter ersetzt sowie einen neuen Hinterreifen aufgezogen, alles „Souvenirs" meines Vaters.

Ich bedaure es, nicht mehr Zeit für diesen wunderschönen Landstrich zur Verfügung zu haben. Da laden unzählige „Viewpoints" zu Aussichten über wilde Klippen, Strände und Buchten ein.

Einige Tage campiere ich im Redwood National Park.

„Wenn du Lebensmittel dabeihast, hänge die bitte in einem Beutel möglichst hoch", rät mir der Ranger bei der Anmeldung. Auf einem kleinen Zettel lese ich: „Warning! Bear Country! Proper food storage required by State Law. Lock all food day or night!"

Auf Bärengesellschaft lege ich nun keinen Wert, vielmehr würde ich mich über die von Bikern freuen. Aber so früh im Jahr sind die Hiker-Biker-Sites auf den State Park Campgrounds noch verwaist und ich bin meist der einzige Zeltgast.

Nachts wackelt wiederholt die Erde, nichts Außergewöhnliches für Kalifornien. Mit einem Schuß schwarzen Humors trotzt man der Gefahr des „Big Quake", das für die nahe Zukunft von Erdbebenforschern vorausgesagt wird. So verrät dann eine Tafel am Eingang zum Besuchszentrum des Humboldt Redwoods State Park: „Wettervorhersage: heute klar, morgen einzelne Schauer; die Temperatur: 80 °F/45 °F; einzelne Erdbeben" ...

Richtung Oregon werden die Wälder immer dichter. Zahllose Holztrucks machen mir den wenige Meter breiten Highway streitig, brausen riskant um unübersichtliche Kurven, obwohl die Fahrer doch eigentlich mit Radlern rechnen müßten. Im Sommer scheinen Biker hier in so großer Zahl aufzutauchen, daß sogar besondere Vorsichtsmaßnahmen für sie getroffen wurden. Nördlich von Arcata muß ich nämlich vor einer besonders engen Brücke einen Knopf drücken, eine Leuchttafel „Cyclist on bridge" blinkt daraufhin aufgeregt. Und auch bei Newport durchfahre ich den Cape Creek Tunnel erst, nachdem ich zuvor einige Blinklichter aktiviert habe.

Von Oregons Küste bin ich schlichtweg begeistert. Einsame Leuchttürme überblicken eine schroffe Küstenlinie, die von meilenweiten Sandstränden unterbrochen wird, einzelne Felstürme ragen, Fingern gleich, aus gischtender Brandung. Wie Perlen auf einer Kette reiht sich State Park an State Park, die Zeltplatzsuche wird zum Kinderspiel. Wie herrlich, wie unbeschwert läßt es sich hier radeln!

Eine sieben Kilometer lange, mautpflichtige Brücke spannt sich von Astoria über den Columbia River. Mühsam pedale ich gegen die Windwirbel des Autoverkehrs nach Washington hinein. Nur noch eine Woche trennt mich von Kanada. Zur Feier des Tages übernachte ich in der Fort Columbia-Jugendherberge, mein erstes weiches Bett seit Wochen.

Tim, der Manager, begrüßt mich mit Handschlag: „Hey, unser erster Gast heute! Ich werde dir mal das Familienzimmer geben, da drin ist es ein wenig wärmer. Ganz schön kalter Wind heute, was?"

„Na ja, der Wind machte mir nicht viel aus, aber heute bin ich einige Male ganz nett naß geworden", erwidere ich.

„Also, nimm erstmal eine heiße Dusche, dort drüben ist die Küche", Tim deutet mit einer Handbewegung auf die hinterste Tür im Gang.

Ich mache es mir gemütlich, brutzle ein gewaltiges Radleromelett. Ach, fühle ich mich wohl! Nachdenklich schaue ich nach draußen. Wie leicht komme ich voran, das Wetter spielt mit, die Strecke ist hügelig, aber wunderbar. Nur einige kleinere Bergausläufer mußte ich bisher bezwingen, ein Klacks im Vergleich zu den Anden. Das Ermüdende ist wohl eher im steten Auf und Ab entlang der Küste zu suchen. Zu gerne würde ich den Pazifik-Highway nochmals Richtung Süden unter die Räder nehmen, mit mehr Zeit, um auch das Hinterland erkunden zu können. Wie sehr doch mein erster USA-Eindruck getäuscht hat. Auf dem Weg nach Santa Barbara hatte ich dieses Land nicht nur einmal am Tag verwünscht und mich nach der Baja gesehnt. Nun kann ich von dieser Küste kaum genug bekommen!

Der Staat Washington überrascht mich mit weiten, menschenleeren Wäldern. „Land of the Green" nennt es sich bezeichnenderweise selbst. Holz stellt hier die Haupterwerbsquelle dar, der Interessenkonflikt zwischen Wirtschaft und Umweltschützern ist vorprogrammiert. „This family is supported by timber", diese Familie lebt vom Holz, lese ich öfter auf Schildern an Hauseingängen.

Traumhaft gelegener Hiker-Biker Campground an Kaliforniens Küste

Auf der Fähre nach Vancouver Island - Biker trifft man immer wieder

Schon seit Tagen wiesen mir die schneebedeckten Gipfel der Olympic Mountains den Weg. Nun fahre ich mitten hinein in den Olympic National Park zum Hoh Rain Forest. Angeblich soll das hier eine der niederschlagreichsten Gegenden der USA sein, und ich erlebe den moosverhangenen Regenwald ohne jeglichen Regen ...

Einige Tage campe ich hier und auf zwei weiteren Plätzen im Nationalpark, erforsche den Park auf stundenlangen Trails. Dann aber zieht es mich zum Fährhafen in Port Angeles, gerade noch einen Halbtagesritt entfernt.

Gewohnheitsmäßig stoppe ich vor dem Grenzübertritt nochmals an einem Supermarkt. Kopfschüttelnd betrachte ich wenig später meine zum Platzen gefüllte Küchentasche. „Als wenn in Kanada eine Hungersnot ausgebrochen oder der nächste Supermarkt Hunderte von Kilometer entfernt wäre", denke ich mir. Aber dieses Sicherheitsdenken steckt tief in mir drin. Lebensmittel und Wasser haben unterwegs den höchsten Stellenwert, das hat Südamerika mich gelehrt!

Wenig später schon nimmt die Fähre Kurs auf Vancouver Island. Ich komme bald ins Gespräch mit Heidi und Perooz, die mit ihren zwei Töchtern eine Wochenendtour von Seattle nach Victoria machen. Die Jüngere fährt im Radanhänger mit, die Ältere spielt Copilotin bei Mutti auf dem Mountainbike-Tandem.

„Besuche uns doch in Seattle, wenn du von Alaska zurückkommst. Wir haben da eine kleine Pension, in der sich immer ein Platz für dich finden wird", lädt Perooz mich ein. „Wegen eines Jobs kann ich dir allerdings nichts versprechen."

Lange stehe ich an der Reling, beobachte, wie die Silhouette der Olympic Mountains langsam südlich im Mittagsdunst verschwindet.

Dann habe ich eine neue Idee: Warum sollte ich nicht auf dem Rückweg von Alaska in Seattle überwintern und versuchen, einen Job zu bekommen? Vielleicht könnte ich so genug Geld zusammenbekommen, um nach Asien zu fliegen und meinen Trip dort fortzusetzen?

Ich kann es mir derzeit einfach nicht vorstellen, wieder ins „normale Leben" zurückzukehren. Zu sehr identifiziere ich mich inzwischen mit meinem Lebensstil. Das Wort „Freiheit" hat für mich jetzt einen besonderen Klang, die Freiheit, das zu tun, wozu ich Lust habe, die Freiheit, meinen Lenker dorthin zu drehen, wo es mich am meisten hinzieht.

Durch die Weiten Kanadas

Victoria, die Hauptstadt von Vancouver Island ganz an deren Süd-spitze, überrascht mich positiv. Ganz gewiß hatte ich nicht diesen starken englischen Einfluß erwartet, der nicht nur in den roten Original-Doppeldeckerbussen seinen Ausdruck findet. Vielmehr strahlen die Gebäude eine Solidität aus, wie ich sie in den vergangenen Monaten oft vermißt hatte. Das Leben verläuft in gemütlichen Bahnen und am Wochenende trifft man sich in einem der Parks zum Cricket-Spiel.

Vier Nächte harre ich in der Jugendherberge aus, erkunde auf langen Spaziergängen die Umgebung und besuche das Royal British Columbia Museum, für mich eines der interessantesten Museen überhaupt.

Nach einem Anruf bei Julie in Powell River steht auch meine weitere Route fest. Von Victoria will ich nördlich über Nanaimo nach Courtenay pedalen, 230 Kilometer sind das etwa, und dort wieder eine Fähre nach Powell River ans Festland nehmen. Julie hatte ich auf den Galapagos-Inseln kennengelernt und ich hatte nie geglaubt, daß ich sie mal besuchen würde. Ich erinnerte mich nur noch, daß sie Engländerin war und als Musikerin arbeitet, an ihr Gesicht kann ich mich beim besten Willen nicht mehr entsinnen. Um so gespannter bin ich.

Vancouver-Island mißt 400 Kilometer von Nord nach Süd und ist hauptsächlich von Wäldern bedeckt. Bereits nach wenigen Kilometern auf dem Highway 19, der einzigen, verkehrsüberlasteten Nord-Süd-Verbindung, erkenne ich, daß sich mir die Schönheit dieser Insel nur auf Wanderungen erschließen würde, ganz gewiß aber nicht von der Straße aus.

Leider sind Hiker-Biker-Sites in Kanada unbekannt. Auf den Campingplätzen der Provincialparks verlangt man für einen Platz den vollen Preis von mir, meist um die 10 Dollar. Wenigstens kann ich gelegentlich den Platz mit anderen Campern teilen und so ein wenig sparen.

Nach drei Tagen setze ich mit der Fähre nach Powell River wieder aufs kanadische Festland über. Die stark rauchenden Schlote der MacMillian Bloedel-Papierfabrik grüßen bereits von weitem.

„Das ist eine der weltgrößten Papierfabriken und Kanadas größter

Umweltverschmutzer dazu", sollte mir später Pete, Julies Ex-Mann, noch erklären. „Ab und zu müssen sie mal abschalten, wenn wieder einer der zahlreichen Einsprüche Erfolg hatte."

„Und wovon leben die Leute sonst so?"

„Fischerei und Tourismus." Pete zuckt mit den Schultern. „Hauptarbeitgeber im Ort ist die Fabrik, sonst bleibt nur ein Job in Vancouver, und das ist 140 Kilometer entfernt."

Julie holt mich an der Fähranlegestelle mit ihrem Fahrrad ab. Ja, etwa so hatte ich sie noch in Erinnerung: klein, energisch, mit langen dunkelblonden Haaren und zarten Musikerhänden.

„Hey Clemens, nice to see you again!" Julie umarmt mich herzlich. „Ich wohne zur Zeit im Haus von Phillis, einer Freundin, das ich während ihres Urlaubes bewachen soll. Du hast Glück, daß ich überhaupt noch hier bin, eigentlich wollte ich schon wieder in England sein. Aber meine Schwester und ihr Mann wollen dieses Jahr noch nach Kanada auswandern, und ich soll beim Start behilflich sein."

„Und was machst du hier so?" frage ich Julie später in der gemütlichen Küche.

„Ich gebe Konzerte für Flöte und Klavier, bin ja Musikerin, aber viel läßt sich damit in einem so kleinen Ort nicht verdienen. Eigentlich lebe ich mehr vom Musikunterricht. Aber jetzt erzähl mal, was hast du hier vor?"

„Ein paar Tage ausspannen und vielleicht ein wenig die Umgebung erkunden. Hast du ein paar Tips auf Lager?"

Mit Julie verstehe ich mich sofort blendend. Mit ihr kann ich offen über alle Themen reden, unser Verhältnis ist total unverkrampft. Erst jetzt wird mir richtig bewußt, wie wenig Kontakt ich in den letzten fünf Wochen hatte, meist blieb es beim Smalltalk. So sprudeln die Worte nur so aus mir heraus und wir haben in den nächsten vier Tagen viel Spaß zusammen.

„Hast du etwas dagegen, wenn ich auf dem Rückweg von Alaska nochmals vorbeischaue?" will ich beim Abschied wissen. Ihre lange Umarmung genügt mir als Antwort.

Schweren Herzens nehme ich die 140 Kilometer nach Vancouver unter die Reifen. Die Tage waren zu harmonisch, um keine Spuren in mir zu hinterlassen. Obwohl ich mir nicht sicher bin, ob das nun speziell Julie ist, oder die Tatsache, daß ich gespürt habe, was mir die letzten Jahre gefehlt hat: Ein Partner, mit dem ich mich über alles unterhalten kann. Ich fühle mich einsam wie schon lange nicht mehr.

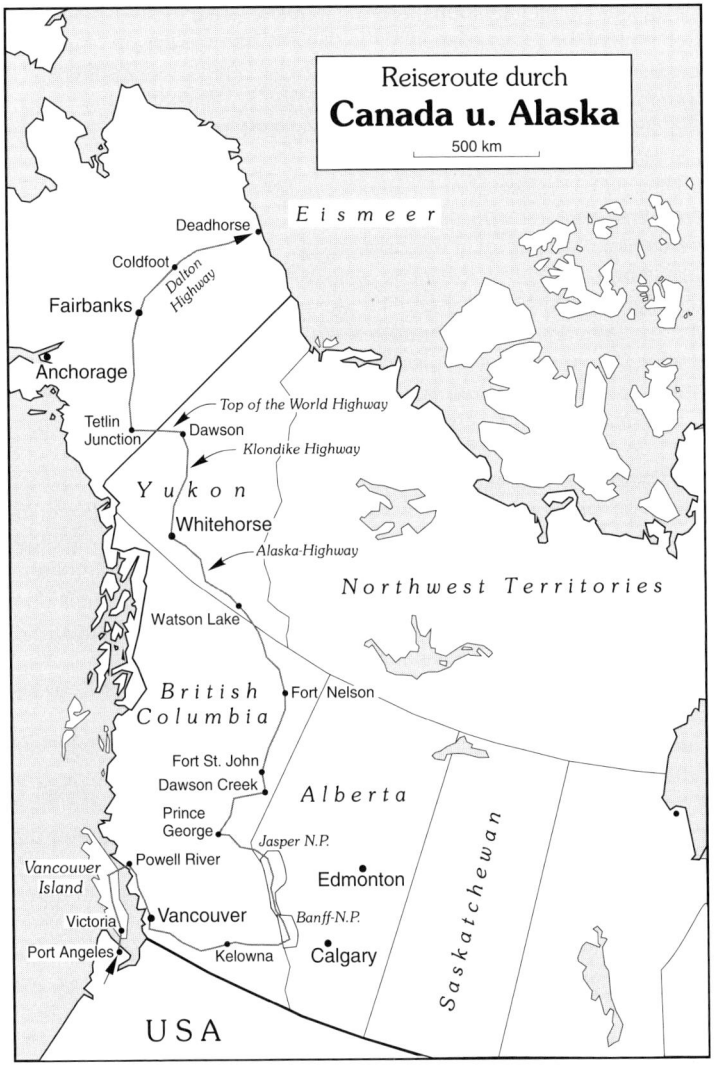

Reiseroute durch
Canada u. Alaska

500 km

Eismeer

Deadhorse

Coldfoot

Dalton Highway

Fairbanks

Anchorage

Tetlin Junction

Dawson

Top of the World Highway

Klondike Highway

Yukon

Whitehorse

Alaska-Highway

Northwest Territories

Watson Lake

British Columbia

Fort Nelson

Fort St. John

Dawson Creek

Alberta

Prince George

Jasper N.P.

Powell River

Saskatchewan

Vancouver Island

Edmonton

Victoria

Vancouver

Banff-N.P.

Port Angeles

Kelowna

Calgary

USA

Ein steiler Hügel nach dem anderen legt sich entlang der Küste quer. Schimpfend und unzufrieden mit mir selbst stampfe ich sie hinauf.

Endlich rumple ich über die „First Narrows Bridge" ins Zentrum von Vancouver. Meine erste Großstadt seit San Francisco!

Als erstes steuere ich das Deutsche Konsulat im World Trade Center an. Mein Reisepaß läuft demnächst ab.

„Frühestens Freitag können Sie Ihren neuen Paß abholen, ansonsten erst am Dienstag nächster Woche", erklärt mir die Angestellte freundlich. „Montag ist ja Pfingstmontag."

Also habe ich gut eine Woche Zeit. Viel lieber wäre ich aber weitergefahren. Die Zeit drängt. Der Sommer in Alaska dauert nur bis Anfang September, also gerade noch drei Monate. Da hatte ich in den USA ursprünglich so viel Zeit und bin doch ein paar Wochen zu spät in den hohen Norden aufgebrochen.

Ich quartiere mich im „Vancouver Backpackers Hostel" ein, ein recht heruntergekommener Schuppen, der sich nahtlos in die Umgebung am Rande von Chinatown einfügt.

Die Tage wurden mir nicht lang. Nach einigen Touren zu Fuß merkte ich bald, daß hier das Fahrrad eigentlich das ideale Fortbewegungsmittel ist. Der Verkehr in der City war nur mäßig stark. Mit den Fahrradkurieren konnte ich mich allerdings nicht messen, zumindest nicht, so lange ich die Verkehrsvorschriften achtete. Außerhalb des kleinen Zentrums waren viele „Bike Paths" angelegt, nicht nur rings um den bekannten Stanley Park, sondern auch entlang der Englisch Bay zum Uni-Gelände und zu mehreren Museen.

Jede meiner Touren endete schon ganz automatisch am Markt auf Granville Island. Dieses kunterbunte Durcheinander von Ständen mit Obst und Gemüse, Kaffee, Tee, Eis und vielem anderen zog mich magisch an. Mit ein paar Donuts, Berlinern also, saß ich dann auf der Terrasse und beobachtete das geschäftige Treiben um mich herum.

Ganz in der Nähe befand sich auch ein Radshop. Der Mechaniker konnte an meinem Hinterrad nichts Auffälliges entdecken: „Die Felge ist okay, die Speichen sind richtig eingelegt, aber viel zu locker. Ich werde sie mal nachziehen und die Speichennippel auch gleich festkleben. Dann dürftest du keine Probleme mehr haben."

Womit er recht hatte, zumindest bis Alaska. Aber dazu später noch mehr. Zur Sicherheit nahm ich noch zehn Reservespeichen mit.

Durch Zufall lerne ich Bernhard, einen Schweizer, in der Herberge kennen. Und der sagt zu mir: „Sag mal, bist du nicht der Radler, der auf dem Weg nach Alaska ist?"

„Ja, stimmt, aber woher weißt du das?" ist meine erstaunte Frage.

„Ich saß damals in Peru neben Kusi auf der Ladefläche des Pickup, als sie euch hinterherfuhr. Erinnerst du dich an sie?"

Längst vergessen geglaubter Schmerz steigt in mir auf. Wieder sehe ich Kusi, die hübsche Peruanerin vor mir, durchlebe nochmals die Ereignisse, die zur Trennung mit Rolf führten. Darauf habe ich das Bedürfnis, mit jemandem Vertrauten zu sprechen und rufe Wendee in Colorado an. Lange hatte ich nichts mehr von mir hören lassen, und so wird das ein langes Gespräch. Danach frage ich mich, ob ich von Santa Barbara nicht doch lieber einen Trip nach Colorado gemacht hätte, statt mir in Arizona Geisterstädte anzuschauen ...

Erst am darauffolgenden Donnerstag kann ich meinen neuen Reisepaß in Empfang nehmen. Keine halbe Stunde später sitze ich auf meinem Rad und trete aus Vancouver heraus. Mein nächstes Ziel steht fest: Kelowna am Okanagan Lake. Dorthin hatten mich Brigitte und Ed Scholl, deutsche Auswanderer, eingeladen, als ich sie im Joshua Tree National Monument kennenlernte. Über Hope, Princeton und Penticton will ich die Stadt erreichen.

Nach der ersten 150-Kilometer-Etappe bei stürmischem Rückenwind entlang des Fraser River sitze ich in Hope für zwei Tage fest: Dauerregen! Gut für meinen Heuschnupfen, der mich mal wieder kräftig plagt, schlecht für meine Etappenplanung.

Langsam winde ich mich dann aus dem Tal des Fraser River in die Cascade Mountains hinein. Die Landschaft weitet sich, breitet hügeliges, bewaldetes Bergland unter mir aus. Nach der monatelangen, manchmal bedrückenden Enge der Küstenstraße ist das ein sensationelles Gefühl: weite Räume, endlose Wälder, Wildnis und Menschenleere. Genau das habe ich so lange gesucht.

Nach Überqueren zweier Pässe im Manning Park folge ich auf herrlicher Genußstrecke dem Similkameen River bis ins Okanagan Valley. Eine der wärmsten Gegenden Kanadas soll das sein, ideal zum Obst- und Weinanbau geeignet.

Ed arbeitet als Hausmakler und hat sich wohl selbst eines der am schönsten gelegenen Häuser ausgesucht. Von der Terrasse habe ich einen wunderbaren Blick auf den See und die Berge im Hintergrund, auch ein Bootssteg fehlt nicht. Leider will er diese Idylle nun verkaufen.

„Dieses Grundstück bringt so viel Geld", erklärt er mir, als wir vom Knox Mountain Park auf die Stadt hinunterblicken, „daß wir uns ein Haus in der Stadt kaufen können, und ich mich zur Ruhe setzen kann. Kelowna hat unter den 65.000 Einwohnern allein 700 Makler, mein Job ist mir einfach zu stressig geworden."

Vier erholsame Tage verbringe ich hier, werde von den Scholls nach allen Künsten verwöhnt. Zum Abschied füllen sie meine Küchentasche bis zum Platzen mit Vollkornbrot und anderen Leckereien.

„Warum nimmst du, wenn du es so eilig hast, nicht den 97er Highway direkt nach Prince George?" werde ich gefragt.

„Ich will mir unbedingt noch die Nationalparks in den Rockies anschauen, ein alter Traum von mir. Auf einer Nebenstrecke durch die Monashee Mountains, entlang dem Arrow Lake, kann ich den Mt. Revelstoke und den Glacier National Park erreichen, von dort nach Lake Louise in die Rockies fahren. Bis Jasper will ich dem Gebirge folgen und dann nach Prince George abdrehen. Dawson Creek und der Beginn des Alaska-Highways müßten von dort in vier Tagen zu erreichen sein."

„Und das alles mit dem Fahrrad! Respekt und Hut ab!" Ed klopft mir anerkennend auf die Schulter.

„Nur 1.600 Kilometer", meine ich leicht grinsend und wie beiläufig.

Nach drei Tagen biege ich ein auf den „Highway Nr. 1", den Trans-Canada-Highway. Rückenwind schiebt mich sachte voran, die Szenerie wird immer großartiger. Schnee- und gletscherbedeckte Gipfel rücken zunehmend näher, auch die Talhänge ragen bestimmt tausend Meter in den Himmel. Wasserfälle gischten die Felsen hinab, regelmäßig haben Lawinen Pfade durch den Nadelwald gewalzt.

„Isn't that wonderful?" Ich muß meine Freude einfach herauslassen. Tanja und Tom, amerikanische Reiseradler, die ich soeben eingeholt habe, strahlen zurück.

„I think, that's one of the greatest places on earth", flüstert Tom fast andächtig. Ich stimme ihm begeistert zu.

Einige Zeit pedalen und staunen wir gemeinsam, dann suche ich einen Campground auf. Mehrere Stunden folge ich noch einem herrlichen Trail bis zum „Great Glacier".

Tanja und Tom treffe ich dann im Yoho National Park wieder. Zwei Tage verbringe ich hier im Whiskey Jack Hostel, von dessen Terrasse sich ein grandioser Blick auf die Takakkaw-Wasserfälle bietet.

Dann gebe ich meinem Stahlroß die Sporen, überwinde den Kicking Horse-Paß und holpere auf rissigem Beton nach Lake Louise. Hier ist der Teufel los. Der Parkplatz quillt vor Wohnmobilen und Mietwagen über und im Info-Center muß ich Schlange stehen, um das Faltblatt zum Icefield Parkway von der Rangerin zu erhalten.

230 Kilometer zieht sich der Icefield Parkway von Lake Louise nach Jasper durch den Banff- und Jasper Nationalpark, berührt dabei eine der schönsten Gebirgsszenerien, die ich kennengelernt habe. Total begeistert stoppe ich immer wieder, sauge die klare, kalte Luft in mich hinein und fotografiere viel. Selbst der mit 2.030 m höchste Paß, der Sunwapta-Paß, kann meiner Freude keinen Abbruch tun. Eher schon das Wetter, das ist nämlich schlichtweg miserabel. Nachts suche ich in kleinen, rustikalen Jugendherbergen Schutz vor den Regengüssen.

Ab Jasper folge ich dem Oberlauf des Fraser River auf dem Yellowhead Highway (Nr. 16). Bald liegen die letzten Ausläufer der Rocky Mountains hinter mir und ich tauche in grünes, hügeliges Meer ein. Wald, soweit mein Auge reicht, nur durchbrochen von kleinen, funkelnden Seen, Sumpf- und Kahlschlaglichtungen. Teppiche voller Wildblumen rahmen kleine Bächlein ein. Nur einmal passiere ich während der 400 Kilometer ein Dorf, McBride heißt das, ansonsten habe ich die Wildnis für mich.

Ein Schwarzbär hält mich einige Zeit auf. Völlig unbeeindruckt vom Verkehr gräbt er an der Böschung nach Wurzeln. Ich bin unsicher, wie das Tier auf Radler reagiert. Ob ich einem Bären im Sprint entwischen könnte? Bestimmt nicht mit 30 kg Gepäck. Schließlich radle ich zügig an ihm vorbei, atme tief durch, als er langsam im Rückspiegel verschwindet.

Mehrere Tage übernachte ich dann am Nukko Lake nördlich von Prince George im Wohnwagen von Jutta und Jan Höwe, Bekannte meines Vaters. Die Höwes bauen zur Zeit ein neues Haus und können mir nur diese Behelfsunterkunft anbieten. Was soll's, ich fühle mich überall wohl.

In Jans starkem Ford Explorer fahren wir etliche Forstwege in der Umgebung ab.

„Wie ein Netz ziehen sich diese Wege durch ganz British Columbia, erschließen das Hinterland abseits der Highways", erklärt mir Jan, „sie werden von den Holzcompanies angelegt und später, wenn das Waldstück geschlagen und wieder angepflanzt ist, für den öffentlichen Verkehr freigegeben. Stell dir vor, 100.000 Kilometer Forstwege soll es hier geben!"

Jan bremst plötzlich scharf ab: „Schau nach rechts, da gräbt ein Schwarzbär in einem Ameisenhügel herum!"

Tatsächlich macht sich da Meister Petz gerade zu schaffen. Nicht weit entfernt beobachten wir einen Biber an seinem Damm.

Von den riesigen Dimensionen hier bin ich tief beeindruckt, -zig Kilometer fahren wir nur durch Wald, fünf Minuten hinter dem Haus beginnt die Wildnis. Dennoch bin ich mir nicht sicher, ob ich hier wohnen wollte. Vielleicht würde ich bald das fehlende Kulturangebot vermissen. Dazu müßte ich 1.000 Kilometer nach Vancouver fahren.

Die Bärbegegnungen geben mir zu denken: In Prince George erstehe ich noch ein langes Seil, an dem ich nun jeden Abend meine Küchentasche in einen Baum hänge.

Bis Dawson Creek folgten weitere 400 einsame Kilometer durch die nördlichen Ausläufer der Rocky Mountains, eine Genußstrecke mit Rückenwind.

Mahlende und krachende Geräusche aus der Vorderradnabe schrecken mich auf. Nur das jetzt nicht! Der nächste Ort, Chetwynd, ist noch 70 Kilometer entfernt! Ob ich das schaffe? Vielleicht gibt es da gar keinen Radshop? Ist bestimmt ein kleines Nest. Warum nur habe ich den Konusschlüssel nach Hause geschickt!

Das Krachen wird immer stärker, der Rückenwind auch. Verzweifelt trete ich in die Pedale. Endlich tauchen erste Häuser am Highway auf, beruhigend zu wissen, daß ich hier notfalls Hilfe holen könnte.

„Ja, ein Sportgeschäft gibt's hier, die führen auch Räder", meint die Frau in der Tourist-Info in Chetwynd wie selbstverständlich. Dort verweist man mich an Alex, der zu Hause in seiner Garage Räder repariert. Und das richtige Werkzeug hat! Zwei Kugeln hatten sich an der Gummidichtung vorbei ins Freie gemogelt, so etwas hatte ich noch nicht gesehen!

Langsam gingen die Berge in gemächlich rollendes Grasland über. Allerorten wurde Gras gemäht, oder es lagen bereits die runden Heuballen herum, Kühe glotzten neugierig herüber. Wellblechdächer kleiner Farmen spiegelten sich in der Ferne in der Sonne. Die Prärie! Und Dawson Creek, mein Etappenziel, schob sich im Hintergrund schon über die Hügel.

Atemberaubende Gebirgsszenerie im Jasper National Park, Kanada

Hier beginnt Bärenland - Warnungen sollten ernstgenommen werden!

North to Alaska

Mit gemischten Gefühlen umkreise ich etliche Male den flaggenge-
schmückten „Mile 0"-Pfosten auf einer Kreuzung in Dawson Creek.
Die „Meile Null" des Alaska-Highway! „Fairbanks 1.523 Meilen" verkündet das Schild, das sind fast 2.500 Kilometer ...

Einem Bandwurm gleich windet sich die Straße in die Wildnis hinein,
stellt die Nabelschnur zwischen kleinen Ortschaften wie Fort Nelson
oder Watson Lake und der Zivilisation dar. Dieses Jahr begeht man
auch noch den 50. Geburtstag, hat die ganze Saison über Veranstaltungen organisiert. Offiziell begann der Bau des Highway am 8. März
1942 und endete acht Monate später am 20. November 1942. Über
10.000 Soldaten wurden eingesetzt. Auslöser war der Angriff der Ja-
paner auf Pearl Harbour und die Angst des amerikanischen Militärs
vor einer japanischen Invasion in Alaska. Erst der Highway ermög-
lichte die Zivilisierung dieses riesigen, ungezähmten Landes.

Unruhe erfaßt mich. Wird das Fahrrad, werde ich durchhalten? Gestern hatte ich bereits die einzigen zwei Radläden besucht, deren
kümmerliches Angebot mir bereits einen Vorgeschmack auf den
kommenden Monat gab. Und ich war beim Zahnarzt aufgekreuzt,
hatte mein Gebiß inspizieren lassen.

„Wie ich sehe, hast du 'ne Menge schlechte Pisten auf deinem Trip
gehabt", war der ironische Kommentar des Zahnarztes zu den fehlenden Füllungen.

Der Trubel um mich herum bringt mich in die Gegenwart zurück.
Johlend posieren Wohnmobilbesatzungen mit ihren Dinosaurier-Mo-
bilen, eben von Alaska angekommen, für Fotos vor dem Pfosten,
strecken dicke Bäuche in die Sonne. Auf ihren T-Shirts lese ich: „I've
survived the Alaska-Highway!" Na, das war bestimmt auch schwierig!
Los geht's! 39.274 zeigt mein Kilometerzähler, als ich die ersten Meter dieser berühmten Straße unter die Reifen nehme.

Bald schon, gleich am ersten Tag auf dem Alaska-Highway, sollten
meine Befürchtungen wahr werden. Und das kam so: Gerade hatte
ich in Fort St. John Vorräte für die nächsten 400 Kilometer bis Fort
Nelson gebunkert und mich über die ersten Hügel gequält, als mich
ein Krachen aufschreckte. Ich sah noch einige Teile vom Hinterrad
wegspringen, dann schlingerte das Rad haltlos im Rahmen. Nach einer Vollbremsung besah ich mir den Schaden: Die Konterschraube

Dawson Creek - nur noch 1.523 Meilen bis nach Fairbanks in Alaska

des rechten Lagers hatte sich aufgedreht und letztendlich den Schnellspanner zerrissen, die Achse ließ sich nicht mehr drehen. Da mußte der Mechaniker in Prince George wohl Mist gebaut haben, als er das Lager abschmierte.

Komisch, aber dieses Bild von mir hatte ich bereits seit einiger Zeit im Hinterkopf: irgendwo „in the middle of nowhere" am Straßenrand neben dem kaputten Fahrrad zu stehen und den Daumen rauszuhalten!

Ein Pickup-Fahrer erbarmte sich meiner und nahm mich nach Fort St. John zurück. Den Radladen hatte ich bald gefunden und dem Mechaniker, einem Mexikaner, standen einige Nachhilfestunden bevor. Zum ersten Mal in seiner Mechanikerkarriere sah er einen Freilauf von innen. Aber erst, nachdem er in dem heillosen Durcheinander seiner Werkstatt einen Freilaufabzieher aufgetrieben hatte. Nun schloß der Shop auch noch, ich übernachtete auf dem nahen Campingplatz und reparierte am nächsten Tag weiter.

„Ich habe nichts angefaßt", begrüßte mich der Mechaniker vorsorglich am Morgen.

Der Freilauf war okay, die Halteschraube aber total ausgefressen. Neue Freiläufe hatte man auf Lager, nicht aber das Werkzeug, um den kaputten zu lösen. Über eine Stunde suchte ich in dem Chaos nach einem Ersatzwerkzeug, bis ich die defekte Schraube lösen und den Freilauf abziehen konnte. Aus einer gebrauchten Nabe wollte ich die Halteschraube verwenden, mußte schließlich mit dem Ding in den zweiten Radshop gehen und mir das Werkzeug ausleihen. Endlich konnte ich die Einzelteile wieder zusammensetzen, das Rad lief wieder.

„Muchas gracias!" Freudig schüttelte mir der Mexikaner die Hand, so als ob ich ihm eine schwere Bürde abgenommen hätte!

Bald schon summen die Reifen wieder auf dem Asphalt, der erstaunlich bleibt. Zwar rauh, mit vielen Querrissen und Schlaglöchern, aber doch besser als vermutet. Das diesjährige Jubiläum war bestimmt Anlaß für größere Belagsreparaturen.

Ganze Wohnmobilarmadas überholen mich, teilweise riskant und rücksichtslos trotz Gegenverkehr. Ihre Autos haben die Fahrer durch Steinschlaggitter geschützt, aber an mich armen Radler denken sie nicht.

Endlos schlängelt sich der Highway durch die grüne Wildnis, ich pumpe unzählige Hügelketten hinauf. Heftiger Gegenwind läßt mich nie richtig in Schwung kommen, stoisch und mürrisch trete ich dann mein Tagessoll herunter, meist 100, manchmal aber auch mehr als 150 Kilometer.

Problematisch verläuft die Zeltplatzsuche. Entweder ist der Wald total verwachsen oder sumpfig, oder auch beides. Habe ich dann endlich einen freien Platz gefunden, beginnt schon mein Kampf mit den Moskitos. Ich hoffe nur, mich sieht nie jemand, wie ich mich abends hüpfend und um mich schlagend an meinem Kanister wasche!

In Fort Nelson muß ich schon wieder einen Bikeshop aufsuchen, ich muß die hintere Achse auswechseln! Trotzdem läuft die Nabe weiterhin unrund. Durch die Beanspruchung hat sich wohl der Nabenkörper verzogen.

Watson Lake, die nächste „Stadt" mit 1.700 Einwohnern, ist weitere 550 Kilometer entfernt. Grandiose Gebirgsszenerien breiten sich vor mir aus, mächtige Flüsse durchschneiden den unendlichen Waldteppich. Wie klein, wie unbedeutend komme ich mir in dieser Landschaft vor, meine Ehrfurcht vor der Natur wächst weiter. Dennoch hat die Natur nichts Feindliches an sich, ich fühle mich vielmehr richtiggehend geborgen in ihr. Wer ihre Gesetze respektiert, hat nichts zu befürchten.

Bei Problemen gibt es immer noch die Lodges. Das sind Tankstellen-Café-Hotel-Campground-Kombinationen in Blockhütten- oder Containerbauweise, durchweht vom Pioniergeist vergangener Zeiten und ausgestattet mit Sprechfunk. Mein „Milepost"-Führer listet sie alle mit Angabe der Meilen auf. Hier gibt's für den durchfrorenen Reiseradler Kaffee in Strömen, die selbstgebackenen süßen Stückchen sind eh' immer einen Stopp wert.

Bei „Trapper Ray's Liard Hotsprings Services" mache ich einen Tag Pause, nicht nur des Regenwetters wegen, mich locken auch die nahen heißen Quellen. Trapper Ray ist ein rauher Bursche. In einem alten Wohncontainer der Straßenbaubehörde hat er sein Café eingerichtet, die Wände mit Fellen und Schneeschuhen dekoriert.

„Im Winter habe ich meine Ruhe, keine Touristen", erzählt er mir in einer ruhigen Minute, „dann laufe ich meine Trapline ab. Minus 25 °C hat es hier durchschnittlich im Januar und zwei Meter Schnee."

„Wird der Alaska-Highway im Winter eigentlich immer freigehalten?"

„Meistens, aber wenn nicht, ist es mir auch egal."

„Und wer unterrichtet deine Kinder im Winter? Macht das deine Frau?"

Trapper Ray lacht herzlich: „Die sehe ich nur im Sommer, im Winter leben sie in Vancouver!"

Dann zieht er auch schon wieder seinen ölverschmierten Kittel über, um einem Wohnmobilfahrer bei der Reparatur zu helfen.

Den restlichen Nachmittag unterhalte ich mich lange mit Erik, einem pensionierten Geologen aus Edmonton mit weißem Rauschebart, über die ökologische Verantwortung des Menschen. Er arbeitete lange Jahre bei Ölbohrungen im Arktischen Meer mit. Im Sommer lebt er nun in einem schreiend bunt angestrichenen Wohnwagen hinterm Haus, im Winter gibt er Gastvorlesungen an der Uni in Edmonton.

„Welcome to Yukon" verkündet ein großes Schild kurz vor Watson Lake. Allein die Daten sind fast unglaublich: gerade 25.000 Menschen leben hier auf 482.573 km², knapp der anderthalbfachen Fläche von Deutschland, davon allein 22.000 in Watson Lake und Whitehorse!

In Watson Lake besuche ich den berühmten Schilderwald. Sogar ein kleines Bierfaß entdecke ich, natürlich von einem Deutschen. Schade, daß ich meinen abgefahrenen Schwalbe-Reifen wenige Tage zuvor weggeworfen hatte, der hätte hier gut hingepaßt!

Um Geld zu sparen, campiere ich einige Tage in einem Birkenwäldchen an der Stadtgrenze von Whitehorse - außer einem restaurierten Schaufelraddampfer ist der Supermarkt hier noch das Interessanteste -, duschen und Wasser holen kann ich auf dem nahegelegenen Zeltplatz. Zwei Tage Ruhe habe ich mir hier verordnet. Wiederholt wälze ich die Karten, rechne die Entfernungen bis Fairbanks in Alaska durch. Inzwischen ist bereits der August angebrochen, der letzte frostfreie Monat. Die Zeit wird wahnsinnig knapp, wenn ich noch bis ans Eismeer vorstoßen will.

Der kräftige Südwind gibt den Ausschlag: Spontan drehe ich hinter Whitehorse an der Abzweigung des Klondike Highway den Lenker Richtung Dawson City. In vier Tagen schiebt mich der Wind über die 560 Kilometer voran, das Wetter bleibt stabil, obwohl Südwind nach meiner Erfahrung eigentlich Schlechtwetter mit sich bringen müßte.

Jetzt, jenseits des 62. Breitengrades, herrscht Tundra vor, schüttere Birken- und Kiefernwälder krallen sich in den sumpfigen Boden. Erst nach Mitternacht wird es wegen der hohen nördlichen Breite für wenige Stunden dunkel.

Unterwegs freunde ich mich mit Ron und den Mitgliedern einer organisierten Radreisegruppe an, die von Montana nach Alaska auf

Wald, Elche, Stille und ein einsamer Radler: Der Alaska-Highway

Chicken Creek, Alaska: 26 Einwohner und ein Café

Tour sind. Sie sind sehr freundlich zu mir, selbstverständlich kann ich auf dem „Bonanza Shell Campground" in Dawson City mein Zelt neben den ihren aufstellen und so die Gebühr sparen.

Dawson City schließe ich sogleich ins Herz. Das Durcheinander aus modernen und alten, bunten Holzhäusern gefällt mir ausnehmend gut, die Straßen sind staubig, die Gehwege bestehen aus höhergelegten Holzplanken. Nur schwer kann ich mir heute das menschliche Durcheinander ausmalen, das damals, 1898, der erste Goldfund am Klondike-River ausgelöst hatte. Über 30.000 Menschen lebten hier einmal, auch Jack London war darunter, nur knapp 2.000 sind es heute noch.

Auf der Suche nach Gold grub man die gesamte Umgebung von Dawson City um, große Schutthalden und verrostete Grabwerkzeuge bestimmen heute das Bild.

Auf dem geschotterten Top of the World- und auf dem Taylor-Highway will ich nun nach Alaska hineinradeln, dann dem Alaska-Highway über Tok und Delta Junction nach Fairbanks folgen. Noch etwa 650 Kilometer, errechne ich.

Langsam pumpe ich die überaus steilen Passagen des Top of the World-Highway hinauf. Die Panoramablicke sind wirklich „top". Bedeckt von einer dicken Staubschicht erreiche ich noch am gleichen Tag das Grenzhäuschen auf einer Anhöhe.

„Na, was kann ich dir anbieten", begrüßt mich der Beamte, „willst du Saft, Wasser oder vielleicht ein Bier?"

„Ein Saft wäre nicht übel", antworte ich ziemlich verblüfft. Bald halte ich eine Dose Apfelsaft in der Hand, während der Beamte kurz meine Papiere prüft. Das ist eindeutig mein freundlichster Grenzübertritt. Ich bin in Alaska! Ich hab' es geschafft! Mit einem irren Gefühl der Freude und vielen Jauchzern holpere ich die Piste hinunter, ahne noch nicht, was ich abends bei einer kurzen Inspektion meines Rades noch feststellen sollte. Die Speichen im Hinterrad haben seit Vancouver durchgehalten, dafür ist die Mavic-Felge an einigen Stellen gebrochen. Meine dritte Felge ist im Eimer. So ein Mist!

Zwei Regentage und einige Schlammeinlagen später stoße ich bei Tetlin Junction wieder auf den Alaska-Highway. Das Gefühl, nach mehreren hundert Kilometern Schotter wieder Asphalt unter den Reifen zu spüren, ist jedes Mal aufs neue erregend!

Ziel Eismeer

Fairbanks liegt bereits auf 64 Grad nördlicher Breite. Eine typische US-Stadt, in die Breite auswuchernd. Vom Visitor-Center aus rufe ich Les Rogers an, den ich auf der Baja California kennengelernt hatte. Und das Glück der überaus vielen Einladungen, die ich seither in den USA und Kanada erfahren durfte, hält weiter an.

„Klar, natürlich kannst du bei mir schlafen. Komm' gleich vorbei", ist seine freundliche Aufforderung.

Drei Tage wohne ich bei ihm und versuche, mir über eine Frage klar zu werden: Soll ich von hier über den Dalton-Highway ans Eismeer fahren oder nicht? Ich befürchte einerseits, nach der Schönwetterperiode der letzten Tage jetzt nun Regentage zu erwischen, vielleicht gar einen frühen Wintereinbruch. Andererseits schrecken mich auch die zu erwartenden Anstrengungen ab, das wird bestimmt eine harte Piste.

Anfang der 70er-Jahre stieß man im Arktischen Meer auf große Ölvorkommen und beschloß, eine Pipeline quer durch Alaska von Prudhoe Bay bis Valdez zu bauen. Daraufhin wurde der Dalton-Highway als „North Slope Haul Road" 1974 durch die Wildnis gewalzt. Bis zum heutigen Tage ist er im Eigentum des Ölkonsortiums und nur die ersten 340 Kilometer bis zum Disaster Creek sind öffentlich zugänglich.

Das ist mir natürlich nicht weit genug, wenn schon, dann möchte ich auch bis zum Eismeer vorstoßen! So spreche ich als erstes beim Transportamt wegen einer Fahrerlaubnis vor.

„Tut mir leid", meint man dort bedauernd, „ein Permit können nur Geschäftsleute erhalten. Oder zum Beispiel Journalisten, die ein Schreiben ihrer Zeitung vorweisen können."

Lange diskutiere ich mit Les die Risiken einer illegalen Benutzung.

„Also Clemens, mach' dir nicht so viele Sorgen", versucht Les mich zu beruhigen, „es ist wirklich nicht sehr wahrscheinlich, daß du erwischt wirst. Die State Trooper haben anderes zu tun, als den Verkehr zu kontrollieren."

„Nun gut, und was sagst du als alter Alaska-Kenner zum Wetter?"

„Ich glaube, das Wetter wird schön bleiben. Aber eins mußt du wissen: Jetzt, Mitte August, kann sich das schnell ändern, es wäre nicht der erste frühe Wintereinbruch dort oben."

Nur zwei Lodges gibt es auf dieser Strecke zum Ende der Welt, und die haben bestimmt ein spärliches Lebensmittelangebot. Also packe ich ein „Cyclist-Care-Paket" voll mit Lebensmitteln und schicke es per Luftpost nach Coldfoot, das auf halber Strecke liegt. Für mein Bike erstehe ich ein neues Laufrad, das vierte nun, und zwei dicke Stollenreifen dazu. Der letzte Wetterbericht vor meinem Start ist nicht gut: Am Eismeer ist der erste Schnee des Jahres gefallen!

130 Kilometer nördlich von Fairbanks erreiche ich den eigentlichen Beginn des Dalton-Highway. Nun sind es noch knapp 700 Kilometer ans Eismeer. Der Asphalt hatte schon 70 Kilometer vorher aufgehört, aber meine dicken Stollenreifen laufen komfortabel über den Schotter.

Eine nervende Berg- und Talfahrt beginnt, der Highway wurde ohne Umwege geradeaus über Berge und Hügel gebaut. Die Anstiege sind steil wie selten so erlebt, bereits nach 15 Kilometern bekomme ich erste Konditionsprobleme. Gegen Mittag beginnt es auch noch zu regnen, zum Glück erreiche ich die Lodge an der Yukon-Brücke noch rechtzeitig und kann mich hier wieder aufwärmen. Langsam verwandelt sich mein Zeltplatz nahe der Lodge in ein Schlammloch. War meine Entscheidung, loszufahren, wirklich richtig?

Andernmorgens komme ich auf den festgefahrenen Fahrspuren flott vorwärts. Nur selten zwingt mich ein Lkw in den klebrigen Lehm am Rande, dann aber wird's gemein. Doch vorausschauend habe ich die Schutzbleche schon in Fairbanks abmontiert, mit ihnen würde ich bald im Matsch steckenbleiben.

„Ach, das Permit kannst du vergessen, das kontrolliert schon lange keiner mehr", meint der Jagdaufseher des Fish and Wildlife-Departements lakonisch, als wir zusammen in seinem Wohnwagen Tee trinken. „Wenn du erwischt wirst, zahlst du gerade mal 25 Dollar Strafe. Mich interessiert nur, ob hier jeder Jäger auch einen Jagdschein hat."

„Und warum dann das ganze Theater um das Permit?" frage ich ihn.

„Das hat vielfältige Gründe."

Am gleichen Tag erreiche ich den Polarkreis. Eine große Tafel verkündet: Arctic Circle, 66° 33'. Bezogen auf die Südspitze Südamerikas würde ich dort unten jetzt bereits auf Antarktiseis radeln! Ich bin auch mächtig stolz, trotz der Schotterpiste 100 Kilometer am Tag zu schaffen und morgen bereits Coldfoot zu erreichen!

Der Dalton-Highway folgt der mächtigen Ölpipeline bis ans Eismeer

Bitteschön, da ist es endlich: das Eismeer!

Coldfoot besteht lediglich aus einigen Containern. Café, Laden und Werkstatt auf der einen, Motel und Restaurant auf der anderen Seite. „The northernmost Truckstop in the World", na also, der letzte Vorposten der Zivilisation. Die Preise sind entsprechend, schon für die Dusche verlangt man 3,50 Dollar. Das Postamt hat nur montags, mittwochs und freitags geöffnet, das bedeutet einen Tag Ruhepause. Immerhin kann ich mein Freßpaket durch den Briefschlitz in der Eingangstür entdecken! Anderentags habe ich Mühe, alle Lebensmittel aus dem Paket in den Radtaschen unterzubringen.

Dann passiert das, wovor ich mich so gefürchtet hatte: Es beginnt zu regnen! Die ganze Nacht und den nächsten Tag hört es nicht auf. Ist das das Ende meiner Tour? Ich bezweifelte stark, noch weiterzukommen.

Wild entschlossen pedale ich dann doch weiter, nun direkt auf die hohen Berge der Brooks Range zu. Abends erreiche ich total verdreckt Chandalar Camp, ein Straßenbaucamp, hatte unterwegs schon die Schneegrenze überschritten und mein Rad den letzten Anstieg durch knöcheltiefen Schlamm mühsam hochgezerrt. Doch die Landschaftsszenerie entschädigte grandios: Die Tundra leuchtete in den herrlichsten Herbsttönen, im Hintergrund ragten schneebedeckte Gebirgsausläufer empor.

Zwei Elektriker laden mich in ihr Häuschen ein. „Nur klauen darfst nichts", ist ihre einzige Bedingung. Bald bullert der Ölofen gemütlich in einer Ecke, ich kann meine Klamotten trocknen. Nachts sinkt das Thermometer unter den Gefrierpunkt. Zufrieden kuschele ich mich in meinen Schlafsack.

Am nächsten Morgen eine Hiobsbotschaft.

„Brauchst dich gar nicht so beeilen", meint einer der Elektriker, „die Straße ist weiter nördlich ausgewaschen und blockiert."

Das darf doch nun wirklich nicht wahr sein! Sogleich suche ich einen der Straßenbauarbeiter auf. Bei einer Tasse Kaffee besprechen wir die Lage.

„Tatsache ist, daß 80 Kilometer nördlich eine Brücke fehlt und es sieht derzeit nicht so aus, als wenn sie bald repariert werden könnte. Der Fluß führt zuviel Wasser", erklärt er mir.

„Und das kann man nicht in Tagen abschätzen?"

„Wir brauchen schweres Gerät und ein neues Rohr, das dauert. Mit drei bis vier Tagen mußt du schon rechnen."

Durch diesen brückenlosen Fluß schien die Katastrophe perfekt, mein Glück endgültig ausgereizt, das Ziel „Eismeer" weiter als je zuvor fortgerückt.

„Wenn du willst, kannst du hier warten", lautet das freundliche Angebot meines Gesprächspartners.

„Danke, aber ich will trotzdem versuchen, über den Fluß zu kommen. Vielleicht habe ich eine Chance."

Langsam arbeite ich mich durch 15 Zentimeter Schnee zum Atigun-Paß auf 1.480 m Höhe hinauf. Auf den Eisplatten finden selbst die Stollenreifen keinen Halt, das Rad rutscht mir immer wieder weg. Ich friere wie verrückt und fluche über den eisigen Wind.

Endlich senkt sich die Piste ins nächste Tal. Lange schlängle ich mich bei Sonnenschein durch die Tundra, kann mich am Farbenspiel nicht sattsehen.

Am frühen Nachmittag erreiche ich die weggespülte Brücke. Einige Autos parken hier, auf dem gegenüberliegenden Hügel kann ich einige Trucks erkennen. Ein Blick auf den Fluß genügt mir: viel zu tief und zu reißend zum Durchwaten.

Was nun? Soll ich wie alle anderen hier bis zur Reparatur warten? Reichen meine Lebensmittel überhaupt so lange? Oder gleich umdrehen?

Unentschlossen fahre ich ein Stück zurück zur Forschungsstation des Instituts für Arktische Biologie, das die Uni Fairbanks hier unterhält. Dort reagiert man nicht eben freundlich auf mein Erscheinen.

„Sie können hier schon Mahlzeiten bekommen. Es gilt jedoch die Regelung, daß das Betreten der Station, ganz gleich zu welchem Anlaß, 120 Dollar kostet." Der Stationsmanager bleibt hartnäckig.

„Ich habe Ihnen meine Lage ja schon geschildert. Es ist wirklich eine Notlage, und ich will bis zur Reparatur der Brücke ja nur einige Mahlzeiten haben, und nicht die ganzen Forschungseinrichtungen nutzen", lasse ich nicht locker.

„Okay, okay, sagen wir 40 Dollar für drei Mahlzeiten. Aber nur, falls unsere Vorräte überhaupt dafür reichen."

Plötzlich blitzen seine Augen auf.

„Was hältst du davon, wenn ich dich im Kanu über den Fluß bringe?" Die Idee ist einfach irre. Schnell kurbele ich zum Fluß zurück, dann taucht auch schon die Kanucrew auf. Bei der ersten Fahrt paddeln wir die Radtaschen hinüber, unterschätzen aber die Strömung und landen weit flußabwärts am anderen Ufer. Der zweite Trip klappt besser.

„Und guten Appetit noch!" winkt die Crew zum Abschied. Ein Abendessen haben sie mir auch noch dagelassen! Mit mächtigem Stolz fahre ich an den um ein Feuerchen sitzenden Autofahrern vorbei, am liebsten hätte ich jedem meine Tat erzählt. Juhu!

Vielleicht zehn Autos überholen mich jetzt noch pro Tag, der Verkehr ist fast zum Erliegen gekommen. So habe ich die Tundra für mich allein, beobachte eine Caribou-Herde beim Äsen und eine Grizzly-Mutter mit zwei Jungen beim Fischen.

Langsam, wie eine Fata Morgana, schälen sich zwei Tage später erste bunte Schuppen aus dem Küstennebel, wachsen schnell zu einer ausgedehnten Siedlung zusammen. Deadhorse! 70 Grad nördliche Breite! Mein Gott, ich bin durch! Mit feuchten Augen spaziere ich an den auf Stelzen stehenden Containern entlang, die ganze Stadt besteht daraus, etwa 15.000 Menschen leben hier. Als Verbindung zur Außenwelt ist der Flugplatz hier sicher noch wichtiger als der Dalton-Highway.

Wohin jetzt, wo ist dieses verdammte Eismeer? Unbewußt lenke ich Richtung Norden, lande schließlich nach einigen Kilometern am Eingangstor der Arco, einer Ölgesellschaft. Vielleicht kann man mir hier Auskunft geben, wie ich ans Meer komme.

Plötzlich stürzt ein junger Sicherheitsbeamter auf mich zu: „Herzlich willkommen, ist ja toll, daß du da bist!" Komisch, war ich schon erwartet worden?

Minuten später stehe ich im Kontrollhäuschen und darf mich aus einem Kühlschrank mit Saft und Essen bedienen. Nach einigen Telefonaten wendet sich der Angestellte mir wieder strahlend zu: „Es klappt! Gleich kommt ein Wagen vom Werkschutz und holt dich ab. Leider darfst du aus Sicherheitsgründen nicht durchs Werksgelände radeln, es sind noch zehn Kilometer bis zur Küste."

Schade, zu gerne hätte ich mein treues Reisegefährt dabeigehabt, als ich schließlich nach genau 42.999 geradelten Kilometern meine Hand in das eiskalte Wasser des Eismeeres tauche. Dann schaue ich noch lange aufs Meer hinaus, zu ergriffen, um einen klaren Gedanken zu fassen.

Der Fahrer ruft, wir müssen zurück. Im Ort buche ich ganz spontan einen Flug zurück nach Fairbanks. „Enjoy your flight", sagt die Stewardeß durch den Lautsprecher, und ich denke „Roger, mission Feuerland - Eismeer completed."

Die Straße unter uns ist immer noch gesperrt.

Von Fairbanks pedalte ich noch ein wenig weiter durch Alaska (mit Kanada kamen nochmals 2.000 Kilometer zusammen), im Denali National Park erwischte mich der Winter, er war einige Wochen früher als üblich eingebrochen. Das ganze Land war mit einer halben Meter dicken Schneeschicht überzogen. Alaska machte mir unmißverständlich klar, daß es endgültig Zeit war, an die Heimkehr zu denken. Lange konnte ich mich nicht mit dem Gedanken anfreunden, grübelte über Alternativen und wußte dennoch, schaffst du den Sprung jetzt nicht zurück, bleibst du für immer ein Rad- und Straßenvagabund ...

So nahm ich schweren Herzens von Anchorage einen Bus nach Skagway, bestieg dort eine Fähre durch die herrliche Inside Passage nach Prince Rupert und eine weitere nach Port Hardy auf Vancouver Island. Von hier pedalte ich zum endgültigen Ausklang meiner Tour ein zweites Mal zu Julie, sagte ihr nochmals „good bye".

Von Vancouver flog ich zurück nach Frankfurt. Die Traumstraßen-Träume sind ausgeträumt. Aber ich weiß auch, daß noch so viele andere Traumstraßen der Welt auf mein Fahrrad und mich warten.

Englisch sprechen leicht gemacht!

Die Sprachführer der Reihe **Kauderwelsch** helfen dem Reisenden, wirklich zu sprechen und die Leute zu verstehen. Wie wird das gemacht? Abgesehen von dem, was jedes Sprachbuch bietet, nämlich Vokabeln, Beispielsätze usw., zeichnen sich die Bände der Kauderwelsch-Reihe durch diese Besonderheiten aus:

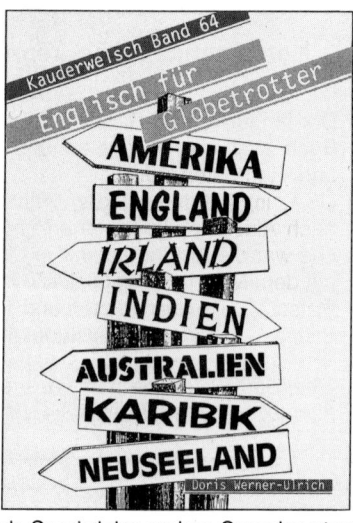

Die **Grammatik** wird in einfacher Weise so erklärt, daß es möglich wird, ohne viel Paukerei mit dem Sprechen zu beginnen.

Alle Beispielsätze werden doppelt ins Deutsche übertragen, zum einen **Wort-für-Wort,** zum anderen in ordentliches Hochdeutsch. So wird das andere Sprachsystem sehr gut durchschaubar gemacht. Denn in einer fremden Sprache unterscheiden sich z.B. Satzbau und Ausdrucksweise recht stark vom Deutschen. Ohne diese Übersetzungsart ist es so gut wie unmöglich, einzelne Wörter in einem Satz auszutauschen.

Die **Autoren** der Reihe sind Globetrotter, die die Sprache im Land selbst gelernt haben. Sie wissen daher genau, wie und was der einfache Mann auf der Straße spricht.

Besonders wichtig sind im Reiseland die **Körpersprache, Gesten, Zeichen und Verhaltensregeln**, ohne die auch der beste Sprecher kaum mit den Menschen in guten Kontakt kommt. In allen Bänden der Reihe wird darum besonders auf diese Art der nonverbalen Kommunikation eingegangen.

Kauderwelsch-Sprachführer gibt es für über 50 Sprachen.
Jeder Band hat 96-144 Seiten, viele Abbildungen
und ein Vokabular von etwa 1000 Wörtern.
Zu jedem Titel ist eine begleitende Tonbandkassette erhältlich.
Buch und Kassette kosten jeweils DM 14.80.

Peter-Rump-Verlag, Bielefeld

REISE KNOW-HOW Bücher werden von Autoren geschrieben, die Freude am Reisen haben und viel persönliche Erfahrung einbringen. Sie helfen dem Leser, die eigene Reise bewußt zu gestalten und zu genießen. Wichtig ist uns, daß der Inhalt unserer Bücher nicht nur im reisepraktischen Teil „Hand und Fuß" hat, sondern daß er in angemessener Weise auf Land und Leute eingeht. Die Reihe REISE KNOW-HOW soll dazu beitragen, Menschen anderer Kulturkreise näher zu kommen, ihre Eigenarten, und ihre Probleme besser zu verstehen. Wir achten darauf, daß jeder einzelne Band gemeinsam gesetzten Qualitätsmerkmalen entspricht. Und um in einer Welt rascher Veränderungen laufend aktualisieren zu können, drucken wir bewußt kleine Auflagen.

SACHBÜCHER:

Die Sachbücher vermitteln KNOW-HOW rund ums Reisen: Wie bereite ich eine Motorrad- oder Fahrradtour vor? Welche goldenen Regeln helfen mir, unterwegs gesund zu bleiben? Wie komme ich zu besseren Reisefotos? Wie sollte eine TransSahara-Tour vorbereitet werden?
In der Sachbuchreihe von REISE KNOW-HOW geben erfahrene Vielreiser Antworten auf diese Fragen und helfen mit praktischen, auch für Laien verständlichen Anleitungen bei der Reiseplanung.

WELT

Motorradreisen
DM 34,80 ISBN 3-921497-20-5
Um-Welt-Reise
REISE STORY
DM 22,80 ISBN 3-9800975-4-4
Achtung Touristen
DM 16,80 ISBN 3-922376-32-0
Die Welt im Sucher
DM 24,80 ISBN 3-9800975-2-8
Wo es keinen Arzt gibt
DM 26,80 ISBN 3-922376-35-5
Fahrrad-Weltführer
DM 44,80 ISBN 3-9800975-8-7
Auto(fern)reisen
DM 34,80 ISBN 3-921497-17-5
Äqua-Tour
RAD & BIKE
DM 28,80 ISBN 3-929920-12-3

REISE STORY:

Reise-Erlebnisse für nachdenkliche Genießer bringen die Berichte der REISE KNOW-HOW Reise-Story. Sensibel und spannend führen sie durch die fremden Kulturbereiche und bieten zugleich wertvolle Sachinformationen. Sie sind eine Hilfe bei der Reiseplanung und ein Lesevergnügen für jeden Fernwehgeplagten.

STADTFÜHRER:

Die Bücher der Reihe REISE KNOW-HOW CITY führen in bewährter Qualität durch die Metropolen der Welt. Neben den ausführlichen praktischen Informationen über Hotels, Restaurants, Shopping und Kneipen findet der Leser auch alles Wissenswerte über Sehenswürdigkeiten, Kultur

EUROPA

Portugal-Handbuch
DM 29,80 ISBN 3-923716-05-2
Mallorca
DM 29,80 ISBN 3-927554-17-0
Mallorca für Eltern und Kinder
DM 24,80 ISBN 3-927554-15-4
Madrid
DM 26,80 ISBN 3-89416-201-5
London
DM 26,80 ISBN 3-89416-199-X
Rom
DM 26,80 ISBN 3-89416-203-1
Berlin mit Potsdam
DM 26,80 ISBN 3-89416-202-3
Ungarn
DM 32,80 ISBN 3-89416-188-4
Paris
DM 26,80 ISBN 3-89416-200-7
Prag
DM 26,80 ISBN 3-89416-204-X
Warschau/Krakau
DM 26,80 ISBN 3-89416-209-0
München
DM 24,80 ISBN 3-89416-208-2
Frankfurt/Main
DM 24,80 ISBN 3-89416-207-4
Schweden-Handbuch
DM 36,80 ISBN 3-923716-10-9
Oxford
DM 26,80 ISBN 3-89416-211-2
Budapest
DM 26,80 ISBN 3-89416-212-0

und „Subkultur" sowie Adressen und Termine, die besonders für Geschäftsreisende wichtig sind.

EUROPA

Ostdeutschland individuell
DM 32,80 ISBN 3-921838-12-6
Ostseeküste/ Mecklenburg
DM 19,80 ISBN 3-89416-184-1
Freistaat Sachsen
DM 26,80 ISBN 3-89416-177-9
Rügen/Usedom
DM 19,80 ISBN 3-89416-190-6
Land Thüringen
DM 24,80 ISBN 3-89416-189-2
Türkei-Handbuch
DM 32,80 ISBN 3-923716-02-8
Türkei West &Südküste
DM 29,80 ISBN 3-923716-11-7
Zypern-Handbuch
DM 26,80 ISBN 3-923716-04-4
Skandinavien – der Norden
DM 32,80 ISBN 3-89416-191-4
Irland-Handbuch
DM 36,00 ISBN 3-89416-194-9
Schottland-Handbuch
DM 36,00 ISBN 3-89416-179-5
Baltikum – Estland, Lettland, Litauen
DM 39,80 ISBN 3-89416-196-5
Litauen mit Kaliningrad
DM 29,80 ISBN 3-89416-169-8
Estland
DM 26,80 ISBN 3-89416-215-5
Lettland
DM 26,80 ISBN 3-89416-216-3
Oberlausitz
DM 24,80 ISBN 3-89416-165-5

 # PROGRAMMÜBERSICHT

AFRIKA

Durch Afrika
DM 56,80 ISBN 3-921497-11-6

TransSahara
DM 29,80 ISBN 3-921497-01-9

Marokko
DM 44,80 ISBN 3-921497-81-7

Ägypten individuell
DM 36,80 ISBN 3-921838-10-X

Kairo, Luxor, Assuan
DM 26,80 ISBN 3-921838-08-8

Kenya
DM 39,80 ISBN 3-921497-45-0

Agadir und die Königs-städte Marokkos
DM 29,80 ISBN 3-921497-71-X

Zimbabwe
DM 34,80 ISBN 3-921497-26-4

Westafrika
DM 39,80 ISBN 3-921497-02-7

Madagaskar, Seychellen, Mauritius, Réunion, Komoren
DM 36,80 ISBN 3-921497-62-0

Tunesien
DM 44,80 ISBN 3-921497-74-4

Die Wolken der Wüste
REISE STORY
DM 24,80 ISBN 3-89416-150-7

Nigeria – hinter den Kulissen
REISE STORY
DM 26,80 ISBN 3-921497-30-2

Afrikanische Reise
REISE STORY
DM 26,80 ISBN 3-921497-91-4

Tonführer Ägypten: Luxor, Theben
DM 29,80 ISBN 3-921838-90-8

Tonführer Ägypten: Kairo
DM 32,00 ISBN 3-921838-91-6

Kamerun
DM 36,80 ISBN 3-921497-32-9

Bikeabenteuer Afrika
RAD & BIKE
DM 28,80 ISBN 3-929920-15-8

ASIEN

Jemen
DM 39,80 ISBN 3-921497-09-4

Myanmar (Burma)
DM 29,80 ISBN 3-9800464-3-5

Phuket/ Thailand
DM 29,80 ISBN 3-89416-182-5

Thailand Handbuch
DM 36,80 ISBN 3-89416-171-X

Bangkok
DM 26,80 ISBN 3-89416-205-8

China Manual
DM 44,80 ISBN 3-89416-167-1

Sri Lanka
DM 36,80 ISBN 3-89416-170-1

Sprachbuch
China
Hoch-Chinesisch (Mandarin),
Kantonesisch, Tibetisch
DM 24,80 ISBN 3-922376-68-1

Sprachbuch
Südostasien
Indonesisch, Thai, Tagalog
DM 24,80 ISBN 3-922376-33-9

RAD & BIKE:

REISE KNOW-HOW „RAD & BIKE" sind Radführer von lohnenswerten Radreiseländern bzw. Radreise-Stories von außergewöhnlichen, extremen Rad- und Mountainbike-Touren durch außereuropäische Länder und Kontinente. Die Autoren waren oft jahrelang unterwegs, und sie sind entweder bekannte, gestandene Biketouren-Profis oder „newcomer", die mit ihrem Bike in kaum bekannte Länder und Regionen vorstießen. Wer immer eine Fern-Biketour plant - oder auch nur davon träumt – kommt an den **RAD & BIKE**-Bänden nicht vorbei!

ASIEN

Malaysia & Singapur mit Sabah & Sarawak
DM 36,80 ISBN 3-89416-178-7

Singapur
DM 26,80 ISBN 3-89416-210-4

Bali & Lombok mit Java
DM 36,80 ISBN 3-89416-173-6

Sulawesi (Celebes)
DM 36,00 ISBN 3-89416-172-8

Reisen mit Kindern in Indonesien
DM 26,80 ISBN 3-922376-95-9

Vietnam-Handbuch
DM 36,00 ISBN 3-89416-195-7

Nepal-Handbuch
DM 36,80 ISBN 3-89416-193-0

Ladakh und Zanskar
DM 36,80 ISBN 3-89416-176-0

AUSTRALIEN NEUSEELAND

Neuseeland
DM 34,80 ISBN 3-923716-09-5

Neuseeland
REISE STORY
DM 24,80 ISBN 3-921497-15-9

Australien-Handbuch
DM 32,80 ISBN 3-923716-03-6

AMERIKA

USA/Canada
DM 39,80 ISBN 3-927554-12-X

Durch den Westen der USA
DM 36,80 ISBN 3-927554-16-2

Durch Canadas Westen (mit Alaska)
DM 36,80 ISBN 3-927554-03-0

Durch die USA mit Flugzeug und Mietwagen
DM 36,80 ISBN 3-927554-10-3

Als Gastschüler in die/den USA
DM 22,80 ISBN 3-97554-14-6

Amerika von unten
REISE STORY
DM 22,80 ISBN 3-9800975-5-2

„Und jetzt fehlt nur noch John Wayne…"
REISE STORY
DM 22,80 ISBN 3-927554-18-9

Mexiko
DM 36,80 ISBN 3-9800975-6-0

Guatemala
DM 36,80 ISBN 3-89416-214-7

Peru/Bolivien
DM 34,80 ISBN 3-9800376-2-2

Traumstraße Panamerikana
REISE STORY
DM 24,00 ISBN 3-9800975-3-6

Venezuela
DM 36,80 ISBN 3-921497-40-X

Sprachbuch
Lateinamerika
Spanisch, Quechua, Brasilianisch,
DM 24,80 ISBN 3-922376-18-5

Trinidad & Tobago
DM 36,80 ISBN 3-89416-174-4

Panamericana
RAD & BIKE
DM 28,80 ISBN 3-929920-13-1